上海财经大学商学案例集

（2020年）

主　编　王少飞

副主编　刘国洁　冯伟忠　黄　溢

SELECTED BUSINESS CASES OF SUFE

上海财经大学出版社

图书在版编目(CIP)数据

上海财经大学商学案例集. 2020 年/王少飞主编 . —上海：上海财经大学出版社，2022. 2

ISBN 978-7-5642-3851-3/F・3851

Ⅰ. ①上… Ⅱ. ①王… Ⅲ. ①经济管理-案例 Ⅳ. ①F2

中国版本图书馆 CIP 数据核字(2021)第 169637 号

□ 责任编辑 台啸天
□ 特邀编辑 张心语
□ 封面设计 贺加贝

上海财经大学商学案例集(2020 年)

主 编 王少飞

副主编 刘国洁 冯伟忠 黄 溢

上海财经大学出版社出版发行

(上海市中山北一路 369 号 邮编 200083)

网 址：http://www.sufep.com

电子邮箱：webmaster @ sufep.com

全国新华书店经销

江苏凤凰数码印务有限公司印刷装订

2022 年 2 月第 1 版 2022 年 2 月第 1 次印刷

787mm×1092mm 1/16 16.75 印张(插页:2) 418 千字

定价：68.00 元

序 言

20 世纪初，案例教学作为工商管理教学方式，最早由哈佛大学商学院开展，并取得了良好成效。至此这种教学模式为全国商学教育模式的革新与进步开启新的篇章。20 世纪 80 年代案例教学引入中国，经过几代商学教育者的黾勉发展，众多国内高校建立了自己的案例库，但当下真正能够有效用于案例教学的资源却非常有限，案例开发与教学需求的不对等俨然已经成为我国商学教育的发展瓶颈。面对中国国内企业突飞猛进的发展，产业结构迫在眉睫的调整，经济模式改革的全球化进程，案例教学该如何创新、如何融入到中国本土的商学教育中是国内各大商学院亟待解决的问题。

决定案例教学成功与否的关键因素之一在于案例本身的质量和适用性。案例作为开展案例教学的基础，成果的输出是至关重要的环节。国外商学院的案例虽然发展历史悠远，质量上乘，但是在我国高校的案例教学实践中，由于各国文化、社会与经济发展水平以及制度的差异，国外的案例运用到我国的教学实践中时效果并不理想。因此为了推动我国商学教育的长远发展，开发以中国制度、文化、社会经济发展现实为基础的本土案例迫在眉睫。

作为中国最早的商学研究高等学府，上海财经大学自创校伊始，即提出要“训练和发展那些具有导向能力和组织能力，能够在工商业中居于领导地位者”。秉承这一传统和精神，自 2011 年初，学校根据“具有鲜明财经特色的多科性研究型大学”的发展定位，以现代化、国际化、信息化“一流三化”为总体目标，发扬开门办学的理念，紧随国际商学教育潮流，重新恢复商学院。与此同时，学校整合了各学科优势力量，兼容并包，融各家所长，开展商学教育，打造商学教育的旗舰项目，提升商学教育的品位和质量；2018 年学校更是加大商学教育的力度，将商学院与原国际工商管理学院合并，成立全新的商学院，以建成具有鲜明财经特色的世界一流商学院为愿景，更大力度地致力于中国乃至世界高层次、创新型商界领袖人才的培养。

作为商学教育的重要学术支持，上海财经大学商学院在 2011 年就建立了案例中心并致力于案例编写和案例应用，走在同类院校前列。案例中心秉承上海财经大学“厚德博学、经济匡时”的校训，以“通过案例研发提升商学教育水平”为宗旨，以“提炼经典实践、分享智力成果、协同创新与服务社会”为目标，依托学校和学院的资源禀赋，以案例库信息平台为依托，加强与国际知名案例院校的合作，培植案例开发的国际化土壤，整合内外部资源，扎根中国实践，开展校企合作，站在领域最前沿去探索和总结中国企业的管理问题，挖掘中国优秀企业管理文化精髓，丰富具有本土特色的企业管理理论体系，为中国产业结构优化升级、管理理论创新及商学教育培养模式的改革和创新提供重要资源。

本书整理汇编了12篇管理案例，内容涵盖财务管理、公司金融、战略管理、企业治理、市场营销等多个工商管理的课程领域。案例多以会计、金融等财经类管理案例为主，充分发挥了上海财经大学财经类学科建设的领先优势。所有入选案例均是以中国企业真实管理背景为基础，将管理理论的最新成果与极具本土特色的商业实践相融合，深入研究中国商业面临的重大机遇及现实挑战，明晰总结企业的成功经验或反思失败教训，凝练归纳符合中国企业发展实情的管理理论，注重案例研究与案例教学的有机结合。同时，每篇案例均附有详尽的案例使用说明，帮助读者更好地理解和挖掘案例中深层次的实践及理论知识，进一步推动案例教学的开展。

本书的出版得到了学院领导及众多教师的鼎力支持，同时感谢参加案例评选的各位专家和相关出版工作的案例中心工作人员。希望通过本案例集的出版，真正推动管理知识的传播、商学教育的实践发展，为推广商业文明做出积极的贡献。

上海财经大学商学院案例中心

2021年9月

目　录

案例 1　DT 时代 SAS 公司转型发展之路[①]

案例正文

摘　要:DT 时代的到来给众多行业带来了重大变革的机遇,数据分析行业更是首当其冲进入飞速发展期。本文以商业分析与商业智能软件及服务提供商 SAS 公司为例,深入分析其在 DT 时代转型发展的创新方向和重点,并通过 SAS 公司的转型经历阐述 DT 时代数据分析行业的变革特点和发展趋势,为数据分析企业转型发展提供合理化建议。

关键词:DT 时代;SAS 公司;数据分析行业;转型创新

引　言

人类正从 IT 时代走向 DT 时代,数据正在给企业创造前所未有的商机和利润增长机会。在过去的十年中,先进的数据技术和卓越分析工具的出现使得商业运营商可以从他们的数据资产中获益。如何深入挖掘大数据的潜力是很多个人、企业甚至国家不断追求的目标。谁能以最低成本提取出数据中蕴含的信息,谁就能在未来的商业竞争中取得主动。作为全球领先的商业数据分析软件与服务供应商,SAS 公司在面临新机会的同时,也面临多重挑战,如何实现成功转型、适应新的潮流,是摆在 SAS 公司面前的一道难题。

---

① 本案例由上海财经大学杨楠、褚晓雅、方茜撰写,版权归上海财经大学商学院所有。未经允许,本案例的所有部分都不能以任何方式与手段擅自复制或传播。版权所有人授权上海财经大学商学院案例中心使用。由于企业保密的要求,在本案例中对有关名称、数据等做了必要的掩饰性处理。本案例只供课堂讨论使用,并无意暗示或说明某种管理行为是否有效。

1. DT 时代的机遇

随着云计算、大数据、物联网、人工智能、下一代移动网络技术的逐步成熟和应用，以数据的深度挖掘和融合应用为主要特征的智慧化，将成为未来数字化的主要标志。近年，大数据产业[①]增长十分迅速。数字基础设施的普及带来了全球数据量的爆炸式增长。据调查，2012 年全球数据存储量大约超过 2.8ZB，而到了 2020 年，预计这个数据将增长 50 倍。在这快速增加的数据量中，大约 33%可以通过有效分析转化为实用信息。但目前被运用的只有 0.5%，因而其中还蕴含有巨大的潜力。2016 年，全球数据中心就已超过 16 000 英亩。赛迪顾问统计数据显示，2020 年中国大数据产业规模达 6 388 亿元，同比增长 18.6%，预计未来三年保持 15%以上的年均增速，到 2023 年产业规模超过 10 000 亿元。[②] 如何将数据转化为信息，提供有助于决策的知识和智慧，是全球大数据分析行业不断追逐的目标。

当前，越来越多的企业意识到发展大数据研究的必要性，从而将大数据分析上升到前所未有的战略高度，自上而下提高数据分析在企业运营过程中的地位，并已经取得卓越成效。根据 2017 年 NVP 公司的调查，大约 80%的企业认为大数据策略是成功的；超过三层的高管认为大数据在降低成本、促进创新、研发新产品等多个方面体现出明显成效；更有超过半数的企业直接在内部设立首席数据官（Chief Data Officer）职位，由此可见对大数据的重视程度。具体如表 1—1 所示。

表 1—1　　全球设置首席数据官(Chief Data Officer)的企业比例

是否任命首席数据官	是	否/未知
2012 年	12.0%	88.0%
2016 年	54.0%	46.0%
2017 年	55.9%	44.1%

资料来源："Big Data Executive Survey 2017—Executive Summary of Findings" by NewVantage Partners.

在数据分析领域，SAS 公司可谓无人不知。作为有 40 年历史的老牌企业，SAS 早在大数据概念发酵之前就进入了市场，并牢牢占据巨大市场份额。其在大数据运算上的速度和稳定性一直为业界所称道。为了满足数据分析不同层次的新需求，SAS 既支持界面向导设置，也支持通过编程进行数据分析。SAS 已经是众多组织，尤其是银行、政府等的数据架构之核心组成部分。这样一家传统优秀的企业，在大数据新兴浪潮中能否继续保持领先优势呢？

---

① 根据我国工业和信息化部 2016 年 12 月编制的《大数据产业发展规划（2016—2020 年）》：大数据产业是指以数据生产、采集、存储、加工、分析、服务为主的相关经济活动，包括数据资源建设、大数据软硬件产品的开发、销售和租赁活动，以及相关信息技术服务。

② 备注：https://baijiahao.baidu.com/s?id=1708212330694284434&wfr=spider&for=pc.

2. SAS 公司的辉煌历史

2.1 SAS 公司的发展历史

SAS 软件研究所成立于 1976 年，当年召开了首届 SAS 全球用户大会(SAS Users Group International)，有超过 300 名用户参加了该会议。其间 SAS 公司发布了首款 SAS 产品 Base SAS 软件，开始进行 SAS 系统的维护、开发、销售和培训工作，并与 IBM 建立了合作伙伴关系。从此，SAS 的分析及数据管理软件不断帮助银行、能源、政府、保险、医疗、制造、零售等行业的企业和组织，从原始数据中分析获取具有商业价值的重要信息，以更好地做出商业决策。

图 1－1 是 SAS 公司在美国北卡罗来纳州的总部园区。

图 1－1　SAS 公司在美国北卡罗来纳州的总部园区

SAS 定位于不仅提供决策支持供应软件，还不断延伸和扩展服务功能和对象，提升其在不同领域的服务能力。如 1992 年，SAS 将决策支持功能扩展到以下领域：指导性数据分析、临床试验分析和报告、财务电子表格和英语查询，并发布了 SAS 第一个垂直市场软件——制药行业的临床审查系统；1993 年，用于建立定制的执行信息系统(EIS)的软件上市；1995 年，SAS 成为真正的端到端数据仓库解决方案唯一的供应商，推出 Rapid Warehousing Program；1996 年，SAS 提供第一个打包的商业解决方案——CFO Vision 软件，开始了 SAS 为不同领域、不同业务和不同应用场景提供决策和分析服务的商业解决方案的新时期。此后，世界上不同国家市场形势的变化催生出了企业对分析软件新的要求。20 世纪 90 年代到 21 世纪初欧洲实施新巴塞尔协议，美国颁布爱国者法案 USA PATRIOT Act 后，金融行业亟须一种新的软件产品来帮助企业管理风险，减少洗钱和诈骗行为。SAS 同时推出了一系列相关解决方案，其中风险管理解决方案位列 *Chartis*：*RiskTech* 100 报告排名首位，从而奠定了其在金融领域的解决方案领导地位。

2001 年是 SAS 公司成立 25 周年，SAS 提出了“THE POWER TO KNOW”。SAS 团

队凭借其成熟的解决方案和 40 多年丰富的软件及方案实施经验，结合客户需求，帮助各个行业的企业透过数据表面深入洞察企业绩效、客户、市场、风险等方面的情况，帮助客户构建“知的力量”、抓住未来机遇。图 1—2 是 SAS 公司发展时间轴。

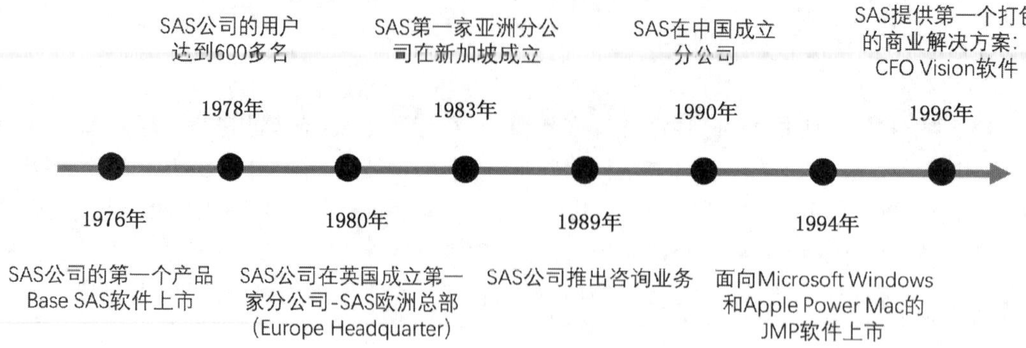

图 1—2　SAS 公司发展时间轴

2.2　SAS 公司的现状和成就

SAS 公司经过 40 多年的发展，从 1977 年仅有 7 名员工的统计分析软件公司发展成为共有 14 021 名员工的全球领先的商业分析软件与服务供应商，公司业务早已覆盖全球。SAS 已被全世界 120 多个国家和地区的近三万家机构所采用，直接用户超过三百万人，遍及金融、医药卫生、生产、运输、通信、政府和教育科研等领域。在数据处理和统计分析领域，SAS 系统被誉为国际上的标准软件系统，堪称统计软件界的巨无霸。

SAS 被誉为“全球 500 强背后的管理大师”，是全球领先的商业分析软件与服务供应商。全球 146 个国家的约 83 000 家客户都在采用 SAS 解决方案，其中包括《财富》全球 500 强企业前 100 家企业中的 91 家。SAS 的主要客户包括巴克莱银行、宝马北美公司、花旗国际金融集团、哥伦比亚电信、阿塞尔特大学、魁北克血液中心、中国信托商业银行、俄亥俄州迈阿密大学和 Verizon 通信公司等。翻开 SAS 公司的客户案例就会发现，使用 SAS 的公司基本上都是规模较大且相对成熟稳定的大公司，这些公司在使用 SAS 后均对 SAS 系统做出的业务提升给予了很高的评价并愿意长期保持这种良好的合作关系。

作为数据分析领域领导者，SAS 2017 年的总营收达 32.4 亿美元，较 2016 年上升了 1.25%。1990 年至今，SAS 公司的营收一直保持了较高的增长速度和态势，这在大型软件服务及商业分析公司中是比较难得的。2017 年，SAS 公司主要利润来源仍然是美国和欧洲等地，但是亚太地区和拉丁美洲地区的业务增长率最高，而且 SAS 在政府部门、制造业，零售业和金融服务业的发展势头强劲，显示出广阔的发展前景。

1976～2017 年 SAS 公司盈利情况和地区分布如图 1—3 所示。

许多分析机构都十分认可 SAS 在商业分析领域的强大实力，肯定了 SAS 持续多年的创新和市场主导地位。自 IDC 于 1997 年开始进行市场调查以来，SAS 一直雄踞该领域的领导者地位。在高级预测分析市场中 SAS 占有 30.5%的份额，比位居第二的竞争对手高两倍还多。2017 年，分析机构还将 SAS 誉为流分析、机器学习、大数据、数据科学平台、实时营

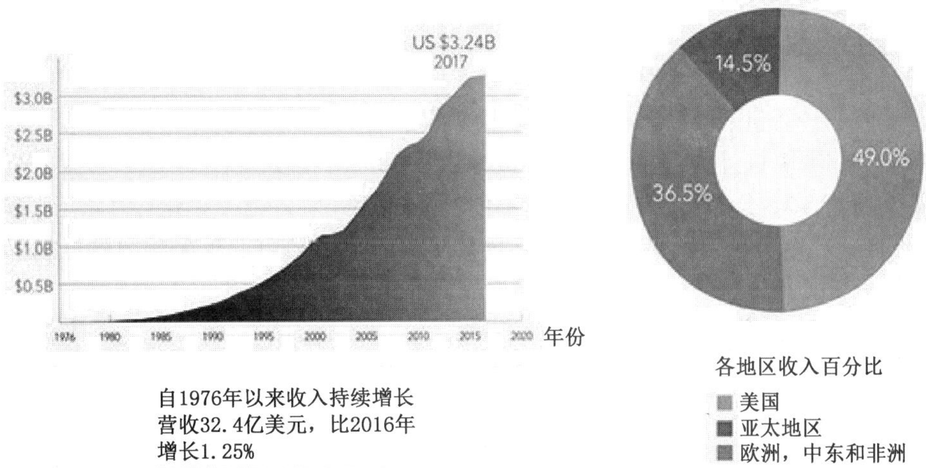

图1—3　1976～2017年SAS公司盈利情况和地区分布

销、数据整合、数据质量、欺诈侦测、风险管理和零售分析等领域的领导者。

2.3　SAS公司的主要产品和服务

SAS的宗旨是向全球客户提供“THE POWER TO KNOW”。经营范围主要是四大类的软件及相关服务，分别是商业智能和分析软件及解决方案、智能领域专业咨询服务、基于SAS解决方案的专业培训和技术支持。具体如表1—2所示。

表1—2　　SAS主要解决方案和产品

企业解决方案		产　品	
客户智能	供应链智能	SAS 9.4	SAS® 可视化分析
数据管理	绩效管理	SAS数据管理	SAS可视化建模统计工具
决策管理	风险管理	SAS营销优化解决方案	SAS University Edition
内存分析	Hadoop解决方案	基础工具	所有产品
Fraud, AML & Security Intelligence		Curriculum Pathways	

2.3.1　SAS分析软件

SAS是用于决策支持的大型集成信息系统，统计分析功能始终是它的重要组成部分和核心功能。SAS现在的版本为9.4版，大小约为8G。SAS系统由数十个专用模块构成，功能包括数据访问、数据储存及管理、应用开发、图形处理、数据分析、报告编制、运筹学方法、计量经济学与预测等多个方面。

SAS系统主要分为四大部分：SAS数据库部分、SAS分析核心、SAS开发呈现工具和SAS对分布处理模式的支持及其数据仓库设计。SAS系统主要完成以数据为中心的四大任务：数据访问、数据管理、数据呈现、数据分析。其中Base SAS模块是SAS系统的核心，其他各模块均在Base SAS提供的环境中运行，用户可选择需要的模块与Base SAS一起构成一个用户化的SAS系统。

SAS由大型机系统发展而来，其核心操作方式就是程序驱动，经过多年的发展，现在已成为一套完整的计算机语言，即SAS语言。初学者在使用SAS时必须学习SAS语言，这对于编程基础较弱或者统计知识较薄弱的职员来说可能入门比较困难，但是作为拥有众多用户和长期发展的SAS公司来说，SAS根据不同的用户群开发多种菜单化操作界面，这些图形操作界面各有特点和应用场景，使用时不需编程或仅需要简单的程序调用就可实现丰富多样的统计分析和结果呈现。例如，菜单化操作界面的代表SAS企业向导(SAS Enterprise Guide)就是一个通过菜单和向导驱动的点击操作工具，让普通用户通过鼠标点击拖拽就能完成数据分析工作，通过菜单系统来达成不同的分析目标，也可以自动生成SAS程序，使得普通员工可以根据自己的业务需求提高客户部署分析和实时预测的能力。

2.3.2 商业解决方案

在软件及解决方案服务中，SAS的重点是提供商业分析软件与服务，其中包括数据管理、分析和报表技术。SAS的商业分析框架是一套用于满足不断增长的商业信息分析需求的有效基础架构，包括解决方案、技术与服务，可以帮助组织解决复杂业务问题，预测和管理变更、管理绩效和通过创新来促进可持续的增长。凭借丰富的行业专业知识，SAS的行业解决方案可在各领域解析蕴藏于业务产生的大量数据之中的独特商业问题。比如金融服务领域的信用风险管理问题、生命科学领域加快药物上市速度和识别零售领域的交叉销售机会等。SAS还提供跨职能解决方案，对不同领域的企业都可以应用其来帮助克服面临的挑战。比如增加客户关系价值、测量和管理风险、检测欺诈和优化IT网络等。SAS能够帮助企业跨越不同部门为更多员工解决问题，帮助管理层深入洞察企业信息，了解目前企业生产经营状况，对未来决策产生的影响或结果做出预测，从而更好地做出决策。SAS帮助客户使用“大数据”解决复杂问题，并获得非常精确的分析结果，以加快信息获取速度和超越竞争对手。

SAS的商业解决方案基于以下三项主要功能。

信息管理——存储和处理大量的结构化与非结构化数据，并确保数据质量。SAS的统一信息管理方案包括分析管理、数据管理和决策管理。

分析——应用合适的高级分析工具，在数据中找到答案。SAS使客户能够测评出当前重要的事项、监测业务流程中的问题、做出正确的判断和分析并改进后续的决策。

商业智能——随时随地基于事实分析提炼出关键信息并做出正确决策。SAS提供一整套直观的界面可直接在移动设备上进行实时分析。无论身在何处，每个决策者均能监测关键数据指标并做出快速决策。SAS行业应用解决方案举例如表1—3所示。

表1—3　　SAS行业应用解决方案举例

生产与服务	供应与需求
生产质量	商品分类
保修分析	开支分析

续表

生产与服务	供应与需求
服务运营优化	库存优化
维修部件优化	供应风险管理
服务收入优化	需求驱动的预测
客户	组织
营销优化	IT管理
营销活动管理	劳动力管理与计划
细分与特征刻画	财务计划与报告
产品与客户盈利能力	记分卡记分和关键绩效指标(KPI)

2.3.3 咨询服务

SAS将软件与业务和技术咨询服务结合起来,化战略为现实。SAS的顾问通过与客户的交流和沟通了解企业的业务挑战与目标,提供合适的SAS技术和定制服务来满足客户独特的业务需求。在智能商务领域,SAS提供系统与需求评估、快速结果验证、针对具体需求的项目实施、预定义的方案实施、价值优化、专家咨询和项目管理等服务。SAS以雄厚的行业知识与专业经验,充分利用行业与技术最佳实践和久经考验的方法论,帮助客户了解其业务水平,从而进行战略决策。

延伸阅读

SAS团队帮助中信银行提升休眠信用卡激活率

通过基于数据分析和客户分群的市场营销活动帮助中信银行提升休眠信用卡激活率。SAS的团队对于银行业的深刻了解是这个项目成功的关键,我们在这个项目上的收获不仅仅是休眠信用卡激活率的提高,更多的收获是SAS帮助我们建立了一个新的工作思维和方法,这对于我们未来的工作都是大有裨益的。

——中信银行信用卡中心负责人

中信银行的信用卡客户群大于零售借记卡客户,但是,和绝大部分银行的信用卡业务类似,中信银行也面临着不活跃客户较多的难题,如何有效地激活这些不活跃客户,是其不断提升客户质量战略的关键步骤。在认识到单纯依靠自身的力量管理市场活动可能存在局限性后,中信决定引入外部的顾问机构,由外部顾问尝试进行不活跃客户的激活。

项目从2011年9月开始招标,包括IBM、益百利、SAS和其他的两家厂商参与了竞标。中信对厂商提出的量化要求,包括不活跃客户激活率要提高20%,同时市场营销活动的投资回报率ROI也要达到一定提升。经过两轮投标,SAS凭借对于中信银行过往市场营销活动的深入分析最后胜出,并从2012年6月正式开始与中信银行合作。

SAS团队在接手项目后的第一件事是花两个月时间对中信信用卡在过去一年中的各类数据进行了透彻的分析，并且对中信银行信用卡中心过往的自己运作的市场营销活动数据也进行了分析。分析显示，之前市场活动的主要局限是没有对持卡客户进行充分的分类和区分对待，因此，在做了市场活动后与自然激活率相比并没有太大的提高，并且市场费用没有充分优化。

SAS通过前两个月的分析，发现不活跃客户主要是三类客户，第一类客户是自然不活跃客户，该类客户拥有并主要使用其他银行的信用卡，将中信信用卡作为备用卡，除非主要用卡出现问题，一般是不会使用备用信用卡的，SAS认为这类客户比较难以激活。第二类客户属于价格敏感型客户，或者也可以称为营销活动敏感型客户，这类客户比较容易被市场活动所吸引。第三类客户则是不敏感客户，这类客户很难对小型的市场活动产生反应，只有较大的市场营销动作才有可能触动。

SAS针对信用卡客户分别建立了自然活跃度模型和市场活动敏感度模型，并根据自然活跃度和市场活动敏感度将持卡人分成了三组来实施不同的市场活动。第一类自然活跃度高，对价格也敏感，用高消费门槛去触动；第二类自然活跃度低，对价格也不敏感，则通过与刷卡次数绑定的礼品来进行激励；第三类是两项都居中的一类客户，则通过两方面兼顾的市场活动来激励。所有的市场激励措施都通过针对客户的排他性短信进行发送，结合一部分电话跟进措施，促使客户在礼品的激励下激活信用卡的使用。

在进行大规模市场活动前，SAS根据建立的模型首先进行了小规模验证，在确认验证结果与之前利用模型进行的预估基本吻合后，SAS才按照预定的方案进行了营销活动，在进行营销活动的过程中，SAS根据实际反馈不断修正模型，并据此进行新一轮的活动，从而使得整个营销活动与之前的预估相比十分精确。

SAS对整个市场活动也进行了全程的管理和顾问，确保了整个项目的实施按照设定的目标完成。

SAS团队对于银行业的深刻了解和丰富经验保证了此次项目的成功，SAS具有全球性的协作机制，公司在世界各地的团队会定期进行知识分享，从而可以把来自世界各地的宝贵经验汇集起来，用在客户的项目中，并通过此次项目的完成进一步丰富SAS对于银行业的经验。

项目成果表现在以下几个方面。

(1)建模时间短。通常情况下，针对客户建立模型的过程需要1～2年，但是这次SAS团队仅用两个月就完成了建模过程。

(2)在进行市场活动三个月以后，SAS就把激活率提升了40%，大大超出原先提升20%的承诺。相比原先的激活率提升了将近四倍。

(3)市场营销预算得到了优化，相比之前的花费下降了7%。

(4)SAS在整个过程中对中信团队也进行了相关的培训和提升，使他们在未来的工作中可以更好地运用SAS软件进行大数据分析，制定更加有效的市场战略。

(5)类似的经验也可以推广和应用到针对循环、取现等活跃客户的维护和激励措施管理中。

(6)为技术部设计提供了一套支持具体业务的闭环全流程的营销体系，通过该项目实际演练了从目标客户的筛选，到礼品及营销渠道的匹配，以及营销活动的监控，等营销关键环节的设计、执行和优化。

该项目在2013年5月荣膺《亚洲银行家》“中国奖项计划”，科技实施类奖项“2013年亚洲银行家中国最佳数据分析项目奖”。

2.3.4 专业培训和技术支持

SAS Education提供先进的技术培训和职业发展课程，确保SAS用户从其软件投资中获得最大价值。通过公开课、客户现场培训、行业专家培训、Live Web教室和自订进度的电子化学习等方式提供总共200多门课程。SAS技术支持服务将通过电话、电子邮件和网站等方式帮助解答关于SAS系统安装和定制、产品特性与设计方面的问题，必要时提供现场协助。技术支持专家与SAS在全球设立的研究与开发团队密切配合，确保快速响应、帮助客户获得最佳使用体验。SAS的产品和解决方案适用于以下各个行业并为其提供相匹配的服务：金融服务、航空航天、汽车、通信、教育、政府及各部委、健康保险、医疗服务、娱乐、保险、生命科学、制造、零售、媒体、石油天然气、非营利和非政府组织、公用事业等。

SAS公司为大学提供了SAS软件大学版和基于云计算的On－demand学术版，以免费软件方式让学生和教师们快速了解数据分析以及掌握使用SAS高级分析软件。SAS公司还与美国50所高校合作推出了硕士及本科学位，并与全球100多所高校联合推出了学位或认证项目。自1999年推出SAS全球认证计划以来，SAS已经在77个国家培养了超过9.5万名专家和合作伙伴，在分析基础、高级分析、商业智能、数据管理、平台管理、合作伙伴技能等多个领域，提供了20余项全球性认证及证书。2016年1月，SAS公司进一步推出了SAS数据科学家学院，设计了针对SAS认证大数据专家、SAS认证高级分析专家和SAS认证数据科学家三项认证的在线及集中培训课程，把数据分析推向更为广泛的人群。

3. SAS面临的冲击与挑战

高频的技术创新导致商业竞争异常激烈。随着大数据科技的飞速发展，全球商业分析软件市场欣欣向荣，各大商业分析软件公司在市场份额方面竞争激烈。全球商业分析软件功能包括数据分析工具、用户决策自动化中分析应用程序的部署，以及全生命周期的支持，包括数据集成、完整性、分析、可视化和相关的决策等功能。近年来SAS作为数据分析领域曾经的王者却并没有继续保持快速增长的势头。虽然多方资料显示SAS仍然位列数据分析公司的第一梯队中，但在相关细分领域中却很少占据第一的位置。

3.1 SAS市场份额在下滑

根据IDC（International Data Corporation，国际数据公司，全球知名市场咨询公司）2017年发布的《全球商业智能及分析工具软件市场份额调查》，SAS在全球顶级供应商的商业智能和分析工具软件市场中排名第5，市场份额不足排名第一的Oracle公司的二分之一（见表1—4）。

表 1—4　　2015～2017 年全球商业分析软件供应商收益及市场份额

供应商	收入（百万美元）			总市场份额（%）			增长率（%）	
Vendor	2015 年	2016 年	2017 年	2015 年	2016 年	2017 年	2015～2016 年	2016～2017 年
Oracle	6 826.2	6 957.5	7 423.6	18.2	17.1	16.5	1.9	6.7
Microsoft	4 224.3	4 766.9	5 750.3	11.3	11.7	12.8	12.8	20.6
SAP	5 150.7	5 434.5	5 727.8	13.7	13.3	12.7	5.5	5.4
IBM	4 547.3	4 605.2	4 775.7	12.1	11.3	10.6	1.3	3.7
SAS	2 841.8	2 899.1	2 965.5	7.6	7.1	6.6	2.0	2.3
Salesforce.com	760.7	949.8	1 245.6	2.0	2.3	2.8	24.9	31.1
Amazon Web Services	431.7	691.8	1 090.3	1.2	1.7	2.4	60.2	57.6
Teradata	1 024.7	912.6	958.2	2.7	2.2	2.1	−10.9	5.0
Adobe	644.2	770.8	864.9	1.7	1.9	1.9	19.7	12.2

根据 IDC 在 2017 年的全球商业智能及分析工具软件市场份额调查，可以看出 SAS 公司和大型综合类企业相比，优势并不明显，仅仅在“预测分析”的单项中取得第一（见表 1—5）。

表 1—5　　2015～2017 年全球先进的预测分析软件供应商收入

供应商	收入（美元）			总市场份额（%）			增长率（%）	
Vendor	2015 年	2016 年	2017 年	2015 年	2016 年	2017 年	2015～2016 年	2016～2017 年
SAS	873.9	917.6	963.5	32.6	31.8	30.8	5.0	5.0
IBM	349.8	361.1	386.6	13.0	12.5	12.4	3.2	7.0
MathWorks	300.5	321.9	348.1	11.2	11.2	11.1	7.1	8.1
Microsoft	82.7	88.9	96.6	3.1	3.1	3.1	7.5	8.6
FICO	62.2	72.9	76.3	2.3	2.5	2.4	17.2	4.7
Alteryx	28.6	45.1	66.2	1.1	1.6	2.1	57.6	46.8
SAP	24.2	26.6	28.7	0.9	0.9	0.9	9.9	8.0
CGI Information Systems	22.5	21.8	25.5	0.8	0.8	0.8	−3.0	17.2
TIBCO	16.0	18.6	22.2	0.6	0.6	0.7	16.1	19.3
Oracle	13.9	15.0	15.8	0.5	0.5	0.5	8.2	5.2
Subtotal	1 774.4	1 889.6	2 029.5	66.1	65.5	64.9	6.5	7.4
Others	910.5	996.8	1 095.4	33.9	34.5	35.1	9.5	9.9
Total	2 684.8	2 886.4	3 125.0	100.0	100.0	100.0	7.5	8.3

SAS 在先进的市场预测分析中保持领先地位。尽管遭到初创企业、开源工具和一些供

应商的竞争冲击,SAS依然以约31%的市场份额继续主导市场。这在一定程度上要归功于SAS的商业模式——订阅定价模式。但同时,SAS需要警惕其他竞争者的快速增长:Alteryx、CGI Information Systems、TIBCO等企业均实现了大于10%的增速。可以看出SAS公司和大型综合类企业相比,优势并不明显,仅仅在“先进预测分析”的单项中取得第一。

从IDC的调查结果可以看出,在各个功能细分的调查中,优势企业非常集中,IBM、微软、SAP的名字反复出现。这些企业无一例外均拥有丰富的产品线、多样的应用场景和敏锐的市场嗅觉。2016年起微软超过SAP成为最大的BI和分析工具供应商,并在先进的预测分析市场有显著的扩大和发展。其重点支持R社区以及Azure分析服务,并从公司大规模的合作伙伴网络中受益。IBM(国际商业机器公司),1911年由托马斯·沃森创立于美国,总公司在纽约州阿蒙克市,是全球最大的信息技术和业务解决方案公司。2013年IBM从大数据相关产品及服务中获得了13.68亿美元收益,其具体产品包括服务器与存储硬件、数据库软件、分析应用程序以及相关服务等。在IBM围绕大数据开发出的产品中,DB2、Informix与InfoSphere数据库平台、Cognos与SPSS分析应用可谓最为知名。SAP、IBM等竞争者丰富的业务线和成熟的服务模式也给SAS带来不小冲击。而与这些公司相比,SAS在功能整合、给客户提供一站式服务方面表现欠佳。

SAS的一个明显不足是常关注于分析功能,而非整体流程控制,同时不是编程语言,因此需要借助其他软件才能形成产品。这在学术研究中并不形成太大阻碍,因为绝大多数统计分析都是一次性的。然而在工业生产和企业使用中,就呈现出明显短板:因为在将大数据产品化的过程中,不仅要求分析软件能准确提供统计分析结果,同时也要求软件可以控制数据提取、数据清洗、生产报表全过程,并保证运行的稳定性、及时性。根据Gartner的分析,SAS应用技术的能力和可用性均存在局限性。

尽管用户在数据分析应用场景中给予SAS较高评价。然而,SAS与其他工具的集成几乎不存在,同步化、甚至虚拟化也是如此。也就是说,部分严重依赖于移动和转换数据的分析师要么不使用SAS来满足大数据需求,要么对SAS的评价较低,尽管SAS也提供这些功能。用户对SAS的不一致应用体验和上手难易程度等方面的评价低于市场水平。

3.2 SAS软件使用量和学术界关注度在下降

SAS软件近40年来发展迅速,在数据分析软件行业一直处于龙头地位。然而随着近年来以R语言为首的开源软件的兴起,给SAS的发展带来不小的冲击。在R与SAS社区里,一度最热闹的讨论内容是由《纽约时报》的一篇文章引发的①。其中,最引发争议的一句话是:R软件的兴起,可能会威胁到SAS公司在数据分析领域的地位。

R语言一直是SAS的有力竞争者,从图1-4可以看到,需要SAS使用能力的数据科学家工作的占比从2012年到2017年一直没有显著变化,然而R一直稳步增长,更在2016年初之后开始了一段爆发式增长,并超过SAS。截至发布于2015年12月10日的版本3.2.3,

① 2009年1月7日,《纽约时报》科技版刊登了一篇由该报记者Ashlee Vance所撰写的《Data Analysts Captivated by R's Power》。这大概是开源统计软件包R自1996年诞生以来第一次出现在主流媒体中。

R语言的功能包个数增长速度几乎呈现抛物线形态。[①] 与之相对应，在 SAS 的版本 9.3 中含大约 1200 个和 R 类似的命令(包括 procs, functions, etc. in Base, Stat, ETS, HP Forecasting, Graph, IML, Macro, OR, and QC)。然而 2015 年 R 增加了 1357 个功能包(或约 27642 项功能)。也就是说仅在 2015 年，R 增加的功能包就比 SAS 研究所历史上所有的功能都多。2016 年 4 月 19 日统计结果显示，R 大约有 11531 个功能包，228,103 个函数，大概是 SAS 的 190 倍。这并不难以理解：SAS 的功能开发均来自 SAS 研究所，然而 R 作为开源软件，任何用户都可能成为功能包的开发者。虽然从质量来说，SAS 更有保证，并有 SAS 的声誉背书，但从功能包开发的数量和广度来看，R 占绝对优势。具体如图 1—4 所示。

图 1—4　2012 年至 2017 年 2 月 R 和 SAS 招聘广告趋势

SAS 作为一款完善的产品，拥有精细的功能模块、翔实的文档、富有经验的技术支持，就像是一位成功的中年商务人士。但是 SAS 的功能模块不丰富、功能模块更新速度慢也一直受到市场诟病。而以 R 语言为首的新兴工具具有使用灵活、新功能研发周期短、社区资源丰富等特征，像是一名充满活力的青年。新兴工具虽然会犯错，但其热情和激情照样能感染用户。

与之类似，学术界对 SAS 的关注度也在下降，其中既包括使用 SAS 作为研究工具，也包括作为研究对象的学术成果。据 2016 年对 Google Scholar 关键词搜索量的统计可以发现 SAS 的占有率虽排名第三，但使用量仅为排名第一的 SPSS 的一半[②]。对比 2015 年和 2016 年的数据，SAS 在学术论文中的占有率的变化状况同样令人担忧，相对于 2015 年，SAS 在 2016 年下滑逾 25%。而增长最快的 Coffe 有高达 150%的增幅。同样下滑较快的还有目前占有率第一的 SPSS。值得注意的是，与 SPSS 和 SAS 一样拥有大基数用户数的 R 却实现了约 15%的增长。

---

① http://r4stats.com/2016/04/19/rs-growth-continues-to-accelerate/

② http://r4stats.com/2017/02/28/r-passes-sas/.

SAS虽然提供命令控制，但很多用户并不认为SAS是个脚本语言，因其并不适合通过编写程序实现个性化功能。因此用户很难通过SAS来完成对其他软件的整合以及对处理流程的掌控。在众多编程语言流行度评估中，最为权威的应属IEEE Spectrum Ranking①，该排名合并了来自10个不同网站的12个指标，包括在求职网站和搜索引擎上的普及、去年的GitHub库编程代码添加量等。其中SAS位列26名。值得注意的是SAS的有力竞争者R、Matlab、Python却出现在前10名的榜单里，尤其是R语言从2014年的第9名上升到2015年的第6名。也就是说，在用户眼里，R、Matlab、Python不仅是优秀的数据分析工具，同时也是评价颇高、受众颇广的编程工具。这在数据分析不再仅限于生成一次性报告而实现大数据产品化的今天显得尤为重要。

从以上分析可以看出，综合而言SAS在某些方面落后于其他竞争者。以R语言为首的开源软件最近的发展趋势十分迅猛，无论是使用人数还是市场占有率均在节节攀升。SAS虽仍然处于第一方阵，在各项指标中还是明显落后于其他新兴工具。其在功能性上比R和Matlab相差甚远，直接提供的统计模块明显偏少，且编程能力差。

R语言只是新兴语言的代表之一，其他原本不是数据分析语言的工具例如Python、C、Java、JavaScript等也纷纷以各种形式涉足数据分析领域，开发相应的数据处理模块、模型训练模块等，既有效发挥了本身固有的优势，又试图在大数据分析的蛋糕中分一杯羹。这些工具的发展为用户提供了更多选择，同时也给SAS市场带来了冲击。

4. SAS应对DT时代的改进和创新

4.1 SAS的创新方向

面对火热的大数据浪潮，许多企业都纷纷启动战略转型，希望能够进行企业数据化和智能化转型升级，以更低的成本提供更好的产品和服务，从而在市场上保持优势地位。SAS公司也不例外，作为老牌专业的商业分析软件及服务提供商，SAS凭借其专业性和稳定性的统计分析服务为客户所信赖和选择。但是随着大数据认识的普及，许多公司希望增加自身数据分析和商业智能的能力，从而能指导和优化业务运转。许多软件或者商业分析公司也将目光瞄准了商业智能这个市场。具体来说就是需要专业数据和商业分析服务的公司越来越多，但他们的选择也越来越多。SAS一方面需要面对像R、Python这样的免费、开源软件和平台的冲击，另一方面又要面对如IBM、微软、SAP等同样实力强劲的竞争对手或者新兴的人工智能企业在商业智能市场上的竞争和对比。如何保持在这一市场的领导者地位，不被新兴技术所淘汰，是SAS公司面临的挑战，也是机遇。

2017年新任SAS公司首席运营官兼首席技术官Schabenberger表示："我希望可以聚焦于我们的全球战略方向和投资领域，旨在促进关键领域和新兴领域的持续增长，重点投资方向包括加速核心优势领域的增长，如人工智能、机器学习、分析、反欺诈、风险管理、数据管理和客户智能。另外，我们看好物联网市场的强劲增长机遇，同时也看好在中型市场的扩张。"

---

① http://spectrum.ieee.org/static/interactive-the-top-programming-languages-2018.

4.2 SAS 创新的产品及服务

4.2.1 SAS Viya 云平台

云服务是基于互联网相关服务的增加、使用和交互模式，通常涉及通过互联网来提供动态易扩展且经常是虚拟化的资源。现在许多国外软件企业已停止开发安装在单个机器上的软件，多是开发浏览器化软件，即只要能上网，就能使用软件公司在“云”上的产品。使用的硬件资源、软件资源在“云”上能租到。“云”模式也将会越来越普及。在新型分析方面，云分析是一个重要的数据分析领域。SAS 耗资 10 亿美元开发了面向云计算现代计算架构的云分析服务 Viya，并于 2016 年开始推向市场。在 SAS Global Forum 2017 上 SAS 推出了全线的 Viya 产品，包括一系列可视化分析平台，可面向云端和本地通用部署，把 SAS Viya 与传统软件版本的 SAS 9 结合起来就能形成一个企业内部无处不在的数据分析环境。

SAS® Viya™ 是专为各级分析水平用户的现代机器学习而打造的云就绪、可扩展、开放式平台，整合了最新推出的应用程序，是对 SAS®9 的扩展和补充。业务分析师、数据科学家和软件开发人员可同时从同一个大型内存数据（可迁移的分析性资产）中获取洞察，从而解决其最具挑战性的业务问题。SAS Viya 具有应用程序界面（Application Program Interface，简称 API），并支持多种编程语言，因而得以扩展以下功能：交互式数据发现和报表、统计、数据挖掘、机器学习、流数据分析、预测、优化和计量经济学。Ovum 首席分析师 Tony Baer 表示：“SAS Viya 为更广泛的受众提供了一个美观、部署于云端的 HTML5 web 分析界面，是对 SAS 经典平台重新思考的成果。SAS Viya 把重点放在机器学习上，从而将 SAS 的功能定位为 Ovum 所提出的‘智能分析’。”考虑到用户的数据分析经验和技能不尽相同，SAS Viya 系列产品可满足各级水平用户的需求，并帮助他们得出数据分析结果。

(1)适用于业务用户的 SAS 可视化分析（SAS Visual Analytics）。该软件运行在 SAS Viya 平台上，提供流行的自助式分析和数据可视化解决方案。

(2)适用于业务分析师的 SAS 可视化建模统计工具（SAS Visual Statistics）。该软件具有与 SAS 可视化分析（SAS Visual Analytics）相同、一致的可视界面，可进行交互式数据探索，并构建描述性或预测性模型。

(3)适用于数据科学家的 SAS 可视化数据挖掘和机器学习（SAS Visual Data Mining and Machine Learning）。该软件主要服务于数据科学家，使他们轻松地将机器学习和数据挖掘技术应用在结构化和非结构化的数据上。

(4)适用于智能分析师的 SAS 可视化调查（SAS Visual Investigator）。该软件可通过识别重要的模式、未知关系和对象，满足各种智能分析和调查管理的需求。

另外还有三款针对不同学科背景数据分析的 SAS Viya 产品：SAS 可视化预测（SAS Visual Forecasting），SAS 计量经济学（SAS Econometrics）和 SAS 优化（SAS Optimization）。所有产品均带有可在 Jupyter 笔记本上使用的编程界面。将来，SAS 可视化预测（SAS Visual Forecasting）也将添加与其他 SAS Viya 分析产品相同的可视界面。

将 SAS Viya 纳入 SAS 平台可帮助用户在数据分析生命周期的各个阶段（从数据发现到数据模型部署）实现无缝衔接，从而快速从数据中获得价值。2017 年云相关收入增长了

15%，客户可在便捷的云环境中更快捷地使用 SAS 软件，且性价比更高。客户也认识到增进 SAS 专业技术所能带来的价值，并且无须建立自己的内部团队。Oliver 介绍说，SAS Viya 可运行在 AWS（Amazon Web Services）之上以公有云方面运营和部署，也可以在企业内部部署在 Cloud Foundry 私有云之上为企业内部服务（见图 1—5）。

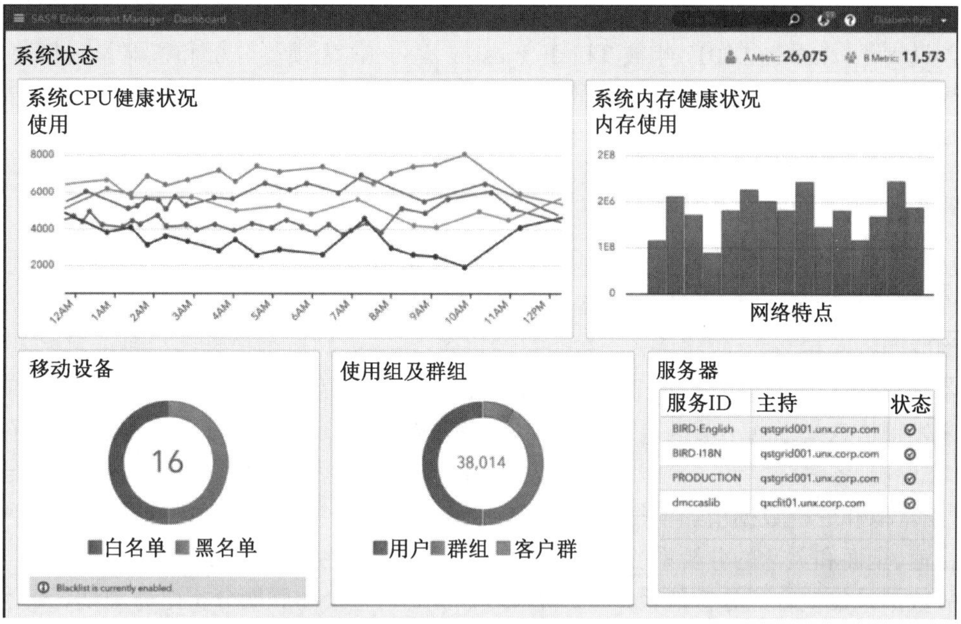

图 1—5　2012 年至 2017 年 2 月 R 和 SAS 招聘广告趋势

4.2.2　人工智能(AI)产品及服务

2017 年 SAS 增强了人工智能产品组合，发布了机器学习、深度学习和自然语言处理方面的新产品，能更迅捷地获取洞察，并简化了端到端的业务解决方案。新版 SAS 平台配有可整合整个数据分析生命周期的 Web 界面，可助力跨部门的团队协作。现在，从数据准备，到交互式发现和探索，再到模型构建和部署，所有活动都可以通过一个可视化界面提供支持。这一高度集成的环境，加速了现代机器学习算法的构建，从而建立更盈利的客户关系、防范欺诈并有效地管理风险。

SAS 可视化数据挖掘和机器学习涵盖机器学习和深度学习的所有方面——从数据存取，到数据整理，再到复杂的模型构建和部署。基于内存的分布式处理可更加快速地解决关键业务问题，并使企业更加高效地利用宝贵的数据资源和技术人员。该软件还支持 Python 和 R 等流行开源编程语言。SAS 可视化文本分析综合运用自然语言处理（Natural Language Processing，NLP）、机器学习和语言规则，从非结构化数据中获取价值。该软件可解决各行业面临的业务难题，包括：管理和解释记录、评估风险和欺诈以及通过客户反馈及早发现问题。SAS 可视化文本分析在一个现代化且灵活的框架内提供以下功能：文本挖掘、上下文提取、分类、情感分析和搜索。该软件使用户能够准备待分析数据、可视化探索主题、构建文本模型并部署在现有系统或业务流程中。用户可以使用预定义的模板快速分析大量数据，并将文本分析的输出综合应用于其他机器学习和预测技术中。

SAS将重点放在机器学习的易用化和加速创造价值，2017年机器学习方面的业务达两位数增长。展望未来，SAS将继续投入重资将人工智能嵌入整个SAS产品组合以及SAS平台，并且计划建立卓越中心，旨在帮助客户了解和应用人工智能，从而变革自身业务和改变世界。例如，在金融服务领域，人工智能赋能自然语言处理帮助客户解锁为企业创收的新服务。在能源领域，人工智能赋能深度学习工具可以优化风电场的布局，将可再生能源投资的收益最大化。SAS在2017年被The Forrester Wave评为预测分析和机器学习解决方案的领导者，在Forrester对14个厂商的评选中，SAS在产品、战略和市场占有率三项指标中均名列前茅。

4.2.3 SAS物联网分析(SAS Analytics for IoT)

从汽车到工厂到农场，许多的组织早已通过物联网技术从终端设备中收集了大量的信息，众多的终端设备通过网络接受指令，同时也不断地反馈数据和状态给信息中心。分析家认为物联网技术在2020年将飙升至数百亿台设备，没有人知道会出现多少种或哪些新型智能设备，但是可以预见在将来那个全新的万物互联的世界，仍然使用传统的信息处理和分析方法来发掘信息是远远不够的。从物联网中获利，企业的商业分析需要从传统的数据中心转向终端的设备——“物”。不断增长的终端数量连续不断产生了体量巨大且结构繁杂的数据，这给获取和分析数据增加了复杂度和风险上的挑战，当今企业在应对物联网时需要一种更加快速、全面和灵活的分析系统。

从数据采集整合到分析部署，SAS物联网分析涵盖整个物联网分析生命周期，无论数据位于边缘、处于动态或静态，都可以快速自信地制定决策。SAS物联网分析基于成熟数据管理技术并结合最新技术，开发并不断改进最适合用于高频度流数据分析的产品，通过挖掘与分析，最大限度地提取物联网数据，无论数据存于边界设备、数据中心或云端，均可在事件发生时侦测兴趣类型。采用SAS物联网分析，用户可以在生态系统全程进行物联网数据的集成、转换、可视化处理与分析，降低数据传输和存储成本。同时通过在静态数据中运行大型数据分析而完成物联网分析的闭环。SAS事件流处理(SAS Event Stream Processing)解决方案能够以非常高的速度(如每秒几百万次)、极低的延迟率(以毫秒为单位)处理大量数据，从而对物联网数据进行实时数据管理，随时进行分析，并从杂乱背景下智能过滤并区分出相关内容，便于了解哪些数据需要存储，哪些可以忽略，从而使用户可以在动态数据近乎起始的位置进行不间断的评估、转换和实时分析。从简单的报警到复杂的自动响应，SAS决策管理功能有助于采取实时行动。SAS Analytics for IoT支持边缘设备的数据整合、可视化分析，以及对所选存储平台中的静态数据进行大数据分析。

仅2017年，SAS物联网相关的营收就增长了60%。仅2017年，SAS物联网相关的营收增长了60%。当前，行业分析机构均对物联网分析市场持续看好。随着IoT联网设备产生大量数据，对SAS来说，唯有创新才能够抓住此机遇，正如在2017年为SAS带来巨大增长动力的SAS事件流处理解决方案。正如在2017年为SAS带来巨大增长动力的SAS事件流处理解决方案。SAS创建了物联网部门，通过整合研发和营销专业经验，继续助力边缘数据分析，从而大大提高客户物联网投资的价值增值。

SAS物联网分析框架如图1—6所示。

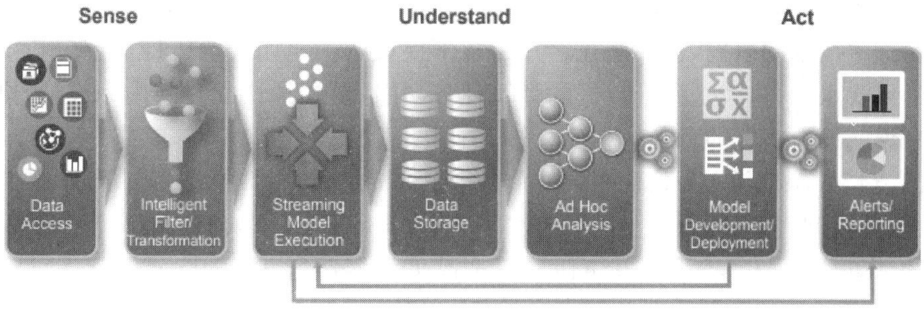

图1—6 SAS物联网分析框架

4.2.4 SAS客户智能解决方案(SAS Customer Intelligence)

SAS客户智能解决方案旨在建立“有效的客户体验”，通过汇集并处理来自所有渠道的数据，公司可以细致、准确地了解客户需求，刻画客户特征，提供全面完整的分析结果，做出迅速的、基于事实的明智决策，把对客户行为的深入了解，转化成更加成功的产品和营销活动，更好地满足客户需求，赢得客户忠诚度。SAS客户智能解决方案帮助企业更加深入了解其用户状态、明确客户需求、预判客户之后的行动从而向客户提供更加有价值的产品或服务，最终达到自身ROI(Return on Investment)的最大化。SAS客户智能解决方案(SAS Customer Intelligence)在《Forrester Wave™：2017年第二季度数字智能平台解决方案报告》中被认为“表现强劲”。SAS客户智能由SAS客户智能360、SAS营销自动化和SAS营销优化等解决方案构成，能够满足不同行业、不同客户类型、不同业务需求的分析要求。

SAS客户智能360是一个针对企业应用互联网或移动应用等数字渠道进行客户互动和营销的解决方案，提供了一个基于高级分析功能的、简单易用的营销界面，可供营销人员和业务分析师迅速将数字数据转化为以客户为中心的预测分析。营销人员可利用全面掌握的客户情况，在所有营销联系点有针对性地开展更加相关的个性化交流。实时互动过程中，公司可以收集品牌推广的相关数据，将其转化为分析结果，组成360度全方位视图，制定更准确的客户决策。SAS客户智能360利用这些分析结果指导并形成实时客户交互，结合具体情况制定决策，为客户提供难以拒绝的、高度个性化的相关产品。这样，品牌营销人员能够具体到每个客户，在正确的时间和地点、正确的环境下满足每个客户的需求。这就是“360”名称的含义，即全面反映每一种情况，优化客户个人的交互过程。SAS客户智能360能够实现真正实时的实时营销，将实时数据采集推导出的客户洞察结果与先进的分析和业务逻辑相结合，确保在正确的时间，以实时方式为客户提供最好的产品。

4.2.5 前沿计算机技术的应用

在前沿计算机技术的应用方面，SAS一方面采用了分布式计算架构，另一方面结合了其他语言。在SAS工作了14年现为SAS研发副总裁的Oliver Schabenberger从2009年开始负责Analytical? Server，这是当时对于多核分布式高性能计算架构的响应。之前的SAS软件是单机单线程计算，Analytical? Server从数据管理和计算层进行了隔离，可在单机24线程、多机群的分布式环境中，完成海量数据分析的任务。Oliver表示，SAS并没采用Hadoop

等现成的分布式计算开源软件，而是自行开发了分布式并行计算架构，并加入了内存计算等技术。而这些技术的研发，也都是在客户需求下促成的。比如金融机构需要分析成千上万只股票的风险水平，这就是海量数据的计算任务，并且要在很快的时间内完成，否则对于金融机构来说就没有实际的意义。

SAS支持开源框架Hadoop拓展整个分析生命周期，包括数据准备与管理、数据可视化与探索、以及模型创建、部署与监测。SAS可视化分析（SAS Visual Analytics）和SAS可视化建模统计工具（SAS Visual Statistics）等产品可直接运行在Hadoop框架上。SAS Viya平台支持通用的编程语言如Python、Lua、Java以及公共REST API，可用于访问数据、分析方法和服务。除了SAS Viya专用SAS分析传输包装（SWAT）Python客户端，SAS还发布了将Python编程扩展到SAS 9.4代码的SASPy库，包括SAS网格管理器（SAS Grid Manager）。SAS还引入了Pipefitter这一可简化机器学习流水线流程的Python库，这可从GitHub获得。

5. SAS能否基业长青?

SAS大中华区总裁吴辅世认为，“SAS之所以能40年保持持续增长与行业影响力，并不是因为做得早，而是能让客户获得不断创新的技术与服务。SAS之所以能基业长青，有两个关键的因素。第一，40年一路走来，始终如一，专注在数据挖掘、分析领域核心专长。第二，不断创新、进步。一般而言，企业研发的投入平均是营业额的8%～12%。但SAS公司将每年营业额的25%投入到研发，所以确保SAS有最优秀的数据分析研发人才，以及最好、最先进的数据分析的产品可以提供出来。”

澳新银行高级投资组合模型经理Andrew Wilson－Annan认为，“SAS是市场上公认的标准，拥有丰富的专业知识。在此基础之上是其实践证明的可靠性，这是我们七年来一直欣赏的一点。”

SAS首席执行官Jim Goodnight表示，“随着企业发现可从数据中获取洞察从而创造新价值，数据分析行业的格局正迅速改变。SAS正以物联网分析和人工智能分析等颠覆性技术帮助客户提高竞市场竞争力。SAS顶尖的数据分析专业知识和业务解决方案之所以赢得客户的青睐，正是因为SAS成功创新了为客户提供助力的新技术和新方法。”

附录　英文摘要

The Transformation and Development Path of SAS in DT Era

Yang Nan　Chu Xiaoya　Fang Xi

(Shanghai University of Finance and Economics，Shanghai，200433，China)

Abstract: The coming era of DT brings major changes to many industries, among which, data analysis industry is the first to be influenced and enters a fast-growing phase. This article studies SAS company——a traditional data analysis software and service provider, for its innovative orientation and focus during transformation in DT era. On this basis, the article then explores the innovation features and development path of data analysis industry and hopes to provide rational suggestions to the transformation of data analysis enterprises.

Keywords: DT era; SAS company; Data analysis industry; Transformation and innovation

案例使用说明

一、教学目的与用途

1. 适用课程:商务统计学。

2. 适用对象:本案例主要适用于 MBA 和 EMBA 学员、应用统计专业的研究生,也适用于具有一定工作经验的学员和管理者学习。

3. 教学目的:本案例介绍全球知名的数据分析软件和商业分析解决方案提供商——SAS 公司在 DT 时代面临的挑战以及转型发展之路。通过这一案例的讨论,使学生对以 SAS 公司为代表的传统数据分析企业的主要产品、服务及应用场景有更深的了解,并从 SAS 的转型过程体会传统数据分析企业在 DT 时代面临的机遇与困难,把握未来数据分析行业及公司发展的趋势和挑战。通过教师对案例的引导和学生的深入讨论以期达到如下教学目的:

(1)理解 DT 时代给数据分析行业带来的机遇和挑战;

(2)了解 SAS 公司的最初定位、发展历程、运作模式、主要产品和服务、取得的突出成就;

(3)了解 SAS 公司在应对 DT 时代对数据分析技术和流程带来的新要求时所面临的困难与机遇;

(4)从 SAS 公司目前重点关注和研发的创新产品和服务中挖掘 SAS 公司未来转型发展的着力点和方向。

二、启发思考题

1. DT 时代对数据分析行业及相关公司带来了什么机会?

2. 在竞争对手面前,SAS 公司受到的冲击与影响有哪些?

3. 历史上,SAS 公司 40 多年保持利润持续增长的核心竞争力是什么? 它和其他数据分析软件提供商有何差异? 今天,SAS 公司能否保持历史上的巨头地位,实现基业常青?

4. 从 SAS 公司在新时期重点研发创新的技术和产品来看,SAS 公司的创新思路和方向是什么? 如果你是 SAS 公司的领导者,面对未来的挑战,你有哪些应对之策?

三、分析思路

1. DT 时代对数据分析行业及相关公司带来了提供更多更好产品和服务的商业机会以

及广阔的发展前景。DT 时代数据量迅速增长，大数据技术应用场景不断丰富。同时，大数据相关技术的成熟催生了数据分析的巨大需求。

一方面，网民数量不断增加，另一方面，以物联网和家电为代表的联网设备数量增长更快。大数据技术可运用到各行各业。宏观经济方面，IBM 日本公司建立经济指标预测系统，从互联网新闻中搜索影响制造业的 480 项经济数据，计算采购经理人指数的预测值。印第安纳大学利用谷歌公司提供的心情分析工具，从近千万条网民留言中归纳出六种心情，进而对道琼斯工业指数的变化进行预测，准确率达到 87%。制造业方面，华尔街对冲基金依据购物网站的顾客评论，分析企业产品销售状况；一些企业利用大数据分析实现对采购和合理库存量的管理，通过分析网上数据了解客户需求、掌握市场动向。有资料显示，全球零售商因盲目进货导致的销售损失每年达 1 000 亿美元，这方面的数据分析大有作为。

2006 至 2009 年，大数据技术形成并行运算与分布式系统，为大数据发展的成熟期。大数据技术是一种新一代技术和构架，它以较低的成本，快速的采集、处理和分析技术，从各种超大规模的数据中提取价值。大数据技术不断涌现和发展，让我们处理海量数据更加容易、更加便宜和迅速，甚至可以改变许多行业的商业模式。大数据正在对每个领域造成影响，在商业、经济和其他领域中，决策行为将日益基于数据分析，而不再是凭借经验和直觉。经济大形势的变化促使企业进行更为精细化的管理。随着网络技术、移动技术等的飞速发展，企业面对几何式增长的数据量以及最终消费者不断攀升的实效性服务诉求，实时访问和分析成为企业数据管理的首要障碍。如何更好地访问和分析数据将成为企业数据管理的首要痛点，亦成为大数据在企业客户中落地的良好契机。过去十年，得益于大数据的快速发展，商业智能受到了越来越多的关注，与此同时，从传统 BI 到探索式 BI，商业智能也经历了一次产品模式和理念上的巨大改变，这种改变不仅使得业务人员可以参与甚至主导整个数据分析流程，让商业智能更加敏捷，同时也加速了企业由 IT 驱动转向 DT 驱动的脚步。

2. DT 时代不仅给 SAS 公司带来了发展机会，还带来了竞争和挑战。在竞争对手面前，SAS 公司受到的冲击与影响主要体现在：其他科技巨头在功能整合、给客户提供一站式服务方面更有优势；开源软件的兴起和功能完善对 SAS 造成了一定威胁；SAS 语言在与其他软件整合以及整体流程掌控上处于劣势。

其他科技巨头公司逐渐进军商业分析领域及深化产业链延伸拓展，给 SAS 带来不小的冲击。SAS 公司与直接竞争者相比有明显功能短板，在功能整合、给客户提供一站式服务方面表现欠佳。随着大数据的逐渐发展，数据分析已经远远不是输入数据、快速输出分析结果那么简单，甲方公司更青睐功能全面的乙方公司。随着参与者的增加，客户需求逐渐明确，行业分工也呈现出越来越细致的局面。Matt Turck 是 FirstMark Capital 的合伙人，每年都会绘制一张大数据行业的行业版图。[①] 根据 Matt 的分析，2017 年的行业版图相对于 2016 年明显呈现越来越拥挤的趋势，越来越多的玩家涌入市场，希望分到一杯羹。除了技术自研和收购以外，这些玩家还越来越重视通过合作来打造生态链，其合作的重点是手上有数据的公司以及有“头脑（AI）”的公司。IBM 与 Salesforce 的合作以及 SAP 与 Google 的合作就是值得注意的案例。在这样的趋势下，SAS 如果不进一步稳固自己在分析和架构两块的优势，并且以积极态度往其他领域扩张，有可能很快就会由于业务服务的局限性，在和其他能提供

① http://mattturck.com/bigdata2017/；http://36kr.com/p/213424.html.

一站式服务公司竞争的过程中处于劣势。开源软件的大量涌现和统计功能的不断完善，对以收费模式为主的 SAS 软件构成了一定威胁。首先，SAS 在最新统计模型和算法的更新上稍显落后。据统计，目前主流的 65 个统计方法中只有 Matlab 和 R 覆盖了全部功能，对于其中大约 94%的统计方法 R 语言均能直接提供，剩余 6%也可以通过简单编程实现。Matlab 与之类似，可以通过简单编程实现其中的 10%。SPSS 和 STATS 直接提供的功能只占四成到五成，大约 10%的统计方法只能直接提供部分功能，同时由于编程模块较弱，剩下的功能也不能通过简单编程实现。而 SAS 介于两组之间，绝大部分功能可以直接提供或者通过简单编程实现，不过仍有 9%的功能是 SAS 不能提供的，其中包括 Naive Bayes、Extreme Value Theory、Hidden Markov Models 等。

其次，SAS 虽然提供命令控制，但很多用户并不认为 SAS 是个脚本语言，因其并不适合通过编写程序实现个性化功能。因此用户很难通过 SAS 来完成对其他软件的整合以及对处理流程的掌控。在众多编程语言流行度评估中，最权威的应属 IEEE Spectrum Ranking，该排名合并了来自 10 个不同网站的 12 个指标，度量指标包括在求职网站和搜索引擎上的普及、去年的 GitHub 库编程代码添加量等。而 SAS 在这个榜单中仅排名 37 名。值得注意的是，SAS 的有力竞争者 Python、R 却出现在前 10 名的榜单里，尤其是 Python 语言从 2017 年的第 3 名上升到 2018 年的第 1 名，十分引人注目。也就是说，在用户眼里，Python、R 不仅是个好用的数据分析工具，同时也是评价颇高、受众颇广的编程工具。

3. 40 年来 SAS 的成功秘诀在于听取客户声音，以及为企业级用户提供可扩展的数据分析解决方案，从而能适应大型企业的分布式计算环境和需求。SAS 凭借丰富的商业分析经验，为不同的行业和业务进行专业和个性化的研究和服务，在许多行业有着极大的客户忠诚度，同时 SAS 产品和语言具有较大的灵活性，为不同业务对象和问题提供多样性和全面性的产品和服务。

SAS 坚持数据分析、数学方法的集成，提供专业数据挖掘和商业分析服务，SAS 软件涵盖了统计学、运筹学、计量经济学与预测等全面的应用数学领域，提供了所有的实用数理统计分析方法以及机器学习和人工智能等高级算法，而且还在不断吸收新的算法。相比于 R 和 Python 等开源软件，SAS 虽然无法做到开放权限使得所有用户可以自由上传其代码作为功能包，但是通过专业人员进行开发和维护，SAS 能够保证所有的产品和方法得到的结果都是准确可靠的，并且可以提供及时且专业的客户服务，而像 R 这样的免费软件是难以保证和实现的。

SAS 通过其专业和高级的商业分析技术和经验，深入挖掘数据背后的信息和规律，真正体现数据价值，将海量的数据转化为可执行的业务洞察和建议，帮助许多公司实现了实实在在的利润提高和成本控制，为公司带来持续的业务改进，提供从未有过的精确分析见解，得到了客户的认可和信任，从而有很高的用户黏性。SAS 的产品和服务一直立足于客户需求，为不同的行业和业务进行专业和个性化的研究和服务。另外通过持续的成功案例和口碑提升，SAS 也在吸引着有数据分析需求和潜力的潜在客户。因为大数据时代许多公司都在进行数据化、智能化转型，希望能够利用数据节约成本提升业务表现并增加利润，所以 SAS 公司仍旧有很大的潜在用户市场。

SAS 通过推出多种不同功能和业务对象的产品极大地丰富了产品的多样性，而 SAS 技术的优势在于全面性和灵活性，具有高度灵活的开发环境和卓越的数据管理和分析功能。

“SAS不光深入数据分析领域、具有一流的分析能力，在流数据、虚拟化和主数据管理等数据管理方面也有着良好的广度。SAS始终致力于完善全周期的分析框架，希望用户可以在SAS平台完成从数据管理到商业分析，再到结果呈现和实时互动的全过程。”IDC分析和信息管理副总裁Dan Vesset认为，“SAS将高级数据分析、模型部署、数据准备和可视化整合到一个平台，使用户可完成数据分析过程的所有阶段，无须在不同软件之间切换。通过SAS平台的更新，并融合最新的统计算法、机器学习算法、深度学习算法、文本分析算法，且支持开源语言，SAS明显将长期保持其作为领先数据分析和认知/AI平台提供商的地位。”

4. 创新不是追逐市场上的热门产品，也不是一味学习和发展热门技术，于SAS公司而言，所有创新的目的都是为了给客户提供更好的产品和服务。

SAS公司一直十分注重创新。一般而言，企业研发的投入平均是营业额的8%～12%。但SAS公司将每年营业额的25%投入研发，确保SAS有最优秀的数据分析研发人才，以及最好、最先进的数据分析的产品可以提供出来。SAS Viya的新增功能扩展了SAS平台，为数据分析驱动型企业提供了更多功能。这种现代化技术吸引了越来越多的SAS Viya用户，他们正试图整合所有分析资产，并将SAS与各种开源界面和语言配合使用。

历经了40年的积累，SAS始终走在时代的最前沿。今天的SAS有着其他新创数据分析公司无可比拟的优势，那就是过去40年从全球企业用户的数据分析中吸取的实践经验和算法。在SAS北卡总部的研发大楼里，有一个1亿美元产品俱乐部纪念碑。在这个纪念碑上记录着50余种创造了超过1亿美元营收的产品名录，这些是SAS公司的数学家、数据科学家和软件工程师们共同创造的软件产品，它们让普通人很容易掌握数据分析思想、工具和解决方案。

SAS的1亿美元产品俱乐部如图1－6所示。

图1－6　SAS的1亿美元产品俱乐部

正如SAS公司首席运营官所说，SAS将重点投资能够进一步巩固升级SAS的核心优势的领域，并且增强关键技术和新兴技术的发展。“帮助客户构建知的力量”是SAS一贯的宗旨，SAS的创新和技术发展也是基于客户需求，结合前沿技术，同时也是SAS的真正盈利点。为了更好地服务SAS客户中的制造业公司，SAS努力实现物联网技术的完善和研究；为了紧跟时代潮流，提升服务质量和体验，SAS开发了SAS Viya云平台并在其基础上大力发展人工智能技术和产品的落地，SAS持续努力使自己的创新投入都能够给客户带来实际的洞察分析和业务提升，帮助客户更好进行日常运行和战略决策。

四、理论背景

1. DT(Data Technology)时代及大数据的特征

“人类正从IT时代走向DT时代。”2014年3月在北京举行的一场大数据产业推介会上，阿里巴巴集团创始人马云在主题演讲中发表了他的这一观点。马云提出，人类已经从IT(Information Technology)时代走向DT时代，IT时代是以自我控制、自我管理为主，而DT时代是以服务大众、激发生产力为主。这两者之间看起来似乎是一种技术的差异，但实际上是思想观念层面的差异。IT时代主要是通过专家经验进行数据挖掘，数据只是一种附属品，实质还是通过人力推动运营。近几年大热的人工智能(AI)，可以算作从IT时代向DT时代过渡的准DT时代的表征，即专家通过AI技术，实现数据化运营。而在即将到来的DT时代，数据化运营将变为运营数据，数据就是企业的核心竞争力与商业价值的驱动因素。毫不夸张地说，DT时代，得数据者得天下。

2011年6月，全球知名咨询公司麦肯锡发布《大数据：下一个创新、竞争和生产力的前沿》研究报告，最早提出“大数据时代已经到来”，报告中还提到，“数据，已经渗透到当今每一个行业和业务职能领域，成为重要的生产因素。人们对于海量数据的挖掘和运用，预示着新一波生产率增长和消费者盈余浪潮的到来。”大数据是一个以数据为核心的产业，是一个围绕大数据生命周期不断循环往复的生产过程，同时也是由多种行业分工和协同配合而产生的一个复合性极高的行业。大数据有如下5个特征。

(1)体积(Volume)。企业或组织从各种来源收集数据，包括商业交易、社会媒体和传感器或机器到机器数据的信息体量明显增加。在过去，单纯存储这些数据就是一个技术难题，但目前新技术的出现(如Hadoop)相对减轻了负担。

(2)速度(Velocity)。数据流以前所未有的速度增长。为了满足业务需求、真正做到以数据分析引导企业决策，这些数据必须以极快的速度及时处理。RFID标签、传感器和智能计量正在驱动实时处理海量数据，使得这一需求逐渐成为现实。

(3)品种(Variety)。除了传统数据库里的格式化数据以外，当前社会发展需要处理各种类型格式的数据，例如非结构化文本文档、电子邮件、视频、音频、股票行情数据和金融交易数据等。

(4)易变性(Variability)。除了数据速度和种类的增加外，数据流与周期峰也具有高度不稳定性。例如我们无法预计社交媒体会出现怎样的趋势。季节性和事件触发的数据峰值所产生的负载对管理来说是个挑战，对于非结构化数据的存储和处理更是如此。

(5)复杂性(Complexity)。今天的数据来自多个源，这使得在系统上连接、匹配、清除和转换数据变得困难。因此，有必要去链接数据源之间的关系、层次结构，否则数据很快就会失去控制。

2. 大数据行业新动向

近年来，大数据、云计算、移动互联网、物联网、人工智能等技术的进步与渗透推动了数字经济的飞速发展，并正在重塑全球经济竞争格局。以数据的深度挖掘和融合应用为主要特征的智慧化，将成为未来数字化的主要标志。新一代信息技术在经济社会领域的渗透日益深入，未来经济发展的技术延展性不断增强，商业、产业、企业活动的边界不断拓展，大数据和新一代信息技术基础设施催生出生机勃勃的数字产业生态。

世界上许多国家都已经认识到了大数据所蕴含的重要战略意义，纷纷开始在国家层面进行战略部署，以迎接大数据技术革命带来的新的机遇和挑战。以美国为代表的发达国家在推进大数据上已经形成了从发展战略、法律框架到行动计划的完整布局。美国在《大数据研究和发展倡议》中，提出将通过收集庞大而复杂的数字资料，从中获得知识和洞见，以提升能力，并协助加速在科学、工程上发现的步伐，强化美国国土安全，转变教育和学习模式。根据这一计划，美国希望利用大数据技术实现在多个领域的突破，包括科研教学、环境保护、工程技术、国土安全、生物医药等。其中具体的研发计划涉及美国国家科学基金会、国家卫生研究院、国防部、能源部、地质勘探局等 6 个联邦部门和机构。英国政府 2012 年时计划在未来两年内，在大数据和节能计算研究上投资 1.89 亿英镑，以带动企业在该领域的投资。大数据被英国看作是自己的优势所在，且英国认为已在政府层面为大数据做好了准备。

当前，我国经济正处于转型升级的关键阶段，数字经济对我国实现创新增长、推动高质量发展具有重要的意义。近年来，我国数字经济取得了令世界瞩目的成就。在某些领域，比如移动支付、共享出行、电子商务等，我国已经引领了世界数字经济的发展。我国政府高度重视大数据在经济社会发展中的作用，党的十八届五中全会提出"实施国家大数据战略"，国务院印发《促进大数据发展行动纲要》，全面推进大数据发展。此后，我国工业和信息化部 2017 年正式印发了《大数据产业发展规划(2016－2020 年)》。全面部署"十三五"时期大数据产业发展工作，加强建设数据强国，为实现制造强国和网络强国提供强大的产业支撑。其中明确指出数据是国家基础性战略资源，是 21 世纪的"钻石矿"。"十三五"时期是我国全面建成小康社会的决胜阶段，是新旧动能接续转换的关键时期，全球新一代信息产业处于加速变革期，大数据技术和应用处于创新突破期，国内市场需求处于爆发期，我国大数据产业面临重要的发展机遇。抢抓机遇，推动大数据产业发展，对提升政府治理能力、优化民生公共服务、促进经济转型和创新发展有重大意义。

大数据真正的分析与应用才刚刚兴起，尤其在人工智能、虚拟现实等新兴技术的结合下，大数据有望开拓更大的空间。2018 年，大数据行业开始进入到真正实施和部署阶段。"大数据"技术正在逐渐融入企业实际运用中，财富 100 强公司中许多公司开始更大范围地实践数据指导决策的思路，同时许多初创公司通过开发和应用大数据技术和产品获得了收入的快速增长。

大数据行业资本市场活跃。在 2016 年，全球内大数据初创公司共获得 148 亿美元的风险资本投资，约占全球科技风险投资的 10%。风险资本家在 2017 年热情不减，持续为新公司和现有公司提供资金。针对大数据公司的兼并收购活动持续稳健，例如 Mobileye 以 153 亿美元被 Intel 收购、AppDynamics 被 Cisco 以 37 亿美元收购、Nimble Storage 以 12 亿美金被 HPE 收购。这些投资者的介入不仅说明市场持续看好大数据，认为这座金矿可以给企业带来实际利益，同时也给大数据行业带来更多机会和活力，有效促进行业发展，形成良性循环。鲸准数据显示，中国人工智能企业数量在近五年快速增长，其中 2016 年增长最快，新增企业数量达到 345 家。人工智能企业的融资事件数也在不断增长，仅 2018 年 1～7 月，融资事件数就达到 274 起，融资总额超过 360 亿元。2017 年，人工智能行业的并购事件数达到 33 起，为近年最高峰。图 1—7 为大数据行动和成功率。

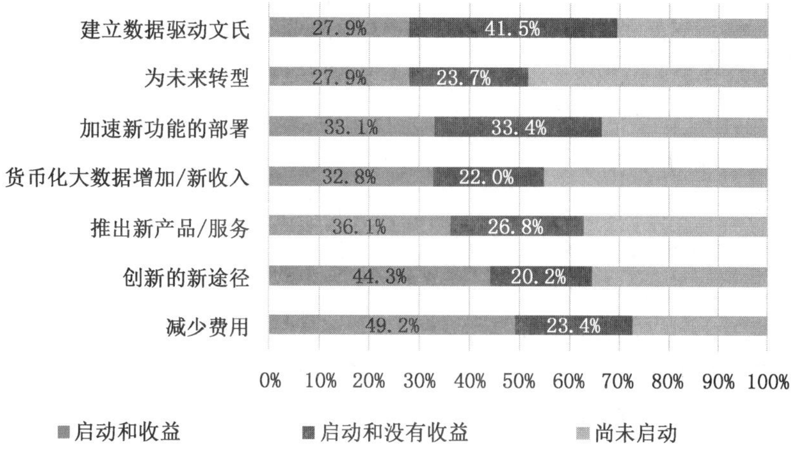

图 1—7　大数据行动和成功率[①]

3. 人工智能成为 DT 时代的热点

人工智能 AI(Artificial Intelligence)是研究、开发用于模拟、延伸和扩展人的智能的理论、方法、技术及应用系统的一门新的技术科学。人工智能为今天的经济发展提供了全新的能量与劳动力，其最大的价值在于更大规模地实现自动化、机器化转变。

据深圳市人工智能行业协会《2020 人工智能产业发展白皮书》统计，2019 年全球人工智能产业规模约 5200 亿美元，同比增长 30%。我国人工智能相关产业规模近 6 400 亿元，同比增长 21%，成为全球人工智能第二大力量。[②]

我国国务院在 2017 年 7 月 20 日正式印发《新一代人工智能发展规划》，标志着我国人工智能发展上升至国家战略层面。在政府政策的支持下，我国人工智能行业在近几年迅速发展，目前已跻身全球人工智能的第一梯队。在研究专利方面，CB Insights 数据显示，2017 年我国人工智能专利出版物数是美国的近五倍。在商业方面，我国人工智能创业公司融资额占到全球融资额的近一半。普华永道在 2017 年 6 月发布的《PwC's Global Artificial Intelligence Study：Exploiting the AI Revolution》中称，到 2030 年，人工智能将给全球带来总计 15.7 万亿美元的经济效益，其中我国的获益规模最大，达到 7 万亿美元，占到 GDP 的 26.1%。

2018 世界人工智能大会于 9 月 17 日至 9 月 19 日在上海召开。此次大会主题为"人工智能赋能新时代"，最大的亮点是呈现 AI(人工智能)＋金融、智造、教育、交通、健康、零售、服务等应用场景，全面展现 AI 技术如何赋能时代发展、推动产业升级。这是上海服务国家战略、打造国家人工智能发展高地的一次重要亮相。参加本次活动的有来自全球近 40 个国家和地区的专家学者及 200 多家人工智能领军企业的代表。图灵奖获得者、中国工程院外

① 数据来源："Big Data Executive Survey 2017-Executive Summary of Findings" by NewVantage Partners，调查于 2017 年 1 月。

② https://www.sohu.com/a/433683716_99999146.

籍院士 Raj Reddy 在人工智能大会上描述道："很多人在看待人工智能的时候，看到的都是一些悲观景象，看到的是世界末日。但我看到的是一个光明的未来。"人工智能不是神秘莫测的，它正深入我们的生产生活中，发挥着无可比拟的重要作用。

五、课堂计划建议

案例讲授可用两节课完成。授课之前，先将案例及将要讨论的问题发放给学生。请学生在课前完成阅读和初步思考。

两节课分四个阶段。第一阶段老师用 10 分钟与同学一起归纳案例背景，在一张黑板上板书出背景要点，简单扼要地介绍讨论主题。

第二阶段是分组讨论，每组 4～5 人，深入理解案例。(20～25 分钟)

第三阶段集中讨论，先由各组汇报本组讨论结果；老师逐一加以点评、追问。其追问的问题以分析思路中的问题为主，这一过程中将理论指导融入进去，对比不同回答结果，促使学生理解其中包含的决策原理。可适当扩展视野、提升认知层次。(控制在 45 分钟内)

第四阶段小结，对整个案例展现出的主题加以归纳。(约 10 分钟)

案例2　困境下的转型

——服装业商业模式创新[①]

案例正文

摘　要：商业模式是企业发展过程中构建独特竞争优势与竞争力的关键要素。现有企业的竞争早已突破了产品与服务竞争阶段，新的商业模式往往让企业脱颖而出。本案例围绕服装业面临的激烈市场竞争与企业困境，公司如何采用新的商业模式来实施转型发展与突破展开。案例的主要思路是帮助学员理解商业模式概念及其创新的重要性，并帮助学员分析不同商业模式的特点以及公司所创新的商业模式的基本特征、主要风险等。本案例的学习有助于学员了解和掌握服装业商业模式竞争的各种类型，理解商业模式创新的影响及其经济后果。

关键词：商业模式；服装业；转型；创新

引　言

2015年10月的一个周日，华海股份有限公司厂部依然紧张而忙碌。总经理王守兵站在10楼的总裁办公室窗口，望着工厂内部流转的车流与忙碌的身影，不禁心头一颤，因为他回想就在3年前，公司全然是另外一番景象。厂房堆满了库存产品，工人放假，所有的管理人员都茫然不知所措。王守兵显然不愿意再去回忆过去这个困难时刻，此时他的目光停留在办公桌前的一本书："创新商业模式"。正是这本书让自己果断做出了正确选择，让企业起死回生。至今他依然能够记起三年前总裁办公室的激烈争吵。这一天在公司总裁办公室正召开紧急会议，所有的高管都眉头紧锁，一会儿默不作声、各有所思，一会儿唇枪舌剑、剑拔弩

---

① 本案例由国家会计学院刘凤委撰写，本案例版权归上海财经大学商学院所有。未经允许，本案例的所有部分都不能以任何方式与手段擅自复制或传播。版权所有人授权上海财经大学商学院案例中心使用。由于企业保密的要求，在本案例中对有关名称、数据等做了必要的掩饰性处理。本案例只供课堂讨论之用，并无意暗示或说明某种管理行为是否有效。

张，毫无疑问，他们正在探讨着有可能决定着公司未来发展命运的重大决策。

1. 公司发展概况

华海股份有限公司是国内一家大型服装企业，专注于服装品牌的经营、管理和销售。“华海”服装品牌较早就在全国推出了全国连锁、无干扰购物、男装自选的营销模式，创新了中国服装企业的商业模式，连续数年获得“营销大奖”，夺得“中国服装行业优势企业”称号，树立了行业地位，赢得了消费者的信赖。2010 年 8 月，华海公司为丰富产品结构、拓宽目标客户群，设立了华宁服装有限公司，开始尝试女装业务的拓展，主打青春、时尚品牌，但市场对这一品牌反响远远不及预期，业绩情况非常不理想，好在这部分业务整体规模不大，因此对华海公司整体业绩影响较小。

华海公司作为服装业的老牌企业，目前却深陷困境，最主要的还是随着市场竞争的不断加剧，公司现有直营店铺的商业模式越来越困难。当初发展直营的初衷，是为了确保公司运营与管理、品牌服务能够得到很好的控制，保证公司产品品牌在市场获得良好的品牌形象。起初这一模式收到了不错的效果，但随着市场竞争的加剧，服装行业市场出现了非常多的优秀品牌，并且都采用了较为新颖的商业模式。华海公司由于是本行业发展较早的公司，自诩为行业排头兵，对于行业内的新模式探索并不怎么在意。但几年下来公司已经发现市场的苗头不对，大量产品积压。由于公司主动战略性放弃生产制造、运输等低附加值业务，将公司核心竞争力定位于品牌管理、供应链管理，外加直营的商业模式，导致一旦公司在下游营销阶段出现问题，不仅品牌会受到影响，与供应商的合作关系以及稳定的供应链都将受到影响。未来如何选择，公司将何去何从，成为摆在所有管理者面前的一道难题。

2. 行业背景简介

服装业作为关系国计民生的基础性消费品产业，是集中体现人类审美观念，追求时尚生活的创新型产业，在提高人民生活质量、发展国家经济、促进社会文化进步等方面发挥着重要作用。服装行业也是我国传统支柱产业之一，在国民经济中处于重要地位。近几年来，我国的纺织服装业有着较大的发展，较大程度地推动了国民经济的发展。我国巨大的市场内需已经成为国内服装行业平稳增长的主要动力来源。人们生活水平的不断提高，服装消费观念正不断成熟，对服装质量、特性、品牌文化内涵的认识也在不断提高，特别是居民的消费更加注重个性化、舒适化、品牌化和时尚化。服装消费逐渐趋向于中高档化发展，我国服装采用中高档面料的比重在逐年增长。服装行业向高附加值、高科技含量、高舒适度的方向发展，有利于服装行业产品结构的升级，增强品牌服装企业的市场竞争力。服装消费已经从单一的遮体避寒的温饱型消费需求转向时尚、文化、品牌、形象的消费潮流。

目前全球纺织服装产业正在由发达国家向发展中国家转移，发达国家纺织服装工业规模趋于萎缩，但由于掌握着品牌和销售渠道，其竞争能力和盈利能力并没有受到太大影响。从目前国内服装市场来看，外国品牌在高端市场具有较大的垄断性，其竞争力主要体现在品牌管理、服装设计、生产工艺等方面；而国内服装企业主要定位于中低档产品生产和服装加工，出口竞争力主要来源于国内销售网络、人工成本、产品质量以及生产规模等方面。随着国内物质生活水平不断提高，服装行业在发展中逐渐从规模、产量的竞争转变为品牌、品质以及产品个性化方面的竞争。自2011年加入WTO以来，我国服装行业获得了较快发展，自主品牌发展迅速，并逐渐以各种方式融入由跨国公司主导的纺织服装业全球价值链，同时涌现出一批具有高知名度、在业内具有较强的市场占有率的服装品牌，如杉杉、波司登、红豆、罗蒙、报喜鸟等。然而，从整体上看，我国的纺织服装业还处在纺织服装全球价值链的低附加值的生产制造环节，并且目前纺织服装业普遍存在生产过剩、行业利润空间缩小现象。

在电子商务的冲击下，近几年传统商业特别是服装行业遭受了前所未有的冲击，实体店生存环境艰难，纷纷陷入"关店潮"。在经历10年高速发展后，我国服装行业进入了调整期，特别是出口增速有所缓慢，服装行业利润分配格局也将进一步改善。国际市场需求下降迅速淘汰了一批资金、技术、管理能力差、抗风险能力低的中小企业；国内市场上半年的低迷状态使内销型企业在生产计划和营销目标上都更为理性。整个服装行业也面临着新一轮的改革与重整契机。

3. 会议的现场

3.1 营销总监的发言

作为公司营销总监，刘海的心情非常复杂。早在几年前，刘海就提出了自己对于当前服装行业市场发展的判断，认为需要转变商业模式，及早从直营模式转型。但公司上下都沉迷于以往的历史定位与成绩，没有注意到他的建议。在这次会议上，刘海提出了自己的想法——

我个人认为，公司目前的困境必须得到缓解，当务之急需要公司有明确清晰的市场定位。公司不应盲目发展多品牌、多客户对象策略，而应专注于男装市场，让产品适合几乎所有年龄段的男性。男性购物特点比较明显，主要是简单方便，因此要尽量避免多点购物的繁琐，节省时间，真正打造成时尚便捷的全程"一站式"购物消费。公司甚至可以考虑建立"男人的衣柜"的鲜明形象，定位于商务、时尚、休闲的大众平价优质男装，产品款式多、品种全，全程无干扰、自助式购物体验，赢得广大消费者的欢迎和青睐，形成良好的品牌效应。鉴于公司自身品牌方面与国际一流品牌尚存在差距，短时间在一二线城市推广存在难度，那就可以在消费市场率先明确三四线城市的市场定位，并积极向一二线城市渗透和辐射，未来根据市场变化，不断调整市场定位。我对这一定位的判断是，随着居民收入水平的提高以及城镇化步伐的持续推进，从农村转移到城市的人口不断增多，三四线城市成为接纳农村人口的主力军，大众消费市场的巨大容量与持续增长为消费增长奠定了坚实的基础。未来三四线城市的市场可以是华海逆势扩张的最主要消费力量。

此外，我还建议公司必须打破直营的经营模式，要采取统一管理的加盟模式。加盟经营被称为商业形态的第三次革命。第一次是农业时代的杂货店；第二次是工业时代的百货超市；第三次是后工业时代的连锁——加盟经营。有资料表明，国际著名的跨国集团公司，70%～80%的连锁店是通过连锁加盟经营方式建立的。加盟经营是一种新的现代商业运营组织方式，能更好地适应市场经济的发展，更好地为客户服务。它利用知识产权的转让，充分调动了一切有利的资本并将其实现了最优化的组合。

现今社会，商业环境在不断变化，消费者的需求也在发生着相应的变化，如果我们企业不能准确地研判消费者消费需求的变化，不能适时进行商业模式创新，对公司的战略方向进行调整，那么再辉煌的企业也避免不了被市场淘汰、走向没落的结局。商业模式的创新是企业发展的原动力，随着经济的发展，企业间的竞争已经开始由产品之间的竞争走向商业模式之间的竞争，即转移到了对渠道建设、品牌建设、供应链整合能力以及对消费群体偏好的把握上。企业只有与时俱进，始终走在商业模式创新的前列，才能在激烈的竞争中生存下来。通过对商业模式的研究，可以帮助企业认准自身定位，准确寻找到有利的市场机会，提高企业自身竞争力，使得企业能更好地适应整个市场，取得更长远的发展。总之，如果公司不立刻在品牌定位和发展的商业模式上做出变革，将很难渡过当前这个难关，也可能不出一年公司就会倒闭。

3.2 总经理的发言

王守兵一直在听各个领导的讲话，但对于大部分人的发言并不太在意，感觉都没有说到点子上。只有营销部刘海的发言让他眼前一亮。或许公司真的到了业务大转型的时候，他语重心长地表态——

我们公司是一家具有悠久历史和良好品牌形象的服装企业，多年的发展积累了大量客户和良好的市场口碑，公司不能到今天说倒就倒。我非常赞同刚才刘海同志的发言，公司需要认真思考商业模式的转型与发展。著名管理学大师彼得·德鲁克曾经说过："当今企业之间的竞争，不是产品之间的竞争，而是商业模式之间的竞争"。[①] 商业模式创新是企业持续发展的根本保障，有效的商业模式可以帮助企业提高自身的核心竞争力，在激烈的市场竞争中保持优势地位，从而取得更持久更长远的发展。

现有的直营模式发展过于缓慢，资金需求量也太大，对于公司当前财务状况以及品牌能力来讲都有些无法支撑。自营模式虽然有很多优点，但缺点也很明显。我们必须打破常规，探索新型的商业模式。我认为加盟的模式的确能快速做大规模，将公司现在产能与存货释放，但这个模式也有其相应的弊端。我建议公司发展战略部用半个月的时间给出一套完整的解决方案，能够在直营与加盟的基础上创新商业模式，选择适合华海公司当期发展需要的新路，华海公司必须要依靠自己才能生存。

4. 应对方案

半个月之后，在公司战略部彻日彻夜工作下，一份公司商业发展报告摆在了王守兵的办公桌前。这份报告凝结了公司大部分核心骨干的群体智慧。这份报告的核心思想是：华海公司的业务模式将定位介乎直营模式和加盟模式之间，是一种类直营的商业模式，即"上游赊销货品制＋下游财务加盟制"。

(1)创新商业模式

---

① [美]德鲁克，马恰列洛德鲁克日志[M]. 蒋旭峰，等译. 上海：上海译文出版社，2014.

与直营为主的模式相比，加盟为主的模式更容易被品牌公司所采用，因为加盟模式下品牌商可以利用加盟商现有的销售渠道在短期内实现门店的快速扩张，进而实现销售收入的快速增长、资本的快速积累以及品牌影响力的迅速提高。但是也因为加盟店所有权与管理权相分离，造成了加盟商与品牌商利益的不统一，品牌商对终端门店难以形成有效的管控，难以实时掌控销售终端的数据，也就难以对消费需求变化做出快速反应。“连而不锁”成为普遍现象，一旦产品销售不畅，加盟商与品牌商之间利益冲突就会加剧，管理效率就会大打折扣，企业经营面临困难，甚至上演“关店潮”。

为了走出当前的困境，综合发挥直营与加盟的共同优势，华海公司提出了新的加盟模式。在华海公司创新的加盟模式下，加盟商的定位更像是一名财务投资者，只需负责投入资金开店，并从产品销售中获得相应回报。加盟商虽然具有对加盟店的所有权，却没有管理权，加盟店的运营管理由华海全面负责，华海实际控制了销售渠道，是一种类直营的商业模式，这也是华海确保可以低成本快速扩张的原因之一。

类加盟模式可以实现快速扩张，这样尽管门店数量众多，但管理却规范有序。主要是源于所有权与经营权分离的经营模式，这一模式下加盟店的所有权属于加盟商所有，但加盟商只是作为财务投资者，加盟店的经营由加盟商委托华海进行管理。通过这种模式，华海达到了对销售终端的有效控制。

在门店管理上，华海也将执行“业务制度化、制度流程化、流程标准化”的高度统一的管理理念，要求所有加盟店统一业务模式，统一规划布局，统一价格控制、统一采购管理、统一服务规范，实行全国统一“连”“锁”管理，既“连”住了品牌，“连”住了形象，“连”住了服务，也“锁”住了管理，使每一家门店都能按照公司标准模式经营，真正打造了“千店一面”的品牌形象。

(2)与加盟商构建新型利益共同体

华海需要在销售环节与加盟商结合为利益共同体，达到低成本快速扩张目的。华海与加盟商之间各司其职、各尽其责，责权分工明确。

①加盟商拥有加盟店的所有权，需要缴纳加盟保证金，以自身名义开店，办理工商税务关系，并从商品销售收入中获取手续费确认收入。加盟商不参与加盟店的具体管理，不承担商品滞销风险。

②华海拥有加盟店的管理权，统一负责品牌的维护和加盟店的运营管理，包括对加盟店人员聘用、薪酬发放、存货管理、数据收集、门店装修等的管理，实际控制了销售渠道，有利于统一品牌形象。

③加盟商不参与加盟店的管理，不需具备服装业从业经验，大大降低了加盟门槛，加盟商只要有资金、有意愿便可加入华海营销网络，从而推动华海低成本快速扩张战略的实现。

“类直营”加盟模式使得华海对门店有着绝对的掌控权，容易复制并实现标准化管理。但如此一来，加盟商会不会成为“蒙在鼓里的傻瓜”？为了让加盟商对自己的营收情况了如指掌，华海在所有加盟店内建立销售管理系统，借助于信息化手段，可以实时掌握各加盟店商品的销售情况，从而对商品进行灵活的调配，加速商品的销售。力争实现每天店铺打烊后，各门店经理还会给加盟商发送短信，汇报当日的销售额，并将当天的销售收入按照事先约定的比例(通常在30%左右)汇入加盟商账户，作为投资回报。为了确保加盟商的收益，门店管理人员、销售人员等均由华海总部统一招聘、培训、录用和管理，并在之后的经营过程中定期进行培训，不需要加盟商支付任何费用。

(3)必须与供应商结盟

采购环节是整个商业模式的重要一环，在这一环节，华海公司同样与供应商结合为利益共同体，充分利用了服装生产资源。华海与供应商之间建立互利共生关系，通过资源优化配置，充分发挥各自优势。

①华海在采购环节采取零售导向的赊购模式，除在验收入库时支付不超过30%的货款外，其余货款根据货物实际销售情况，逐月与供应商结算，从而降低了采购环节的资金占用，增加了货币资金的规模和收益。

②华海坚持以市场为导向，通过分析销售终端的销售数据，掌握消费者消费需求的变动，并反馈给供应商的设计部门，由供应商的设计师根据既定的产品理念设计产品，并提交给华海筛选和审核，确定下一季的产品款式。华海参与供应商产品的开发，掌握产品设计的主导权，有利于充分利用供应商的设计资源。

③华海与供应商签订附滞销商品可退货条款的采购合同，除不合格品和质量有问题的商品可退货外，还约定了一定期限后(一般为两个适销季节)依然滞销的商品可以退货，减少滞销商品对渠道资源的占用，同时强化了供应商的责任心。

④华海大量退回滞销商品，供应商的资金压力和经营压力会加大，开发设计和生产制造积极性会下降，长期下来可能会迫使供应商不得不退出利益共同体。为解决这一问题，华海设立了“华立”品牌，通过依托华立品牌对退回供应商处的滞销商品进行二次买断采购，并以更低的价格推向终端市场。该品牌的设立是对华海业务模式的有效补充，拓展了华海的目标客户群体，进一步完善了产品结构和价值链。一方面，华海从已退货商品中再次获取剩余价值；另一方面，为供应商建立了退货商品的处理渠道，减轻了供应商退货的压力，进一步加强了双方紧密合作的关系，使供应商能将更多的精力放在产品开发和设计上。

(4)实施牢固的价格控制手段

华海打算通过对产品价格的绝对控制，避免频繁打折对于品牌的损害。华海不设置各级代理，形成了“供应商—华海—门店—消费者”的扁平化销售层级，尽可能地降低商品销售成本，最大幅度让利消费者。华海奉行全国统一价的销售价格政策，不以打折为营销手段，加盟店执行华海制定的全国统一销售价格政策，同时考虑到加盟店所在地物价水平的差异，加盟商可以在华海制定的商品指导销售价格基础上，在5%以内上浮或下浮，并且要先通知华海更改代销商品的条形码价格后才可按新价格销售。

(5)创建智能化的物流仓储模式

为了让这一整套商业模式落地，还有一个关键环节就是物流的管理。华海打算建设大型储运中心作为全国物流中心，采用一个总仓(储运中心)服务于全国所有门店的管理模式。华海所有货品的收发全部经由储运中心进行管理，实现储运中心与各门店的直线联系，节约中间环节的资源投入，对现有门店铺货、补货、退货做出快速反应。高存货是服装企业的“通病”，高存货需要有高效管理，因此货品的收发效率对企业来说至关重要。华海存货金额占资产总额的比例超过三分之一，华海打算探索物联网技术革新，实现对全品类产品采用无线射频识别技术(即“RFID”)，能够流水化读取产品信息，可以批量扫描、实时上传、分类处置成箱商品信息，提高产品及信息管理的效率，优化供应链管理，提升品牌行业竞争优势。

智能仓储系统将改变华海沿用多年的以手工为主的传统物流运作模式，在国内率先实现服装分类管理的智能化、现代化和自动化。高效先进的物流系统，不仅提高了物流运作效率，极大地缩短了出货时间，也为华海的快速发展提供了强大的支撑。

(6)与商业模式匹配的财务管理体系

不同的商业模式需要有与之相匹配的财务管理体系作为支撑，华海创新性的商业模式形成了特有的货款结算方式，主要体现在销售环节委托代销方式和采购环节零售导向的赊销方式的货款结算流程和资金管理水平方面。

华海通过加盟店销售的服装均采取委托代销方式。根据华海与加盟商签订的委托代销协议，华海委托加盟店销售公司服装，加盟店销售服装的价格在华海统一指导价的基础上拥有一定的自主定价权，华海在收到加盟店委托代销清单后，按协议价与加盟商进行开票结算，并按实际开票结算价格结算委托代销服装的货款，委托代销服装实际售价与协议价之间的差额归加盟商所有。

华海委托加盟店销售商品具体收入确认流程如下：华海从大型仓储中心将商品发送至各加盟店时，形成委托代销商品——加盟店将货物销售出去后，通过华海全国联网的销售管理系统自动将货物销售信息传送到华海结算中心——加盟店指定账户资金达到一定额度时自动划转至华海结算中心银行账户——加盟店每月营业周期结束后按协议价出具门店代销结算确认表并生成委托代销清单——华海根据加盟店提供的委托代销清单，按事先约定的协议价开具发票给加盟店——最后按开票价格确认销售收入、同时结转相应的销售成本。

华海与主要供应商签订附滞销商品可退货条款的采购合同，双方约定在一定期限后(一般为两个适销季节)滞销的商品可以退货。根据以上经济业务的性质，华海在服装采购入库时，首先暂估入库，同时暂估应付账款；在加盟店实现销售后，公司按照最终实现零售的数量与供应商进行结算并由供应商开具增值税专用发票给公司，公司冲回以前的暂估采购入库并确认最终的采购入库。对滞销商品按采购合同的约定，同供应商确认商品数量后退回供应商，同时会计上也冲回相应的采购暂估入库金额，对于退回滞销商品的二次采购，则采用买断方式进行，直接确认库存商品。

华海产品采购主要采用零售导向的赊购模式，采购货款的支付以零售为导向，在验收入库时先支付不超过30%的货款，其余货款待月底形成销售后，逐月统计汇总，并与供应商进行结算。华立公司将对退回供应商处的滞销商品发起二次采购，依托特有的渠道以买断方式将商品再次低价推向市场，形成对“华海”商业模式的有效补充。表2—1是对华海商业模式创新的总结。

表2—1　　华海商业模式创新总结

华海	经营模式创新	销售环节创新	采购环节创新	管理方式创新	物流仓储创新
主要创新点	华海采用类直营商业模式	与加盟商结为利益共同体，加盟商拥有加盟店的所有权，华海拥有加盟店的管理权	与供应商结为利益共同体，参与供应商产品的开发，采购环节采取零售导向的赊购模式，依托“华立”对退回供应商处滞销商品发起二次采购	华海不设置各级代理，形成“供应商—华海—门店—消费者”的扁平化销售层级，对产品价格绝对控制，不以打折为营销手段	建立智能化物流仓储中心，采用一个总仓(储运中心)服务于全国所有门店的管理模式，率先对全品类产品采用无线射频识别技术(即“RFID”)

续表

华海	经营模式创新	销售环节创新	采购环节创新	管理方式创新	物流仓储创新
主要优势	华海可以集中社会闲散资金，利用加盟商现有的销售渠道实现低成本快速扩张	华海拥有加盟店的管理权，对加盟店实行统一管理，实际控制了销售渠道，有利于统一品牌形象，有利于灵活调配商品	华海掌握了产品设计的主导权，减少了采购环节资金占用，同时减轻了供应商退货的压力，通过资源优化配置，充分发挥各自优势，达到了合作共赢的目的	华海最大限度地降低产品销售成本，最大幅度让利消费者，奉行全国统一价的销售价格政策，不以打折为手段，避免了频繁打折对于品牌的损害	华海实现储运中心与各门店直线联系，节约了中间环节的资源投入，率先实现服装分类管理的智能化、现代化和自动化，提高了物流运作效率

通过变革商业模式，华海充分整合了服装业中它能涉及的所有产业链资源，供应商、加盟商和华海公司三方利益的成功捆绑使得任何一方的成败都关系到另外两方的发展，有利于三方主动提升自身的经营能力以及市场竞争力。

5. 市场反应与现状

故事又回到开头，王守兵庆幸自己在公司最困难的时候没有墨守成规，而是采用了积极主动创新的方式，向公司商业模式创新出发，重新定义服装行业的发展模式。现在看来，公司的各项业务正蓬勃发展，成长迅速。由于快速扩张使得公司的发展进入新的阶段，因此公司刚刚完成了借壳上市，通过反向购买上市公司股权，顺利登录上海证券交易所。各类媒体也开始深入研究华海公司的商业模式奇迹，对公司的商业模式做了如下总结。

华海公司在竞争激烈的服装行业领域，开辟了新的商业模式。这种商业模式不仅能实现高速扩张，还能够以一种轻资产运营的模式加以实现。主要表现为，一是在采购环节，也就是上游，华海公司主要采取零售导向的货品赊购、联合开发、滞销商品退货及二次采购相结合的模式。产品由华海公司与供应商联合开发，公司既始终掌握产品设计的主导权，又充分利用供应商的设计资源。也就是说，公司所有的服装设计、样式，都是由供应商的设计师提供，它自己并不直接参与设计。但是，供应商的设计完成之后，要由华海总部的设计师审核挑选，根据当下流行的服装趋势，留下可能的畅销款，然后再下订单。华海公司与供应商会签订滞销商品可退货条款，不承担尾货风险，库存需要供应商自己回购。

事实上，华海公司之所以能够快速扩张，主要原因还在于它能低成本开店。在销售环节，也就是下游，华海的加盟店是由加盟商自筹资金、以自身名义办理工商税务登记手续设立，加盟商拥有加盟店的所有权并承担加盟店经营费用，华海公司只负责品牌维护和加盟店具体管理。另外，公司与加盟商之间的销售结算采用委托代销模式，加盟商不承担存货滞销风险，商品实现最终销售后，加盟店与华海根据协议约定结算公司的营业收入。

本质上来看，华海公司并不是卖衣服的，卖的是服装供应链和门店的管理能力。简单地说，它卖的是服装业的“软件”，也就是所谓轻资产模式。它将自身的利益与优势和加盟商、供应商的利益与优势有机结合在一起的，三方各司其职、各获其利、共同发展。产品畅销则华海、加盟商和供应商均能获利，产品滞销则三方均有损失。就下游加盟商来说，把权利全部集中给华海，自己成了一定意义上的“甩手掌柜”，这其实等于是放低了加盟门槛，也就是说，即使是不懂服装不懂管理的加盟商，只要能够投资就可以加入进来。甚至可以说，这是一种类金融模式。

6. 潜在的风险与忧虑

华海公司借壳上市以后，实体门店数量不断增加，营业收入和利润总额保持高速增长，市值更是一度突破600亿元，可谓是提交了一份亮丽的成绩单，特别是在实体店遭遇寒冬、服装企业面临着“关店潮”、业绩纷纷遇冷的大环境下，这样的成绩着实难能可贵。但是，市场的发展与公众媒体的评论并非都是唱赞歌。最近一段时间，总经理王守兵就听到了市场的另外一种声音，那就是在亮丽的成绩单和优势的商业模式背后，公司也隐含着巨大的风险，尤其是有些媒体认为华海已经不是服装行业的代表。

(1)品控的风险

华海疯狂扩张的背后，预示着不断增大的品控难度。华海创新的加盟方式，可以在短期内实现门店的快速扩张。2016年末华海全国的门店数量已经达到5 243家，但随着业务的持续增长，将对公司的品牌管理、供应链管理、营销网络管理能力形成考验。面对不断增多的门店、持续增长的业务，如果华海不能持续完善管理体系、提升门店管理水平、统一企业文化理念则可能触发系统性风险，对华海的核心竞争力和品牌形象造成灾难性的影响。

(2)供应链风险

华海门店数量的增多、营销网络的扩大、存货规模的增加，都将给公司的供应链管理带来新的挑战。对内，华海目前形成了一套较为成熟的供应链管理体系，建立了大型储运中心，借助信息化手段实现信息流、物流、资金流的高度融合，达到对货物在各个流通环节的实时监控管理，但公司规模持续扩大，若供应链管理能力的提升不能满足业务增长的需要，将对公司经营造成一定影响；对外，华海与上下游结为利益共同体，但若其以零售为导向的货款结算方式和创新的加盟方式，如果不能持续为供应链上下游的参与方带来盈利，将导致供应商、加盟商的大批量退出，从而对公司经营带来不利影响。

(3)存货滞销风险

华海同供应商之间签订附滞销商品可退货条款的采购合同，约定经两个适销季节仍未销售出去的存货，可以退回到供应商处，华海在采购时先做暂估入账，待商品实际对外销售或退回供应商处时调整暂估入账金额；同加盟店签订特许经营合同，约定以委托代销的方式而非买断的方式由加盟店销售商品，加盟店陈列或存放的商品均为华海的存货，加盟商不承担存货滞销风险。

此外，华海不打折、不降价的销售策略是一把双刃剑，虽然维护了品牌形象，但也造成了高库存的问题，近年来华海年末存货金额高达86亿元，占资产总额的比例为35.41%，存货占营业收入的比率高达53.57%，存货运营效率远低于行业平均水平。华海商业模式下，华海与供应商、加盟商结为利益共同体，而保持这个组合正常运转的前提便是商品的畅销，一旦商品出现严重滞销，各方组成的利益共同体将难以维持，长久形成的利益格局也将被打破，从而产生一定的经营风险。

(4)偿债风险

华海现有的商业模式下，在上游与供应商之间采用零售导向的赊购模式，采购款的支付与货物实现销售与否直接挂钩，增加了应付账款挂账金额；在下游收取加盟商加盟保证金增加了长期应付款挂账金额，加盟商加盟时需要缴纳 200 万元费用，其中 100 万元作为特许经营保证金，该款项待合同到期时，在确认加盟商无违约的情况下，无息退还给加盟商。华海在采购环节以零售为导向的赊购模式和在加盟环节"托管加盟"的方式，增加了华海的负债总额，同时也增加了供应商和加盟商的风险。2016 年末华海负债总额约为 143 亿元，资产负债率达到 58.53%，流动比率和速动比率分别为 1.55 和 0.84，其资产负债率偏高，流动比率和速动比率偏低，短期偿债能力面临着考验。

尽管华海制定有《特许经营保证金管理制度》，设定了六个月的安全兑付期，在银行账户足额存放六个月内将到期的特许经营保证金，且不得用于公司的日常开支，采购付款及对外投资等付款项目，但如果出现加盟商大规模退出的情形，依然会存在一定的债务偿还风险，对公司的生产经营造成不利影响。

王守兵深知，目前尽管公司经营发展情况良好，也取得了非常好的业绩，并顺利实现上市融资。但公司未来仍然有很长的路要走。不过王守兵内心已经有了基本的应对方法。接下来，华海公司需要保持合理负债规模，适当控制扩张速度，优化投资渠道，统一文化理念，完善企业的组织结构和管理制度，强化人员培训，深化服务理念，进一步提升供应链管理能力；同时应加强对终端销售数据的收集、分析与运用，提高产品开发的精准度，根据宏观环境持续优化产业经营，凭借核心竞争优势做好经营创新的基础工作，增强企业发展活力，提高抵御风险的能力。

或许，只要企业在经营，就永远会面对新的挑战，永远不会停歇。王守兵想了想，也许这就是企业家和企业的天职，不断开拓创新，勇于进取。

附录 英文摘要

Transformation under the Predicament
—Business Model Innovation of Garment Industry

Liu Fengwei

(Shanghai National Accounting Institute, Shanghai, 201702, China)

Abstract: Business mode is the key element to build a unique competitive advantage and competitiveness in the process of enterprise development. The competition of existing enterprises has already broken through the stage of product and service competition, and new business models often make enterprises stand out. This case focuses on the fierce market competition and enterprise dilemma facing the garment industry, how the company adopts a new business model to implement transformation and development breakthroughs. The main idea of the case is to help students understand the concept of business model and the importance of its innovation, and to help students analyze the characteristics of different business models, as well as the basic characteristics and main risks of the business model innovated by the company. The study of this case will help students understand and master the various types of business model competition in the apparel industry, understand the impact of business model innovation and its economic consequences.

Keywords:Business mode; garment industry; transformation; innovation?

案例使用说明

一、教学目的与用途

1. 本案例主要适用于市场营销类课程,也适用于战略管理与财务风险分析类课程。

2. 本案例的教学目的是通过对服装企业商业模式创新的视角,帮助学员了解商业模式对企业竞争力的重要影响,商业模式涉及的各类要素特征,同时也帮助学员思考新的商业模式所具有的风险。

二、启发思考题

1. 何谓商业模式?华海公司的商业模式特征有哪些?
2. 简要分析直营、加盟的主要特点,除此之外服装业商业模式还有哪些类型?
3. 为什么说华海公司已经不属于服装行业?媒体所提到的类金融模式具有什么特征?
4. 媒体提到了轻资产,请分析何谓轻资产模式。
5. 你如何评价华海公司的商业模式创新行为?

三、分析思路

1. 商业模式可以概括为企业与企业之间、企业的部门之间、企业与顾客之间乃至企业与渠道之间都存在各种各样的交易关系和联结方式;或者简单概述为企业创造价值的具体路径与方式。商业模式往往包含了一系列要素及其关系的概念性工具,用以阐明某个特定实体的商业逻辑。它描述了公司所能为客户提供的价值以及公司的内部结构、合作伙伴网络和关系资本等用以实现(创造、推销和交付)这一价值并产生可持续盈利收入的要素。

就本案例而言,华海公司的商业模式可以归纳为以下几个特征。

(1)生产业务外包模式。属于轻资产运营模式,生产过程不占用过多的资金,利用社会资源的多余产能解决服装生产问题;

(2)供应链整合模式。与一般服装公司将生产外包但自身负责研发设计、品牌和营销不同,华海公司自身并不负责设计产品,而是由供应商提供各类产品设计,华海公司负责选择其中的具体类型;

(3)经销方式采用类加盟方式。所有加盟商不需要有管理和运营加盟店的能力,只需要提供资金类似于做财务投资,所有加盟店由华海统一管理经营,保证了加盟店风格与服务质量的统一,并按照约定分成;

(4)不仅要求加盟者提供财务资金支持,还需要支付较高的押金,从而形成具有类金融模式的商业逻辑;

(5)对退回供应商处的滞销商品发起二次采购,依托特有的渠道以买断方式将商品再次低价推向市场，形成对现有商业模式的有效补充。

2. 所谓加盟模式，是指特许经营权拥有者（特许者）以合同约定的方式，允许被特许经营者（被特许者）有偿使用其名称、标志、专有技术、产品及运作管理经验等从事经营活动的组织经营模式。特许者与被特许者共同借助同一个品牌，在相同模式的约束下实现品牌的扩张和规模的扩大，从而达到双赢或多赢。加盟模式的主要优点在于：(1)加盟总部只以品牌、经营管理经验等投入，便可实现规模经营的目的，不仅能在短期内得到回报，而且使无形资产迅速提升。(2)加盟店在加盟总部的支持下，其运营将会迅速走上正轨，实现良性循环。(3)各加盟店的灵活性、主动性和自主性较强，不受总部太多约束。(4)加盟总部可以快速扩充网点和完善资金链，品牌塑造周期短，资金投入小、成本低，规模和服务范围发展速度快。加盟模式的缺点在于各加盟商容易各自为政，缺乏团队合作精神，不便于统一管理、统一运营，在经营管理上很难做到一体化、标准化和规范化。由于加盟商的扩张过快，还将导致服务跟不上或品牌形象大打折扣，有时还会出现为了各自利益而互相拆台的现象。加盟体制问题很多，其深层次原因在于每个加盟商都是利益中心，都是为了维护自己的利益。与此同时，每个加盟商所获利润较少，承担的风险较大。一个加盟网点一旦亏损，总部给予的补偿很少，这就导致加盟老板通常以成本为导向，为避免亏损，不惜牺牲服务质量。

在商业领域，直营模式是指公司总部直接经营连锁店，即由公司总部直接经营、投资、管理各个零售点的经营形态。总部采取纵深式的管理方式，直接掌管所有的零售点，零售点完全接受总部的直接指挥。采取直营模式的主要任务在于“渠道经营”，即通过经营渠道的拓展从消费者手中获取利润。因此，直营连锁实际上是一种“管理产业”。它是大型垄断商业资本通过吞并、兼并或独资、控股等途径，发展壮大自身实力和规模的一种形式。直营模式的最大特点是总部集中掌管所有权和经营权。直营与其他运作模式的主要区别在于，直营保证了总部对每一个成员企业从选址、布局到业态规划、经营管理等每个环节，都拥有直接控制权。这样做就有效避免了连锁体系的失控，保证了总部的整体操作管理和战略目标的实现，并且各地区各市场各成员企业之间通过相互合作、相互支持，使资源达到最优配置，获取规模效益。此外，直营还有助于总部获取最有效的市场信息，提升网点服务质量和品牌形象；有利于保证每个成员企业都能很好地执行总部的发展计划和经营方针，完美体现总部的整体形象。直营模式的不足主要体现在三个方面：一是成员企业自主权小，积极性、创造性和主动性受到限制，缺乏效率。二是总部需要拥有一定规模的自有资本，特别在物流、铺面、库存、人力、市场培育、广告宣传等方面需要投入大量资金，品牌塑造周期长、规划和服务范围发展速度慢，而且容易引发资金链断裂的危机。三是大规模的直营连锁管理系统庞杂，容易产生官僚化经营，使成员企业之间的交易成本大大提高，若产品或服务达不到一定规模，开展直营得不偿失。

除了以上模式外，服装行业主流商业模式包括批发模式，即服装企业主要通过一些大的批发市场的批发商来销售。优势在于批发商的销售网络覆盖全国，可以快速铺开市场，迅速实现资金回笼；经销商模式，服装企业根据全国市场的不同特点设立若干经销商，对产品采取买断式销售，由经销商发展和管理下属终端销售；网络销售模式，在借助传统的销售模式之后，很多服装品牌充分利用互联网开展网上营销。网上营销除了具有减少中间环节、节约实际销售成本之外，更具有信息采集及时、物流管理快捷等多方面优势。

3. 华海公司通过整合生产资源和产品开发资源，将注意力集中于零售终端盈利模式的打造和终端经营管理水平的提升，最后再结合现有中国市场现状，进行网络规模扩张，带来整体的发展和效益。华海与其说是服装企业，不如说是一种独特的供应链平台。在这个模式中，华海控制了上游的“产品企划、品牌管理”，以及下游的“供应链管理、营销网络管理”，而中间的“产品设计、成衣生产、运输配送”环节，则被外包了出去。华海自身只扮演一个贴牌和打通上下游的角色，在扩张成本上自身承担的风险大为减少。华海对自己的定位已经不是服装企业，而是“品牌强势、管理优良、技术领先、引领时尚的大型现代化服饰供应链销售管理平台企业”。

类金融模式是指如同商业银行一样，低成本或无成本吸纳、占用供应链上各方资金并通过滚动的方式供自己长期使用，从而得到快速扩张发展的营商模式。连锁企业类金融模式已经被零售业、房地产业、书店、美容院、洗衣店、快递业务等生活服务业广为采用。类金融模式发展源于商业信用行为，按照融资优序理论，在不对称信息和融资成本的影响下，企业融资一般遵循内源融资、债务融资、权益融资的先后顺序。在债务融资中，商业信用的融资成本低于银行借款的融资成本。

4. 轻资产又称轻资产运营模式，是指企业紧紧抓住自己的核心业务，而将非核心业务外包出去。用有限资产，获取最大收益，是所有企业追求的最高境界。在经济迅猛发展的当下，“变轻”不仅是一种选择，也是一种必然。在轻资产模式中，企业紧紧抓住自己的核心价值，而将非核心业务，例如物流、生产等外包出去。轻资产运营是以价值为驱动的资本战略，是网络时代与知识经济时代背景下企业战略的新结构。

5. 毫无疑问，在服装领域，华海成功了，而在服装领域选择男装领域也是其商业模式能够成功的一个关键原因。每个企业在其发展过程中，都会逐步形成一个特定的经营模式，华海拥有明确清晰的市场定位，其专注于男装市场，树立了“男人的衣柜”的鲜明形象，赢得了广大消费者的欢迎和青睐，形成了良好的品牌效应。

华海将其商业模式发挥到了极致，具有较好的经营策略和较高的管理效率，具备较强的财务控制能力和财务管理能力。华海通过在销售环节采取所有权与经营权分离的模式，与加盟商结合为利益共同体；在采购环节采取零售导向的赊购及附退回条件滞销商品二次采购相结合的模式，与供应商结合为利益共同体，以共赢理念作为各参与方合作的基础，对服装业产业链资源重新进行优化配置，带动了整个产业链经营的良性循环。

任何一种商业模式，有其好的一面，自然也有其不好的一面，结合财务绩效评价结果可以发现，华海商业模式同样在品牌控制、供应链管理、存货管理、偿债能力等方面存在潜在的风险。对于这些风险，如何能够做到快速准确识别，及时制定化解风险的有效方案，使企业有效规避风险，继续做强做优做大，是华海的管理者，也是每一家想要学习华海商业模式的企业需要重点关注的事项。

四、理论依据与分析

1. 商业模式理论

“商业模式”作为企业竞争的最高形态，自被提出以来，一直受到企业界和学术界的广泛关注。Timmers(1998)是国外最早研究商业模式的学者之一，他将商业模式定义为表示产品、服务和信息流的架构，首次对商业模式的理论进行了归纳总结。Rappa(2000)认为商业模式本质就是企业赚取利润的一种方法，是企业自我维持、自我发展的一种有效方式。Amit and Zott(2001)认为商业模式是一种把握市场机遇的能力，是在实现自身运营发展，创造价值的同时，能够为市场注入新的活力，创造新的机遇。Weill 等(2001)则认为商业模式是企业的一种战略选择，是企业实现自身、供应商、客户协同发展的需要，使经济交易中的多数参与者实现利益的最大化，促进整个产业链的互利共赢。Morris 等(2003)认为商业模式是一个整合性的概念，是企业综合优势渠道，实现资源的优化配置，是对企业整个经营管理领域的经济模式、运营结构和战略方向的系统整合和提升，旨在为企业在特定的市场上建立持续性竞争优势。

从上述综述可以看出，国外学术界对商业模式的较为深入全面，对商业模式的定义大致经历了从经济向运营、战略和整合递进的演变，然而至今为止，各学者对于商业模式的内涵所持观点不尽相同，尚未能够形成被普遍认可的理论体系。

国内学者钟耕深、孙晓静认为商业模式是企业在经济活动中，根据自身业务特征，梳理优化业务流程，使之利于企业价值的创造，是一个企业创造价值的核心逻辑和结构。原磊则认为商业模式是企业对产品价值链的一种整合能力，在创造价值、实现交易的基础上，为股东及其他利益相关者创造利润。傅家骥认为商业模式是一种为客户提供系统性解决方案的能力，是企业整合产品流、信息流、物流等资源，分析客户需求的变化，提供客户需要的产品或服务，实现企业利益整体最优化。王晓辉指出商业模式是企业的一种战略选择，是企业对商业活动流程重新进行梳理，对资源重新进行优化配置，最终将增值的商品和服务传递到客户，使供应链中的每个组织都能从中受益，并得到不断发展。

综上所述，国内学者对商业模式概念的界定主要形成了如下几个方面：以王波、彭亚利等为代表的营利模式论，以钟耕深、孙晓静、原磊等为代表的价值创造论，以傅家骥等为代表的系统论，以王晓辉等为代表的战略论。尽管理论界对商业模式的研究不尽相同，但可以明确的是商业模式是一个综合性和系统性的概念，它以合作共赢理念整合上下游优势资源，发挥各自竞争优势，带动整个产业链生产经营的良性循环。

2. 供应链理论

供应链最早来源于彼得·德鲁克提出的“经济链”，后经由迈克尔·波特发展成为“价值链”，最终演变为“供应链”。

“供应链”的定义为：“围绕核心企业，通过对信息流，物流，资金流的控制，从采购原材料开始，制成中间产品以及最终产品，最后由销售网络把产品送到消费者手中。它是将供应商，制造商，分销商，零售商直到最终用户连成一个整体的功能网链模式。”所以，一条完整的供应链应包括供应商(原材料供应商或零配件供应商)，制造商(加工厂或装配厂)，分销商(代理商或批发商)，零售商(卖场、百货商店、超市、专卖店、便利店和杂货店)以及消费者。从中可以看到，供应链是一个范围更广的企业机构模式，它不仅是连接供应商与用户的物料链、信息链、资金链，同时更为重要的是它也是一条增值链。因为物料在供应链上进行了加工、包装，运输等过程而增加了其价值，从而给这条链上的相关企业带来了收益。

供应链管理是一种集成的管理思想和方法，它执行供应链中从供应商到最终用户的物流的计划和控制等职能。从单一的企业角度来看，是指企业通过改善上、下游供应链关系，整合和优化供应链中的信息流、物流、资金流，以获得企业的竞争优势。

五、建议课堂计划

本案例可以作为专门的案例讨论课来进行。如下是按照时间进度提供的课堂计划建议,仅供参考。

整个案例课的课堂时间控制在80分钟左右。

课前计划:提出启发思考题,请学员在课前完成阅读和初步思考。

课中计划:简要的课堂前言,明确主题(5分钟)。

分组讨论(30分钟,告知发言要求)。

小组发言(每组5分钟,整体控制在30分钟)。

引导全班进一步讨论,并进行归纳总结(15分钟)。

课后计划:如有必要,请学员采用报告形式给出更加具体的解决方案,包括具体的职责分工,为后续章节内容做好铺垫。

案例3 快发:美发业的7-11[①]

案例正文

摘　要:"快文化"的盛行和互联网技术的发展使得消费者对服务供给提出了新要求,催生出快剪行业的萌芽和发展。本案例选取快剪业中的佼佼者——快发作为研究对象,详细地阐述了以下几个问题:(1)企业如何向消费者定位并传递价值,并基于此发展的商业模式。(2)连锁品牌对直营店和加盟店的差异化管理以及如何在集权和放权中平衡。(3)互联网技术如何裨益于企业的商业模式迭代?

快发是中国首家提出快剪概念的互联网企业,由李强等人于2014年底在杭州创立。截至2017年底,快发已经覆盖了中国绝大多数城市,累计为近千万人次提供了剪发服务。目前,快发已经成为中国规模最大的快剪行业方案提供商,为中国广大民众提供了清洁、方便、高效率的剪发服务。

通过对快发的企业内部资料、媒体报道、高管访谈、田野调查等,对快发的发展进行了全面的梳理。案例共包含两大块:一方面,基于快发的创立历史和创始人李强创立快发的动机,对快发进行了详细介绍。此外,还进一步说明快发从发展至今的三个发展阶段。不同于传统美发行业,快发利用信息技术和智能设备实现了服务的创新,本案例也通过若干材料对其进行佐证。另一方面,本案例分别针对直营店、加盟店、员工和消费者的采访以及相关二手信息介绍了快发目前的管理运营和发展状况。

快发给消费者传递了独特的价值主张,并邀请消费者一起共创价值。快发也整合了自己的资源和能力优势,对加盟店进行了强有力的管理。但是,在上述基础上,快发不断探索自己的经营模式,最终总结出一套适用于快剪行业的商业模式,在互联网技术的帮助下,快

---

① 本案例由上海财经大学的高维和、刘德文共同撰写。在写作过程中得到了杭州快发科技有限公司的支持,并参考了现有公开信息及企业授权资料(均已在文中注明)。出于保密需要,本案例所涉及的杭州快发科技有限公司的财务指标和部分关键数据均经过掩饰,但这样的掩饰不影响本案例的讨论和决策。该案例目的是用来做课堂讨论的题材而非说明案例所述公司管理是否有效。高维和,上海财经大学商学院市场营销系副教授;刘德文,上海财经大学商学院市场营销系博士研究生。

发实现了全新的商业模式创新。

关键词:美发;7—11;商业模式;价值共创

引　言

头发剪完了,发型师拿毛发收集器将消费者脖颈以及围布上的碎发吸走,这一幕不断吸引着行人,“嘿,他们用‘吸尘器’!”吸尘器就是快发发型师常用的一个工具,不同于传统发廊的在理发后将头发用吹风机吹走,这种‘吸尘器’式样的毛发收集器可以免去理发后洗头的问题。这是发生在杭州市西湖区物美大卖场文一店南门快发店(Q Chouse)的一幕,其实像类似于吸毛器这样的便捷工具,快发还有很多。

“剪一次头发需要多久?”中年男人问发型师。

“大约 10 分钟。”

男人思忖了一下,“还不够快,能不能再快一点?”

男人怂恿一位同伴体验这种理发服务,然后和其他人介绍起眼前这家 15 平方米的“快发 QC house”理发店:三个工位,三位发型师,只负责理发,没有洗染烫等其他服务。

从 2014 年底开始,快发成为第一个吃螃蟹的人。正如他的品牌名字一样,快发意味着给消费者提供快速的理发服务。可以说,快发把“快剪”这种在欧美以及日本等发达国家中颇受欢迎的美发新兴理发模式推到了中国人的眼前。但是,当快发成立的时候,它其实并不确定自己是否能够带动一场中国美发业的革命。

1. 缘起

快发是一家致力于为消费者带来快捷、便利、不推销的理发服务连锁企业,在中国最早提出了“10 元 10 分钟”的口号,提供简约极致的理发服务。快发的门店大多开在大型商场和超市里,一般店面大小在 12 平方米到 15 平方米。据快发的数据显示,目前快发的主要目标顾客为男性,占到了 70%以上的比例。如今,快发已经在全国拥有超过 800 家门店,仅 2017 年服务人群估算就超过 2 000 万人次。

谈起快发,不得不提到快发的创始人李强先生。这位毕业于上海交通大学的博士是一个实打实的高才生。为什么要做起 QC house,李强有着他自己的思考。2014 年年初,劳累了一天的李强去一家理发店理发。由于是晚高峰期,等李强坐到理发椅上的时候已经过去了一个小时。在告知发型师要求后,李强本以为可以安安心心地坐等自己的完美发型。可是事与愿违,发型师不停地劝说他要多做头发保养,并在理发过程中极力推销会员卡。好不容易等到理发结束,李强又被拉到水池旁洗头,又是吹风又是定造型。本来以为十几分钟就能弄好的头硬生生拖成了一个小时,而且简简单单地洗两次头、剪一次发的服务最后居然收费一百多块钱。事实上,包括李强在内的大多数消费者都有类似的经历。

回家后,李强就开始思考理发店怎么就不能给消费者提供一个回归其本质的理发服务呢?李强觉得这可能是个可以一试的商机,于是开始进行市场调研。李强回忆道:“当时有很多美发业 O2O 的公司,我花了一年半时间调研了大部分项目,发现他们都还没找到问题的根源。”他发现中国美发业的乱象——低价接客、高价办卡、吹拉烫染、以次充好，而因此促成的行业暴利，又让部分所谓的“高端”美发沙龙有了存活的空间。但是，并不是人人都需要在日常理发中享受附加服务。不同于其他行业，美发业几乎没有一家代表企业并在中国进行大规模的连锁化经营，[①]美发行业亟须供给侧改革。同时他瞄准了与中国文化氛围类似但美容美发行业相对比较成熟的日本。果不其然，他发现日本有一家“QB House”，主打为消费者提供纯粹的理发服务，并且收费也低于市面上的普通理发店。李强认为，打造一个返璞归真的美发品牌势在必行。

2014 年 11 月 22 日，经过一年多的调研和筹划，李强和几个创业伙伴在杭州市滨江区创办了快发，并在杭州市江干区开设了第一家门店——下沙东东城店。由于当时国内快剪市场还是一片空白，加之快发缺少行业经验，通过考察和对比 QB House 等模式，李强与团队决定以自营门店开始。2015 年 3 月 1 日，快发拿到第一个百万元人民币的天使轮融资，开始了快速商业化进程；2016 年 8 月 31 日，快发完成了 1 000 万元人民币的 Pre－A 轮融资；2015 年 9 月 3 日，快发的 App 和服务号同时上线，消费者可以在线上完成预约支付功能；2016 年 1 月 7 日，快发收获了 8 000 万元人民币的 A 轮融资，与此同时，快发开启了“城市合伙人”计划，大大增加了快发的扩张速度。快发始终坚持“快时尚，简生活”的理念，坚持极致的理发体验。根据快发公司的资料显示，快发全国近 800 家门店中，80%以上的门店都保持了盈利，每日仅在线支付的订单可达到 1.5 万至 2 万单。

2. 摸索

李强最近总是接到部分加盟商的电话：他们抱怨无法从总部获得充分的支持，这已经影响到了其门店经营和效益。无疑，快发作为品牌商，一旦有人加盟，品牌商和加盟商就形成一个加盟连锁的关系和管理问题。市场的火爆、模式的优势、全国各地加盟商的热情，作为一个初创公司，快发团队似乎在如何管理加盟商这一问题上出现了分歧，甚至李强和商务部总监丁正还就怎么管理“大打出手”。2016 年 5 月 17 日，在滨江区中控科技园区的快发总部，发生了一场对于快发旗下快剪理发店管理经营的激烈争论，李强认为快发总部应该加强分店管理，而总监丁正则认为应该将大部分管理的权利下放到分店。事实上，对于如何控制权力收放的力度，快发一直都是摸着石头过河，伴随着市场的变化和发展，商业模式也一直在痛苦的探索、取舍和优化。从成立之初到现在，快发共经历过三种不同的管理模式：

自营店模式。快发于 2014 年底成立，成立之初主要是为了对快剪行业进行初步探索。出于国人对新鲜事物的不理解、不接受，同时某种程度上又受制于资本和技术，快发选择以直营店的形式进行发展。起初门店经营效益较好，但随着自营门店数量的剧增，管理难度和成本也迅速上升，快发在经营管理方面也出现了问题，比如发型师绕过收款机的“偷盗”和拿钱不干活的“偷懒”行为。为此，快发需要安排一些在总部和门店之间的中层管理人员进行管理。为此，快发在公司前期门店中选择了一些出色的员工作为地区的区域经理，负责一定区域内的商铺的管理。这些管理人员主要负责商铺和超市的关系处理，并密切监视每一家

① 虽然目前有永琪等连锁经营发廊，但是据公开资料显示，他们所占市场份额只在 2%左右，称不上大规模的连锁化经营。

门店,防止发型师的“双偷”行为,同时作为管辖区域的机动人员,在发型师缺勤时进行替补。这些中层管理人员能够在一定程度上弥补快发总部对下面店铺管理的缺失,但由于这些管理人员的薪酬与下面门店的经营表现无关,也出现了一定程度上的管理怠慢,管理效果与预期有着一定的差距。更为重要的是,前期遴选的这些区域经理大部分为发型师,缺乏门店管理的专业知识,导致快发管理中心出现了管理混乱甚至是管理失效,李强迅速叫停该模式。

主特许经营模式。为了解决上述出现的问题,并进行市场扩张,快发在 2015 年年底启动主特许经营模式,即城市合伙人计划。该模式要求城市合伙人也就是加盟商与快发共同出资(加盟商:65 万元,快发:15 万元),该笔资金按照测算允许加盟商开设 10 家门店。加盟商和快发签订有效期为 3 年的加盟合同,合同赋予加盟商可以在规定范围内使用快发的商标、品牌以及服务标识等权利,规定加盟商必须按照总部的规定选址、装修和经营,理发设备和必要的消耗材料等需要从快发购买。该模式中加盟店独立经营,无须缴纳加盟费,总部和加盟店之间不存在任何共同投资、雇佣、承包、担保等法律关系。同时,加盟合同还附有一定的奖励机制。城市合伙人计划在运行过程中,也出现了一些背离快发初衷的情况。由于城市合伙人或者加盟商直接经营和管理门店,为了获得更大的收益,加盟商在日常经营管理中,经常私下绕过正常交易流程,直接向顾客收取现金,而这无疑与自营门店“偷钱”行为如出一辙;城市合伙人初衷是为了更快地进行市场开拓,快发的市场开发人员的业绩和薪酬与城市合伙人的多少直接挂钩,在具体实施过程中,再加上新旧模式的转换和跨区域管理的天然局限,一些销售人员求量不求质,片面追求规模和速度,在推广过程中忽视了合同双方的权责,导致了后续经营过程中的各种问题和扯皮现象。而加盟商并不知道使用账户或者没有按照规定和流程将日常流水和收入转存到指定账户。而城市合伙人也就是特定区域代理商往往为了赚到奖励金,没有按照快发预设要求进行选址规划和门店确定,一定意义上出现了无序、无规和无能开店现象,严重损害了快发的品牌声誉。经过与城市合伙人以及创业团队的痛苦协商和抉择,城市合伙人模式也在 2016 年 5 月草草收场。

单单位特许经营和多单位特许经营。模式经营和探索并没有终止。2016 年 11 月,李强在对比和分析了国内外连锁加盟的各种模式,特别是结合国内美容美发行业的成功经验和失败教训,启动了单单位特许经营和多单位特许经营。该模式下,加盟商需要缴纳一定数额加盟费,同时自主独立经营。根据地区和加盟商的自身情况,快发将之分为单单位特许经营和多单位特许经营两个形式,单单位模式下,加盟商需要支付给快发 2 万元的加盟费,同时只能开设一家加盟店;多单位特许经营下,加盟商只需要一次性支付给快发 50 000～80 000 万元的加盟费就可以在一定区域内开设任意数量的加盟店,同时享有每个店面 2 000 元的设备折扣。这种模式的加盟合同有效期是 3 年,3 年结束后,快发可以选择再次收取加盟商费用。相对前两种模式,单单位特许经营和多单位特许经营目前总体态势稳定,也取得了一定的成效。截至目前,快发有直营店 96 家,代理店 261 家,加盟店 246 家,合伙店 112 家,承包店 24 家和转让店 42 家。这其中,直营店收入、加盟费和代理费是快发主要收入来源。不同的是,直营店收入相对比较固定,具有持续性和稳定性,而加盟费和代理费则具有一定的刚性,由于快发模式设计的限定,这部分收入只在开店或者协议时一次收取,随着加盟和代理的饱和,这部分收入的增长就会逐渐降低。全面分析快发面临的竞争态势,以及经营的摸索,现阶段李强认为快发的工作重点是加快发展代理和加盟,由代理商和加盟商独自管理门店,总部只负责提供品牌、培训、设备等支持,可以保证在不增加管理成本的基础上,扩大势力范围。对于现有的直营店，经营效益较好的转给代理商，关闭亏损的直营店，只留几家自营店重点培养，作为品牌形象和旗舰店，作为营销推广和企业品牌经营的样板和参照。在李强看来，直营和加盟的选择在于控制力，控制力强就可以做加盟，控制力跟不上就直营。

3. 破局

直营店的管理。杭州是快发的大本营，也是快发服务质量最得以体现的地方。快发在杭州大多数的店都是直营店，邱瑞凯是快发杭州七家直营店负责人，他有着多年的美发业从业经验。不过，他似乎对怎么管理快发的门店也不是那么手到擒来。

"李总和其他高管经常会来巡店。店里几个小伙子不认识他。我生怕他们搞砸了，不过还好，李总对这几家店还算满意吧。"邱瑞凯挠了挠头。"快发有很多跟我以前工作不一样的地方，我也学了不少。我是2016年才进入快发工作的，我来之前也知道这里直营店的管理存在一些问题。那时候快发门店很多，管理人员相对较少，快发总部也确实不太好管，那么多家门店真的是鞭长莫及。2016年年底，李总下定决心对快发进行整改。不能说完全杜绝了问题，但至少在很大程度上改善了很多，直营店的经营和管理可以说是脱胎换骨。"

现在，快发的直营店实施着极为苛刻的服务标准，杭州下沙东东城店是快发的第一家门店，从2014年底开业至今一直是快发的标杆和旗舰店。邱瑞凯要求店员每天必须提前十分钟到店进行工作准备，"快发直营店的员工主要有两个渠道来源，一方面快发会从其他店铺挑选一些发型师，他们有丰富的理发经验，只要进行短期培训即可上岗；另一方面，快发也通过与专业的美容美发学校进行合作，进行直接招聘。由于在校学生的可塑性较强，他们相对来说比较容易接受快发的经营理念。此外，快发还和浙江省残联进行了合作，为了帮助解决残疾人的就业问题，快发也在一些店里聘请聋哑人作为发型师。①

按照快发的守则，快发对于直营店的发型师的培训几乎精确到每一个细节：剪刀怎么放，椅子怎么摆，甚至包括面对年纪不同的消费者应该鞠躬多少度，这些在培训手册里都有明确的要求。虽然快发并没有给旗下直营店员工配备统一服装（仅仅配备了理发围裙），但是对于着装也做了具体的明确规定，比如男员工不能穿无领的衣服，女员工不能染发，"而这些无疑在快发直营店的管理工作中也得到了确切的落实"，邱瑞凯如是说。

作为杭州七家直营店的管理者，邱瑞凯也有自己的压力："我前面说的真不是开玩笑，要是李总发现杭州某家店垃圾桶摆放不到位、地上碎发未打扫干净、发型师着装不符合要求，那我就要扣工资了。总部对发型师总体还是比较宽容，但对我的考核还是非常严格的。"

杭州七家直营店，邱瑞凯每天都要转一遍。甚至遇到哪个店忙，他自己也要亲自上场，要么给消费者理发，要么帮助打扫卫生，甚至还要在门店吆喝和宣传。为了更好地管理，邱瑞凯也会和员工一起吃饭，一起讨论和学习服务技巧等。快发给直营店员工高于行业平均的待遇："直营店员工工资蛮高的，不让卖卡拿提成了，钱还是很到位的。平时也有各种补助。不像我以前工作的理发店，直接给发型师月底发一笔钱就没了，人员流动率也很高。同样，快发给员工买了五险一金，他们的人事关系也都放在总部。"

---

① 由于快发相比与传统理发店具有简约的特点，不需要太多的沟通以及复杂作业，聋哑人可以在这里比较高效地工作。这样可以一定程度上解决聋哑人的就业问题，快发也可以因此享受相应的政府优惠政策。

在邱瑞凯看来,他和发型师的关系并不像传统意义上的"领导一员工"关系,更像是发型师的兄弟,经常跟发型师哥们儿长、哥们儿短的,他还常常去员工的宿舍,坐到那里聊聊网红,说个家长里短。此外,快发也给在直营店工作达一定年限的员工提供了股权激励计划,员工可以享受盈利的分红。"这也大大强化了他们的工作动力和组织承诺。"邱瑞凯说。

"业绩虽然不能说不重要,但更重要的是要树立一个标杆。李总给我的要求就是,尽量把店做好做精!服务做好了,利润自然就来了。"邱瑞凯有点自豪地说。"直营店是给消费者提供服务,让消费者对快发品牌有美好印象的地方,更是快发树立服务标杆和旗帜的地方。"

加盟店的管理。周春雨是快发杭州的加盟商,他总是说:同在杭州,直营店就是"亲儿子",加盟店则是"野生的"。"快发收取了加盟费后除了在装修店面时候来了一下,后面也没有给我们多少指导。并且,有几次,店里的理发带(快发的一种专用理发器材)快用完了,我还专门跑了一趟他们公司才拿到。"周春雨继续唠叨着:"关键是,我以前不是搞理发的,对这个也不太懂,快发建议我选在超市里面,然后其他的就不管我了。我这店效益你也看到了,六七万元的投资回本估计还有段时间。我们营销好像也不行,时下流行的大众点评、高德地图里面一开始都没有我的店,来店的客户经常说在手机上搜不到我的店。快发也没有帮我去跟他们谈,我电脑用得也不太溜,还是我们店里小伙子帮我弄的。我也是被我朋友介绍才加盟了快发,快发确实是中国第一个做这个的企业。但是中国人聪明啊,你看这种快剪模式现在发展速度多快。刚开业的时候确实是我们这周边的第一家快剪店,但这一年来,竞争对手慢慢多了起来。我们加盟快发,除了交加盟费,按照快发的要求经营,快发还应该给我们做什么?目前,我觉得快发对于这块界定还是很模糊的。"

"不是我们不想管,而是我们管不了。"作为商务部总监的丁正这么说道:"我们自己公司人手也挺紧张的,我们商务部接加盟电话的只有一个小姑娘,而且她平时也不只是负责接电话,商务部的还有很多工作她也要参与。快发目前的 IT 系统设计得也不是太好,公司流程上因为发展比较快,出现了一些交接和沟通不畅,加盟商出现问题了也乱找人。"

李婷是安徽合肥地区的代理商,同时也是合肥蜀山区多单位特许经营人,她同时经营和管理着 8 家门店。作为目前快发加盟商的一个典型代表,李婷发现其开在高新技术开发区的门店效益要比开在合肥其他一些老城区,比如庐阳区的门店效益要好得多。李婷觉得新区里有很多新建小区,带来了稳定客流;而新区内没有老城区里的"夫妻老婆店"式的理发店的竞争(低价格、低服务水平),新区的理发店很可能是一些连锁店或者大型理发店,它们在价格和服务上同快发有着显著的区别,所以竞争不怎么激烈。"其实我们加盟商特别需要快发提供给我们关于理发师招聘、信息、技术、营销和品牌等宏观方面的指导,其他的我觉得不是很需要,比如一些微观的开店的选择,与超市的租约协商。我是合肥人,合肥哪儿有钱赚,怎么管员工,怎么和超市联系,快发不会比我更清楚的。"李婷说。

李婷自从代理了快发在合肥地区的业务后,就辞掉了原来的工作。她招人的方式比较特殊,前几个员工都是通过网络招聘的。她给发型师的固定工资是每月 1 500 到 1 800 元,以及每位消费者 5 元的提成。李婷算了一笔账,她店里的发型师每天只要服务 23 个消费者每月就能赚到 5 000 元以上,这在合肥已经是还不错的工资水平了。李婷强调,情感投资是维系员工感情的重要工具,逢年过节发个红包,生日时候发个礼品卡,虽然钱不多,不过非常有效。李婷门店较多,她还委派了其中一个店的发型师作为经理,赋予其两项任务:(1)安排 4 个门店所有理发师的排班,每周安排下一周的排班并汇报给她。(2)作为机动人员,顶替各个门店中因为理发师请假带来的空缺。李婷也非常重视对理发师的培训。她会和新进员工一起学习快发的管理手册，强调服务、卫生、技术对于生意成功的重要性。

成都的加盟商彭勇将快发视为自己接触年轻人的一个机会。“赚不赚钱不重要，最重要的是跟上现在的潮流。”彭勇有着其他生意，所以对于门店没有具体的日常管理。平时都是委派给一个发型师管理。彭勇的店生意比较好，他在店里还专门配备了 wifi 和饮水机。

“过年时候人太多了，那机器太死板了，我叫他们把机器关了，直接涨到 20 元/次，生意可好了。”彭勇美滋滋地说。彭勇给员工采取的是 5 000 元的固定工资，不过为了激发员工积极性，他设置了最佳业绩奖和进步最快奖。在人员上，店里员工流动性较高。快发的员工多是其他发廊辞职后来的，理发技术还不错，但是跟快发的理念还有差距，服务也不太到位。

“我们确实在前期有一些不足，但是我们一直也在改进。对于加盟商的指导，前期确实做得还不够多。这一方面是资源问题，另一方面也是执行问题。我们也设想在每个省安排一个中层的快发的人负责维护加盟商的关系，对各个加盟店进行督查和指导。我们曾经试过，但是失败了。这种职位的要求比较特殊。要么找个发型师，可他不懂管理；要么找个学管理的，可他不懂理发。于是就耽搁了。现在快发正在启动该项目，未来会和加盟商进一步合作，重点强化快发的品牌价值、服务供给以及平台支撑。”李强这么说道。

丁正说：“现有的渠道主要是加盟商主动联系总部，主要有三个方式，消费者体验过快发觉得还不错，就通过网络搜索到快发加盟，这些大概占 80%。还有一些是直接通过网络搜索了解到快发，这部分是 10%，还有一小部分是通过亲戚朋友介绍的。但是以上三类的加盟商不懂理发，更不懂快剪行业的商业模式。很多人就是想赚快钱，步调经常和我们总部不一致。现阶段我们对加盟商筛选还是不足的，这对我们的品牌建设不是非常有利。”

李强说：“显然，现在我们对加盟商的帮助还比较有限。尤其是人员招聘上，考虑到成本等原因，加盟商的发型师一般都由其自行完成服务培训。我觉得这是不够的，未来要加大建立起快发自己的人才库、理发师库。这同样也体现在门店选址上，不过这点我们有很大改进了。一方面，我们正在和阿里合作，引入大数据选址系统给我们。另一方面，我们在和各个商场谈。在前期与欧尚合作的基础上，我们最近就在和家乐福谈，如果谈成功了，家乐福会把其旗下所有商场里较好的店让给我们做快发。”

4. 共生

王春贤清楚地记着自己是 2016 年 10 月份入职杭州运河广场店。谈到为什么去快发工作，王春贤说：“快发工资高呗，而且我感觉也蛮好的。说实话，我也不愿意在理发店给人家推销卡啊，这都是没办法，工资太低了，推销卡才有提成；每个月也有推销卡的绩效。我也是人，我理解顾客那种不爽的感受。在快发，我就单纯给人家剪个发，几分钟搞定。”

出生河南农村的王春贤早早就辍学了，家里是想让他有一门手艺才把他送到了美发进修学校的。“我们店里规定还是很严的，上班时间哪怕中途午休吃饭也不能抽烟，因为抽烟身上会有一股烟味。要是小孩来我们这理发闻我们身上的二手烟就不太好了。”

王春贤一开始在杭州的一家永琪店工作，后来是朋友介绍才来快发的。王虽然有多年的理发经验，他从来没见过这种形式的理发店，他一开始就觉得“惊奇”。不过，他觉得这种理发店大有可为。与邱瑞凯的简短沟通后，他就辞去原来的工作入职了快发。王春贤的待遇属于杭州市同业中上游水平。但相应地,正如王春贤所提到的,快发对他们各项要求也比较高。现在的王春贤是杭州运河广场店的小组长。邱瑞凯觉得他干了一年多,对快发门店的管理和运营较为熟悉了,便委派他对店里发型师的排班、监督管理等。快发给员工提供了很好的晋升通道。谈到未来的发展时,邱瑞凯觉得王春贤的专业能力很强,自己又在有意识地锻炼他的管理能力,如果有机会的话可以推荐到总部去任职。

不同于王春贤,来自河北的侯杰是石家庄祥隆泰新华店的一名发型师。他入职不久,但是也有很多感慨。不同于直营店的员工,加盟店的员工跟快发不存在直接的关系。发型师的契约关系是与快发的加盟商签订的。除了在快发的店里工作外,侯杰的老板投资了多个其他快剪类品牌门店,他经常要往返于几个店之间。

"我老板还挺有意思的,他不仅投了快发,还投了新剪(与快发类似的快剪品牌),就在隔壁超市。用他的话说,他就是要垄断石家庄的快剪市场。老板现在给我的是固定工资,但是我私下也算过,如果按照其他快剪店计件工资的算法,我可能还拿不到这个数目。毕竟我们石家庄是小地方,大家对这种新东西还不太接受。"侯杰说,"我们这行,流动率高是没办法的,你说我们这是技术活吧,其实也不是。尤其是在快发这里,大家就要求稍微剪短一点,也没有多大技术含量。大家的想法就是先挣点钱。攒钱开一家快发店,自己做老板。"

虽然往返于两个门店,但是侯杰并没有拿双份工资,相反,他对同时服务两个门店也出现了不适应的地方。他坦言:"有时候我就串词,比如在快发我要说'欢迎来到快发',在新剪我又要说'欢迎来到新剪'。我虽然知道老板的哪家店是什么牌子,有时候跑多了,就有点混。不过按照要求,我们是必须这样迎宾的,不过我老板也没给我做多少要求。"

侯杰其实从未接受过专业的快剪培训,老板就是要求他在 10 分钟之内完成。侯杰最初剪头虽然能按照要求理发,但控制不好时间,不过剪了几天后就顺手了。"快发这个品牌还是不错的,未来这种方便、快捷的理发模式应该会流行。但是快发目前没有资质认证,培训也仅仅局限于员工手册,这样的指导肯定不够。"侯杰这么说到。

不同于快发店里的熙熙攘攘,大众点评网上快发门店的评论并不是很多。来快发进行消费的大多是 30 岁以上的男性用户,他们平时对社交媒体关注不多。李森大学毕业后就一直留在上海,谈到为什么会去快发消费时,他说:"我一直都是理成平头,快发就提供了这么一个服务,一方面是便宜,另一方面是快。去一般理发店,一个简单的剪短一点需要等很长时间,无论时间还是金钱都不划算。快发就是,想去超市的时候,顺带把头也给解决了,挺方便的。"其实大多数快发的消费者都有类似的感受,翻开大众点评网的评论,快发上海东宝兴路店就有这样一些评论:"午餐时间出来顺便修剪一下刘海,划算的哦,才 10 块钱,师傅剪得还可以。""虽然很便宜,剪出来的效果还是满意的,还看到老外在店里剪。"

彭勇有着加盟商和消费者的双重身份,他本职是一名保险经销商,是在一次去武汉的过程中体验的快发,他觉得这种干净、快捷和舒适的理发模式给他带来了良好体验,并认为这是未来的一个商机。回到成都后,他发现类似的店还没有。他搜到了快发的联系方式,并迅速敲定了加盟的事宜。类似的,消费者在快发门店消费而加盟快发的例子还有很多。

5. 迭代

"消费者都说剪短一点、剪短一点,但是到底多短算短呢?"杭州一家快发店的发型师在

2017年年终大会上疑惑地跟李强讨论起这个问题。其实，这不仅是发型师的疑惑，这也是李强的疑惑，自2014年创立快发开始，他就想用直观的方式定义诸多“语焉不详”和“因人而异”。如何从传统理发店进化到新美业，快发一直在不断地迭代。无论是从最初的电子收营机到已经推出上线洗头机器人，各种智能化设备帮助着快发实现上述跨越。

“我记得说朝鲜人民说在他们国家的理发店，男人和女人的发型都是固定的，就那十几种。你们可能觉得那是一个笑话，但是我却想到了，对于快发而言可不可以把这种模式推广，实现发型的SKU化。这样，既方便了消费者；也使得我们对于发型师的培训更加方便。”

目前，消费者可以通过快发的微信公众号和App预约下单，也可直接在现场用支付宝/微信扫描屏幕上的二维码，也可以插入10元现金。完成付款后机器会出一张小票，上面标识着排队号，店外的电子支付屏还实时显示排队状况，小票上的二维码也会显示排队状态。

“快发的后台的消费数据不应该仅仅用来记录，更应该做一些其他事情。比如，快发可以考虑对于非繁忙时段预约的理发单给予折扣。我的门店在晚上以及周末太忙了，而在白天又太闲了。”彭勇一直思考着快发如何利用平台优势帮助加盟商实现客户引流。信息、数据和智能化怎么导入到快发的服务系统中，从而更好地为店铺服务，快发为此进行了很多尝试。

李强就举过一个例子。偷窃一直是连锁行业中比较致命的员工问题。快发通过以下三种方式监督员工的偷窃行为：第一，神秘客户定期对门店进行飞检。第二，总部的员工通过网络摄像头发现发型师的盗窃行为。第三，给有条件的门店配备有智能座椅。座椅在消费者坐上去之后就会与网络相连并自动上传相关数据。所以通过数据对比就可以知道发型师是否存在偷窃行为。此外，李强他要求他会计部门研究每家门店的电费，看看电力成本是否能反映出真实的营业情况。例如，服务一位消费者消耗的平均电能乘以消费者人次加上日常电能的消耗应该与营收数据相当。第四，快发还引入了镜面识别系统，快发未来会将所有理发店里的镜子换成智能镜。这种镜子可以自动识别发型师的动作。如果发型师有违规的动作，会自动在后台响起警报。在此基础上，快发进一步开发人脸识别的闸机管理，并准备实行“会员制”。快发准备将消费者分为“会员”和“非会员”两类人群，会员缴纳年度会费并通过手机App或小程序录入人脸信息后，即可刷脸通过闸机通道，进入服务区；而“非会员”则需要进行线上支付生成的二维码，在闸机识别器上扫码进入服务区。当现场人数过多时，“会员”可以越过“非会员”而优先接受服务。同时，闸机系统可以完全杜绝手工收银（包括机器收银）。另外，刷脸之后的顾客消费行为可以更加方便地进行数据化，减少顾客下次消费时的发型需求方面的沟通。李强说：“这也是大数据的应用。”需要指出的是，虽然快发对于员工偷窃有着严厉的惩罚，但是发现偷窃事实后，对于员工更多是进行口头教育，没收偷窃金额，那些严厉的措施从来没有被真正地执行过。

为进一步监督员工，发型师也被准确编号至每个工位，同时进出闸机通道也进行刷脸识别；店里的摄像实行了“形态识别系统”管理，对规定的标准服务流程及动作进行系统标识，发型师的店内行为均被系统记录，如不规范则被系统识别，并向后台报警，比如双手超过规定的合并握拿，会被系统识别为“玩手机”，跷二郎腿则肯定会被识别为“非工作姿态”。

除了上述提到的智能系统外，李强还进行了一些理论创新，他专门发明了一个概念——抬臀指数。即进入门店接受服务的过程中，总共起立（抬臀）的次数。按李强的逻辑，传统美发门店，从进店开始，中间至少有3～5次重复入座、离座的过程。如果快发要让抬臀指数降到1(消费者在开始时坐下下,在结束时起身),就意味着要么不洗头,要么在座位上洗头。如何减少消费者的抬臂指数是快发服务的关键。

事实上,关于数据和智能化的应用,快发已经走得更远。2017年11月,快发三周年的庆典大会上,公司发布了全球首款商业用洗发机器人,并推出了名为Smart Shop的美发行业的无人值守门店智能管理系统。这一系统可以自动对理发店进行考勤、人员薪酬计算、门店收入的会记统计等功能,基本实现了对连锁门店的无人化管理,将让美发行业的管理效率大为提升。对于美发门店的投资者而言,这意味着可以省去20%以上的人力工资成本,能够实时掌握门店的运营状况,间接提升20%以上的有效收入。在李强的设想里,消费者可以通过快发的微信公众号、网页、官博等360度地查看每款发型、了解理发步骤。然后到现场直接扫码支付,不接受现金。李强望通过这种方式将用户的期望值标准化、发型SKU化。

李强在2017年年终大会上说道:“中国灰尘比较重,而且国人发质比较硬。用吸毛器并不能完全解决理发完碎头发的困扰。所以,我们一定要推出洗头的服务。洗头对于顾客很舒服,对于洗头工而言,却是有害身体健康的一个职业。双手长期浸泡在热水和洗发液中,一个二十岁的小姑娘的手,很快就会被泡烂皲裂,变得像老人的手一样。”李强认为:“无论是从效率而言,还是从健康而言,人工洗头都应该逐渐退出历史。而且在未来的十年中,人力成本将持续提升,成为理发店和消费者都难以接受的奢侈消费行为。在可供选择的范围内,用机器替代人工是最好的选择。‘谁说快剪不洗头’是我们下一个阶段的口号。”

快发的洗发机器人具备头部按摩洗发、阵列式风阵烘干、头发护理定型等功能。如同快发的智能座椅一样,这款洗发机器人拥有诸多专利。它不仅实现了快发的再一次产品升级,也实现了智能产品的硬件化,从而为消费者带来了更多的价值。但是一个设备、几行代码是远远不够的,信息和数据正是区别快发和传统发廊的特点。信息和数据一定要打入服务流程。做到了,产生规模;做不到,就是传统发廊。

6. 未来

整个快剪行业的发展速度是非常快的,因此也带来了行业淘汰的问题。从2014年年底快发成立开始,又先后涌现了诸如“星客多”“新剪”“快剪”等多个快剪品牌。但是快剪行业占整个美发业市场份额的1%不到,这意味着快剪行业具有极大的市场潜力。这对于快发而言是一个极佳的契机。一方面,随着城市居民生活节奏的加快,人们追求极简、快捷的服务体验,这其中就包含着消费者对于理发的需求;另一方面,传统理发店虽然满足了部分消费者对于烫发、染发等需求,但是由于其价格昂贵,服务时间长,因而给快剪的萌芽提供了土壤。不过,对于快发而言,它的发展仍充满着诸多的挑战。

(1)消费者方面。快发需要清楚地掌握一座城市消费者的快剪需求是多少,该城市消费者的行为偏好、消费者画像、消费者消费快剪的情景等。弄清楚这些问题虽然需要耗费大量的人力、物力、财力等,但是这对于快发未来的发展无疑具有至关重要的作用。

(2)门店选址方面。如何最优化地选择开设快发的门店也是需要快发思考的问题,是不是开在市中心和人流大的地方就一定是最好的?有不少快发店开在了市中心的商场里,可是面临着租金高、客流少,这些店铺有一些倒闭了。大型购物中心的消费者是不是快发的目标消费者?快发开在这些地方是不是能够取得较好的效果?快发是不是需要结合目标消费者，兼顾当地的经济发展水平，重新思考未来的经营？

(3)产品方面。目前，快发提供的产品还较为单一，仅仅是简单的理发服务。虽然，快发已经上线了洗头机器人。但是相对来说价格较为昂贵，并不是所有的加盟店都会配备洗头机器人。更为重要的是，快发是以快速剪发作为自己的发展基金以及商业模式的核心，在未来，快发需不需要在追求极致理发服务的同时，推出更多依附于快发品牌的头发类相关产品？以什么样的方式推出？新的服务类别与快速简约的理发如何共存？随着服务和产品的增多，快发又如何与传统的竞争对手进行品牌区隔呢？

(4)盈利模式方面。快发的盈利模式较为简单，以低价走量的方式来求高营业额。“10元10分钟”的理念已经深入人心。但是考虑到快发未来的发展，毕竟投资者需要快发的持续增长，快发要不要考虑利用大数据实现分时定价？而这会不会带来消费者认知中的快发形象紊乱？如何保持一致性、标准化和高效呢？

(5)竞争对手方面。不断有新的品牌涌入快剪市场。据不完全统计，目前市场上已经有十多个快剪品牌。不难发现，在这些新兴的创业领域总是避免不了直接的碰撞，快剪领域的竞争是否会发展为“百发大战”？是否如同传统的美容美发连锁一样，发展成“地方割据”——形成区域性市场竞争格局？这与李强想建立一个全国性的美容美发新连锁的梦想相悖。

(6)加盟商管理方面。加盟商是快发最重要的资产，也是快发品牌得意迅速扩展的最重要资本。目前，快发对于加盟商的支持远远不够，加盟并不是简单地交费和品牌授权。加盟商和品牌商更应该存在着信息共享、责任分担的良性发展关系。如何为加盟商提供良好的加盟服务，从而促进加盟商向消费者展现良好的形象？此外，快发在门店智能化上的技术突破，本质上是控店能力的突破。反过来看上一阶段的加盟出现的问题，就是在控店能力不足的时候盲目扩张的苦果。

可喜的是，我们看到快发在这六个方面均在不断尝试迭代，或进行相应地升级。比如，针对店铺选址，除了常规的线下选址策略，快发也同时在引进基于用户热点图(LBS)的选址工具，也在尝试“召集令”模式。即让消费者在网上预约登记，是否要在自己希望的地点开一家快发店，当预约达到一定人数时，快发就会根据预约人数的地理分布信息选址开店。这样做的好处明显要好于以前纯依靠线下人流增长来确定开店的策略，同时也大大缩短了门店养成时间。

在快发的员工看来，李强是一个典型兼具情怀和儒雅的中年创业家，每次在讨论快发的未来时总是自信满满、运筹帷幄。李强深知快剪行业的不断变化，快发算是一个差异化非常明显的企业。在这个看似很容易同质化的行业，确实不是所有人都愿意花4年的时间，把服务和管理都做出有一定价值的。他自己也想得很多，察觉到快发未来的发展需要不断优化并创新。如今，快发不仅面临着不断涌入的竞争者，同时也要面临着巨大的加盟店管理、成本控制、投资人要求盈利等压力。这一切都压在李强和他的团队身上。无疑，快发团队对未来充满信心，对以后可能的优化和创新压力也有着充分的准备。“在未来的5年之内，快发希望可以发展到5万加盟门店，让一亿人成为快发的活跃用户，让以快发为代表的新美业成为主流服务产业。”李强这么说。

附录　英文摘要

QChouse:711 of the Hairdressing Industry

Gao Weihe　Liu Dewen

(Shanghai University of Finance and Economics, Shanghai,200433, China)

Abstract:Since the end of 2014,the "10 yuan 10 minutes" quick cut mode began to appear in the Chinese hairdressing industry,and it has become increasingly popular. In this case,Kuaifa,a market leader in the fast-cutting industry,is selected as the research object, and its development concepts and strategies are described in detail. Through a comprehensive review of Kuaifa's internal data,executive interviews and public media information, combined with research methods such as consumer,franchisee and employee interviews, this case truly reproduces the development context of Kuaifa since its establishment in 2014. The initial practice course from the stage of imitating and learning from the Japanese QB House stage to the stage of self-management innovation that is fully catching up and surpassing. The case is basically written in chronological order,expounding its business model and store/employee management at different times. Kuafa has further consolidated its leading position in the market by combining its business practices in the Chinese market and created outstanding experience value for consumers.

Keywords:Barber;7—11; Business Model; Value Cocreation

案例使用说明

二、教学目标

本案例主要是为那些对于商业模式以及价值创新感兴趣的管理者以及本科生、研究生及MBA学员所撰写。本案例尤其适用于MBA《营销战略》价值分析或者《战略管理》商业模式等分析模块,将本案例作为课堂讨论的教学案例非常适宜。本案例涉及下面几个相关知识点:

1. 快发对于传统美发行业的价值创新,以及快发的价值链;
2. 快发的商业画布,并在此基础上发展而来的快发商业模式;
3. 作为品牌方的快发拥有的资源和优势;
4. 快发商业模式中智能化社会的运用对于商业模式的创新。

三、教学计划

根据教师的实际需要，本案例有如下几种使用方式：(1)主要针对案例的前半部分，即讨论快发的商业模式是什么，讨论时间大约在45分钟左右。(2)对于案例的总体进行讨论，即讨论快发的商业模式和快发的发展，可以进行大约90分钟的案例讨论。(3)针对MBA学院，将案例与诸如商业模式、细分市场等创新内容相互结合，进行时长大约为120分钟的讨论。

在教师使用本案例的过程中，可以围绕但不限于以下几个核心主题展开。

1. 快发的价值创造以及利益相关方分工；

2. 快发价值创新和其商业模式；

3. 快发使用信息技术和智能设备的商业模式迭代。

以下是以90分钟的案例讨论设计的教学计划框架。

这一教学计划框架是基于学生们上课前已经阅读材料、做好充分准备的前提下。在这一前提下，本教学计划框架展示了如何在90分钟的课堂教学中讲解这一案例。

1. 课前阅读和思考

在案例讨论前，教师要求学生阅读案例材料，并思考如下几个问题。

(1)相比于传统美发业，快发实现了怎么样的价值创新？

(2)快发的直营店和加盟店有什么不同？在价值创造的过程中，品牌商和加盟商之间应该如何有效分工才能实现最大的价值创造？快发目前拥有的资源和能力是什么？

(3)如何理解快发的商业模式？竞争相对优势在哪里？

(4)快发为什么要进行迭代？信息技术和智能设备的使用为其商业模式提供了哪些创新之处？未来应该如何进行风控和持续性改进？

2. 案例背景介绍，明确讨论主题(时间：10分钟)

教师在这一部分对案例进行引入，可以通过展示快发的logo或者是询问学生是否有过在快剪(不局限于快发)理发的经历来引导学生讨论他们对快剪行业的认识和了解。

3. 课前思考问题讨论汇总(时间：80分钟)

根据课前思考题，教师需要引导学生对四个讨论问题进行研讨、汇总。

(1)相比于传统美发业，快发实现了怎么样的价值创新？(15分钟)

在对该问题的讨论中，教师可以引导学生利用价值链框架来分析快发所实现的价值创新。并让学生试图绘制快发的商业画布(为商业模式提供引子)。而后，引导学生从自身的体验和经历出发，分析快剪的吸引力，进而深化对该问题的理解。

(2)快发的直营店和加盟店有什么不同？在价值创造的过程中，品牌商和加盟商之间应该如何有效分工才能实现最大的价值创造？快发目前拥有的资源和能力是什么？(20分钟)

教师可以先请学生回忆身边有哪些直营和加盟的例子，继而介绍快发直营店和加盟店的现状，进而分析这两种连锁经营模式的区别，总部对其控制状况和优劣势等。最后，思考加盟商和品牌商在连锁经营的关系中如何有效分工才能实现最大的价值创造。利用核心活动和边缘活动的定义，请学员思考品牌商和加盟商应该完成哪些活动。

(3)如何理解快发的商业模式？竞争相对优势在哪里？(25分钟)

在开始该问题的讨论之前，教师可以先对快剪的服务模式进行介绍和阐述，当然也可以邀请学生阐述其对该问题的理解，在商业模式中品牌商和加盟商的分工是什么？教师最后做点评和总结。而后，教师可以引导学生对比快发和传统理发店在服务方面的差异，理解快发的相对竞争优势。

(4)快发为什么要进行迭代？信息技术和智能设备的使用为其商业模式提供了哪些创新之处？未来应该如何进行风控和持续性改进？(20 分钟)

教师可在这一部分引导学生回忆起身边有哪些东西已经实现了智能化，继而鼓励其想象在美发行业中如何引入信息技术以及智能设备，并进一步讨论这些智能化对消费者体验的提升和对管理效率的改善。在此基础上，邀请同学们进行讨论。

四、讨论问题的思路分析

1. 相比于传统美发业，快发实现了怎么样的价值创新？

首先，让学生思考为什么快剪行业可以从传统美发业中剥离开来发展壮大。如今，在中国这样的新兴市场之下，快文化的需求日益增长。此外，加上其他经济负担的存在，快剪这种高效率的理发服务将会受到消费者的青睐。传统美发业对于消费者来说存在着排队时间长、服务时间长、价格不透明等诸多缺陷。快剪从传统美发业中剥离出消费者最基本的剪发需求，实现了细分领域创业(niche entrepreneurship)。价值的创造来自消费者本身，在提出价值主张的过程中，服务或产品仅仅完成价值传递，消费者才是价值创造的主导者，企业要通过互动和资源整合共同创造价值。① 快发将价值创造本身的提议权交换给消费者，仅仅担任服务提供商的角色，协助消费者价值的实现。从而完成了价值创新。迈克尔波特的价值链理论②认为：企业的任务是创造价值。企业的各项活动可以从战略重要性的角度分解为若干组成部分，并且它们能够创造价值，这些组成部分包括公司的基础设施、人力资源管理、技术开发和采购四项支持性活动，以及原料供应、生产加工、成品储运、市场营销和售后服务五项基础性活动，九项活动的网状结构便构成了价值链。从本质上讲，企业商业模式是通过对企业全部价值活动进行优化选择，并对某些核心价值活动进行创新，然后再重新排列、优化整合而成的。利用波特提出的价值链分析框架，可将快发与传统美发店进行对比，具体的对比如表 3—1 所示。

表 3—1　　快发价值链创新及比较

价值链活动		传统美发店	快　发	对　比
基础活动	原料供应	原料供应复杂，包括洗、剪、吹等各个服务所需的原产品	服务原料结构较为简单，只需基本的剪发工具	快发受到原料供应的影响较小
	生产加工	为消费者进行服务，服务项目较多	服务项目简单，目前只有剪发服务	快发的服务结构比较简单
	成品储运	无	无	无
	市场营销	依赖于重度的公关、营销	依赖于消费者的口碑宣传	口碑营销更容易获得良好的效果
	售后服务	由于服务类别较多，所以涉及售后服务较多	一次性消费，基本较少涉及售后服务	服务与售后服务基本对等

① Vargo S L, Lusch R F. Service-dominant Logic: Continuing the evolution [J]. Academy of Marketing Science, 2008, 36(1): 1—10.

② 迈克尔・波特. 竞争优势[M]. 北京：华夏出版社，1997.

续表

价值链活动		传统美发店	快　发	对　比
辅助活动	基础设施	单个门店的分散管理，每个门店有其组织架构	集团化管理，组织结构和控制系统较好	集团化管理降低了组织的运行成本
	人力资源管理	每个店人员较多，难以管理	一个店通常只有2个左右店员，管理方便	快发在人力管理上更得心应手
	技术开发	传统的美发设备，并无大数据支持	先进的数据技术和多项智能化设备	快发的技术更加先进
	采购	各个门店自行购买，无规模效应	快发总部统一采购	集中采购有助于降低成本
利润		消费者单次消费利润率较高，但是消费回购率较低	消费者单次消费利润率较低，但是对于部分消费者回购率高	快发目前处于创业阶段，总体利润较低

可以看出，利用价值链的分析框架并不能很好地描绘出快发的优势。这是因为价值链分析在提出之初主要是服务于制造型企业，而美发行业属于服务型企业。此外，价值创造的方式已经从链式结构变成网状结构，价值链分析并不能很好地体现快发的战略优势。

其次，基于快发的结构，教师让学生们利用商业画布确定其价值创新的框架。以此来洞察快发的价值主张和用户需求。商业模式画布就像一个九宫格，通过居中的“价值主张”，衔接左右两端的用户对象和业务能力，而支撑整个模式的是最下边的成本结构和收入来源。整个九宫格覆盖商业的四个主要方面：用户、产品/服务、基础设施和财务能力。一个产品的成功，一定是建立在对消费者的深刻理解上，而不是简单的问他们要什么。真正的挑战在于建立对客户的彻底理解。需要充分的融入顾客的思想，从顾客的角度来看待和设计商业模式，包括对环境、日常事务，用户关心的焦点以及愿望。真实的深入用户，真实的还原用户场景的问题本源。一个公司(包括快发)的商业画布如表3－2所示。

表3－2　　快发的商业画布

<table>
<tr><th>关键合伙人</th><th>关键活动</th><th>价值定位</th><th>顾客关系</th><th>客户群体</th></tr>
<tr><td rowspan="3">1. 谁是我的关键合作者/供应者？
2. 我们需要从合作伙伴那儿获得什么关键资源？
3. 合伙人做了什么关键活动？
4. 合作伙伴的动机？
5. 降低风险和不确定
6. 获得特殊资源和活动</td><td>1. 我们关键活动的核心价值要求？
2. 我们的分销渠道有哪些？
3. 收入渠道是什么？
4. 分类
5. 产品
6. 问题解决
7. 平台/网络</td><td rowspan="3">1. 传递何种价值
2. 我们帮助客户解决什么问题
3. 我们为客户群体提供一系列什么样的产品和服务
4. 我们满足客户什么需求
5. 新奇性和特性
6. 设计，商标/地位
7. 价格，降低成本/风险
8. 可行性，方便/可用性</td><td>1. 客户期望我们与其建立/维持何种关系
2. 我们建立了哪些
3. 他们如何和我们剩下的商业计划相融
4. 他们的成本</td><td>1. 我们为谁创造价值？
2. 谁是我们最重要的客户？
3. 大众市场 VS 利基市场
4. 多元化的客户
5. 客户使用多平台与我们进行接触</td></tr>
<tr><th>关键资源</th><th colspan="2">渠道</th></tr>
<tr><td>1. 我们的价值定位需要的关键资源
2. 我们的分销渠道
3. 客户关系
4. 资源的种类：物理、智能、财务</td><td colspan="2">1. 我们的客户群体希望通过什么渠道？如何到达
2. 我们的渠道如何一体化
3. 如何将其和客户程序整合
4. 如何提高我们公司的产品和服务的知名度
5. 如何帮助客户评估我们组织的价值观
6. 如何向消费者传递价值观</td></tr>
</table>

续表

成本结构	收入来源
1. 我们商业模式中最重要的固定成本是什么 2. 哪个关键资源/活动最昂贵 3. 商业模式更加：成本驱动（学习成本结构，低价格价值主张，最大程度自动化，广泛的外包）或价值驱动（集中价值创造，溢价价值主张） 4. 样本特征：固定成本（工资、房租、公共事业）和多种其他成本 5. 经济规模和经济范围	1. 我们的客户会为了哪个价值买单 2. 他们正在为什么买单 3. 他们现在/希望如何支付 4. 每一项收入对总收入的贡献 种类：资产销售、使用费、订阅费、贷款/租房/租赁、经纪费、广告 5. 固定的价格：列出的价格、产品特性的依赖、客户群体依赖、量级的依赖 6. 谈判（讨价还价）、收益管理、实时市场

商业画布中的关键活动就是能够解决用户痛点、满足顾客需求的价值创造方式。对于快发而言，能够匹配这两个特点的就是其核心业务，快速地理发。那么，对比于传统的理发店，顾客在理发过程中的痛点是什么？为什么说快发这种剪发模式可以很好地解决消费者的痛点？此时，教师可以通过询问学生传统意义上的理发经历，让学生们描述该过程中的消费痛点。

例如，第一个“痛点”是时间成本过高，剪一个头发要等半个多小时然后再接受半个小时的剪发服务经历绝对不是孤例。第二个“痛点”是剪发费用过高，传统理发业对于单个理发收取费用过高一直是一个被诟病的问题。第三个相关的“痛点”是不能拥有良好的服务体验，理发过程中不仅要接受理发，同时还要接受理发师对于各种头发护理、店铺会员卡的推销，极大地降低了消费者的服务体验。这些痛点给价值创新提供了指引，快发的商业模式成功地解决了这些痛点，成功地实现了快发的价值创新。在课堂中，教师可以请学生们根据案例中快发的模式列举出其创新点（模式，产品，价格等）。

2. 快发的直营店和加盟店有什么不同？在价值创造的过程中，品牌商和加盟商之间应该如何有效分工才能实现最大的价值创造？快发目前拥有的资源和能力是什么？

教师可以先引导学生进行思考，询问他们对直营店和加盟店的概念是否清楚。在连锁经营品牌中，有哪些品牌是纯直营，有哪些品牌是兼顾加盟和直营？在服务体验上，加盟店和直营店是否存在差异。

不同于快发系统内的加盟店，直营店与快发都属于同一资本所有，各个连锁店由总部所有并直接运营、集中管理。总部对各分店拥有所有权，对分店经营中的各项具体事务均有决定权，分店经理作为总部的一名雇员，完全按总部意志行事。日本通产省给正规连锁商店下的定义是“处于同一流通阶段，经营同类商品和服务，并在同一经营资本及同一总部集权性管理机构统一领导下进行共同经营活动（由两个以上单位店铺组成）的零售企业集团”。直营店的一切管理和决策都由总公司控制，直营可以做到规避短期的利益导向，而遵循长期的战略导向。直营店在资源获取上也具有较大优势，在资源稀缺的情况下，总部会优先向直营店配给相应资源。而加盟店则是由加盟商付一笔加盟费给总部，然后根据总部的要求对店铺进行选址、装修和运营。一般来说，加盟店大部分的管理权在加盟商手里，加盟店的日常管理、人员招聘等只要符合总部的大框架，都由加盟商自行定夺。在利益分配上，有的品牌要求与加盟商分配日常利润，有的品牌则不做要求（快发并不要求与加盟商分配日常利润）。加盟商和品牌商的最大冲突在于利益不一致，这就造成了加盟商和品牌商的关系冲突。直营店和加盟店比较如表 3－3 所示。

表 3—3　　直营店和加盟店比较

总部	直营连锁	加盟连锁
市场扩张速度	慢	快
市场扩张范围	窄	广
建立知名度的速度	慢	快
投资金额	多	少
投资风险	高	低
适应地区特性经营弹性	小	大
对连锁店的控制力	强	弱
与连锁店的冲突	少	多
对连锁店的资讯控制	较佳	较差
法律问题	少	多
经营者的受激励强度	弱	强
经营者的工作积极性	被动	主动
商店形象的维护	较佳	较差
商品品质的维护	较佳	较差
整体策略的配合程度	高	低
对商情的收集与反应的态度	公司规定	视其利益需要

事实上，这种加盟商和品牌商的矛盾一直是连锁经营关系中特别难处理的一个问题。2012 年 9 月，达芙妮在孝感的 4 家直营店就被加盟商封堵 6 天，这次爆发的矛盾也使得达芙妮的品牌价值一度下滑到谷底。企业开放加盟是因为资源不足、能力有限，加盟可有效解决资源问题。同样，特许加盟商也有可能是因为看重加盟总部所拥有的各种资源而加盟特许经营体系的。加盟可以帮助品牌商迅速打开市场，并降低品牌商的资金压力，并在短时间内吸纳大量的加盟金。但是，在加盟关系中，品牌商和加盟商的利益并不一致，品牌商追求品牌的长远发展，而加盟商在大多数情况下追求短期利益。在资源供给上，直营店的优先级也高于加盟店。在快发的经营模式中，当加盟商给快发交了加盟费后，加盟店的管理、招聘、运营都由加盟商自己负责，快发总部只给予指导和建议。

在连锁经营中，集权和分权是一个绕不开的话题。要实现店面的迅速扩张，必须将所有的店铺流程标准化，以供大规模的复制。标准化是连锁经营的核心。连锁经营至少带来以下的好处：首先，标准化有利于总公司快速复制自己的商业模式，实现快速增长；其次，标准化有助于比较分析各个门店的业绩，因为标准化之后各个门店的经营变得相对类似，这样一来总公司就能更容易的发现导致业绩差异的因素；最后，站在消费者的角度考虑，标准化有助于降低消费者选择时的不确定性，增加其购买概率。本地化也是连锁经营所需要考虑的重要问题。因为连锁经营往往涉及广大的地理区域，各地方风土人情、消费者偏好、经营环境、加盟商素质等往往具有较大差异性,这就构成了标准化的挑战。此外,从另外一个方面讲,本土化也是为了更好的服务消费者。所以,为适应环境的本土化也是连锁经营中的一个重要挑战。要实现标准化,总公司就必须集权;要实现本土化,总公司就必须放权。而标准化和本土化都是总公司需要追求的目标,所以公司就必须得做到既集权又放权,这就产生了一对"矛盾"。这对"矛盾"并非不能解决,在部分事物上总公司集权,在其他事物上总公司放权是一个可供借鉴的解决措施。快发在后期进行了战略调整,对核心要素进行控制,对边缘要素进行放权。诸如设备采购、信息维护、品牌沟通、系统开发等属于核心要素,具有规模经济性,由快发总公司完成,而单个超市的关系维护、某门店的互联网接入、加盟商发型师薪酬则属于边缘要素,具有鲜明的地域特色,由加盟商自行完成。对于快发而言,可以对其品牌商和加盟商之间的权力划分进行一个简单的归类。具体如表3—4所示。

表3—4　　权力和责任划分

具体划分	产品和服务	价值沟通	系统识别	系统基础
核心要素(适合品牌商的)	节本服务流程,服务时间、理念	店面卫生、标准服装	商标、系统名称、LOGO、装修	业绩整理操作规范
边缘要素(适合加盟商的)	营业时间,店内理发设施设置	本地营销活动、顾企沟通	室内装饰、辅助设置的陈列	其他规章制度、服务措施

依快发的复制和扩张不仅需要考虑到速度和规模,同时也要兼顾效率和资本。在快发的发展历程中,出现了种种问题。导致后期快发的核心人员流失,给加盟商提供的服务和支持不足。这一方面是由于快发的技术非常简单,很容易复制,另一方面,这也是由于快发在2017年开始之后,对加盟商无法提供有效的服务支持,导致了大量加盟商脱离快发。不同于其他类型的连锁企业(例如餐饮,品牌商控制着烹饪的技术和原材料的供应),快剪行业中,加盟商在资源上并不过多依赖于品牌商。那么在连锁经营的商业模式中,加盟商和品牌商又如何分工?分工的原则是实现效率的最大化,才能实现价值的最大增值吗?加盟商在交了加盟费后,除了品牌授权外品牌商还能为加盟商做些什么?Wernerfelt 和 Birger[①] 提出了连锁加盟关系中分工的参考给我们提供了借鉴。在核心要素上品牌商集权,在边缘要素上品牌商分权。在这里,需要品牌商控制并加以标准化的事物称为一个连锁经营的核心要素,把可以交给加盟商控制并允许其本土化的事物称为一个连锁经营的边缘要素。所以,核心就在于识别出一个连锁经营系统中的核心与边缘要素——品牌商控制核心要素加以标准化,加盟商控制边缘要素加以本土化——这就是品牌商与加盟商之间的有效分工。核心要素和边缘要素的判别在于:这一活动/任务由谁来完成成本较低?以及这一活动/任务是否有规模经济性?快发在发展过程中,没有明确好与加盟商的权力以及责任的划分,导致了整个运营体系的效率低下。很多加盟商抱怨甚至脱离快发的加盟体系。因此,在多渠道的企业关系,尤其是连锁加盟的商业模式中,各个利益相关方有着不同的诉求,在事先确定好权力和责任的划分是一个商业模式能够稳健发展的关键。

依靠加盟商,通过对加盟商的日常管理来提高服务水平,最终在消费者那里建立品牌资

---

① Wernerfelt B. An Efficiency Criterion for Marketing Design[J]. Journal of Marketing Research, 1994,31(4):462—470.

产是快发提升品牌价值的绝佳方式。快发的加盟店多于直营店,如何管理好加盟商,以向消费者传达其品牌理念和价值更多的是落在管理和服务的实践而非宣传上。在竞争优势上,不同品牌的加盟商和直营商的竞争优势不同。一般而言,服务接触点越多的企业,直营商的竞争优势更大。所谓服务接触点,指的就是在日常经营中消费者和企业服务人员接触的频率。例如,对于海底捞这种与消费者接触贯穿于整个就餐过程的企业更适合直营,而对于肯德基这种与消费者接触只发生在点餐时刻的企业(甚至现在消费者可以扫二维码点餐,消费者与一线服务员工全程无须交流),加盟则更有利于品牌的发展。这也是大多数美发加盟企业无法取得成功的原因之一。对于永琪等传统的理发企业,消费者和发型师的交流和互动贯穿于整个理发过程,因此品牌商对于加盟商的投机行为若出现控制不足,则会造成灾难性的后果。而对于快发,消费者和发型师的接触较少,因此相比于传统理发连锁企业,快发的加盟对于品牌更有利。

目前,快发对于加盟商的管理并不是非常顺利,快发本身也在不断摸索一条最优路径。作为品牌方的快发而言,它所拥有的资源主要有两个:品牌和专业设备。快发利用这两个加盟商无法复制的商品属性对其进行控制和管理。但是,正如案例中所言,目前越来越多的快剪品牌涌现,给快发带来了一定的困扰,一定程度上削弱了品牌方的控制。虽然,诸如顾客资源、员工资源等其他类型的资源也是快发的优势,然而大量品牌的涌入使得这些资源的壁垒逐渐降低。即,快发的这些资源有可能被其他竞争对手复制。就目前看来,在早期快剪模式刚刚引入中国时,快发利用自己的品牌优势达成了和设备供应商的合作。快发拥有的能力也是基于以上两个优势开展而来,快发的品牌优势使得快发对加盟商有较大的控制权。但这一控制权逐渐被其他品牌稀释。欲要创造基业长青的品牌优势,快发必须对自己的商业模式有更深入的理解,同时,不断创新以确立有别于对手的商业模式。这其中就包括快发的李强所说的"智能化"。

3. 如何理解快发的商业模式?它的相对竞争优势在哪里?

基于前面两个问题的讨论,学生们已经了解了快发的商业画布,它是理解商业模式的前提。进一步,教师可以引导学生理解快发的商业模式。Kaufmann 和 Eroglu[①] 提出商业模式包括四个主要方面:产品和服务(价值定位)、价值沟通、系统识别、系统基础设施。在讨论该问题之前,教师可以利用下面的分析框架引导学生一起绘制快发的商业模式,先解释其四个要素的基本概念,然后请学生填充该表格,并将其与传统的理发店进行比较。下面给出了一个表格填写示范,具体见表 3—5。

表 3—5　　商业模式比较

商业模式要素	快　发	传统店
产品和服务	对于消费者:方便、实惠的剪发服务 对于加盟商:提高开店支持,提供加盟指导、帮助其盈利 对于发型师:劳动致富,提高工作技能,帮助其接近开店的梦想	对于消费者:冗余、昂贵的美发服务 对于加盟商:传统美发店多是个体经营,即使有也各自为战 对于发型师:虽然也有收入,通常有办卡的绩效压力

① Kaufmann P J, Eroglu S. Standardization and adaptation in business format franchising[J]. *Journal of Business Venturing*, 1999, 14(1): 69—85.

续表

商业模式要素	快　发	传统店
价值沟通	与各个利益相关方的显性和隐性沟通,包括统一的门店装修、员工制服、清洁的店面环境,以及员工的精神状态等	没有统一的装饰,员工也没有统一行事准则,只能向消费者传递基本的价值,即该门店是一个美发店
系统识别	统一的门店装饰,店内设施陈设,可以让消费者在众多店铺中识别出快发	没有统一的门店装修,就算是诸如永琪等加盟店,其装修细节,店内设施摆放并不一致
系统基础设施	快发的资源、制度、活动等都是快发商业模式的基础。如快发要求各个门店提供理发服务的合同,为了实现其价值定位所研制的一系列设备,内部激励等	并无清晰的核心价值定位,相关的资源、制度、活动也无法支撑起商业模式。如,普通美发店的设备并没有打通数据,其激励制度也较为原始等

快发的连锁经营方式属于商业模式连锁,那么,何为商业模式?从定义上来说,商业模式是为了通过利用商业机会来创造价值,从而设计的交易内容、交易结构和对交易的治理方式。商业模式分为四个主要方面,包括:产品和服务(价值定位)、价值沟通、系统识别、系统基础设施。在面对任何商业模式时,该四个要素是分析的核心点。

(1)产品和服务(价值定位)。商业模式的基本点就是提供一定的产品和服务。产品和服务的对象不仅针对消费者、也针对其他利益相关方。产品和服务要有一个清晰的定位,或者说是瞄准某些用户痛点。快发提供给消费者快捷高效、价格实惠的理发服务;其次,在快发消费者不用面对发型师的推销,快发只专注理发这一件事情。对于加盟商,快发提供开店支持,提供员工培训和管理指导,并给予线上消费者引流。对于发型师,快发提供劳动致富的机会,可以让发型师接近自己的开店梦想。上述这些快发为不同的对象(消费者、加盟商、发型师)提供的不同的产品或服务(价值定位),是快发事业的一个基本出发点。也是该商业模式对于系统内各个对象所特有的产品和服务(价值定位)。

(2)价值沟通。商业模式的主体,企业如何将自己的价值定位传递给该商业生态中的其他对象?这就需要企业主动进行价值沟通。对于消费者,快发不仅帮助其节省时间和金钱,还为他们提供没有推销的舒适环境。那么企业怎么向外界进行信息传递?例如,消费者怎样知道快发店里没有推销、发型师很安静吗?对此,快发设计了多个贴在玻璃门上的标语,如“这里的发型师不懂办卡只懂理发”等。此外,“沟通”很多时候还是潜在的,员工的制服、清洁的店面、及时扫除碎头发等无时无刻不向消费者传递着快发的品质和服务水平,消费者会从这些信息中推断门店的好坏。不仅快发总部,很多快发门店都在强调,清洁的店面环境。快发总部强调门店必须做到一客一扫,而不同门店经营者也有着自己的要求。如合肥加盟商李婷要求必须每隔一个小时就要把门店的照片上传到微信群,并以此来评价发型师的绩效。

(3)系统识别。任何一个商业系统都有自己的一套识别系统,包括:名称、商标、Logo等,通常将其称之为系统识别要素。系统识别要素帮助消费者记住该商业模式的产品、服务、门店等;例如,麦当劳的“M”,7—11 的门头设计等。作为连锁快剪店这一商业模式的主体,快发也为此设计了一套标准化的门店识别要素,并在系统上保持了严格统一。快发的门店历经多次调整,但是都是主打简约风。现在,最新的快发门店以灰色作为设计基准,给消费者一种诚恳、沉稳、考究的主观感觉,这些颜色的色彩隐喻也给消费者传递了快发的卓越服务质量。同样,门店简明扼要地标识了白字黑底“快发 QC HOUSE”方块,QC 意味着 quick cut。门店内设计也较为简单,若干个理发台,门口一个销售器。这种简约的风格易给消费者留下印象,并使得消费者在众多要素中能够快速识别快发。虽然快发的门店已经更新到第三代,但快发的门店设计都遵循以上特点,给消费者易于识别的门店印象(见图 3—1)。

图 3—1　快发门店

(4)“基础设施”。基础设施较为抽象。前面三个要素分别回答了这三个问题:该商业模式的价值定位是什么?消费者如何获知价值定位?消费者能轻易识别该商业模式的产品、服务、品牌、门店等吗?那么这最后一个“基础设施”就是回答上述的定位、沟通、识别是如何实现的。“基础设施”意指维持商业模式持续运行的基础,包含众多子方面:企业的资源、制度、活动等。为了实现“专注理发”的价值定位,快发在合同中要求各个门店只提供理发服务,这就是该商业模式的一个制度基础设施;同理,为了防止发型师的“双偷”而建立的转让、承包也是一个制度基础设施。为了实现快发的价值定位,快发研制的一系列设备(洗发器、售票机等)就是该商业模式的硬件基础设施,为这些硬件设备申请的专利则是法律保护方面的基础设施。此外,快发对内部员工的管理和激励也是基础设施的重要组成部分。例如,快发需要为招商人员提供合适的激励,避免其短期导向的行为。只有招商人员努力识别和寻找能与快发长期合作共赢的加盟商,快发才可以找到合适的商业伙伴去完成其商业模式的价值主张。不同于前三个要素呈现出的显性化信息,“基础设施”往往是内隐化的信息,它保证了商业模式不会轻易被复制。尽管没有明确的条款规定了哪些制度、资源、活动是属于一个商业模式的“基础设施”。快发在学习和总结连锁加盟模式的基础上建立起一套从美发行业剥离出来的商业模式,这套成熟的商业模式也为快发的迅速发展和体制加强与壮大奠定了现实基础。

4. 快发为什么要进行迭代?信息技术和智能设备的使用为其商业模式提供了哪些创新之处?未来应该如何进行风控和持续性改进?

在回答这个问题前,教师可以请学生回忆起身边哪些商业场景已经进行了不断迭代(即场景发生了改变),且在消费场景中贯穿了信息技术和智能设备。如,原来使用纸币支付,现在第三方支付日渐盛行;原来饭店点菜是跟服务员说,服务员下单,现在点菜可以由支付宝/微信扫描桌上二维码完成下单;原来财经新闻需要专门财经记者撰写,现在计算机后台可以直接提起网络信息,以标准化的形式生成新闻。快发实现利用各种智能化设备进行不断创新主要基于以下几点考虑:

第一,智能化是标准化的前提,也是保障快发的门店可以迅速扩张的重要因素。对于一个加盟连锁企业来说,可复制的要求之一就是门店内的各项元素都能够以低成本的方式进行再生产,而智能化正是实现这一点的解决途径。智能化的设备有着较高的统一标准和工业化的工艺水平。在快发迅速扩张门店的过程中,同样的设备可以被成百上千地生产出来并被运送到各个加盟商的门店中。这些统一的设备为快发服务的标准化提供了硬件基础,使得快发的标准化服务得以实施。

第二,智能化有利于降低人力成本,提高了门店的经营效率。在人力成本越来越高的中国,人力成本的居高不下一直是制约许多企业发展的因素之一。据有关报告预测:在未来,人力成本会成为企业的最大开支之一。快发尽量把能够用机器完成的非核心部分交给机器来做,只留下核心的部分交给人去完成。在这里核心部分是发型师提供给消费者的剪发服务,非核心部分包括门店监控、收银、洗发服务等。将核心部分和非核心部分的分离在最大程度上提高了人力资源的利用效率,使得门店的经营效率大幅度提高。快发的李强也指出,传统模式不能解决根本问题,而且与提升效率的原则相悖;无人管理又不能指望理发师自己管自己,那么剩下可选的只有靠机器管人。

第三,智能化有助于提高消费者的体验。毫无疑问,智能化设备提供的服务可以根据消费者自身特质进行改造,因此在一般意义上更优于人工服务。所以,对于快发这样一个服务型企业而言。使用智能化设备大大提高了消费者的体验。例如,使用App/公众号预约剪发可以进一步降低消费者的等待时间;使用智能升降椅可以根据消费者身高、体重自动选择让消费者最舒服的剪发高度和姿势,洗发机器人可以提高消费者对于洗发的体验等。

智能化有助于实现数据化。这是智能化对于公司的最大价值,Naimi 和 Westreich① 指出,世界的本质就是数据。甚至快发的李强也指出,未来最有价值的资产,不再是动产与不动产,而是数据!在当前实体产品利润越难越难以为继的情况下,用智能化的终端设备获取消费者、甚至是发型师的行为,将其数据化是未来管理发展的重要方向。在快发门店中,智能设备会确认消费者的身份、记录消费者的轨迹、镜像化消费者的行为。进而,这些数据可以描绘出一个消费者的行为模式,进而为企业的产品营销提供最准确的落点。

设备的高度智能化和大数据技术的日渐成熟对营销产生多方面的影响。商业模式的创新不仅仅是要素内容的创新,也是要素之间关系的创新。从快发的实践来看,这些技术对快发商业模式的创新包括产品和服务、价值沟通、业务流程和关键活动三方面。

第一,产品和服务的创新。快发从美发行业中剥离了一小块业务进行细分市场创业。在技术的帮助下,快发可以根据消费者的行为数据去洞察更加准确的消费者需求,产品和服务的提供以及价值创造需更加贴近社会大众需求,即提出更加优异的价值主张。此外,消费

---

① Naimi A I, Westreich D J. Big Data: A Revolution That Will Transform How We Live, Work, and Think[J]. Mathematics & Computer Education, 2013, 47(17): 181－183.

者数据的实时个性化以及多来源、多格式数据的快速综合对比分析能力使数据的收集、整理、分析、反馈、响应可以在瞬间完成,使企业随时随地精准圈定用户群。

第二,价值沟通的创新。在传统的服务情境中,价值沟通的方式往往基于企业的营销经验和对消费者的主观判断。在智能化设备和大数据的情境下,沟通可以以电子的方式实时传递给消费者,消费者也可以通过公众号/App等完成其向快发价值沟通的过程,价值沟通的方式在此得到创新。此外,对于快发而言,用户画像的描绘可以让快发更加定位出自己的目标消费者,继而在沟通情境中去掉了很多冗余的要素,并加入更多关键要素,以完成有效的价值沟通。

第三,业务流程和关键活动的创新。目前,快发将数据打入整个业务流程和关键价值共创活动中,寻找新的价值创造方向和路径。例如,快发的智能化座椅可以根据不同消费者的身高、体重设计出让消费者最舒适的剪发坐姿,这便大大优化了发型师的服务流程。而且,数据可对发型师的工作流程进行再设计,提高其工作效率。进一步,在品牌商和加盟商的关系中。一方面,智能化的设备的应用可以省去很多人力、物力,提高了加盟商的投资效率;另一方面,品牌商对于加盟商的监控以及双方之间活动的分工也可以借助技术的力量更好地完成。

未来,快发将转为直营模式,以便更好地为消费者提供服务。从案例中可以看到,快发目前对发型师采取了多种风控策略。包括动作识别、路径控制等,但也正如案例中所言,虽然规定较为严格,但它们从来没有被真正执行过。这并不是因为这些规定不重要,而是因为对于服务业的快发,管理人员和一线服务人员更应该强调情感的维系,从而使得一线服务人员以更加积极的情绪为消费者服务。目前,快发已经运用了相应的技术来监控员工的行为。所以,未来相关的风控措施更应该基于情感层面。例如,通过教育、约谈使得员工认识到自己的错误,从而在未来工作持续改进。此外,适当允许一线服务员工的容错行为。

此外,快发提供了诸多的增值服务以强化消费者的体验。例如,洗头机器人、智能沙发等。但是快发仍应该注重不应该将服务范畴铺得太大,而要专注自己的服务本质,给消费者提供极致的剪发体验。快发目前提出了利用数据给消费者提供更好的服务体验,因此未来一些增值服务业应该基于数据展开。需要指出的是,数据不单单是快发自身的数据,也包括外部数据。正如案例中所言,快发已经和阿里达成服务意向,那么作为消费者完整的体验闭环,是否应该在消费者完成剪发之后,向消费者推动相关的护发产品甚至其他延伸产品。快发应基于消费的行为数据,为消费者进行行为建模,以更好地服务消费者。

案例 4　移动音频平台如何掀起“耳朵经济”浪潮?①

——喜马拉雅对用户付费模式的探索之路

案例正文

摘　要:企业得以在复杂多样、瞬息万变的市场环境中存活与发展的关键是其不断创新的商业模式。以喜马拉雅为代表的在线音频平台抓住粉丝经济和知识经济的红利期,通过打造音频生态圈,初步形成了完整的产业闭环和成熟的商业模式,掀起了“耳朵经济”浪潮。本文将通过对喜马拉雅发展历程和商业模式的描述,全方位呈现在线音频平台用户付费模式的探索之路。

关键词:喜马拉雅;商业模式;内容生产;内容付费

移动互联网时代,我们每天都有很多碎片化的时间,走路、开车、健身、乘地铁、做家务等,以往这些碎片化时间都是被浪费的。但人们有“充分利用时间”的需求,而网络电台绕开了传统电台广告时段多、内容少、延续难等问题,将声音的伴随性优势发挥到最大,能将各种碎片化时间充分利用起来。

为此,喜马拉雅提出“新声活”理念,让收听回归场景本身,在各类场景下建立人与声音的连接,从而挖掘基于场景的音频新价值。

——余建军　喜马拉雅联席 CEO

引　言

据艾媒咨询(iiMedia Research)发布的《2016—2017 中国移动电台行业研究报告》显示,

---

① 本案例由上海财经大学商学院的江晓东、崔华雪撰写,版权归上海财经大学商学院所有。未经允许,本案例的所有部分都不能以任何方式与手段擅自复制或传播。版权所有人授权上海财经大学商学院案例中心使用。由于企业保密的要求,在本案例中对有关名称、数据等做了必要的掩饰性处理。本案例只供课堂讨论使用,并无意暗示或说明某种管理行为是否有效。

2016年中国移动电台整体用户规模达2.26亿，至2019年中国移动电台用户规模预计将超过3亿。各种各样的电台产品于2012和2013年呈现井喷式增长，在2014和2015年，多家移动电台App展开激烈竞争，直至2016年，几家互联网电台行业头部FM占有了一定的优势。然而，以喜马拉雅、蜻蜓、考拉及荔枝FM为代表的移动电台App领域，在经历了2013～2015年三年的大规模爆发后，资本热潮却开始逐渐消退，整个移动电台行业进入稳定期。如何打造成熟的商业模式、如何获得进一步的资本支持，成为这些移动电台平台的当务之急。

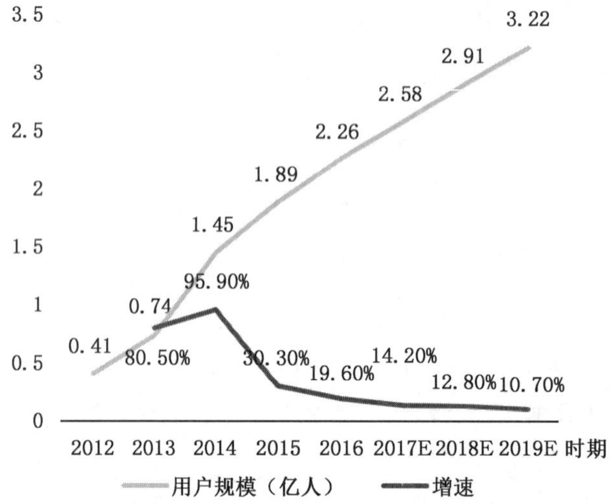

资料来源：艾媒咨询。

图5—1　2012～2019年中国移动电台用户规模及预测

艾媒咨询数据显示（见图5—2），喜马拉雅和蜻蜓FM在活跃用户占比上优势明显，领先于市场上其他电台产品。喜马拉雅和蜻蜓FM依靠资本和用户优势，进而通过版权购买和PGC内容自制率冲出重围，使得移动电台行业出现了相对稳定的寡头格局。在2016年3月份的用户日活渗透率调查中，喜马拉雅以74.3%的比率高居第一，蜻蜓FM为33.5%次之。接下来，本文将以喜马拉雅为例，描述移动电台行业的发展历程和未来前景，了解其如何一步步探索出成熟的商业模式。

1. 喜马拉雅的建立与发展历程

证大喜马拉雅网络科技有限公司由余建军和陈小雨于2012年8月在上海共同创立。2012年11月，喜马拉雅电台网站上线。移动客户端“喜马拉雅App”于2013年3月上线，上线仅半年即达到千万用户。2014年5月初，喜马拉雅激活用户突破5 000万元大关。2014年12月，喜马拉雅激活用户突破1亿元大关。目前，其激活用户超过4.7亿，占据了国内音频行业73%的市场份额。作为专业的音频分享平台，喜马拉雅首创PUGC内容生态，平台聚集了8 000多位有声自媒体大咖和500万有声主播，他们共同创造了覆盖财经、音乐、新闻、商业、小说、汽车等328类过亿有声内容，活跃用户日均收听时长135分钟。具体如图5—2所示。

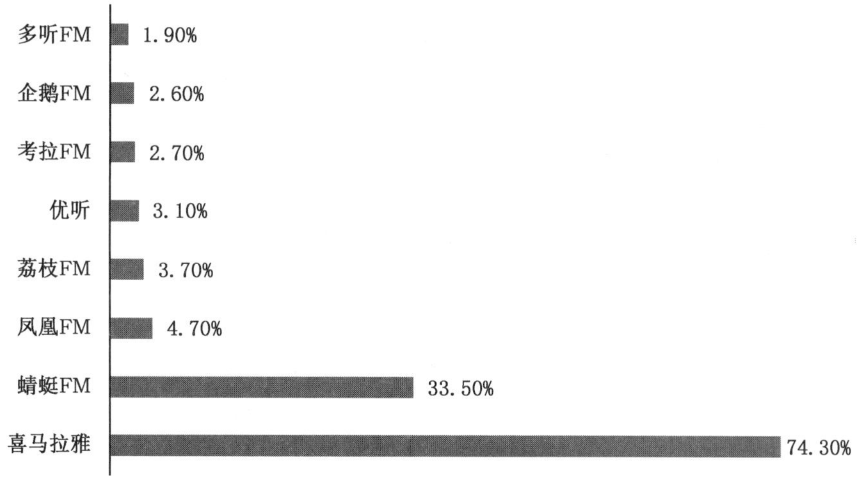

资料来源：艾媒咨询。

图 5—2　2016Q4 中国移动电台应用活跃用户分布

1.1　传统电台 DJ 入驻带来首批用户

公司创立伊始，喜马拉雅联合创始人余建军推测："智能手机爆发后，人们大量的时间是在碎片时间中移动，移动状态有一个很重要的特点，就是很多时候眼睛是被占用的，而这时候声音就有了它的独特使用场景。"

为了找到优质的内容提供者，余建军通过大量调研发现，除了音乐人，传统电台 DJ 及网络主播有较强的内容生产能力。在 PC 时代，传统电台 DJ 和网络主播制作了大量的节目，但实际上，当人们坐下来既可以"看"也可以"听"时，会更倾向于选择视频和文字，这相当于是在红海中直接跟视频和移动阅读竞争，所以一直火不起来。当这些 DJ 和主播入驻喜马拉雅以后，他们原有的"铁杆"粉丝首先会被吸引过来，等能让他们被更多的人听到时，就进入到一个良性的循环——越来越多的粉丝可以收听到他们的节目，也带动越来越多的人进行节目创作，从而带来更多的粉丝。

1.2　打造有特色的草根主播，进一步汇聚海量优质资源

喜马拉雅鼓励每个用户在听"我想听的"，同时也能成为内容的提供者，希望他们乐于分享与传播。换言之，喜马拉雅的用户不仅仅是听众，同时也是自己个性化电台的播主，每个人都可以享受当主播的乐趣，通过自己的声音，秀出自己的个性。另外，与微博一样，用户还可以和自己关注的好友进行评论互动或者互发私信，进一步增加了彼此的交流互动。总之，在这里，总会遇到朋友，总会遇到懂你的人。

以 80 后萌妹子采采的重口味脱口秀《段子来了》为例，该脱口秀节目于 2013 年 8 月上线后，开播仅一个月，粉丝数就已破万，部分节目的收听次数达到 3 000 万以上。截至 2018 年 10 月 1 日，该节目的粉丝数为 208.9 万，748 期节目的总收听次数达到 28 亿次。"段子来

了”如此受欢迎，符合节目“被窝陪伴，逆袭必听”的定位。采采的节目在平台上播出之初就引起了喜马拉雅小编的注意，小编们认为这位新晋播主的节目非常优质，很接“地气”，每个幽默段子后面都折射出无数“漂一代”的心声和所要面对的现实。他们大力在喜马拉雅的平台上推荐采采的节目，采采的脱口秀在喜马拉雅的点播一度超过了当红节目《80 后脱口秀》，成为喜马拉雅平台上真正的草根之星。

1.3 通过有声书助力出版业“重振雄风”

喜马拉雅每天点播最多的节目类别就是有声书，占到了收听总量的 50%以上。

在喜马拉雅的产业链条里，出版社、作家、播主、粉丝、品牌通过喜马拉雅平台联结在一起。喜马拉雅助力打造由出版社电台和作家电台组成的出版社电台集群，通过粉丝效应迅速树立出版社品牌，并实现经济效益的转化。与此同时，喜马拉雅为传统出版业衍生出了很多新的“玩法”，例如，类似于众筹模式，读者可以投票选出最想听的书籍，然后由喜马拉雅选拔优秀的声音播讲者和制作团队进行制作。盈利模式是传统出版业转型必须面对的问题，而在喜马拉雅平台上，这套模式已经清晰可见。通过大数据分析，喜马拉雅可以精准投递定向广告除了广告，还能够通过设置试听章节和收费章节进行直接销售。另外，以出版社电台集群为依托的粉丝经济也具有强大的变现能力，类似韩寒这样的作家的号召力不言而喻。

除了对优质的图书作品进行播讲，喜马拉雅还针对热门影视剧，联合声音创作机构提前制作有声版“原著”，将传统广播剧模式与畅销书原著结合，在影视剧上映之前，让用户们领略原汁原味的精彩播讲。2014 年 7 月推出的《闺蜜》有声书，就让书迷、影迷们大饱耳福，更有很多听后大喊过瘾的用户立刻在线订购实体图书。

“我们不单单只是推出图书的语音版，而是联合优秀的配音演员、广播剧制作团体等，推出好听而且可以听上瘾、听过瘾的有声读物。我们希望帮助大家在碎片时间里找到快乐！”喜马拉雅联合创始人余建军说，“越来越多的用户喜爱上听书，又反过来增加了图书的销量，让有声读物和图书出版业共同繁荣。”

1.4 推出智能车载硬件产品，进军汽车用品大市场

有调查显示，为了应对堵车途中的无聊与焦躁，60%的车主选择收听车载广播，这一比例远高于“刷社交软件”“看电视剧”等其他选项。声音作为伴随性媒体，能够极大地起到安抚车主情绪的作用。

2015 年，喜马拉雅推出了车载声音伴侣“随车听”。“随车听”依托于喜马拉雅提供的海量正版授权有声内容：超过 1 000 万条有声内容，涵盖 28 个大类 328 个小类，7×24 小时实时更新，总信息量相当于全球最大有声图书馆。传统电台以受众被动接收为主，而车主在用“随车听”收听喜马拉雅时具有绝对的主动性。

车主想听什么就听什么，不管是相声、段子集，还是音乐、有声小说，都能即刻收听。面对路上一眼望不到头的车龙，车主再也不用陷入无谓的焦虑，既可以在《罗辑思维》中沉静思考，又可以在“郭德纲相声”里开怀大笑，也可以在曼妙的音乐电台中放空自我，还可以在《鬼吹灯》有声书里惊险探秘。

值得一提的是，“随车听”还采用了全球唯一的专利技术——“点火即播”。以往在上车后，车主总是要先完成点火、踩离合器、挂挡等一套“标准动作”，等上了路才腾得出手来开电台，很不方便又浪费时间。“随车听”的“点火即播”功能，可以让车主在启动汽车、完成通电后，自动唤醒喜马拉雅播放内容，甚至能从上次暂停的地方无缝断点续听，构建极简收听体验之旅！

1.5 打造知识狂欢节，确立知识付费行业地位

喜马拉雅通过分析发现，《吴晓波频道》等内容的音频播放量远高于视频播放量，因而得出了音频不仅是天然的“移动媒体”还是有用的“知识媒体”的判断，“音频对于传播知识会非常方便。”从这一判断出发，2016 年 6 月 6 日，喜马拉雅于正式上线音频行业内首个“付费精品”专区。马东团队的付费音频教程《好好说话》作为专区上线后的首个项目，首日销售额即突破 500 万，一周后总销售额突破 1000 万，为专区上线打响了第一炮。随后，《每天听见吴晓波》、《田艺苗：古典音乐很难吗》、《跟着龚琳娜学唱歌》、《梁冬私房笔记：庄子的心灵自由之路》等付费节目陆续上线，均聚集了很高的人气。

2016 年底，喜马拉雅宣布将于 12 月 3 日开启国内首个内容消费节“123 知识狂欢节”，号召重视知识的价值，力图将其打造成内容消费的“双十一”。2016 年 12 月 3 日当天，知识狂欢节销售额达到 5 088 万元，马东的《好好说话》以 555 万元跻身当日销售总冠军。

在余建军看来，知识付费在音频领域的商业模式已经形成，“接下来还是按照我们做知识类淘宝天猫的策略，在上游让更多创作者加入进来，下游让更多的人养成收听付费习惯。发掘创作者的价值和用户的价值，这是我们不断要坚持做好的。现在对于我们来说没有新鲜事，主要是把知识付费做到更大规模和更多用户”。

1.6 推出智能音箱，抢占内容付费入口

2017 年 6 月，喜马拉雅推出国内首款全内容 AI 音箱小雅智能音箱，开始在人工智能领域的大手笔布局，打造物联网时代下人们获取信息便捷的入口，让用户需要什么，只需张口说出来，开启了一个语音交互的新传播时代，让声音和知识像水和电一样无处不在，随取随用。未来，通过“喜马拉雅 Inside”开放平台，喜马拉雅会将平台上海量的音频内容接入灯具、冰箱、玩具、汽车、可穿戴设备等硬件设备中，深入到每一个生活场景。

2018 年 5 月 7 日 10 点，喜马拉雅旗下 AI 产品晓雅 Mini 音箱在京东全款预售，首发价 299 元，首日当天销量破 10 000 台。这是喜马拉雅发布的第二款智能音箱了，这款全新升级后的 AI 音箱主要面向 0—14 岁的儿童。新升级的晓雅 Mini 比小雅 AI 音箱体积要小许多。上一次推出小雅 AI 音箱时，喜马拉雅也许只是想拿到另一个内容付费的入口，而这一次，喜马拉雅寻求的是更多能够将内容变现的细分消费场景，尤其是在经历了一轮知识付费浪潮后。余建军也曾表示，做音箱，不是为了卖硬件赚钱，而是想以此优化自己的服务。

1.7 打造的423听书节,抢占用户心智

4月23日是一年一度的“世界读书日”。2018年4月23日,喜马拉雅推出了“423听书节”活动,将原有会员体系升级。此次全新升级的VIP会员,囊括了1 000本精品好书大咖解读、平台2 000本以上的全网热门有声书,及超过30个大咖精品课,被网友戏称“史上最良心会员”。“海量的内容,极具竞争力的会员价值包,极其亲民的会员价格,这些都是其他音频平台无法比拟的。”一位行业观察人士表示,喜马拉雅所打造的423听书节,一旦占领了用户心智,那么它将持续拉开与其他平台的竞争优势。

2. 喜马拉雅的商业模式

2.1 移动音频广告的新玩法

过去的电台广告是单线传播,听众无法查询,传播效果不尽如人意。尽管传统广播的节目内容会尽可能地提供与受众相关的资讯,具有人性化的特点,但收听人群有较强的局限性,无法达到预期效果。移动音频平台的出现打破了这一僵局。相比于传统广播,移动音频平台更具有伴随性、灵活性和精准性,在内容营销方面颇具互联网特色。例如,和以往的音乐App相比,网络电台的广告优势除了借力于目前火热的移动广告市场之外,在广告内容上也更加完整和连贯,最大化地享受到了广告的效果,移动音频广告带来的巨大效应也引起了音频平台的重视。

玩法1:KOL批帅上阵玩音频社交

区别于传统广播的音频贴片打法,移动音频平台的强互动性无疑是让品牌方“躁动”的营销武器。剖析不久前喜马拉雅的一次游戏推广案例,《非常不着调》主播亲身体验游戏“悦世界—神域之光游戏”,由于主播自身也是个游戏迷,他将还腔热情融入节目中,因此感染了数十万听众,不仅将节目演绎为一个虚拟现实的游戏衍生,他亲自带头组建的公会,成为游戏中最大的游戏社群。高达20万次的收听,4 000多个赞只是表象,其背后引发的粉丝聚合效应更是令游戏厂商对音频社群的打法刮目相看。

悦世界的市场负责人曾说过,目前这种融合KOL、节目内容、社群、游戏多种元素的营销互动还比较新,突破了传统网络电台(豆瓣FM/蜻蜓FM/荔枝FM等)的单向交互模式,且用内容去反向定义用户的方式,可以使到达更精准,转化更高。

玩法2:专题特制,释放声音的“个性”

主播窦超曾是一家普通4S店的销售,更是一个懂车的话唠。当上汽找到他时,由他主讲的“业余”电台节目《百车全说》已在喜马拉雅累计播放超过5 000万次,吸引了一大批和窦超一样爱车的听众们。时值上汽发布新车MG—GT,因此在喜马拉雅上发动了一整套营销战役。

营销战役三位一体,从打造GT—FM之夜、定制GT挚爱前行直播频道深度解读MG—GT历史精神文化,到邀请非常溜+7、八卦江湖、百车全说等多位名嘴上演刹车特给力的脱

口秀A级车市狠角色剖析等多档节目；以及发起《挚爱前行1分钟脱口秀大赛》引发800万用户收听互动。通过同步微博、微信，社会化分享和参与，引爆话题，整个推广吸引了超过8 000万双耳朵。更可喜的是，通过《非常不着调》以及《百车全说》的2档专题节目获取了2个直接汽车订单。在此成功案例后广本汽车、通用汽车、东风标致等纷纷加大了对音频媒体的投入。

玩法3：粉丝经济，软硬结合

除了车企，3C电商类也在音频媒体中“开花”，结合春节购物高峰的天猫营销活动，创造了单期节目播放1 007 604次的好成绩。凭借与主播沟通和在人气节目《段子来了》中进行软性植入，在风趣诙谐中传送“天猫春节不打烊”活动，获得网友点赞6 153次和评论861次。在针对魅族手机进行的广告投放时，更是以硬广（开机画面）＋软植（内容营销）的形式组合上阵，增加了与受众的互动性，得到了更加强劲的活动反馈。

2.2 知识付费助力“自下向上”发展

身为极具优势的音频平台，余建军对喜马拉雅的判断独到，从2016年开始尝试知识付费。当年六月，马东监制的《好好说话》上线，仅十天销售额便超过一千万，这让喜马拉雅切实看到了知识付费所带来的机会。喜马拉雅上线精品付费专区，为内容创业者提供产品树立、体系建立、发行、商业变现等一整套孵化体系。

以《好好说话》为例，在上线初期，该音频课程以日更形式推出，每天6～8分钟，整套课程由《奇葩说》的幕后导师和选手制作，涵盖沟通、说服、辩论、演说到谈判等方面，为用户提供一整套对日常场景需求的话术。在后期，用户以198元/年的价格收听2016年6月6日至2017年6月5日期间的全部更新课程，同时收听每周一至周五零点更新的课程。

虽然《好好说话》《郭论·郭德纲品俗文化史》等头部产品已吸引众多眼球，但在战略上，余建军一直推崇“自下而上”的发展模式：“我们会负责拉广告冠名、策划知识付费内容，让创作者获得专业影响力。”随后，喜马拉雅平台上涌现了一大批细分领域和专业领域的内容创作者，尤其是人文历史、儿童教育和女性情感三个细分领域，成长速度最为迅速。高晓松的《晓说》在喜马拉雅平台的播放量达到10.9亿，百家讲坛系列的《春秋五霸》也有1 049.1万的播放量。喜马拉雅如此扶持腰部创作者，最重要的是基于用户多、流量大，使其拥有各种不同类型的人群。同时，喜马拉雅针对不同的人群进行个性化分发，是进一步将知识付费做扎实的重要布局。

2017年，喜马拉雅还推出了退费机制，用户可以免费听数期付费产品，一旦不满意可以退款。正如余建军所言，退费机制既可以提升用户付费体验，又可以迫使内容创作者生产更多好内容。同时，喜马拉雅也一直在提高付费产品的上线标准，纵使每月会收到上百款付费课程的上线申请，但最终上新的付费课程只在一二十款。同年6月，喜马拉雅推出了66会员日。较之之前的单个产品付费，会员付费使得用户的决策成本大大降低，同时也降低了用户的消费成本，可以欣赏更多的内容。

2.3 影响力向外辐射、产业价值链不断延伸

在对自身平台进行内容、体验和产品升级的同时，喜马拉雅也在向外施展着自己的影响力。2017年9月，喜马拉雅拿出3 000万元独家投资小鹅通。小鹅通是一家专注知识付费技术的服务商，与吴晓波频道、十点读书等微信生态的上千位内容创作者有着合作。投资小鹅通，是喜马拉雅挖掘优质微信公众号做深度合作的第一步。与此同时，喜马拉雅还成立了一个近10亿元的基金，希望给内容创作者更多赋能，"创作者单独做是非常艰难的，有了团队那就只做自己擅长的。我们可以帮创作者策划内容、提供流量包括提供资金，我们希望通过赋能让更多好的内容创作者出来。"

向微信进发正体现了喜马拉雅向上游进发的方向，对于下游用户来说，除了产品使用体验，"123知识狂欢节"有着重要意义。2017年的"123知识狂欢节"，除了引入郭德纲、蔡康永、陈志武等更多头部大咖，整个平台的内容创作者也都参与了进来，喜马拉雅在线下和视频媒体的曝光也比去年多一个数量级。"123知识节"意在培养用户在网上知识付费的习惯，对整个音频行业也有着独特的意义。

喜马拉雅在产业价值链延伸方面也做了多项努力，作为音频内容入口，其应用场景丰富多元。在车联网方面，喜马拉雅已进入宝马、福特等多家车厂互联驾驶系统，并借助阿里云的巨大数据库，将内容分发至更多汽车用户，增加车主黏性。在智能硬件方面，喜马拉雅与华为、小米等300多家硬件厂商达成合作，推出了随车听、听书宝、3D降噪耳机等场景化应用产品。同时与科大讯飞联合携手推出了"喜马拉雅 inside"语音开放平台，提供软件植入和节目输出。

喜马拉雅最终的目标是要构建一个以音频为核心媒介的生态系统，这个生态系统可以更好地赋能上游下游。"我们更加希望通过一个平台化的机制，通过流量给大家赋能，通过大数据给大家赋能，通过投资给大家赋能。"从文字到图像，再从视频到音频，随着科技和社会的发展，媒体的形态也在不断变化，在"耳朵经济"逐渐兴旺的时代，喜马拉雅通过引领内容付费模式，坐上了音频媒体平台的第一把交椅。

3. 喜马拉雅 FM 引领音频平台的用户付费之路

"早年我们花了很多钱签约版权让大家来听，也是培养收听习惯。现在123知识节是要我们花很多年培养用户在网上知识付费的习惯。从客观上来说，它传播的效率比单纯的做广告会更高。"

3.1 移动电台的营收模式

如图5—3所示，在传统电台的营收模式中，运营商制作内容，用户免费收听，商家出钱打广告，借以吸引用户的注意力。在平台经济模式中，用户、内容制作者、商家构成了"交叉网络外部性"三相结构，任何一方绝对值的增加都会对其他两方进行正向提升。然而，移动音频 App 并不能完全复制这种模式，它们很难在高昂的渠道成本和版权费用下，赚取薄弱

的用户流量。所以，个人用户内容付费才是更适用音频 App 的商业模式。

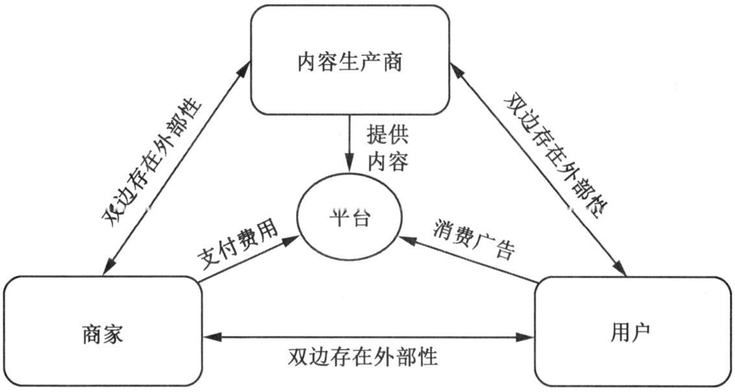

资料来源：虎嗅网。

图 5—3　传统电台的营收模式

当音频内容的商业模式是用户个人付费时，平台的参与者就变成了内容生产者和用户，如图 5—4 所示，此时，内容的质量成为决定该模式能否实现的核心因素。

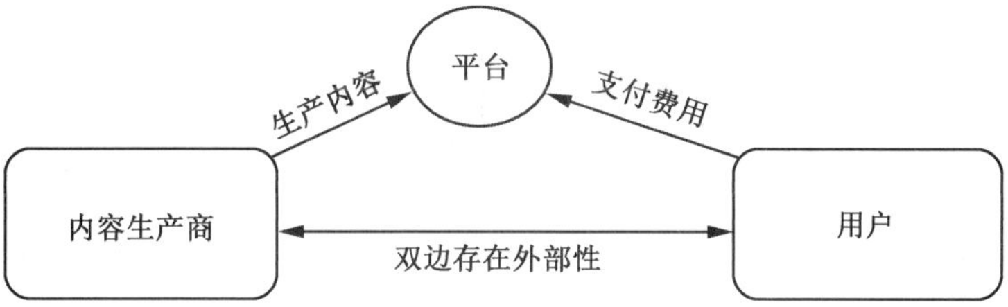

资料来源：虎嗅网。

图 5—4　音频 App 商业模式

前不久，喜马拉雅将自身定位从知识网红第一平台改变为内容消费第一平台，对此余建军解释，用户对于内容的消费是多元的，除了付费内容也会听相声、段子和脱口秀。"我们对喜马拉雅的定位是内容丰富，不同品类的内容都有，但具体免费还是付费要由每个主播自己决定。"

3.2　"草根大 V"的成长平台

根据搜狐的新榜排行榜的数据（见表 5—1）可见，主播"有声的紫襟"以 200 万＋的互动量高居榜首，这位"喜马一哥"正是一位从"草根"到"网红"的成长型"大 V"。喜马拉雅打造的"网红"成长故事被许多网友津津乐道。

表 5—1　　喜马拉雅音频自媒体影响力排行榜——总榜

排名	主播	类型	互动量	新榜指数
1	有声的紫襟	有声书	2 247 151	1 000.00

续表

排名	主播	类型	互动量	新榜指数
2	大斌	有声书	439 612	884.97
3	幻樱空	有声书	185 634	879.12
4	雅居_一笑倾城	有声书	324 552	874.79
5	头陀渊讲故事	有声书	360 359	868.71
6	丸子	有声书	801 089	866.44
7	钢丝联盟相声	相声评书	6 182	846.40
8	君颜讲故事	声优/配音	251 056	841.50
9	NewRadio 昊翔	有声书	148 928	840.61
10	超级制作	资讯	55 228	833.73

资料来源：搜狐新榜排行榜，榜单统计时间：2018 年 9 月 15 日至 2018 年 9 月 28 日。

"有声的紫襟"主播原名为陶勇祥，以成熟低沉的语调讲述各种惊悚、悬疑的故事一举成名。截至 2018 年 10 月 15 日，已在喜马拉雅平台上拥有 515.2 万粉丝，其中精品内容：付费版的《我的老千生涯》达到 1.4 亿的播放量，3D 声音效果的《超级惊悚直播》有 5 890.6 万的播放量，当之无愧成为有声主播中的"第一网红"。

"紫襟"的"大 V 养成记"可能会让很多正在默默无闻打拼中的主播们艳羡。1991 年出生的他在大学期间就迷上了播音，常常在校外租的房子里练习，以至于主修计算机专业的他没能毕业。这也难怪，从小爱听故事的他，在同学的 MP3 里都是周杰伦、蔡依林的歌曲时，他的 MP3 里装的全是各种各样的鬼故事。大学期间的他在得知有有声演播这个行业后，就毅然决然地投入其中了，买教材、拼命练普通话，"因为热爱，所以全身心投入"。

毕业后的一段时间内，"紫襟"过得并不比其他毕业生顺利，同样痛苦和迷茫。一方面看不到"学艺术"的未来，另一方面得不到家人和朋友的理解。2012 年开始，紫襟在网上给自己找些零零散散的工作，录一些小广告、小故事，同时尝试在 YY 视频上直播讲故事。这种白天直播、晚上录音、每天持续说话 8 小时以上的生活持续了一年，其间也让紫襟感到疲劳和无助："说实话那段时间太累了，到最后我都要疯了。"直到他遇到了喜马拉雅音频平台。

起初，紫襟以为这只是一个音频存储的平台，恰巧他也需要这样一个地方存储他的声音，但这吸引了喜马拉雅的注意。2014 年，紫襟正式签约喜马拉雅，成为该平台最早一批独家主播。而自入驻以来，他从未因任何原因停播或断更过，即使在大年三十也不例外，成为喜马拉雅平台当之无愧的"第一大 V"，在整个有声领域也是首屈一指。

随着粉丝数量的快速增长，紫襟表示："责任感越来越重了，因为不想也不能辜负粉丝的喜爱，所以在选择作品上更加谨慎。"比如《阴间神探》一书，2018 年 2 月在喜马拉雅上线，30 天点击率破千万，60 天超 3 000 万，不到 90 天达到 6 000 万，创造了一个有声小说的"神话"。帮助一些默默无闻的小说的作者"一炮而红"，让紫襟自己感到从未有过的开心和满足。喜马拉雅音频自媒体影响力排行榜—生活榜如表 5—2 所示。

表 5－2 喜马拉雅音频自媒体影响力排行榜一生活榜

排名	主播	互动量	新榜指数
1	百车全说	116 418	699.67
2	听说 Listen	64 290	686.60
3	重塑心灵心理康复中心	4 911	685.70
4	李中医养生	5 308	666.94
5	晨宇暮宙	3 622	624.45
6	红豆听风_IN	29 331	621.40
7	世界的生活家	2 700	611.37
8	备胎说车	18 370	593.30
9	张大花 E7	24 164	592.43
10	丁丁说车	14 873	592.21

资料来源：搜狐新榜排行榜，榜单统计时间：2018 年 9 月 15 日至 2018 年 9 月 28 日。

再以生活类榜首《百车全说》为例，看看一位前 4S 店销售经理，如何成为音频界又一"大V 网红"的。

《百车全说》是喜马拉雅平台上一款汽车脱口秀节目，主播名为"三刀"，真名窦超，以其幽默风趣、平易近人的主持风格深受广大听众喜爱。自从 2014 年 1 月 14 日在喜马拉雅创建以来，《百车全说 2014 年全集(117 集)》累计播放量 1 170.3 万次、《百车全说 2015 年全集(105 集)》累计播放量 2 274.1 万次、《百车全说 2016 年全集(136 集)》累计播放量 3 857.7 万次，而 2017 年的《百车全说》已经拥有 9 642.2 万次播放量，节目正由传统的脱口秀方式逐步改进，加入了随车实时录播、微信每日一句、嘉宾多方会谈等新的元素。"聊买车各有千秋，谈用车爱恨情仇""上联：拳打奔驰宝马；下联：脚踩现代起亚；横批：销量在哪？"主播三刀创造了各种关于"车"的经典语录。也正是主播这种穿插着趣味经历或车友趣事的自媒体风格，吸引了众多听众。有听众表示，"我听民谣、久石让，女友听鹿晗、薛之谦，《百车全说》帮我们完美地解决了开车时听什么的问题。"还有一些注定在一段时间里都买不起车的听众表示，除了汽车的性能和价位，三刀讲的职场规则、趣事哲理吸引了他们习惯性地收听节目。简单浏览《百车全说》的目录就可以发现，《2015—065 人的健康和车的保养(看滚蛋吧肿瘤君有感)》《2015－075 4S 店销售听说我今天不订车扭头就走怎么办》，及《2015－084 领导只开君越 CRV 我该怎么选》等有趣的题目就吸引了听众的关注，加之主播滔滔不绝，令人捧腹大笑的语言风格更是让汽车知识以脱口秀的方式被人们吸收。三刀作为汽车销售员，自然是有扎实的汽车知识基础和精准的职场洞察力，加上做"销售"过程中训练出来的"口条"功底，转作自媒体可以说是集"专业"与"个人能力"于一体的最优选择，当然这大概也就是三刀成为"第一说车人"的过人之处吧。

3.3 玩转喜马拉雅自媒体

那么对于一个初出茅庐的用户可以如何利用声音赚钱呢？

第一步，自然是注册一个账号，然后选择一个擅长或者兴趣所在的领域，发布有态度、够专注的音频内容。对于内容生产者，应该注意细分垂直的定位，垂直度高，专注于细分领域，会更加受自媒体平台的重视。专注于原创内容，内容主题固定、专一，形成自己的"标签"。

在吸引了足够多的"粉丝"之后，用户可以从几个角度获得收入：付费收听，只要有人对内容有需求，信息就有价值；线上电商，用自己的流量直接变现，做自己的品牌，通过内容引流，而不是运营；线上咨询，广告分成和打赏。一般来说，广告分成收入和音频播放量成正比，听众的打赏归自己所有。

从"普罗大众"成为"一届网红"并不难，关键还是在于有能力生产出有价值的声音内容。

3.4 喜马拉雅打造的音频"大时代"

2018 年 1 月 11 日，中国互联网音频行业的首个 IP 盛典—喜马拉雅春声音频 IP 发布会举办。这次发布会云集各种"IP 大户"：郭德纲推出首个音频脱口秀《郭论》、演员王耀庆的个人音频节目《听见王耀庆》、姚明自传式音频节目《筑梦者》、以女性视角认识世界的《杨澜说·2018》、面向儿童市场的"雨果奖"获奖作家郝景芳的《给孩子的万物启蒙课》、财经专家叶檀的《檀谈》，以及"体育名嘴"董路的《大话俄罗斯》等。仅四个小时的发布会现场，喜马拉雅一口气放出了 20 个超级 IP，喜马拉雅似乎采取了视频平台的常用套路：规模化、专业化 IP 运营。音频 IP 作为整个 IP 产业的一种新形态，或许会在视频 IP、文本 IP 逐渐透支的当下开辟一片蓝海，这有着非凡的现实意义。对于喜马拉雅来说，这也是面向整个听觉市场，走出局限性的重要一步。

"喜马拉雅从来不只是一个音频 App，我们在做的是一个音频生态圈，连接产业链的上中下游，未来声音可以与每天的生活场景完美无缝对接，每个人都可以拥抱'新声活'"，余建军在发布会上如是说。

除了推出 20 个超级音频 IP 之外，在发布会不久之后，喜马拉雅还宣告了"万人十亿新声计划"——"未来一年将投入三个十亿元，从资金、流量及创业孵化三个层面全面助力音频内容创业者。目标是孵化出 1 万个收入破万元的创业者，其中收入破百万的不低于 100 人"。喜马拉雅将通过直播、知识付费、有声书、精品节目等成熟的产品模式，为主播们提供孵化工具和成长路径，实现一切变现通道。例如，一旦主播成为优质朗读者，就能获得分账资金补贴，要是成为签约出播，还能得到可观的签约费。

这项计划推出表示了喜马拉雅对"知识付费"的态度，内容创业者负责内容，平台负责内容之外的数据分析、推广营销、商业化等服务，并会提供众创空间和基金扶持。只要有优质内容的生产能力，平台就愿意砸钱和流量来助力。不难看出，喜马拉雅承担了一个优质内容团队的大部分任务，帮助更多的主播致力于打造自己的"内容"，全权承包平台运作和商业化包装等一条龙服务。也许正像喜马拉雅的口号一样："我们做土壤，让每一位主播都能够绽放出不一样的花朵"，在喜马拉雅的平台上，流量是"养分"，商业是"水分"，每一位主播是不同的"种子"，可以自由地绽放、变得多姿多彩。

3.5 全网"知识付费"时代

从目前"全网"行业来看，逐渐形成了知识付费的"四国集团"，按照用户规模排序依次为喜马拉雅、知乎 LIVE、得到和分答（见图 5—5）。

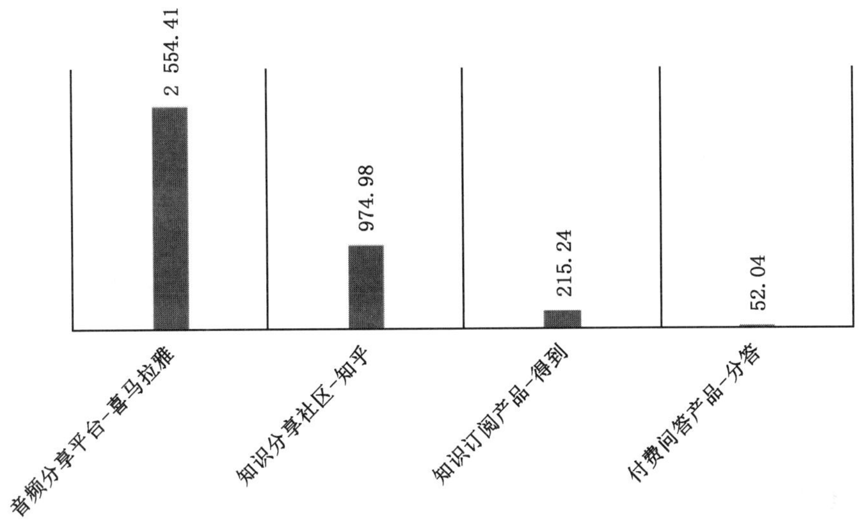

资料来源：易观千帆数据。截至 2016 年第 3 季度基于对 12 亿累计装机覆盖、2.78 亿移动端月活跃用户的行为监测结果。

图 5—5　各知识付费平台活跃用户(万人)

"知识"越来越热，这显然是知识经济时代带来的产物，知识就是资本、就是核心竞争力。表 5—3 对当下流行的四种知识交易模式进行了详细的对比。

表 5—3　现有知识交易模式对比

	喜马拉雅	知乎 LIVE	得到	分答
产品定位	音频分享平台	平台内嵌收费问答功能	付费订阅产品	付费语音问答平台
用户规模（2016 年 10 月 MAU—易观千帆）	2 554.41 万	974.98 万	215.24 万	52.04 万
付费数量	16 个付费精品分类累计大咖数量 850 位	20 个热门分类累计 600 余位优秀答主	付费精选、电子书、音频及系列 15 位大咖入驻专栏订阅	最受欢迎答主 TOP100 累计回答 7 万个问题
付费机制	付费订阅（《好好说话》—198 元/年）	文字提问，回答者设定金额＋付费转载	付费订阅（《李翔商业内参》—199 元/年）	60s 付费提问，回答者定价＋付费偷听
付费规模（畅销案例）	付费音频课程《好好说话》，10 万付费用户，营收超 1980 万元	热门答主李开复的关注者达 90 万，18 个公开问题回答，收入超万元	大咖专栏《逻辑思维》8 万付费用户，营收超 1592 万元	红人答主王思聪的收听者超 12 万，32 个公开问题，收入达 25 万

续表

	喜马拉雅	知乎 LIVE	得到	分答
内容生产	联合出品＋主播入驻	平台孵化的名人入驻	团队自制＋自媒体入驻	平台孵化名人入驻＋网红推广
服务形式	在免费基础上，推付费精品专区	向他人付费提问，每个语音回答能被所有人收听，收听收入由提问者和回答者平分	知识新闻免费，精品付费订阅	向他人付费提问，每个语音回答能被所有人收听，收听收入由提问者和回答者平分

资料来源：易观 2016。

喜马拉雅主打个人 IP 的连贯而系统的“知识课程与知识节目”，知乎是一个在线的网络问答社区，社区氛围理性，连接各行业的知识精英。知乎 LIVE 是知乎推出的实时问答的互动产品，并没有特意强调哪个“网红主讲”，更多的是根据自己所需选择赞助某场 live。得到 App 提供的是“知识精读”，专门对知识进行了筛选、浓缩、提炼和总结。得到 App 的口号是“只服务人群中 2%的终身学习者，打造私人翰林院”。分答 App 最为碎片化，更多的是咨询和回答某个信息或知识点，用户可以约见不同领域的行家，通过线下一对一咨询的方式，获得各领域行家的经验和针对性指点。

从内容形式上看，四个时下主流的内容付费平台的数字内容产品都以语音交流的形式呈现。知乎 LIVE 就像是一场热闹的分享会，在几十分钟至几小时内享受一些有态度、有观点、有内容的专业知识，自然听的时候需要一定的专注，甚至是背景知识的储备。然而，喜马拉雅更像是移动的知识硬盘，可以利用更零散的时间“随性”收听。解放了双手双眼，“听”是一个可以随时随地接收信息的场景，可以在地铁、厨房、洗手间各种各样的场景中享受“伴随式”的陪伴。在人们越来越“没有时间”的今天，有更有前景的未来。当然，从喜马拉雅推出的 123 知识节、到罗胖对得到 App 的潇洒“ALL IN”，各大 App 的“知识大战”已经爆发，未来一切尚未可知。

3.6 跨界整合，为付费增值

已有学者做出分析，以音频为主要形式的数字内容产品有其局限。一是非标准化。人的知识是非标准化的产品，在此模式下，买卖双方都有极大的不确定性，难以达到大规模量化。二是非结果导向。谈话结果难以衡量，而非结果导向的商业模式难以发展。三是重复单向输出。行家的内容输出是单向的、易于重复的，对于顶尖人才而言不具有持续的可行性。

喜马拉雅为打造全民“知识付费”之路所做的努力，远比想象中的更多。不同行业、不同企业之间的跨界整合，本是谋求“多栖”发展、共创双赢局面的绝佳谋略，令人眼前一亮的时候，喜马拉雅也在这种模式中找到了“默契拍档”，把付费用户的效用又放大了。

2018 年 9 月 12 日，喜马拉雅 FM 和腾讯视频 VIP 双双在微博上发声，宣布“共同开启联合会员计划”，仅需购买一个会员，可以享受两个平台最头部的内容（见图 5—6）。

资料来源:新浪微博。

图 5—6　喜马拉雅 FM 和腾讯视频 VIP 在微博的联合公告

此次“品牌联姻”是喜马拉雅洞察当下知识体验诉求,不再满足于单一的场景,利用双方平台的互补,以新鲜的角度打造一场多元化、差异化、多样性的“视听超级 IP”。喜马拉雅上知识付费的硬性内容和泛娱乐类的轻松内容已取得傲人成就,腾讯视频也是视频领域的龙头企业,两位身怀“巨资流量资源”的行业佼佼者,在这个“流量为王”的时代下,赋予了两个领域内容平台的强强联合。也许两家平台在各自输出的内容上千差万别,但两者的受众群体却有很高的重叠度,例如在腾讯视频上观看《如懿传》的用户,大多数也会在喜马拉雅上收听原著《如懿传》;腾讯视频《奇葩说》的观众,也会想要收听原班人马打造的《好好说话》;《吐槽大会》的观众,同样对喜马拉雅的《李诞池子的幽默工具箱》充满了浓厚的兴趣。各种同名 IP 作品,为双方平台的用户重叠度提供了更多可能。在这样一个完整“视听”生态圈,腾讯视频主打的“泛娱乐内容”和喜马拉雅主打的“泛知识内容”相辅相成,在填补了不同的时间性碎片后,满足了不同优质内容的需求。

不得不说,喜马拉雅联合腾讯视频 VIP 的品牌抱团决策,一方面增强了用户对平台的黏性,另一方面也给自己创造了一个更好的内容生态。牢牢抓住了用户在体验层面上的新纽,巩固了自身的竞争壁垒,实现了视线聚焦和新用户吸引。喜马拉雅对自身用户深刻的洞察,注定帮助它一步步建立用户强关系,坐实内容平台的强势地位。

4. 竞争对手

综观整个移动电台行业,跑马圈地、版权争夺、恶意刷榜的竞争之后,电台市场逐渐趋于理性。此时此刻,正是移动电台 App 巩固和开发自身优势,加快商业化步伐,寻求移动电台行业一席之地的最佳时刻。

对于喜马拉雅来说,如何由一个移动音频平台成长为数千位内容创作者提供服务的知识付费平台是一次至关重要的转变。这次转变不仅直接改变了移动音频行业的竞争格局,如喜马拉雅、蜻蜓 FM、荔枝 FM、阿基米德等,更深刻影响到了知识付费这一新兴行业的发展和繁荣,如知乎、懒人听书、天翼阅读等。移动电台行业发展历程如图 5－7 所示。

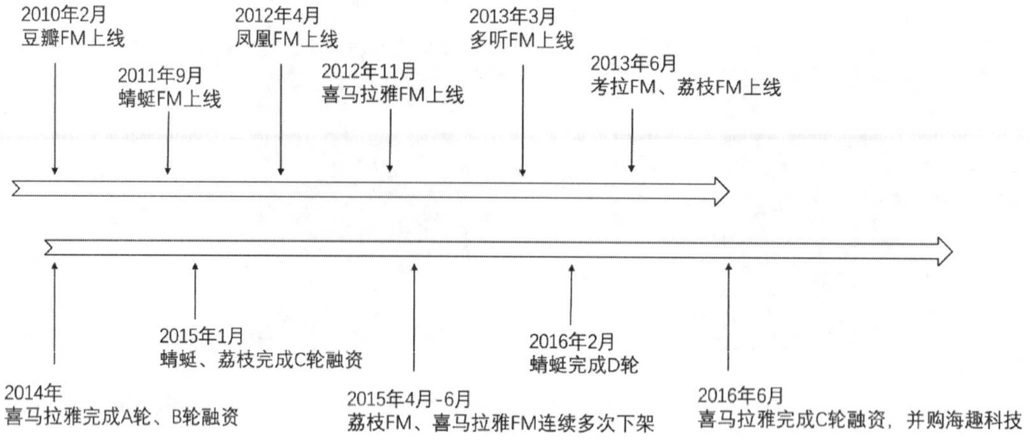

资料来源:虎嗅网。

图 5－7　移动电台行业发展历程

喜马拉雅 FM 的内容来源主要以 UGC＋PGC＋独家版权组成,PUGC 模式最大的优势是能够最大量地挖掘优质的内容生产者。相比喜马拉雅,其他移动电台专注力则各有不同。

(1)蜻蜓 FM 的 PGC 布局。蜻蜓 FM 注于传统电台的网络直播多年,内容来源主要依靠传统电台。传统广播电台上的一些经典节目、品牌栏目在蜻蜓 FM 上得到了二次传播和推广,与该平台上优质的用户资源实现对接。自 2015 年起,蜻蜓 FM 大量邀约传统电台的主持人、专业的声音玩家和优秀的自媒体玩家入驻。2018 年 4 月 18 日,蜻蜓 FM 宣布品牌焕新,发布全新品牌口号"更多的世界,用听的",从全新的 App 界面、icon 和 Logo,到全新主题的广告牌,展现着年轻人的音频生活态度,彰显了蜻蜓 FM 未来向年轻人群拥抱的态度。

(2)荔枝 FM 的 UGC 布局。在荔枝 FM 创立之初,其宗旨为"人人都是主播",目的是为所有用户提供一个想播就播的平台,就像一个普通的"音频工具"。为了打造良性的 UGC 生态,荔枝 FM 建立了播客学院,进行优秀播客的筛选和培养。总之,荔枝 FM 致力于给用户充足的创作空间,人人都可以生产内容,创建自己的专属频道,拥有自己的粉丝,"只要你想,自然人人都是主播"。荔枝 FM 的语音直播业务于 2016 年 10 月上线,2018 年 1 月成为主营业务。在直播过程中,播主和听众可以实时互动,且在任何时间都可以进行,这样看来,主要内容都是依靠用户,质量上的把控就略显缺乏了。

喜马拉雅、蜻蜓 FM 和荔枝 FM 都在声音领域的不同方向发力。蜻蜓 FM 像是一个聚合电台的超市,荔枝 FM 像是一个想播就播的音频工具。喜马拉雅则是另辟蹊径,做了国内最大的声音分享平台,让受众从被动接受电台节目变为主动选择自己喜欢的节目收听,实现了真正的"随时随地,听我想听"。喜马拉雅几乎囊括了所有的类别:包括时下最热门的声音、最新的新闻访谈、郭德纲相声、热门综艺娱乐、BBC、美国之音、有声小说等等,让用户各取所需。对于喜马拉雅来说,获取资源库的方式是大力度发展播主和加 V 用户上传内容、购买部分版权内容以及采用战略合作模式获取版权内容。目前,喜马拉雅已经实现超过五十万条高质量音频内容的聚合,既实现了个性化定制,又能提供新闻、音乐、脱口秀等多元化内容。不间断的音频流推送形式像是为车内环境量身定做,显示了未来进军车载的野心。

偏好度指数是根据应用在目标人群中的装机渗透率，与其全网渗透率的相对关系计算得出的指标，用于反映目标人群对某应用的偏好程度。有声音频 App 偏好度指数 TOP10 如图 5—8 所示。

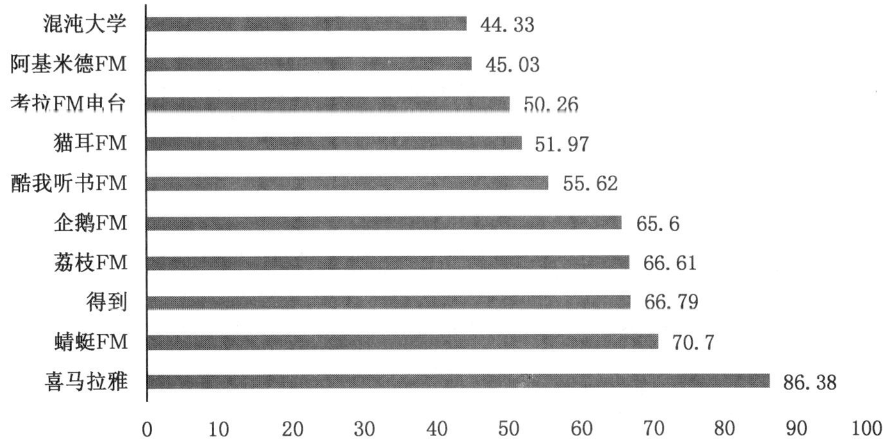

资料来源：极光大数据，取数周期：2018.07。

图 5—8 有声音频 App 偏好度指数 TOP10

喜马拉雅开创的 PUGC 生态战略能够最大量地挖掘优质的内容生产者，连接上游的内容生产者与下游的内容发发者，重塑音频市场，形成完整的音频生态。

除了音频生态，知识付费的竞争体现在各种细分行业中。由图 5—9 可见，各个细分行业中各有知识分享的佼佼者，要想在这场全网的竞争中取得一席之地，需要深刻思考几个问题。

(1)究竟大家在分享何种知识？大多是加工过的“干货型”知识和可操作可实施的解决方案，一方面要让受众清晰明了、一看就懂，另一方面要操作简单、一用就会，而并非纯粹的学术。换言之，有趣的泛知识内容给观众提供有趣的观点，实用的专业知识给观众传授知识技能。

(2)为什么知识分享这么“热”？碎片闲暇时光迸发出的求知欲，就像小时候看《走近科学》或《十万个为什么》那样，或者就是临时抱佛脚式的学习方法：用点闲钱买个股票，恶补几天理财知识；下个月考托福/雅思了，赶紧关注几个学英语的主播。相比之下，后者一定是在知识消费发展阶段最先出现的，毕竟“功利化”“应试化”直击人们的“痛点”。

从需求看问题，一般化的知识付费如果不够“痛”，变得“可有可无”也会让付费用户在掏钱时变得犹豫不决。而现在，市场上大部分听众不仅对知识有需求，更对知识有鉴别能力。如果知识服务不能够为己所用，很快会被淘汰掉。对于整个竞争市场而言，生产优质化、精准性的内容，戳中消费者的“痛点”，势必成为这场战役中最重要的武器。

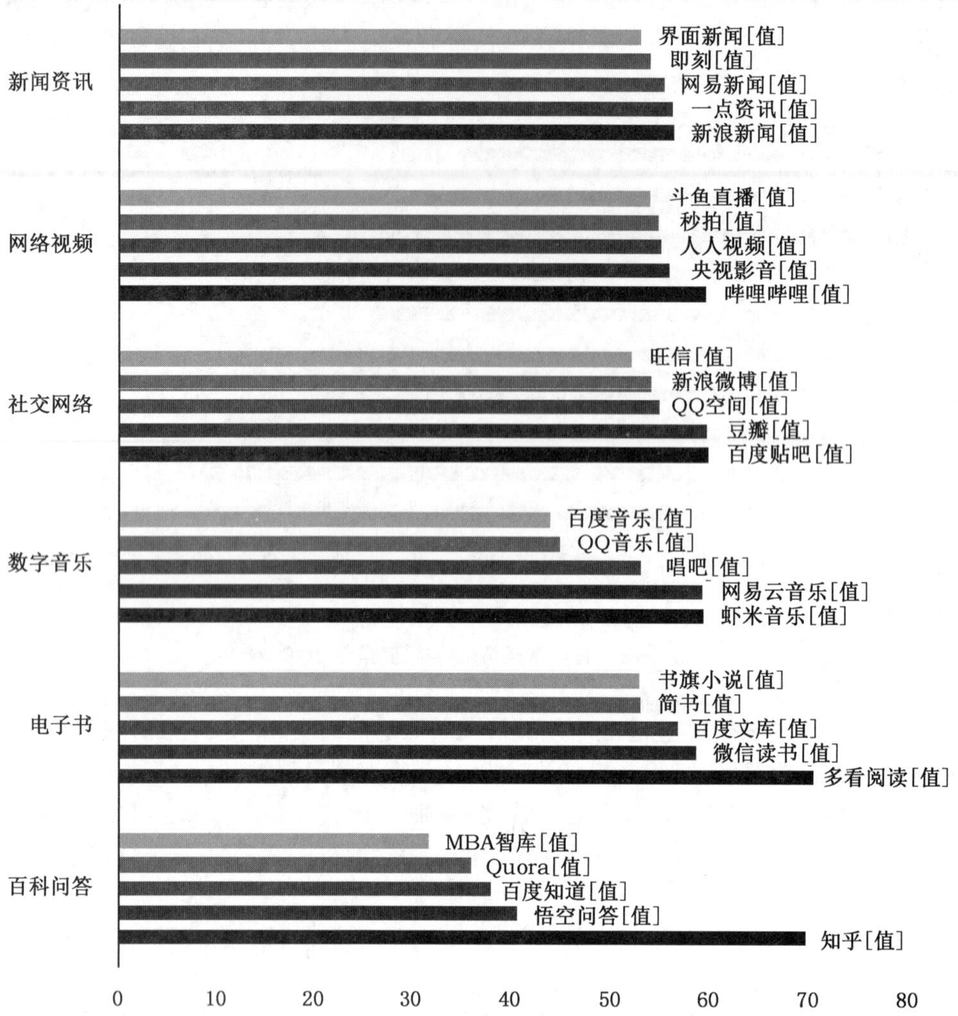

资料来源:极光大数据,取数周期:2018.07。

图 5—9 细分行业 App 偏好度指数 TOP5

5. 中国移动电台行业发展趋势

5.1 发展专业制作团队,提供更精准的营销策略

移动电台要想做好"声音"的生意,牢牢抓住听众,内容依然是最终的制约因素。努力挖掘专业性的深度内容和打造品牌价值,需要依赖内容自制的专业团队,同时将其更好的分发给每一个用户,准确精准地完成投放和消费引导,帮助用户吸收深度的知识。

相较于标准化的来自权威机构认证的"传统知识",移动电台传播的知识往往是"非标准"的,一方面很难让用户在短期内量化"投资回报率",另一方面也会总在无法完全信任中

“纠结”取舍。

5.2 内容付费依然是未来盈利的突破口

以往的互联网包容性早已“宠坏”了人们，线下昂贵的实体书，轻松一搜索就可以得到免费的电子版，现在重回收费时代，自然让网友内心“失调”。

随着高质量内容的逐渐丰富，收听用户通过打赏主播、付费收听等方式推动用户为优质内容买单，更有利于移动电台长期健康发展。在未来很长的一段时间内，付费内容依然会是喜马拉雅稳定的盈利方式，各路名人大咖也将持续涌入。

附录 英文摘要

How will mobile audio platforms boost the development of the “ear economy”?

Jiang Xiaodong Cui Huaxue

(Shanghai University of Finance and Economics，Shanghai，200433，China)

Abstract: The key for enterprises to survive and develop in the complex，diverse and rapidly changing market environment is their innovative business model. Seize the bonus period of fan economy and knowledge economy，online audio platform represented by Ximalaya has initially formed a complete industrial closed loop and mature business model by building an audio ecosystem，setting off a wave of “economy of ears”. Through the investigation of the development process and business model of the ximalaya，this paper will present the exploration road of online audio platform user payment model in an all-round way.

Keywords: Ximalaya；Business model；Content production；Content payment

案例使用说明

一、教学目的与用途

1. 适用课程：本案例主要适用于《商业模式分析》，根据授课教师授课知识点的不同，也可适用于《创业管理》《创新创业》等课程。

2. 适用对象：本案例适用于工商管理全日制学术研究生、EMBA、MBA 及工商管理学院的本科生和研究生使用。

3. 教学目的：本案例的教学目的在于通过讨论分析喜马拉雅 FM 对内容付费模式的探索之路及其商业模式创新之路，使学员掌握：(1)商业模式及商业模式创新的内涵；(2)商业模式创新的战略决策；(3)理解内容生产与内容付费的商业模式；(4)学习领悟企业家创业精神。

二、启发思考题

1. 什么是商业模式？如何理解商业模式创新的内涵？
2. 梳理喜马拉雅的商业模式创新路径，喜马拉雅走出了一条属于自己的道路，这个过程分为几个阶段？每个阶段分别有什么特点？
3. 喜马拉雅是如何借助知识内容新走势完善其内容付费新模式的？如何理解内容付费模式的内涵？
4. 喜马拉雅的创始人余建军具有哪些创业者应具备的素质？

三、分析思路

本案例总体分析思路是以企业商业模式理论为基础，从商业模式及商业模式创新入手，回顾喜马拉雅创建以来不同的发展阶段，迭代的内容输出的商业模式，探讨喜马拉雅 FM 的内容生产模式的探索与创新之路，对比音频平台内容生产格局，进而推出整个内容付费网络的发展现状。

四、理论依据与分析要点

本案例涉及的主要理论依据及分析过程如下。

(一)理论依据

1. 商业模式

商业模式是企业价值创造活动的主要组成及其相关关系的整体逻辑分析框架。现在最能接受的对商业模式的定义是研究商业模式理论的学者亚历山大·奥古斯特瓦德和伊夫·皮尼尔等人在 2005 年提出的：商业模式是一种包含了一系列要素及其关系的概念性工具，用以阐明某个特定实体的商业逻辑。它描述了公司所能为客户提供的价值以及公司的内部结构、合作伙伴网络和关系资本等用以实现（创造、推销和交付）这一价值并产生可持续盈利收入的要素。商业模式的核心思想是“如何与众不同，而且如何赢得结果”（见表 5—4）。

表 5—4　A·Osterwalder 的商业模式基本框架

主要方面	构成模块	描　述
产品	价值主张	价值主张是企业的所有产品与服务的概览，它们对顾客提供了价值
顾客界面	目标顾客	目标顾客是企业试图向其提供价值的顾客群体
	销售渠道	销售渠道是企业与顾客接触的途径
	顾客关系	顾客关系描述了企业与顾客之间形成的联系
基础管理	价值配置	价值配置描述企业为了向顾客提供价值而必需的活动能力
	能力	能力是指执行向顾客提供价值所必需的活动能力
	伙伴关系	伙伴关系是指为了向顾客提供价值而由两个或多个企业自愿达成的合作协议
财务	成长结构	成本结构是实现所有商业模块而产生的支出
	收入模型	收入模型描述了企业通过一系列利润流获取收益的方式

商业模式是一个完整的体系，要求企业必须把自己的生产运营与供应商、配套厂商协同，也就是协调内外部资源共同创造价值，并把价值传递到目标客户。总的来说，商业模式回答的是三个方面的问题：“你的顾客是谁？”“你能为顾客提供什么价值？”“你如何制订价格保证获得合理的利润？”。

2. 商业模式创新

商业模式创新起源于20世纪90年代中期计算机互联网在商业世界的普及应用，计算机在商业模式中的创新起着很大的作用。商业模式创新是指企业价值创造提供基本逻辑的变化，即把新的商业模式引入社会的生产体系，并为客户和自身创造价值，即商业模式创新就是指企业以新的有效方式赚取利润。新引入的商业模式既可能在构成要素方面不同于已有商业模式，也可能在要素间关系或动力机制方面不同于已有商业模式。

商业模式创新的描述本质上包括三个部分内容。一是要说明新的商业模式 或者说是创新后的商业模式什么样。二是要说明新的商业模式相对于原有的模式，或者其他厂商的商业模式有什么区别，创新之处究竟在哪里。三是要说明商业模式创新是如何发生的，过程是怎样的。

商业模式创新有几个明显的特点：首先，商业模式创新更注重从顾客的角度，从根本上思考设计企业的行为，视角更加宏观和开放，更多注重和设计企业经济方面的因素。商业模式创新的出发点，是如何从根本上为客户增加并创造价值，其逻辑起点是客户的需求。第二，商业模式创新表现得更为系统和根本，不再是单一因素的变化，常常涉及商业模式多个要素的同时变化，需要企业进行较大 的战略调整。最后，从绩效表现看，商业模式创新如果提供全新的产品或服务，那么它可能开创了一个全新的可赢利产业领域，即便提供已有的产品或服务，也 更能给企业带来更持久的赢利能力与更大的竞争优势。

3. 内容付费商业模式

(1)内容付费的环境分析

在互联网领域，对内容付费商业模式的探索早就存在。2011年，以纽约时报为代表的数字新闻付费，被当成传统媒体在新媒体领域的自我救赎，但是随后数字新闻付费发展的趋势并不明朗，其经验也基本不具有可复制性。内容付费之所 以在2016年成为热点趋势，与新媒体发展的阶段紧密相关。

第一，互联网的基础架构日趋完善，特别是社交平台与新媒体应用工具的成 熟，为内容付费提供了基本的平台条件。

第二，随着社交媒体的普及和全方位渗透，自媒体积累沉淀了大量的内容，除了广告、软文之外的收入，自媒体其他变现渠道还十分有限。2016年，今日头条、UC、一点资讯等平台相继推出了自媒体内容生产的补贴刺激计划，内容创业的趋势呼之欲出。在这个大背景下，内容变现对自媒体、资讯平台都具有很大的诱惑力。

第三，近年来，互联网领域的付费模式也日渐丰富，如视频付费、电子书付费、网络直播打赏等，这也是刺激自媒体内容付费发展的一个重要诱因。

第四，从受众角度来看，在海量信息中甄选优质内容难度越来越大，中产阶级对自我提升的需求持续强化，有大量碎片化时间需要填充。

基于以上原因，内容付费的大规模爆发似乎水到渠成。从根本上来看，内容付费的主要驱动力并非受众，但受众近年来网络付费行为的养成，为内容付费提供了土壤。

(2)内容付费的常见模式

①悬赏征答。提问者支付一定的虚拟货币或者实际金额发布问题，其他用户回答该问题，提问者自行从中选择最满意的回答，并将报酬支付给最佳回答者。这是一种出现较早且被广泛接受的内容付费方式，许多不同领域的知识论坛都采用这种形式。这种付费模式的优点是提问者的问题有针对性，但获得的答案无法控制，因此先付款的门槛实质上比较高。

②阅后赞赏。长微博、微信文章、简书等知识分享都有对作者打赏的功能，作者收益无法确定，而且存在着内容不一定是读者实际所需的问题。以中国农业大学食品学院范志红老师为例，其文章阅读量经常能达到 3 万人次，但打赏也常仅有十几个。用户可能认为已经享受过该知识成果，除非出于个人的热爱，否则没有必要额外花钱赞赏。

③付费订阅。采取众筹或者会员制，受众支付一定金额就可以在限期内获取知识产品和服务。互联网辩论综艺节目《奇葩说》制作方开发的培训口才音频产品《好好说话》，上线第二天零点喜马拉雅官方公布的数据显示，限时售价 198 元/年的课程在一天内共计售出 25 731 套，销售额突破 500 万元。

④付费看答案。这种付费方式来自论坛的"回复帖子才能阅读"，2016 年春节期间的发"红包"(支付一定金额)才能看到微信朋友圈"模糊照片"或"模糊问题"是这种模式的第一次实际支付尝试。知乎的新产品"值乎"的刮开见答案也是这种付费模式。这种新兴的支付方式充分引起受众的好奇心，能适当控制用户的预期，先给你看一部分，付款后再看全貌。

⑤分成模式。分答是 2016 年 5 月份上线的一个付费语音知识问答平台。用户注册分答成为回答者，并设置回答问题的费用，其他任何一个用户都可以在支付这笔费用后向其提问。作为提问者，用户选择答主并且付费提问后，将得到 1 分钟内的语音回答。这条语音，可以被其他人付费"偷听"，偷听收入由问者、答者平分。所以回答能赚钱，提问也可能赚钱。

(3)内容付费可能面临的困境

虽然付费平台持续晒出自己优秀的营业成绩单，但是仍然面临着绕不开的困境。

①版权保护问题。内容被大量免费复制传播，导致原创信息价值下降。传播与付费本就是一对矛盾，对于中小内容生产者来说，内容的最大范围扩散符合自身利益，而对于机构、平台来讲，付费内容的扩散会导致部分用户的流失。

②受众关注的兴趣和动力能否持续？受众持续关注的热情和内容生产者持续产出的能力，都是内容消费面临的问题。受众一旦满足了对某方面知识的需求，会取消关注，离开平台，或者转面需求其他类型的内容，这对个人、机构的持续内容生产能力是一个较大的考验。

③知识谁来鉴别？优质内容能否持续生成？目前内容消费处于一个封闭的商业链条中，各类过度的营销、包装的"伪知识"已干扰了受众的选择。优质内容是否持续可生成、可消费？这是内容付费发展面临的根本性问题。

(二)具体分析

喜马拉雅在知识内容付费探索之路上的关键举措主要有以下几点。

1. 打造有特色的草根主播，喜马拉雅鼓励每个用户在听"我想听的"，同时也能成为内容的提供者，希望他们乐于分享与传播。换言之，喜马拉雅的用户不仅仅是听众，同时也是自己个性化电台的播主，每个人都可以享受当主播的乐趣，通过自己的声音，show 出自己的个性。另外，与微博一样，用户还可以和自己关注的好友进行评论互动或者互发私信，进一步增加了彼此的交流互动。

2. 在喜马拉雅的产业链条里，出版社、作家、播主、粉丝、品牌将通过喜马拉雅平台联结在一起。喜马拉雅将助力打造由出版社电台和作家电台组成的出版社电台集群，通过粉丝效应迅速树立出版社品牌，并实现经济效益的转化。

3. 推出智能车载硬件产品，进军汽车用品大市场。喜马拉雅推出了车载声音伴侣“随车听”。“随车听”依托于喜马拉雅提供的海量正版授权有声内容：超过 1 000 万条有声内容，涵盖 28 个大类 328 个小类，7×24 小时实时更新，总信息量相当于收购全球最大有声图书馆。更关键的是，传统电台以受众被动接收为主，而车主在用“随车听”收听喜马拉雅时具有绝对的主动性。

4. 2016 年底，喜马拉雅发布成立以来的首封公开信，宣布将于 12 月 3 日开启国内首个内容消费节“123 知识狂欢节”，号召重视知识的价值，力图将其打造成内容消费的“双 11”。

5. 2017 年 6 月，喜马拉雅推出国内首款全内容 AI 音箱小雅智能音箱，开始在人工智能领域的大手笔布局，打造物联网时代下人们获取信息便捷的入口，让用户需要什么，只需张口说出来，开启了一个语音交互的新传播时代，让声音和知识像水和电一样无处不在，随取随用。未来，通过“喜马拉雅 Inside”开放平台，喜马拉雅会将平台上海量的音频内容接入灯具、冰箱、玩具、汽车、可穿戴设备等硬件设备中，深入到每一个生活场景。

6. 2018 年 1 月 11 日，中国互联网音频行业的首个 IP 盛典—喜马拉雅春声音频 IP 发布会举办。这次发布会云集各种“IP 大户”：郭德纲推出首个音频脱口秀《郭论》、演员王耀庆的个人音频节目《听见王耀庆》、姚明自传式音频节目《筑梦者》、《杨澜说 · 2018》以女性视角认识世界、面向儿童市场的“雨果奖”获奖作家郝景芳的《给孩子的万物启蒙课》、财经专家叶檀的《檀谈》以及“体育名嘴”董路的《大话俄罗斯》等。仅四个小时的发布会现场，喜马拉雅一口气放出了 20 个超级 IP。除了推出 20 个超级音频 IP 之外，在发布会不久之后，喜马拉雅还宣告了“万人十亿新声计划”—“未来一年将投入三个十亿元，从资金、流量及创业孵化三个层面全面助力音频内容创业者。目标是孵化出 1 万个收入破万元的创业者，其中收入破百万的不低于 100 人”。喜马拉雅将通过直播、知识付费、有声书、精品节目等成熟的产品模式，为主播们提供孵化工具和成长路径，实现一切变现通道。

7. 2018 年 4 月 23 日，喜马拉雅推出了“423 听书节”活动，将原有会员体系升级。此次全新升级的 VIP 会员，囊括了 1 000 本精品好书大咖解读、平台 2 000 本以上的全网热门有声书，及超过 30 个大咖精品课，被网友戏称“史上最良心会员”。

8. 2018 年 9 月 12 日，喜马拉雅和腾讯视频 VIP 双双在微博上发声，宣布“共同开启联合会员计划”，仅需购买一个会员，可以享受两个平台最头部的内容。在这样一个完整“视听”生态圈，腾讯视频主打的“泛娱乐内容”和喜马拉雅主打的“泛知识内容”相辅相成，在填补了不同的时间性碎片后，满足了不同优质内容的需求。

五、建议课堂计划

提前发放案例材料并提出启发思考题，请学员在课前通读材料并进行简单的思考。

课堂教学时间为 90 分钟，建议课堂设置分为 5 个阶段，安排如下：

课程前言（5 分钟）

教师简单介绍案例主要内容，明确案例主题，帮助学生了解案例的相关背景。

案例回顾(10分钟)

教师带领学生回顾喜马拉雅的发展历程,解读重要知识点,对学生进行随机提问,做到实际案例与理论知识点相匹配。

课堂讨论(25分钟)

教师对学生进行分组,介绍学生小组发言选择机制及评估标准,围绕思考题进行讨论。

小组发言及讨论(40分钟)

按逻辑进行案例问题分析,随机抽取小组进行发言,其余同学进行提问,展开讨论,发散学生思维,引导学生在情境中归纳总结,清楚明白的认识和掌握相关知识点。

案例总结(10分钟)

教师对小组发言及案例做点评及总结,进一步从商业模式角度启发学生思考企业的发展,学以致用。

课后活动:

进行课后答疑解惑,对学员不清楚、理解不透彻的知识点进行补充说明。同时,各小组梳理观点,加深对相关知识点的理解与掌握,形成书面案例分析报告。

参考文献:

1. 刘凯.内容付费平台的传播模式分析[J].青年记者,2017(13).
2. 张瑶.网络知识传播的内容付费探讨[J].青年记者,2017(5).

案例5　国债期货327品种交易事件案例研究[①]

案例正文

摘　要：本案例实证分析国债期货327品种交易事件。首先，介绍国债期货327品种交易事件，反映国债期货多空交战过程及为拯救国债及其期货市场所启动的应急措施；然后，基于国债及其期货市场的初创时期及交易数据年度统计及存款利率变动揭示国债期货市场潜在巨大风险；最后，通过系列政府法令法规及交易规则分析国债期货交易设计缺陷及漏洞，说明国债期货交易市场潜在的政策风险和市场风险。实证研究表明，谨慎制定政策、严厉市场监管及严谨交易规则都是构成防范国债期货市场风险的重要基础。

关键词：国债期货327品种交易事件；国债期货；万国证券；中经开；操作风险

引　言

1995年5月17日下午5时40分，经报国务院同意，中国证券监督管理委员会紧急发布《关于暂停国债期货交易试点的紧急通知》[②]该通知指出，鉴于近几个月来，国债期货市场屡次发生严重违规交易事件[③]，在国内外造成了很坏的影响，为维护改革开放的形象，保持经济和社会稳定，保证金融市场的健康发展，现决定在全国范围内暂停国债期货交易试点。该通知明确指出，从5月18日起，国债期货交易场所一律不准会员开新仓，由交易场所组织会员

---

① 本案例由上海财经大学经济学字张明恒教授撰写，版权归上海财经大学商学院所有。未经允许，本案例的所有部分都不能以任何方式与手段擅自复制或传播。版权所有人授权上海财经大学商学院案例中心使用。由于企业保密的要求，在本案例中对有关名称、数据等做了必要的掩饰性处理。本案例只供课堂讨论之用，并无意暗示或说明某种管理行为是否有效。

② 中国证券监督委员会，证监发字〔1995〕62号。

③ 即2月23日上交所国债期货327品种交易事件、3月29日上商所胶合板事件、5月初继北交所绿豆风波之后的郑商所绿豆事件、5月中上交所国债期货319品种交易事件及6月初天联所红TH507事件，陆一先生所著的《中国赌金者-327事件始末》，上海远东出版社，2015。

协议平仓，平仓价格由各交易场所根据实际情况自行确定，平仓清场的截止日期为 5 月 31 日。此外，该通知还要求国债期货交易场所从全局出发，坚决落实通知精神，在各地政府领导下，切实做好会员工作，周密细致地组织协议平仓，确保市场和社会的稳定。

中国证券监督管理委员会之所以暂停国债期货交易市场试点，是因为中国证券监督委员会、财政部、中国人民银行、最高人民检察院和国家保密局组成联合调查组在上海市人民政府积极配合下，对国债期货 327 品种交易事件进行详细调查。[①] 该调查显示，因国债期货市场迅猛发展、交易所监督乏力和风险控制滞后，致使上海万国证券公司、辽宁国发（集团）股份有限公司等少数机构大户蓄意违规和操纵市场，严重扰乱市场秩序，引起国债期货交易剧烈波动。

本案例通过回溯国债期货 327 品种交易，实证研究国债期货的市场风险。首先，回顾国债期货市场建设过程；然后，讨论国债期货市场监管体系构建；最后，列举国债期货 327 品种交易事件结局及指出国债期货市场的风险管理问题。

1. 国债期货 327 品种交易

首先，介绍国债期货 327 品种交易事件的市场背景；然后，列举国债期货多空交战的市场过程；最后，为拯救国债及其期货市场，上海证券交易所、证监会及财政部所采取的应急拯救措施。

国债期货 327 品种是对应 1992 年发行的三年期国债期货合约的代称，由于 1995 年 6 月即将交收，现货国债保值贴补率明显低于银行利率，故遭到机构爆炒，[②]多空双方激烈厮杀，致使该品种价格行情最大振幅曾达 4 元多。多空双方巨大分歧在于财政部是否要加息，空头上海万国证券公司（简称万国证券）认为不可能加息，否则国家多支出 10 多亿元资金，尤其在经济形势严峻及财政吃紧的压力下；而多头中国经济开发信托投资公司（简称中经开或中经公司）依仗其财政部渊源深厚脉络坚信会提高现货国债保值贴补率。

国债期货 327 品种受保值信息不确定因素影响而交易价格剧烈震荡。[③] 2 月 13 日，周一，期市续上周五的高开回落走势、与现货市场背离、探底行情、挫 0.11 元收 147.92 元、成交量萎缩；14 日，周二，盘末升至 148.28 元、成交量回涨、期市其他品种翻红；15 日，周三，空头夹击、多头过多平仓、收盘翻绿，收盘 148.44；16 日，周四，消息沸沸扬扬、卖方压制，波幅变窄、尾市受多方急拉，略升 0.05；17 日周五，空头加大打击力度、呈现单边跌势、大规模清洗短多浮盘、多头主力持续减仓；20 日，周一，空方做空价位过低、而以大量抛单压制多方进攻、持仓量持续攀升；21 日，周二，市场盛传言财政部国债加息，促使多方攻势咄咄逼人；22 日，周三，北商所、武债市、上交所等被多头气氛笼罩着、空方机构进退维谷。23 日，周四，在盛传财政部发债公告刺激下多方全面反击，而先于上交所 1 小时 15 分开盘的北商所多头开盘即推至涨停盘，上交所 327 品种跳空高开，数百万的空单被轻而易举地吃掉，价格大幅飙升，迅速推高到 151.98 元，比平时价上升 3 元，致使空方陷入绝望境界；下午 4:10 空方在

---

① 上海证券年鉴 1996，第 665 页。

② 关于国债期货 327 事件较为客观诉述可参见陆一先生所著的“中国赌金者-327 事件始末”，上海远东出版社，2015。

③ 上海证券报 2009 年 3 月，或胡继之的《金融衍生产品及其风险管理》，中国金融出版社。

148.50元附近集结了大量的空单，下午4:22离收盘还有8分钟多空双方大战结局如料。但风云突变，空方辅助辽宁国发(集团)公司(简称辽国发)盘中倒戈致使空方领军万国证券公司面临巨额亏损，万国证券认为“要么等待结算公司破产、要么利用交易漏洞违规砸盘”，故动用“巨额空单抛盘吓阻多头交易、打穿所有多头的保证金、打爆所有多头的持仓位”以求“绝地生还”。于是乎，万国证券以730万口(约合人民币1 460亿元)的巨量沽空单跃然在交易屏幕上，顿时多方兵败如山倒，绞杀大批多头投资机构，多空双方在147.50元位置鸣金收兵；[①]23日晚11时，上海证券交易所对外发出公告，决定取消当日16时22分13秒之后的所有交易，指定当日收盘价为违规交易前的最后一笔成交价151.30元，并要求按照调整后的数据进行处理当日国债期货交易结算；2月24日，上海证券交易所发布《关于加强国债期货交易监管工作的紧急通知》，要求严格实施“限制涨跌幅、限制持仓额、禁止借仓掉仓、限制合约结构、严禁融资透支”，上午暂停国债期货交易直至下午恢复，而国债现货交易正常进行；2月25日凌晨新华社电讯发布财政部24日签发的1992年期国库券保值贴补率公告，[②]按此公告空方损失资金将达43亿元，涉及其他期货品种交易，整个亏损将达50亿元之上——正是财政部这加息公告证实市场盛传的提高实际国债期保值补贴率。[③]

为此，2月26日证监会与财政部联合对外公告，强化国债期货交易管理及风险控制，[④]防止国债期货327品种事态急剧恶化，要求采取“一停二清三规范”应急措施，防止大量投机资金涌入其他国债期货交易场所，要求各国债期货交易场所务必逐步提高保证金比率至10%、降低国债期货涨跌停板幅度、减低国债期货最大持仓限额；同时，密切注视持仓大户的交易情况，严格执行每日结算制度和强制平仓制度，严惩违规操纵市场价格者。

2. 国债期货市场初建

首先，介绍国债及其期货市场的初创过程；然后，基于年度交易数据及存款利率变动揭示国债期货市场潜在巨大风险。

1978年12月8日召开的党的十一届三中全会，冲破长期持续的“左倾”错误路线约束，确立“解放思想、实事求是”，承认市场经济，并把中国共产党和国家的工作重点转移到经济建设，承认市场经济和实行改革开放，决定从1979年起用三年时间对国民经济实行“调整、改革、整顿、提高”。为缓解经济建设而形成巨大的财政压力，国务院于1981年专门制定国库券发行条例，发行国库券、国家建设债券及财政部债券。当年实际发行48.66亿元，成为

---

① 此时刻，上海证券交易所蔚文渊总经理在向中国证监会期货部领导汇报国债期货交易监管后参观交易大厅时目睹这一惊天事变。其中之一的证监会期货部副主任姚纲2008年升任证监会副主席，涉嫌严重违纪于2015年11月13日被中纪委调查，参见 http://www.ccdi.gov.cn/jlsc/lasc/201511/t20151125_67774.html。

② 财政部1995年第3号公告第6条指出，据1993年财政部《关于调整国库券发行条件的公告》的规定：1992年向社会发行的三年期国库券在今年7月1日到期还本付息时，利息分两段计算：1992年7月1日至1993年6月30日，按年利率9.5%计付，不实行保值贴补；1993年7月1日至1995年6月30日，按年利率12.24%加人民银行公布的今年7月份保值贴补率计息。

③ 针对月24日财政部国债加息公告，证券业资深记者陆一认为，25日凌晨新华社发布的财政部24日签发的公告其实是匆促应对23日发生国债期货327品种交易事件，有悖于国库券管理惯例，参见“中国赌金者-327事件始末”，126—128，上海远东出版社，2015。

④ 中国证监会，〔1995〕22号《国债期货交易管理暂行办法》、证监发字〔1995〕23号《关于加强国债期货交易风险控制的紧急通知》。

证券市场最初的最大交易品种；同年 11 月，五届全国人大四次会议通过政府报告明确指出，通过发行债券开展信托、保险等业务筹集资金，先后初步重建和开办信托业务，直至 1983 年累计发行国库券 134.07 亿元。①

伴随 1987 年 10 月中国共产党十三大会议，确立以公有制为主体、多种经济成分并存的多元化所有制结构及市场配置资源，为国家和企业开辟银行信贷外的筹资渠道，为个人及单位提供新的投资场所，提高企业管理水平，用经济方法弥补国家建设财力不足，加强中央银行的宏观调控能力。中央财经拮据、通货膨胀严重、货币政策空白、商业银行资产配置单一，政府由于通过市场公开操作以变革依赖财政和行政调控经济的模式，建立市场经济机制。国家建设债券从 1987 年实行借用还统一的原则，除继续发行国库券外，增发国家建设重点债券，1988 年又增发财政债券及国家机构债券，1989 年又增加特种国债和保值公债，国库券改为只对个人发行。截至 1991 年，各类债券累计发行额度达 3 282.93 亿元，其中股票 50 亿元，国债占 60%以上，以国债为主体的证券发行市场。但是，国债每年完成难之又难，可用的金融工具少之又少，市场流通不畅，国债一二级市场价格倒挂，国债价值难以发现，无法提供商业银行优化资产配置，同时国债现货存在巨大的地下黑市交易。②

有鉴于此，在上海万国证券公司、上海证券交易所及上海市政府积极推动下，1992 年 12 月上海证券交易所开放国债期货交易试点，③共推出 12 个品种的国债期货合约且只对机构投资者开放。该交易试行细则核心章节“交易”“保证金”及“最后结算”都行文简陋。如，第三十四条仅指出“本所可按国债期货品种订立持仓合约的最高限额……”；第三十九条指出“在每日按市计算时，证券期货商向本所缴纳的保证金，如因国债期货价格发生不利波动出现浮动盈亏，致使保证金低于或高于每个合约 200 元时，本所即向证券期货商追收至 200 元……”；而第四十五条“本所国债期货的最后结算采用实物结算，即合约期满后按持仓合约价格进行实物清算交割”，整个试行细则五十二条几乎没有二级条目，全文印刷不到四个 A4 页面。国债期货首张交易是 1991 年期国债 3 月份交收品种，第一口成交合约双方正是万国证券和中经开；1993 年 10 月 25 日上海证券交易所对所有个人投资者开放国债期货交易，并采取一系列措施支持国债市场发展，开展国债交易专场、降低交易成本、设计新期货合约，推广期货产品和培育期货市场，成交合约数百口，成交金额只有 5 000 万元；1994 年国债期货成交合约金 7 260 万口，成交总额达 19 054 亿元，被称之为证券市场的“国债年”。

1993 年底各种商品期货交易所多达 40 多，隶属政府机构的期货经纪公司 300 多家，从事期货代理的现货企业 1 000 多家。国债期货市场既无规则约束、无涨跌幅限制，又无反垄断处置和持仓标的预警；交易市场不但地域分割、价格异化，而且市场信誉替代国家信誉、现货与期货价格倒置及聚集题材炒作，江湖义气弥漫、欺诈纵横和纠纷蜂拥；国债期货交易机构既无风险控制机制，又无锁仓或止损控制措施。此外，财政部、人民银行、证监会及地方政府争相要建立期货监督机构④，而中国证监会自顾不暇，忙于股票市场监管，不愿承担期货市场监管任务。

---

① 刘鸿儒. 中国证券 1842—2000，第 112 页。

② 无论是文学作品还是纪实作品都揭示出 20 世纪 80 年代末 90 年代初部分市场灵敏且勇敢者隐秘地在全国各地从事地下国库券倒卖，如电视剧《老马家的幸福往事》《希望之城》及纪实文学《中国赌金者-327 事件始末》第 9—18 页。

③ 上海证券交易所国债期货业务试行细则，注册会计师通讯，1993 年 12 期。

④ 刘鸿儒. 突破一中国资本市场发展之路，第 614—647 页。

1993年7月12日中国证监会与国家体改委共同上书国务院，建议国务院证券委员会转制为证券与期货委员会，下设证券监督委员会及期货监督委员会。1993年11月6日国务院印发了《国务院关于坚决制止期货市场盲目发展的通知》，明确指出，“国务院决定，对期货市场的指导、规划和协调、监督工作由国务院证券委员会负责，具体工作由中国证券监督委员会执行。各有关部门要在证券委的统一指导下，与证监会密切配合，共同做好期货市场的试点工作。未经证券委批准，不得设立期货交易所(中心)”。

1994年3月30日，国务院批准及国务院办公厅下发《国务院办公厅转发国务院证券委员会关于坚决制止期货市场盲目发展若干意见的通知》，严厉地清理整顿期货市场，关闭和取缔近30家期货交易所，重新审核登记期货经纪公司、禁止境外期货代理、取消现货企业的期货代理资格、大幅压缩期货交易品种，暂停一些影响国计民生的大宗品种交易。随之，期货市场渐入强化监督管理、遏制盲目发展。但是，期货交易所仍超出国民经济发展需要，迫于生存压力及利益驱使，个别交易所刺激交易量、放松监管，默许甚至纵容大户操纵市场。而设立之初国务院证监委及中国证监会忙于清理商品期货交易市场，根本无暇顾及和整顿金融期货交易市场。

除上述交易设计、制度建设和市场监管外，年度交易统计数据昭然揭示国债及其期货市场的风险聚集。由表6—1可以看到上海地区，随着国家经济建设需要，国库券发行额度逐年依次攀升：同比1986年度43 362万元，1992年度358 500万元六年攀升八倍、1995年度2 303 370万元九年攀升五十三倍；而国库券发行(个人)利率基本维持在10.00%至15.00%区间，并有逐年上升趋势：由众所周知原因尽管1989年度及1990年度三年期国库券利率维持在14%，但是1991年度及1992年度三年期国库券利率降至10.0%及9.50%，而经历五年后1995年度三年期国库券利率升至14.00%——这些发行额及其利率的变化不仅表明国库券发行政策风险而且表明国债期货市场存在利率风险。由表6—2和表6—3可以看到，1994年度无论是国债现货年度行情还是国债期货年度行情都表明，国债及其期货市场剧烈动荡：如，由于临近兑付期，国债92年现货到期本息和152.50元、最高价129.00元、最低价98.25元、收息价128.46元，而成交额度195.294 2亿元，整个现货成交占比市场1.79%；国债期货92年三年期品种最高成交价148.12元，最低成交价131.01元、收盘价147.95元，成交额大6 636.650 7亿元；表6—4表明国债期货成交金额占比市场高达74.77%，而A股票成交额仅占比市场22.08%。特别地，由表6—5和表6—6看出万国证券公司及中经公司榜居交易所1994年交易额超100亿元的证券经营机构名单，万国证券国债现货交易额123.302 9亿元远高于中经公司46.114 7亿元，而中经公司国债期货交易额4 777.718 9亿元，占比94.72%，远高于万国证券3 010.829 7亿元，占比78.11%，至此形成国债现货及国债期货市场的多空领军 ～ 或许如此国债现货及期货投资组合成为万国证券坚定做空，中经公司投机做多的物质基础。

表6—1　上海地区国库券发行统计：1986至1995年度　单位 万元

年度	发行额度	偿还额度	年末余额	期限	利率	
					单位	个人
1986	43 362	5 926	202 149	5	6.00	10.00
1987	42 732	12 039	232 342	5	6.00	10.00

续表

年度	发行额度	偿还额度	年末余额	期限	利 率	
					单位	个人
1988	65 427	14 438	2 829 031	3	6.00	10.00
1989	28 999	7 412	304 513	3		14.00
1990	73 388	57 002	320 904	3		14.00
1991	203 800	148 055	376 649	3		10.00
1992	358 500	167 164	567 935	5	10.50	10.50
1993	184 600	141 742	610 860	5	15.86	15.86
				3	13.96	13.96
				5	15.86	15.86
1994	917 000	489 862	103 799	1/2	9.80	9.80
				1	11.98	11.98
				2	13.00	13.00
				3	13.96	13.96
1995	2 303 370	421 564	2 919 805	3	14.5	14.5
				3	14.00	14.00
				1	11.98	11.98
				3	14.00	14.00

资料来源：上海证券年鉴 1995，第 383 － 384 页、上海证券年鉴 1996，第 406 － 408 页。其中，对 1992 年发行的 5 年期国库券和 3 年期国库券均按照人民银行《关于人民币储蓄存款保值的有关规定》从 1993 年 7 月 11 日起实行保值，保值补贴率按兑付时所公布的保值补贴补率计算。注意到，1989 年国库券、特种国债及财政债券的年利率高达 14%、15%和 15%，而 1990 年至 1993 年发行的年利率都有所回落，仅 1993 年及 1994 年国家债券利率又开始攀升至 15.96%，而 1995 年发行 3 年期无记名国库券年利率达 14.5%。

表 6－2　　上海地区国债现货年度行情：1994 年度　　成交价：元

证券名称	数量	到期日	本息和	最高价（元）	最低价（元）	收息价（元）	成交金额（亿元）
92 国库券	709	970 331	152.50	129.00	98.25	128.46	195.294 2
93 国库券	546	960 301	179.30	135.00	103.00	127.91	29.975 0
92 国债 2	1 500	950 630	128.50	137.10	104.05	136.99	83.016 3
93 国债 2	1 200	960 301	141.88	127.79	100.50	127.20	34.631 0
94 国债 2	5 030	940 725	111.98	115.30	100.00	111.90	26.795 2
94 国债 3	8 240	950 207	126.00	109.50	100.00	108.50	40.459 3

资料来源：上海证券年鉴 1995，第 432 页。注意到，1994 年度国债现货市场交易中 1992 年第 2 次发行三年国债价格的变化。

表6—3 **上海证券交易所国债期货年度行情①:1994年度** 单位:亿元

代码	名称	成交价(元)			成交额度(亿元)	合约期	
		最高	最低	收盘		最高	最低
310135	F92512	127.11	104.20	123.06	18 346.567 3	127.11	104.20
310316	F92503	132.30	109.02	131.81	5 967.268 4	132.30	109.02
310317	F92506	143.73	124.09	137.33	149.521 1	143.73	124.09
310325	F92312	138.67	112.52	135.90	13.535 3	138.67	112.52
310326	F92303	144.93	113.35	144.72	1 906.716 01	144.93	113.35
310327	F92306	148.12	131.01	147.95	6 636.650 7	148.12	131.01
310335	F93312	132.36	117.10	128.99	4.693 5	132.36	117.10
310336	F93303	136.60	125.66	134.17	13.145 8	136.60	125.66
310337	F93306	142.20	131.48	139.67	16.117 5	142.20	131.48
310345	F94212	118.02	107.96	108.40	2.393 8	118.02	107.96
310346	F94203	122.6	111.73	113.98	2.765 4	122.60	111.73
310347	F94206	118.90	106.83	117.92	2.349 6	118.90	106.83
310318	F92509	143.00	37.12	142.42	169.609 3	143.00	0.00

表6—4 **上海证券交易所分类证券交易统计②:1994年度**

		上市数目	成交金额		成交数量	
			金额(亿元)	占比%	数量(亿只)	占比%
A股		169	5 652.77	22.08	634.33	83.40
B股		34	108.35	0.43	22.43	2.95
基金		12	117.40	0.46	56.73	7.46
国债	现货	6	457.27	1.79	0.40	0.05
	回购	5	63.15	0.25	0.06	0.01
	期货	13	19 054.18	74.77	0.73	0.10
其他		20	55.33	0.22	495 423	6.04

① 上海证券年鉴1995,第434页。注意到,1992年三年期国债期货品种F92306年度成交额度占比国债期货总成交额为39.70%,价差近17.12元。

② 上海证券年鉴1995,第400页。注意到,年度国债期货成交金额、数量与笔数占比市场分别为74.77%、0.10%和1.49%。

表 6—5　　上海证券交易所分类证券交易统计:1995 年度

		上市数目	成交金额		成交数量	
			金额(亿元)	占比%	数量(亿只)	占比%
A 股		184	3 042.63	98.04	494.50	96.21
B 股		36	60.85	1.96	19.49	3.79
基金		12	305.67		107.21	
国债	现货	6	764.44	01.48	0.60	17.54
	回购	6	1 171.60	02.27	1.17	33.92
	期货	0	49 691.58	96.25	1.652	48.30
其他		14	117.07			

资料来源:上海证券年鉴 1996,第 416—418 页。注意到,年度国债期货成交金额、数量与笔数占比市场分别为 74.77%、0.10%和 1.49%。国债期货交易始于 1993 年 10 月终于 1995 年 5 月 1 日。

表 6—6　　上海证券交易所年交易额超 100 亿元的证券经营机构:1994 度　　单位:万元

公司	总交易额	股票	基金	国债	国债期货
中经公司	50 441 434.01	2 009 005.68	104 684.24	461 146.08	47 777 188.93
万国证券	38 548 769.77	6 791 851.83	101 879.83	1 233 028.58	30 108 297.02
申银证券	15 860 812.35	4 612 380.34	59 683.68	1 603 456.70	9 400 953.77
海通证券	14 891 651.69	3 008 543.74	79 731.96	218 847.77	11 512 330.80
君安证券	10 946 529.07	1 147 859.13	14 756.83	8 365.41	9 764 086.31
国泰证券	7 482 064.94	2 266 369.43	38 220.28	72 126.62	5 074 286.40
财政证券	7 294 204.41	494 749.04	29 994.45	817 788.10	5 933 863.24
华夏证券	6 634 427.04	1 925 230.88	45 904.27	54 359.03	4 566 329.97
国农信托	6 447 432.33	649 402.62	6 819.62	18 183.43	5 767 246.33
农行信托	6 104 623.72	1 139 398.86	11 522.12	260 540.83	4 646 110.85

资料来源:上海证券年鉴 1995,第 402 页。

总之,伴随着国家经济政策变化及经济形势跌宕,无论是宏观经济还是微观交易数据都表明,国债期货市场正积累大量政策风险、利率风险及信用风险。

3. 国债期货市场监管

首先,通过系列政府法令法规及交易所规则说明国债期货交易市场监管;然后,分析国债期货交易制度缺陷及漏洞。

金融市场的监管体系采取所谓的在中共中央委员会金融工作领导小组指导下,由国务院实施的“一行三会”,即:中国人民银行、中国商业银行监督委员会、中国证券期货监管委员会及中国保险监督委员会;同时,各个地区政府部门设有专门的金融工作委员会办公室;金融行业采取垂直领导。20世纪80年代末90年代初，随着股份制企业的蓬勃发展，各省市相继成立证券公司，开始代理买卖股票。1987年国务院下发"加强股票债券管理的通知"，并决定从1988年起在上海和深圳两地进行股份制和股票市场配套改革试点；而沪深等地政府利用行政资源，推动证券市场发展和制定证券市场规则，完成证券市场发展初期阶段。

经国务院授权和中国人民银行批准，上海证券交易所于1990年11月26日宣告成立，[①]次日上海市人民政府发布《上海证券交易管理办法》，指出交易所是非营利性的会员制的事业单位法人，致力于造就公平稳定、高效的证券市场，以发挥集中竞价功能，为投资者提供极富有流动性、低成本、高效率的交易市场，依托所属的证券中央登记结算系统、证券信息传播系统及自动交易撮合系统，实现证券客户买卖指令通过交易所场内交易终端申报输入，按照"价格优先、时间优先"原则自动撮合配对成交，完全实现无纸化交易过程。

1992年10月12日国务院批准成立证券委员会并组建中国证券监督委员会，为国务院直属事业单位，是国务院证券委员会的监督执行机构，依照法律、法规的规定对证券市场、期货市场进行监督和管理，[②]加强证券市场管理，统一协调有关政策，建立健全监管工作制度，保护广大投资者利益。

1988年7月18日上海市政府报经中国人民银行批准，成立上海国际信托投资公司控股的万国证券股份有限公司，[③]作为政府首批股份制规范化试点，首任总经理为管金生，与隶属中国人民银行上海分行的申银证券公司及隶属交通银行的海通证券公司成为最著名的上海证券公司。

1992年1月经财政部和中国人民银行批准成立的中国农业开发信托投资公司转身为中国经济开发信托公司，不仅接受财政部农业周转金委托管理，接受全部财政周转金和农综办资金，而且业务扩大至信贷、证券、实业投资等自营业务，而其上海证券业务部以其激烈进取与凶悍勇猛的投资风格闻名，叱咤证券市场近十年。[④]

自1989年年初至1995年年初国务院、财政部或证监会颁布大量的证券及国债相关法律法规及通知，以加强证券期货市场管理。1989年3月至1992年3月国务院先后颁布《一九八九年特种国债条例》《一九九〇年特种国债条例》《一九九一年特种国债条例》及《国库券条例》，以促进国债发行市场建立，为经济建设筹资；1992年5月12日财政部发布《关于财政部门办理国债还本付息若干具体规定的通知》，以承诺兑付到期国债本息，建立政府信用，维护国债市场运行。1992年10月12日国务院颁布国务院令成立国务院证券委员会并组建中国证券监督委员会，负责证券及期货市场监管；[⑤]即便12月12日上海证券交易所发布《国债期货业务试行细则》，实施国债期货交易试点工作，但实施细则"第五章交易、第六章保证金、第七章最后结算"中缺少"仓位控制"监管措施及"结算风险"防范措施。然而，伴随着国债发

---

① 经过1年多筹备和7个多月试营业，1991年4月11日经国务院授权、中国人民银行批准，深圳证券交易所于7月3日隆重开业。

② 中国证券年鉴1994，第1—6页。

③ 上海证券年鉴1996，p309—314，及《梦想的力量—万国人的口述历史》，上海人民出版社，2013年8月。

④ 上海证券年鉴1996或财新网：2002年06月20日 中经开之死 http://magazine.caixin.com/2002—06—20/100076972.html.

⑤ 尽管1992年成立中国证监会代表中央政府接管证券期货市场，但仅是1997年接管上交所及深交所后才成为独立行政权限的正部级机构，可谓权倾天朝与独霸四方。但是，证监会之组织体制、运作方式及监管模式依然无法避免2015年股市海啸。

行、国债现货交易及国债期货交易，1993 年可谓市场监管及交易规范密集出笼：2 月 6 日国务院、财政部、国家计委及人民银行联合发布《1993 年国债发行工作有关事项的通知》，6 月 21 日财政部与证监委发布《国债一级自营商资格标准及确认办法(试行)》，月后又联合发布《国债一级自营商资格确认实施细则(试行)》，8 月 21 日财政部发布《关于认真清理整顿财政部门国债中介机构的通知》，12 月 31 日财政部、人民银行和证监会联合颁布《中华人民共和国国债一级自营商管理办法》及《国债一级自营商资格审查与确认实施办法》。由于国债发行频频、国债兑付密集及国债现货回购日趋活跃，促使所谓的 1994"国债年"出现，各地人民银行或国债中心国债托管混乱，5 月 20 日财政部发布《关于财政部门办理到期国债兑付若干具体规定的通知》。国债现货市场及期货市场的混乱、贪婪与欺诈终于引爆 1995 年 2 月 23 日国债期货 327 品种交易事件，2 月 24 日证监会、财政部联合发布《国债期货交易管理条例》，26 日证监会又特别发布《关于加强国债期货交易风险控制的紧急通知》及《国债期货交易管理办法》，该办法明确地规定相关的交易、保证金结算规则；3 月 30 日，证监会发布《关于落实国债期货交易保证金规定的紧急通知》；5 月 2 日证监会发布《关于申报国债期货交易试点有关文件的通知》；基于国家监察部、财政部、人民银行、最高人民检察院、国家保密局及上海市人民政府组成的调查组的正式调查结果，5 月 17 日中国证监会报经国务院批示发布《关于暂停国债期货交易试点的紧急通知》。具体细则可参考表 5—1 给出 1994 年 1 月至 1995 年 5 月期间金融财政大事记。

表 5—1　　金融财政大事记：1994 年 1 月～1995 年 5 月

01—06	财政部决定全国清产核产工作主要围绕转换企业经营机制，实行国有资产监管制度和建立现代企业制度试点等中心工作进行
01—12	国务院副总理朱镕基在全国金融工作会议上表示，严格信用总量、切实加长监管，进行围绕整顿秩序
01—14	财政部代表中国政府正式向美国证券交易委员会注册登记发行 10 亿美元全球债券
02—01	财政部向社会发行 100 亿元一年期非实物债券，年利率为 11.98%，比银行同期存款利率高 1 个百分点
02—28	本年度首次通过上交所电脑网络系统向全国发行本年度第一号半年期无纸化国债共 50 亿元上市
03—01	人民币长期存款利率保值贴补率为年率 1.19%
03—05	证监会决定暂缓执行深圳证管办有关配股流通的规定，重申各地证管办和交易所不宜就有关涉及证券市场的重大问题做出决定
03—12	证监会主席刘鸿儒在上交所会员大会宣布，上半年 55 亿元新股不上市、今年不征股票转让所得税、年内公股个人股不并轨、上市公司不得乱配股
04—19	人民银行深圳分行及深圳证券管理办公室决定联合年检深圳市内证券公司、证券业务部、证券交易部、基金公司与证券公司
04—01	1994 年国库券开始发行，品种有二年期冀三年期
04—12	武汉证券交易中心独家推出期券交易
04—14	人民银行公布信贷资金管理办法，明确规定商业银行对证券公司的资金拆借期限
05—07	上交所决定开通异地国债期货交易

续表

06—07	人民银行公布7月份3年期以上定期储蓄存款保值贴补率为4.5%
07—01	财政部、人民银行及证监会联合发布坚决制止国债卖空行为
07—09	人民银行公布8月份3年期以上定期储蓄存款的保值补贴率为4.27%
07—18	国务院证券委做出决定，由证监会配合人民银行共同审批和监管证券经营机构
07—28	沪深证券市场分别以339.80及96.63创开市低点；证监会会同国务院有关部门及上海市、深圳市负责人在京开会，分析股市形势，共商稳定、规范、培育和发展证券市场；暂停各种新股上市发行
08—06	人民银行公布9月份人民币长期储蓄存款保值补贴率4.96%
09—10	人民银行公布10月份人民币3年期以上定期储蓄存款保值补贴率5.62%
09—20	上交所发出关于加强国债期货交易风险管理的紧急通知，并调整国债期货交易的会员和客户的持仓数额及保证金比例
10—05	国务院证监委第四次会议决定，上交所及深交所从1995年取消T+0回转交易方式，实行T+1交收制度，B股乃为T+3
10—11	人民银行公布11月份人民币3年期以上定期储蓄存款保值补贴率6.57%
10—28	国务院批转人民银行意见，加强金融机构监管
11—09	人民银行公布12月份人民币3年期以上定期储蓄存款保值补贴率8.79%
11—25	证监会就证券市场重大问题发表意见，现阶段不宜多设地方性证券交易所；现阶段不宜在内陆省份公开发行股票并就地上市
12—13	人民银行公布1月份人民币3年期以上定期储蓄存款保值补贴率9.84%
01—03	经国务院批准及中国人民银行决定，从1月1日期将对金融机构贷款和固定资产贷款的利率平均提高0.24和0.72个百分点，各金融机构对企业和居民的各种存款利率保持不变，流动性资金贷款利率也不做调整
01—09	人民银行公布2月份人民币3年期以上定期储蓄存款保值补贴率10.38%。同时，与财政部决定，财政证券机构须与“本部”脱钩，其公司名称中不在含有财政字样
01—16	全国金融工作会议确定货币政策适度从紧，强化金融监管、改善金融服务，坚决抑制通货膨胀
02—05	财政部发出1996年到期国债还本付息办法，要求落实各项兑付政策
02—10	人民银行公布3月份人民币3年期以上定期储蓄存款保值补贴率11.87%
02—22	财政部发布公告，从3月1日起发行三年期凭证国库券及三年期无记名国库券
02—23	沪市国债期货市场出现特大异常，万国证券蓄意违规致使国债327品种交易异常。事发后，上海证券交易所采取紧急措施，公布处理方法并表示要严肃处理肇事者，对国债期货实施均0.5元的涨停板制，组织协议平仓
02—24	财政部公布1995年国库券发行规模为1 500亿元
02—25	证监会及财政部联合颁布《国债期货交易暂行办法》
03—07	上交所从当日恢复除327品种外的其他国债期货品种自由竞价交易
03—08	国务院正式批准《中国证券监督管理委员会机构编制》
03—09	全国金融稽核监督工作会议在京召开

续表

03—18	上交所放宽国债期货涨停板幅度从 1.0 元调整为 1.50 元
03—25	上交所债市交易恢复原有按现货品种对应设置期货品种，实行多品种混合交收
03—31	国务院任命周道炯为证监会主席
04—11	人民银行公布 3 月份人民币 3 年期以上定期储蓄存款保值补贴率 12.27%
04—21	国家体改委、国务院证券委联合发布通知，严禁一级半市场交易
05—02	人民银行表示年内暂停批准成立信托投资机构和证券机构
05—13	国务院证券委颁布《证券从业人员资格管理暂行规定》
05—17	证监会发出紧急通知，决定在全国范围内暂停国债期货交易
05—22	国务院证券委第五次会议在北京召开，强调加大证券市场监管力度，完善法规制度、规范市场行为、抑制过度投机

资料来源：根据《中国证券：1843 — 2000》刘鸿儒，九州出版社，2001 年整理。

总之，国债及其期货市场是国家经济建设之财政之源，无论是市场构成要素、交易规则还是市场监管都具有计划经济之遗风。在国债期货监管体系纷乱、监管职权重叠及缺乏证券期货监管法律支持的市场下，所有的投资机构都彰显其贪婪天性，迟早会爆发海啸式的市场风险。

4. 结束语

1995 年 3 月离年满 65 岁还有 8 个月的中国证券监督委员会首任主席刘鸿儒以到年龄退休为由而黯然离职，由时任国家开发银行副行长的周道炯接任证监会第二任主席；[①]1997 年 7 月初国务院总理办公会议决定把上交所及深交所整体转划证监会直接管理，随后月余宣布周正庆接任证监会第三任主席，由此证监会一统证券期货市场天下；而作为国债及其期货交易设组织方上海证券交易所低估过度投机风险、交易规则缺陷及缺失风险控制等致使国债期货风险事件屡屡发生，造成上交所高达 64 亿元巨额债务，其总经理尉文渊因监管责任辞离。[②]

1997 年万国证券公司总裁管金生(行业称证券教)因行贿被判处 17 年徒刑，[③]2003 年保外就医而淡出证券市场；被称为证券业黄埔军校的万国证券公司因亏损严重、资金不足及业务处罚而接受上海市人民政府指令 1996 年年初“整体并入”上海申银证券股份有限公司；被证券业斥之为搅局者辽国发案涉及数百亿元，高氏兄弟潜逃出国，至今杳无音信，给财政部

① 作为中国经济改革及金融市场的倡导者及建设者刘鸿儒先生虽继续参与中国经济改革，但更多的是整理财经史料和学术研究，2002 年 10 月与知名法学家李步云教授共同发起创立的一家非营利性研究机构——上海金融与法律研究院，该研究院以金融和法律为视角关注变化中的中国与世界，秉持“为时代转型探寻效率”的理念，以专业分析影响公共决策，推动社会进步，参见 http://www.sifl.org.cn。

② 上海证券交易所在中国经济改革开放之初担当融资(政府财政及企业上市)之重任，但因继国债期货 327 品种事件之后发生国债期货 319 品种交易事件而受到证监会严厉追责。

③ 万国证券公司总裁管金生仅仅受到上海市人民检察院第一分院指控“受贿罪、挪用公款罪”的指控，见《上海市第一中级人民法院有关管金生的刑事判决书》。

及上交所带来巨大亏损。① 中经开继国债期货 327 品种事件之后，制造四川长虹转配股上市事件及幕后操纵银广夏及东方电子股价事件，致使不明实情的投资者蒙受巨大损失，2002 年 6 月 7 日被中国人民银行发布公告而撤销。

1998 年 8 月，国务院发出《国务院关于进一步整顿和规范期货交易市场的通知》，明确期货市场"继续试点、加强监管、依法依规、防范风险"原则，对中国期货市场进行第二次规范整顿，只保留上海、郑州和大连三家商品交易所，期货交易品种又 35 个压缩到 12 个，提高部分商品品种交易保证金和提高期货经纪公司注册资本金标准为 3 000 万元人民币。1999 年 6 月 2 日，国务院发布《期货交易管理暂行条例》《期货交易所管理办法》《期货经纪公司管理办法》《期货经纪公司高级管理人员任职资格管理办法》《期货从业人员资格管理办法》并 9 月 1 日实施执行，确立期货市场试点的基本法规体系，标志期货市场试点进入法制阶段，进入规范发展时期。

参考文献：

1. 刘鸿儒. 中国证券：1843—2000[M]. 北京：九州出版社，2001.
2. 刘鸿儒. 突破－中国资本市场发展之路[M]. 北京：中国金融出版社，2008.
3. 胡继之. 金融衍生产品及其风险管理[M]. 北京：中国金融出版社，1997.
4. 胡继之. 中国股市的演进与制度变迁[M]. 北京：经济科学出版社，1999.
5. 中国证券年鉴 1995[M]. 上海：上海社会科学院出版社，1995.
6. 上海证券年鉴 1995[M]. 上海：上海社会科学院出版社，1995.
7. 上海证券年鉴 1996[M]. 上海：上海社会科学院出版社，1996.
8. 万国人梦想的力量——万国人的口述历史[M]. 上海：上海人民出版社，2013.
9. 陆一. 中国赌金者——327 事件始末[M]. 上海：上海远东出版社，2015.

附录　英文摘要

Treasury Bond 327 Features Trading Scandal

Zhang Mingheng

(Shanghai University of Finance and Economics，Shanghai，200433，China)

Abstract：In this case study，we put focus on the scandal of the treasure bond 327 feature Trading. First，we review the fluctuation process of the treasury bond 327 feature trading and the emergency program of regulatory and risk control on bond features market；Second，we analyze the risk of the treasury bond 327 feature based on the reconstruction of bond features market and the volatility of deposit interest rate；we point out procedure of

① 1995 年 10 月 16 日最高人民检察院、公安部、人民银行和证监会联席会议指出，辽宁国发(集团)有限公司董事长高岭采取伪造公章和协议等手段，假借国债回购业务进行非法融资和金融欺诈活动在全国范围内欠下 38 亿元巨额债务。

the treasure bond markets and documents of regulation on features market; Finally, we explore the vulnerability of trade contact, govern acts and supervision by using of enumeration of document acts. The empirical evidence shows that prudent policies, strict regulation and stringent trade rules are all of important foundation for prevention of treasure bond futures risk.

Keywords: Treasury Bonds; Bond Features Markets; Internal Control; Quantitative Risk Management

案例使用说明

一、教学目的与用途

1. 教学目的:本案例主要适用于金融风险管理课程,也适用于金融衍生定价,课程目的在于金融市场监管、内部控制及数量分析方法。
2. 适用课程:金融风险控制与分析、金融风险、金融市场。
3. 适用课程:金融或投资或金融计量专业 MBA 及硕士研究生。

二、启发思考题

1. 如何看待国债期货 327 品种事件?
2. 场景分析涉事各方,如:万国证券、中经开、辽国发、证监会、财政部及交易所应该承担的责任?
3. 探讨影响国债期货市场波动的主要因素?
4. 如何理解及把握中央政府财经政策调控对金融市场的影响?

三、分析思路

教师可以根据自己的教学目标(目的)来灵活使用本案例。这里提出本案例的分析思路,仅供参考。

1. 搜集翔实材料(政府公告、法院判决及新闻事实)挖掘金融风险事件?
2. 从市场监管、公司治理及交易操作方面,如何强化金融风险防范意识?
3. 如何构建债券期货交易系统的风险控制组件?
4. 如何防范政策制定者、交易所控制者及投资机构高管的缺失道德及违反法律从事内幕交易?

四、理论依据与分析

1. 金融风险控制与分析的理论与方法
2. 金融衍生品的定价理论
3. 金融市场监管

五、背景资料

1. 国债期货 327 品种交易事件可谓 1949 年后最重要的金融风险事件;

2. 国债期货 327 品种交易事件当事人的回忆文字——当任证监会主席之《中国证券1842—2000》及《突破——中国资本市场发展之路》、万国证券口述历史《梦想的力量》；

3. 陆一先生《中国赌金者—327 事件始末》中纪实地重现国债期货 327 品种交易事件历程；

4. 胡继之先生在《金融衍生产品及其风险管理》中较早地研究国债期货 327 品种交易事件。

六、关键要点

1. 债券(国债)及其期货定价因素；
2. 债券(国债)及其期货的风险控制；
3. 证券公司的债券期货市场风险管理。

七、建议课堂计划

本案例可以作为专门的案例讨论课来进行。如下是按照时间进度提供的课堂计划建议，仅供参考。

整个案例课的课堂时间控制在 80～90 分钟。

课前计划：提出启发思考题，请学员在课前完成阅读和初步思考。

课中计划：简要的课堂前言，明确主题(2～5 分钟)

分组讨论(30 分钟，企业债券及国债期货市场波动，债券衍生品风险)

小组发言(每组 5 分钟，控制在 30 分钟，风险数量化分析)

引导全班进一步讨论，并进行归纳总结(15～20 分钟，市场风险、风险内部控制和数量化方法)

课后计划：如有必要，请学员采用报告形式给出更加具体的解决方案，包括具体的职责分工，为后续章节内容做好铺垫。

案例 6　不只是剃须刀

——飞科电器的品牌延伸之路[①]

案例正文

摘　要：本案例介绍了飞科公司从创立到上市的发展情况，重点梳理了飞科电器从电动剃须刀、电吹风，到智能扫地机等新兴品类不断研发和品牌延伸的过程，同时介绍了飞科电器是怎样一步步占据市场份额，成为中国第一小家电品牌的。本案例主要用于品牌管理，特别是品牌延伸部分的教学，目的在于让学生了解公司在品牌延伸过程中的决策要素，以及品牌延伸之路上可能遇到的不利因素和需要注意的问题。

关键词：飞科电器；品牌延伸；产品组合；外包

我们要通过不断努力，将飞科公司发展成中国的剃须刀行业巨头；成为具有国际影响力的百年品牌；让'飞科'成消费者心目中的中国剃须刀代名词。

——上海飞科电器股份有限公司董事长　李丐腾

引　言

"飞科剃须刀，体验科技，感受非凡，飞科剃须刀。"

"全方位浮动剃须，三环弧面刀网，全身水洗，飞科剃须刀。"

很多人都能对央视上多年不变的飞科剃须刀广告词脱口而出。2001 年，即飞科电器成立的第三年，飞科电器就投入巨资在中央电视台黄金时间段做广告，以快速提高品牌形象。

---

① 本案例由上海财经大学商学院的江晓东、崔华雪撰写，版权归上海财经大学商学院所有。未经允许，本案例的所有部分都不能以任何方式与手段擅自复制或传播。版权所有人授权上海财经大学商学院案例中心使用。由于企业保密的要求，在本案例中对有关名称、数据等做了必要的掩饰性处理。本案例只供课堂讨论之用，并无意暗示或说明某种管理行为是否有效。

2002 年，飞科电器在央视上投入了 500 万元人民币的广告，这几乎是飞科电器当年一年的营业收入。2016 年，飞科电器的广告费用达到 1.6 亿元人民币。有人戏称，飞科电器是靠广告“砸”出来的第一电动剃须刀品牌。

基于广告的巨额投入建立品牌形象，再通过外包代工的模式迅速建立产能，再通过性价比打开市场的销路，在短短的十几年时间里，飞科电器快速发展，在电动剃须刀和电吹风两大市场都占据国内品牌市场第一的市场份额，这与飞科电器产品的精准定位和对中国市场的深刻理解是分不开的，同时与创始人李丐腾一开始就主攻品牌建设是分不开的。

如今，飞科剃须刀的概念已经深入人心。同时，飞科电器向市场推出了一系列个人护理电器，从吹风机、除毛器到电动牙刷、智能扫地机，飞科已经成为独当一面的中国小家电品牌，飞科电器也成为稳居国内市场份额第一位的翘楚公司。

飞科产品覆盖电动剃须刀、吹风机、毛球修剪器、女士剃毛器、理发器、电熨斗、挂烫机、智能扫地机等，已经形成了较为完整的个人护理电器产品体系。2017 年，飞科公司正在尝试推出洁面仪、补水仪、滋养仪、蒸脸器等美颜理容产品。飞科电器，究竟是怎样摘掉“飞科只有剃须刀”的刻板印象，逐步研发新产品角逐小家电市场的？飞科电器的品类扩张之路，将走向何处？未来等待飞科的，是国内尚未挖掘的广阔市场还是品牌延伸的困惑和瓶颈？飞科将如何应对？

1. 飞科电器的建立和发展

2016 年 4 月 18 日，上海飞科电器股份有限公司正式上市，创始人、董事长兼总裁李丐腾仅用十七年的时间从 300 元工资换来了如今 70 亿元的身价。这个不可思议的故事要从 18 年前说起。

20 世纪 90 年代末，国内品牌家用小电器如超人、鼎铃、真汉子等已完成原始积累，大大小小的地方品牌也超过百家。义乌市场、武汉汉正街等小商品集散地是国内品牌的主要销售渠道，通过这些集散地，产品被分销到全国三四线城市。当时，在国内剃须刀市场上，存在着国内和国际品牌的巨大价格落差，国内品牌由于技术落后，批发价格通常在 20 元以下，鲜有产品卖过百元。

1998 年，27 岁的李丐腾看到了这个细分市场的飞速成长，凭借曾在剃须刀车间工作的经验，开始研究旋转式刀头技术。

八个月后，李丐腾仿制成功了第一款国产旋转式双头剃须刀。虽然技术不甚精美，但这个产品足够引起轰动。李丐腾把这款产品的单价仅定为 37 元，与成百上千块的国际品牌形成鲜明对比。1999 年，飞科公司刚刚注册成立，飞科剃须刀就开始供不应求。

接下来，凭借旋转式刀头技术，飞科产品逐渐走向正轨，此时的飞科剃须刀开始在产品外形上寻求突破。一批拥有银色塑料外壳、曲线柔和的剃须刀仅在公司成立一年后就出现在了市场上。李丐腾表示，靓丽的外形能迅速把不多的技术优势放大，这是从国内品牌中寻找差异的捷径。

与此同时，飞科电器又做出了一个惊人之举，让飞科剃须刀的名声进入了每个国人的心中。李丐腾不顾身边人的反对，投入巨资在中央电视台黄金时段做广告。直到如今，飞科电器在央视黄金时段的广告依然不间断，并逐步扩张到各省卫视。这些年来，飞科在各大卫视投入广告费达数十亿元之多，这种宣传方式开创了中国剃须刀行业的先河。

毕竟在大多数创业者思维里，在急需资金的创业初期，每笔金额都要用在刀刃上，而李丐腾却从企业长远发展考虑，毅然决定把大笔资金投入到广告之中，这才创造了中国剃须刀行业的“第一品牌”，改变了长久以来中国剃须刀无知名品牌的现状。李丐腾介绍飞科产品如图 6—1 所示。

图 6—1　李丐腾介绍飞科产品

2001 年，电动剃须刀厂商们都在享受市场扩大的红利，飞科享受着 35％的利润率、超过亿元的销售额，但此时，为了进一步提升企业品牌形象，拓展自己在中高端市场的份额，飞科选择开拓面向消费者的终端渠道。当然，这无疑给飞科企业带了巨大的麻烦，一方面，中国的零售业尚未成长，仅有几家初具规模的连锁超市，且他们并未将剃须刀列入自己的采购计划；另一方面，曾经的代理商感觉到了被绕过的危险，纷纷采取抵制政策，一时间飞科在代理渠道的销售量严重下滑。

然而，坏日子并没有持续太久，事实证明，飞科开拓的渠道比百货商场更符合中低端消费者对个人护理用品的消费习惯。数月后，飞科剃须刀又开始供不应求。飞科电器成为当时行业内首家在全国各省(市、区)全面设立办事处与售后服务网点的企业。

飞科电器的名气越来越大，此时的飞科又做出了一个重大决定，大力扩展生产线。2007 年至 2017 年，飞科集团先后推出女式剃毛器系列，毛球修剪器系列，鼻毛修剪器系列，电吹风系列，直发器、卷发器系列，电熨斗系列，电热水壶系列，智能扫地机系列，包括已有的电动剃须刀系列等九大产品系列小家电。它们几乎涵盖了各色家庭常用小家电，凭借飞科物美价廉的品牌优势不断被消费者接纳。飞科，不再仅仅只是生产剃须刀的飞科了，不断更新、持续丰富的产品组合帮助飞科又一次完成了飞跃。

飞科电器主要产品如图 6—2 和表 6—1 所示。

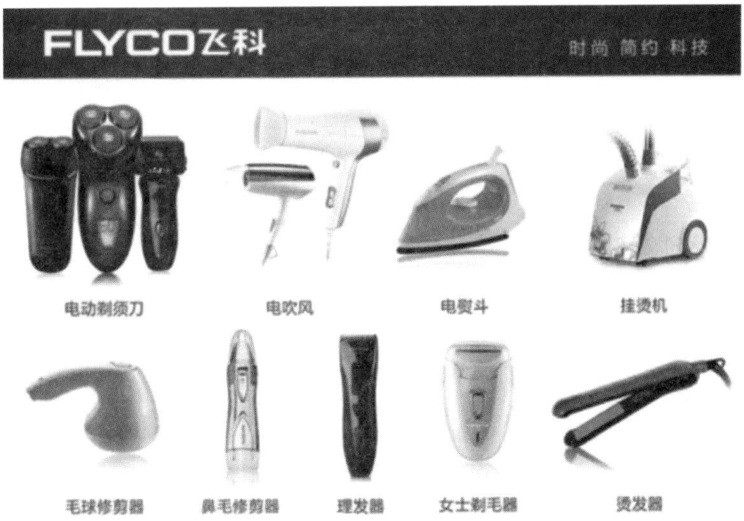

图 6—2　飞科电器主要产品

表 6—1　飞科电器主要产品

电动剃须刀	飞科智能剃须刀 FS338\FS339\FS375\FS376; 飞科剃须刀 FS360\FS372\FS373\FS867\FS871
电吹风	飞科吹风机 FH6105\FH6257\FH6273\FH6651\FH6232\FH6618\FH6266
理发器	飞科理发器 FC5811\FC5808\FC5806\FC5803\FC5902
烫发器	飞科直发器 FH6811
烫熨系列	飞科挂烫机 FI—9819\FI—9810; 飞科电熨斗 FI—9311\FI—9302\FI—9309\FI—9308\FI—9310\FI—9301
扫地机器人	飞科扫地机器人 FC9602\FC9601
毛球修剪器	飞科毛球修剪器 FR5222\FR5218\FR5006\FR5210\FR5001
女士剃毛器	飞科女士剃毛器 FS7209\FS7208
鼻毛修剪器	飞科鼻毛修剪器 FS7806\FS7805

资料来源:飞科商城官方网站。

如今,飞科在保持原有产品创新优势的同时,开展了电动牙刷产品的研发,并将洁面仪、补水仪、滋养仪、蒸脸器等美颜理容产品列入了公司的研发计划。为了增强公司核心竞争力,寻求新的利润增长点,飞科同时大力扩充家居生活电器的产品品类,加湿器、空气净化器、健康秤、吸尘器等新产品的设计研发取得了阶段性成果,计划于 2018 年陆续上市销售。飞科还尝试在这些新产品的科技感与智能体验上推进,使其具备 App 互联网控制系统、高效智能感应系统等功能。

2016 年,飞科电器的营业收入和净利润分别为 34 亿元和 6 亿元,近 4 年收入和净利润年复合增长率分别为 19%和 33%。"招牌"产品剃须刀超越飞利浦跃居第一;电吹风、理发器等新品快速增长,有望复制剃须刀之路。飞科电器成为国内稳居市场份额第一位的品牌企业。飞科集团发展历程如表 6—2 所示。

表 6—2　　飞科集团发展历程

时　间	事　件
1999 年	飞科创建成立
2006 年	李丐腾及其配偶林育娥各出资 500 万元设立飞科有限，注册资本 1 000 万元
2007 年	李丐腾夫妇将所有出资转让给飞科集团
2008 年	飞科集团增资 1 600 万元，注册资本增至 2 600 万元
2009 年	飞科集团增资 400 万元，注册资本为 3 000 万元
2011 年	飞科集团转让 2 700 万出资给飞科投资，300 万元出资给李丐腾先生
2012 年	飞科有限变更为上海飞科电器股份有限公司，总股本为 35 700 万股
2014 年	飞科电器以未分配利润转增股本，总股本为 39 200 万股
2016 年 4 月	A 股 IPO 上市

资料来源：上海飞科电器股份有限公司首次公开发行股票招股说明书。

2. 市场竞争

目前在国内市场上，与飞科产品结构相似，或能对飞科形成竞争的国内外个人护理电器生产企业主要为：飞利浦投资有限公司、上海宝洁（中国）有限公司、松下电器（中国）有限公司、上海奔腾企业（集团）有限公司，以及超人集团有限公司等。公司主要竞争对手简要如表 6—3 所示。

表 6—3　　公司主要竞争对手简要情况

竞争对手	简要情况
飞利浦 (PHILIPS)	总部位于荷兰，全球最大的跨国电子公司之一，主要生产照明、家庭电器、医疗系统等。飞利浦剃须刀产品在全球占有较高市场份额
宝洁 (P&G)	总部位于美国，主要产品涵盖美容美发、居家护理、家庭健康用品、健康护理、食品及饮料等领域。2005 年宝洁公司收购了德国著名的博朗（Braun）公司，并借此大规模进入电动剃须刀行业
松下 (Panasonic)	总部位于日本，全球知名的日用家电、小家电、数码视听电子、办公产品等领域的跨国性品牌商
超人集团有限公司	主要从事个人护理产品的研发、制造及销售，主要产品包括电吹风、按摩器、电推剪、电水壶、毛球修剪器等
上海奔腾电工有限公司	集家用电器产品研发、制造、销售为一体，产品包括电动剃须刀、电吹风、电熨斗、挂烫机等

资料来源：上海飞科电器股份有限公司首次公开发行股票招股说明书。

近些年来，飞科产品主要与飞利浦、松下展开市场份额的角逐，已经逐渐与其他品牌拉开了较大差距。

3. 飞科电器产品线

3.1 独领风骚的“飞科剃须刀”

飞科集团拥有雄厚的人才资源和核心技术资源，是目前中国剃须刀行业品牌最响，美誉度和产品技术含量最高的企业。无论是宣传力度的逐年加码，还是广泛认可的物美价廉，飞科电器早已成为家喻户晓的剃须刀品牌。飞科电器先后荣获首批“中国剃须刀十大知名品牌”“中国五金名品”等荣誉称号。

2006 年，“飞科电器”成为中国剃须刀国家行业标准制定的唯一国产品牌企业。2015 年，“FLYCO 飞科”商标被上海市工商行政管理局认定为“上海市著名商标”，“FLYCO 飞科”品牌电动剃须刀被上海市名牌推荐委员会推荐为“二〇一五年度上海名牌”。毋庸置疑，飞科品牌就是靠剃须刀打下了如今的天下（见图 6—3）。

图 6—3 飞科电动剃须刀

（1）霸主地位稳固：国内市场份额第一

目前在国内电动剃须刀市场上，飞科公司主要竞争对手包括飞利浦、松下、超人、奔腾等。近几年飞科剃须刀份额快速提升，赶超飞利浦成为行业第一，并与其他品牌拉开了较大差距。

根据 Euromonitor 的统计数据（见图 6—4），从 2007 年到 2016 年，飞科电动剃须刀份额从 11%增长到 34%，已与飞利浦几乎持平。中怡康数据显示，2016 年飞科在电动剃须刀的零售量线上市场份额 53%、线下市场份额 40%，均已超越飞利浦，份额双双第一。

飞科公司在 2016 年电动剃须刀年销量为 5 820.05 万台，且自 2013 年起，年销量均稳定在 5 000 万台以上。国内电动剃须刀销量约为 1.2 亿台，销量份额近 50%，规模优势凸显。

（2）精准定位：高端不高价

飞科公司电动剃须刀产品分为旋转式电动剃须刀与往复式电动剃须刀，其中旋转式电动剃须刀的主营业务收入占电动剃须刀主营业务收入的比例均超 90%，是公司电动剃须刀的主要品类。

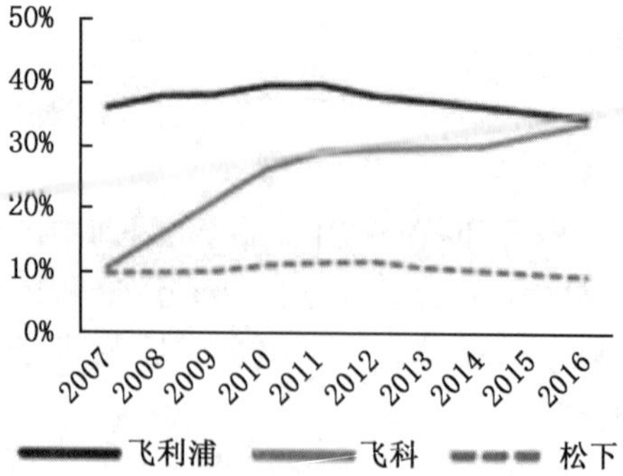

资料来源：Euromonitor。

图 6—4　电动剃须刀品牌市场份额

从 2013 年至 2015 年的数据来看（见表 6—4），旋转式电动剃须刀的毛利率分别为 36.77%、39.31%、41.38%，呈逐年上升趋势。

表 6—4　旋转式剃须刀主营业务收入情况

		2015 年	2014 年	2013 年
旋转式电动剃须刀主营业务收入（万元）		176 563.22	161 378.33	147 748.56
旋转式电动剃须刀占电动剃须刀主营业务收入比例		93.65%	93.73%	92.88%
旋转式电动剃须刀毛利率		41.38%	39.31%	36.77%
旋转式三刀头	主营业务收入（万元）	95 296.76	71 532.69	51 359.77
	占电动剃须刀主营业务收入比例	50.55%	41.55%	32.29%
	销量（万只）	1 972.60	1 562.04	1 050.81
	占电动剃须刀总销量的比例	36.88%	29.38%	20.72%
	平均毛利率	43.02%	41.20%	37.25%
旋转式两刀头	主营业务收入（万元）	79 732.39	88 210.35	94 765.93
	占电动剃须刀主营业务收入比例	42.29%	51.24%	59.58%
	销量（万只）	2 884.80	3 264.51	3 561.09
	占电动剃须刀总销量的比例	53.94%	61.40%	70.22%
	平均毛利率	39.66%	38.00%	36.56%

资料来源：上海飞科电器股份有限公司首次公开发行股票招股说明书。

与外资品牌相比"同质低价"。在对外竞争方面，飞科采取"同质量价格胜出"策略，国外品牌通过品牌溢价定位高端，产品售价高、毛利率高（50%～60%），飞科在同质量产品的价格上远低于飞利浦和松下的产品，零售单价一般为其四分之一到三分之一。

对国内品牌竞争"同价高质"。在对内竞争方面，飞科靠"同价格但是质量胜出"策略，目前国内部分中小品牌定位中低端市场，产品售价较低、毛利率较低（10%～20%），飞科重视品牌形象管理，控制质量，产品定位上坚持中高端，与部分中小品牌定位有所区分，但在产品售价上突出性价比优势，不断扩大市场份额。

旋转式电动剃须刀根据其刀头数量分为三刀头剃须刀、两刀头剃须刀和单刀头剃须刀，其中三刀头剃须刀与两刀头剃须刀主营业务收入占剃须刀主营业务收入的比例合计均超过90％。由表6—4可以看出，公司三刀头剃须刀的毛利率高于电动剃须刀的整体毛利率，由于公司实行高端不高价的销售策略，进一步提高了三刀头剃须刀的性价比优势，其销售占比逐年上升，使得整体毛利率有所上升。这也就是飞科电器高端不高价的精准定位，与外资品牌比“同质低价”，与国内品牌比“同价高质”，达到产品极致性价比。

3.2 后来居上的“飞科电吹风”

在飞科剃须刀成功成为第一国产剃须刀品牌后，飞科企业选择打造的下一个产品是：飞科电吹风。

飞科首先推出了1 200W的便携式小功率电吹风，轻便小巧，三档可调，售价仅为45元，主推家庭宿舍两用，受到了众多学生和年轻人的喜爱。随着人们生活水平的提高，很多消费者逐渐对个人护理品有了更高要求。在电吹风行业，恒温技术、负离子技术、红外技术以及陶瓷发热技术成为了主要的应用技术。由于男性与女性的头皮性质不同，各种护理以及保养方式也存在不同，女性头发通常需要风力更大、负离子更多的产品。日本松下电器首先推出负离子电吹风这个概念并将它带入中国，吸引了很多女性的眼球。飞科电器也不甘落后，不久便推出了一款曜黑机身的负离子锁水润发的吹风机，售价为149元，由此牢牢抓住了一批消费者的目光。在此之后，一些色彩丰富、功能全面的吹风机相继推出，它们与飞科剃须刀并肩齐驱，成为飞科最主要的产品。

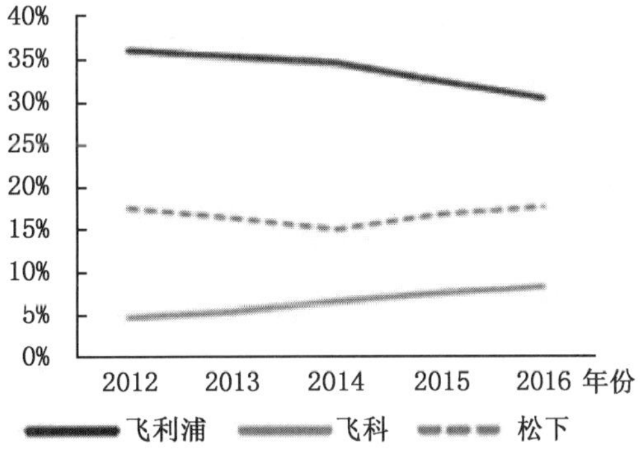

资料来源：Euromonitor。

图6—5　2012～2015年美发电器品牌市场份额

电吹风销量快速增长，市场份额稳步提升(见图6—5)。除电动剃须刀以外，电吹风等产品的市场占有率也位居市场前列，电吹风2016年销售金额5.4亿元，占主营业务收入16％，较去年同期增长29％，销量和销售单价同比分别增长28％和1％。根据Euromonitor数据(见表6—5)，2016年飞科电吹风的市场份额为8.3％，排名第三且稳步提升，而飞利浦的市场份额则有所下滑。

表 6—5　　飞科电器主营业务构成　　单位:元

产品名称	营业收入	营业成本	毛利率(%)	营业收入比上年同期增减(%)	营业成本比上年同期增减(%)	毛利率比上年同期增减(%)
电动剃须刀	1 197 997 073.04	662 612 415.04	44.69	20.46	17.08	1.59
电吹风	221 791 433.72	162 203 913.26	26.87	5.27	7.74	−1.68
毛球修剪器	81 651 763.91	58 259 675.12	28.65	54.25	52.53	0.80
电熨斗	44 663 336.06	37 291 674.91	16.50	−11.85	−7.52	−3.90
电动理发器	131 270 852.50	100 280 293.23	23.61	32.31	29.32	1.77
烫发器	6 761 039.70	4 626 767.20	31.57	−43.17	−41.87	−1.53
鼻毛器	9 143 773.72	4 866 452.95	46.78	67.21	63.81	1.10
女士剃毛器	8 312 592.90	4 771 643.49	42.60	86.23	77.98	2.66
吸尘器	1 879 562.20	1 513 981.17	19.45	−41.51	−43.32	2.58
零配件及其他	17 428 718.09	9 906 086.74	43.16	43.68	36.72	2.90
合计	1 720 900 145.84	1 046 332 903.11	39.20	19.08	16.77	1.20

资料来源:上海飞科电器股份有限公司 2017 年半年度报告。

3.3 不断延伸的产品线

飞科电器的品牌延伸之路采取了双向延伸方式。向上:飞科推出烫发机、挂烫机、电水壶等高档次产品;向下:女士剃毛机、毛球修剪器等较低档次产品。

如今,飞科电器的主要产品,从个人护理电器到家居生活电器不断扩张。从飞科电器的主营构成看,电动剃须刀和电吹风是公司主营占比最高的业务,合计超过 80%,但是占比逐年降低,个人护理电器的其他产品以及新扩充的家居生活电器营收入占比逐年提升。自 2012 年至 2016 年,飞科新品类收入占比从 9%提升至 17%。2016 年,电动理发器、毛球修剪器的营收分别为 2.0 亿元和 1.7 亿元,同比增速分别为 23%和 21%,有可能带来新的增长点。具体如图 6—6 和图 6—7 所示。

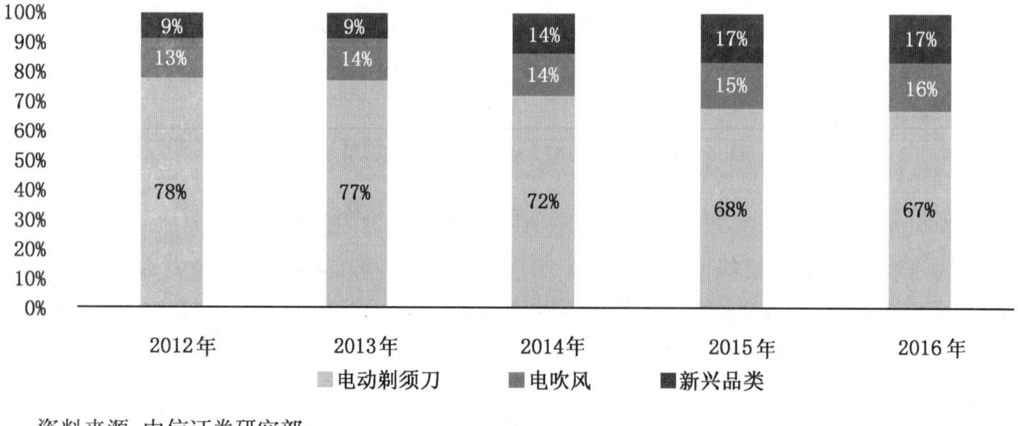

资料来源:中信证券研究部。

图 6—6　飞科电器各品类营业收入占比

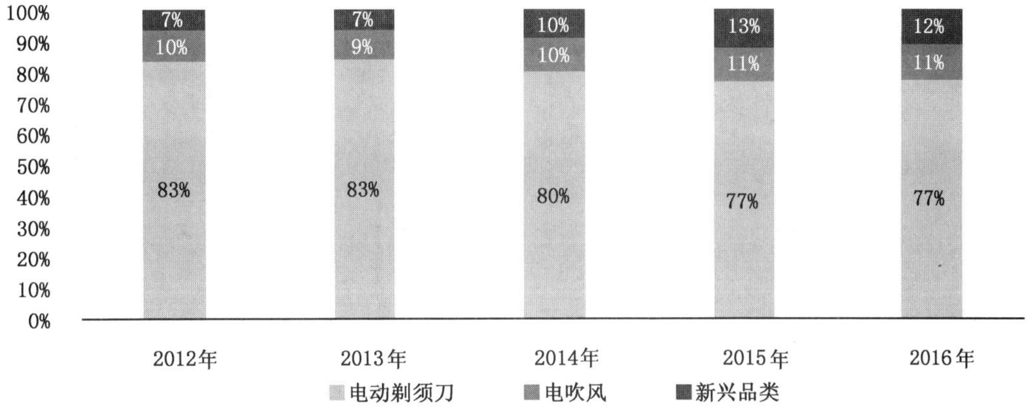

资料来源：中信证券研究部。

图 6—7　飞科电器各品类毛利占比

2017 年上半年飞科电器实现营业收入 17.2 亿元，分产品来看，公司当家产品电动剃须刀保持稳定增长，营收同比增加 20%，电吹风营收同比增长 5.27%，新兴产品如毛球修剪器、电动理发器、鼻毛器和女士剃毛器等分别增长 54.25%、32.31%、67.21%和 86.23%（见表 6—5）。从 2016 年飞科电器各品类营收占比和毛利占比来看，电动剃须刀收入占总营收 67%，电吹风占比 16%；毛利润方面，电动剃须刀占比 77%，电吹风占比 11%。电动理发器、毛球修剪器等新兴品类快速增长，2016 年营收分别同比增加 23%和 21%（见图 6—7、图 6—8）。

综观这十多年的经营，飞科电器的品牌延伸之路走得并不快，飞科更注重产品的质量。毛球修剪器、女士剃毛器、鼻毛修剪器，这些极其细微的产品品类，标志着飞科对细节的追求。一路走来，飞科稳扎稳打、步步踏实，每一个新产品的推出都是国产小家电的一次领军式创新。而未来，飞科电器品牌延伸的目标也是非常明确，飞科产品在一步步向高端化、智能化的方向推进。

3.4　走向高端市场之路

飞科电器，走向高端市场的第一步，选择了智能扫地机。

智能扫地机又称扫地机器人，是智能家用电器的一种。凭借人工智能技术，扫地机可以自动在房间内完成地板清理工作。智能扫地机最早出现在欧美市场上，随着国内人民生活水平的提高，逐步进入中国万千家庭中。

目前，出现在中国市场上最多的智能扫地机品牌包括美国 Neato、美国 iRobot、美国 Ecovacs、中国台湾 Proscenic 及小米石头扫地机器人，均价均在 2 000～5 000 元之间。当飞科电器推出的智能扫地机，售价仅为 1 000 元左右，刚刚进入市场就受到好评如潮。像大多数智能扫地机一样，飞科扫地机适用木地板、地毯、瓷砖等多种家居环境、地面类型，根据不同地面状况，还可以智能改变吸力和清洁模式。智能避障防撞、智能爬坡、防跌落，以及一键预约等功能，丝毫不逊于国外品牌。图 6—8 为飞科官网扫地机页面。

飞科智能扫地机的出现，让一些追求品质生活的国人眼前一亮。已有的飞科产品早已让这个物美价廉的国产品牌深入人心，而高端产品智能扫地机的推出，更是抓牢了许多想要

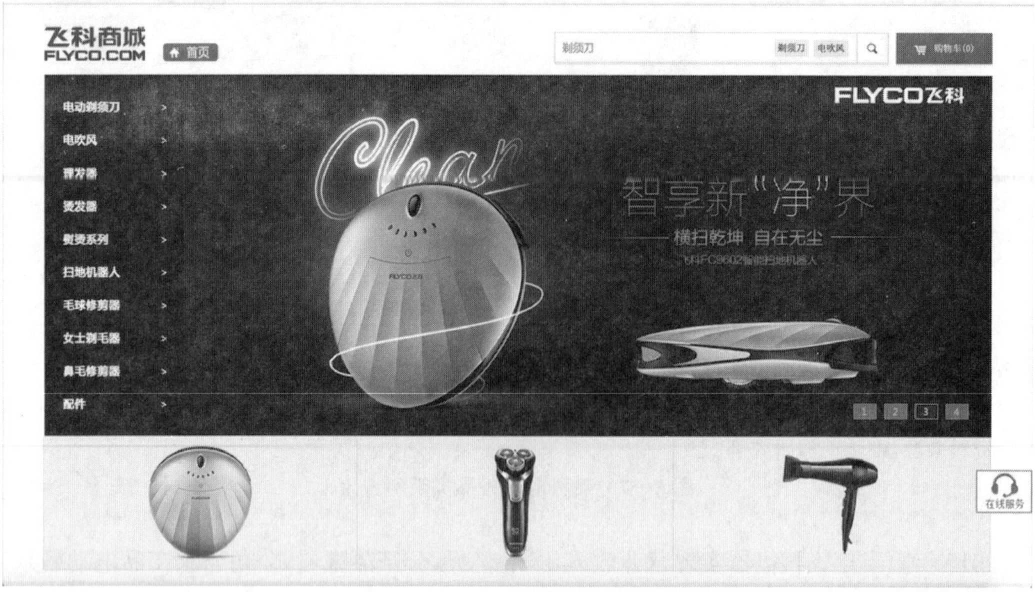

图 6—8　飞科官网扫地机页面

尝试扫地机，但由于进口产品难以接受的高价格而没有尝试的消费者。飞科智能扫地机，不仅满足了现代人追求“简约”“品质”生活的心理特征，更是抓住了青年人对产品性价比的要求。飞科电器尝试走向高端小家电的第一步，可谓是一举成功。

未来，飞科公司将在个人护理电器产品方面持续创新，已经展开了电动牙刷产品的研发，同时，洁面仪、补水仪、滋养仪、蒸脸器等美颜理容产品也列入了公司的研发计划。另一方面，飞科企业对家居生活电器产品也蓄势待发，加湿器、空气净化器、健康秤、吸尘器等新产品的设计研发近期已经取得了阶段性成果，新产品的功能和技术处于市场较高水平，计划于下一年陆续上市销售。与此同时，飞科更是积极推进新产品的科技感与智能体验上的深度创新，预计会在新产品上设置 App 互联网控制系统、高效智能感应系统等功能。

3.5　外包模式迅速增加产能

在产品制造上，飞科尽量采用 OEM 代工，公司走的是轻资产模式。这种外包生产方式弥补了在公司业务规模快速增长的情况下，自产规模相对不足的缺陷，同时，这种轻资产模式，帮助飞科企业将更多精力投入到产品研发设计和品牌运营中。

飞科电器在公司成立初期，采取的是自建工厂加工产品的生产模式，但随着飞科品牌的打响，飞科产品需求火爆，公司的生产能力根本满足不了消费者的需要。为了解决供不应求的局面，飞科公司现主要采取自主生产与外包生产相结合的生产模式。

为了适应产业链的专业化分工趋势，增强产品供应能力，专注于研发设计、品牌建设和销售管理的核心竞争能力提升，公司在对每款产品建立起技术标准、管理标准、工时标准后，转由外包厂家生产。公司自主生产的产品主要为处于工艺探索期的新产品，同时，为确保产品供应的稳定性，公司也有一部分成熟产品为自主生产。具体如表 6—6 所示。

表 6—6　　剃须刀、电吹风外包情况　　单位:万只

产　品		2013 年	2014 年	2015 年	2016 年
电动剃须刀	自产产量	1 188.9	1 062.1	1 564.6	2 584.0
	外包产量	4 383.0	4 228.5	3 958.3	3 457.8
	外包率	78.7%	79.9%	71.7%	57.2%
电吹风	自产产量	275.9	120.9	78.5	207.7
	外包产量	1067.6	941.9	1301.2	1601.6
	外包率	79.5%	88.6%	94.3%	88.5%

资料来源:上海飞科电器股份有限公司首次公开发行股票招股说明书;上海飞科电器股份有限公司2016 年年度报告。

注:由于飞科电器 2016 年度报告未提供具体的自产和外包产量数据,但提供了自产和外包成本数据,2016 年自产和外包产量的数据系根据 2015 年自产/外包成本与产量的关系估算得到。

根据飞科公司招股说明书披露,公司主要自主生产电动剃须刀和电吹风的部分型号,电熨斗、挂烫机、毛球修剪器等产品则全部由外包生产。2013 年至 2016 年,公司电动剃须刀外包生产数量占总产量的比例分别为 78.66%、79.93%、71.67%和 57.2%,电吹风外包生产数量占比分别为 79.5%、88.6%、94.3%和 88.5%,外包生产占比较高主要原因是由于公司总体业务规模快速增长,而自产规模相对增长不足。

3.6　齐头并进——尝试多品牌战略

经过 17 年的不断投入和积累,飞科电器也由原来的剃须刀企业,发展成为个人护理行业科技含量最高的企业之一。

在产品定价策略上,电动牙刷、美容美发新品同传统品类有所不同,定位更加偏向中高端。为了产品定位更好的区隔,飞科适时采用多品牌战略,确保高中低端定位区隔。冲锋陷阵的高端化品牌、大众化的中高端品牌,以及拦截断后的低端品牌三管齐下,无疑可以让飞科上市后的道路越走越宽。现阶段,飞科已推出面向中低端市场的子品牌“POREE 博锐”。图 6—9 为博锐剃须刀。

图 6—9　博锐剃须刀

根据目标市场的不同，为了充分适应中高端和中低端市场的差异性，飞科公司分别使用主打品牌"FLYCO 飞科"和子品牌"POREE 博锐"，对公司产品进行销售。博锐剃须刀作为飞科的梯段品牌，其科技与飞科一致，依然采用三头浮动剃须技术，拥有强劲动力，刀头拥有自动研磨功能，价格仅为 20—50 元。

在较短时间内"博锐"品牌便得到消费者认可，销售情况良好，2016 年产品销售额达 13 956.76 万元，同比增长 21.56%。多品牌战略进一步巩固了公司强势的市场竞争地位，为进一步提升飞科的品牌溢价能力提供空间。

4. 飞科电器未来的发展

飞科电器经历了跨越式发展，在国内市场中与飞利浦构成寡头垄断格局。在未来业绩预期和股价估值方面，飞科电器具备以下强力保障。

(1)高成长空间

飞科电器属于个人护理电器行业，中国仍是飞科的主要市场，主要的消费群体为中高收入城镇居民。结合国家统计局数据，仅以我国现有人口基数计算，未来新增有效用户可达 3.8 亿人口，预期增幅 48%，个护电器普及率预期增长 320%。①

目前我国整个小家电行业正处于发展初期，随着人们生活水平提高以及城镇化步伐加快，会产生更多有效需求，小家电普及率有很大的上升空间，小家电行业的发展有很大的机会。

中国家电网预计，未来几年小家电行业增速将会超过家电行业增速。至 2020 年，我国小家电市场规模将增加至 4 068 亿元，2015～2020 年复合增长率为 12.94%；就细分行业而演，个人护理电器行业产品创新非常快，整体增速高于小家电行业，预计 2020 年，我国个人护理电器市场规模将增长至 325.6 亿元，2015～2020 年复合增长率为 15.50%；电动剃须刀和电吹风未来五年复合增长率将分别达到 15.99%、12.59%。具体如图 6—10 和图 6—11 所示。

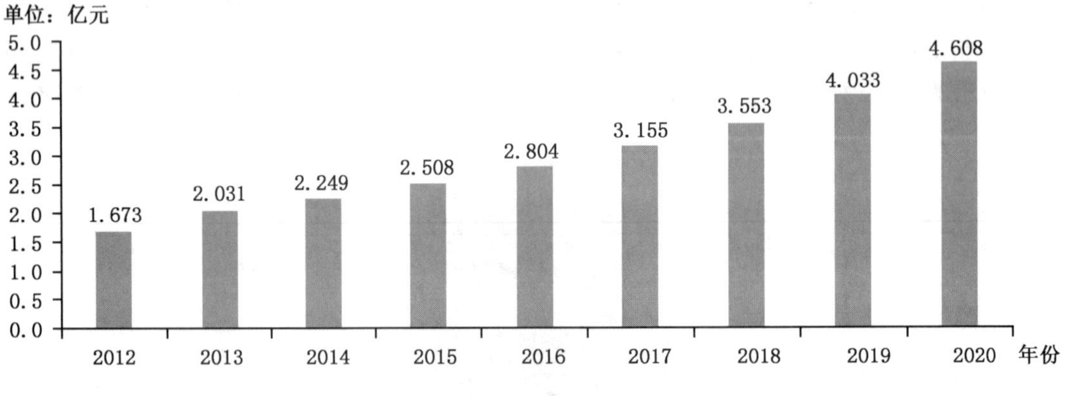

资料来源：中国家电网。

图 6—10 2012～2020 年我国小家电市场规模及趋势预测

① 数据来源：沃非策略。

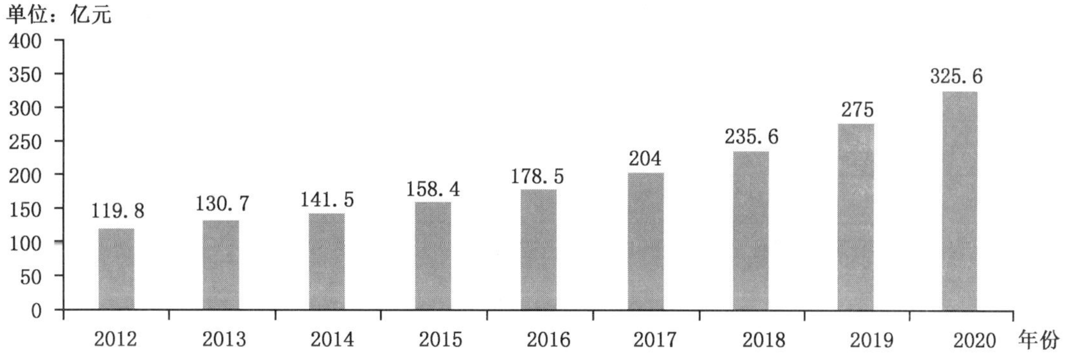

资料来源：中国家电网。

图 6－11　2012～2020 年我国个人护理电器市场规模及趋势预测

(2)地位稳固

在可见的未来内飞科电器作为业内龙头的地位难以被撼动。截至 2016 年年末，飞科电器主营的电动剃须刀产品线上零售市场占有率约 33.5%，线下占有率约 38.85%，与飞利浦两大品牌构成寡头垄断格局，且由飞科净利润的稳健高增长趋势看，飞科电器作为业内龙头的地位难以被撼动。

同时，如今中国的消费者对个人护理电器已经逐渐形成了品牌意识，倾向于购买自己熟悉的品牌，并且消费者对品牌的认知和接受需要相当长的一段时间，新品牌很难在短时间内建立稳固良好的品牌形象。对于飞科电器这样一个广泛深入人心的品牌，短时间内很难被其他新兴品牌撼动。

(3)快速增长的主营业务

飞科电器在保持其主营业务垄断优势的同时，也在不断追踪市场变化，调整其产品种类和产品结构，保持着良好的产品活力。根据飞科现有经营五年以上的主力产品包括电动剃须刀、电吹风、毛球修剪器、电熨斗、方法其物种，营业收入均保持较高增速，且增速稳定，且产品结构不断推陈出新，能够较好适应行业未来的发展趋势。

不仅如此，消费者对个人护理品的舒适度、便捷度要求较高，这就要求生产商极具前瞻性，能够迅速创新以满足消费者的需求。这种前瞻性和研发能力的效率需要长期的技术沉淀和人才积累，新进入者很难在短期内具备这些能力，这也保证了飞科电器在未来一段时间内，依然是中国小家电第一品牌的优势地位。

(4)走出国门

在小家电产品上，飞科电器目前在国内的市场份额已经位居第一，通过性价比去抢占东南亚的市场份额，虽然目前公司的大部分收入都来自国内，但从趋势上看，飞科电器在国外销售的营业收入和毛利率已经在逐年增加，飞科电器登上国际大舞台指日可待。飞科电器国内外销售对比(2016 年)如表 6－7 所示。

表 6—7　飞科电器国内外销售对比(2016 年)

分地区	营业收入(元)	营业成本(元)	毛利率(%)	营业收入比上年增减(%)	营业成本比上年增减(%)	毛利率比上年增减(%)
国内销售	3 332 595 629.84	2 070 692 326.30	37.87	20.83	18.32	1.32
国外销售	26 798 586.67	14 820 050.16	44.70	30.70	18.44	5.72

资料来源:上海飞科电器股份有限公司首次公开发行股票招股说明书;上海飞科电器股份有限公司2016 年度报告。

参考文献:

[1]长线投资社群(雪球). 长牛潜力股之飞科电器[EB/OL]. https://xueqiu.com/7947179457/90885994.

[2]翰古投资(百家号). 靠广告砸出来的飞科剃须刀能长远发展吗[EB/OL]. https://baijiahao.baidu.com/s?id=1566643289250478&wfr=spider&for=pc.

[3]钱真理. 飞科电器:靠广告砸出来的国产第一电动剃须刀品牌[EB/OL]. https://zhuanlan.zhihu.com/p/26708539.

[4]上海飞科电器股份有限公司 2016 年年度报告[EB/OL]. http://www.sse.com.cn/disclosure/listedinfo/announcement/c/2017—03—30/603868_2016_n.pdf.

[5]上海飞科电器股份有限公司 2017 年半年度报告[EB/OL]. http://www.sse.com.cn/disclosure/listedinfo/announcement/c/2017—08—16/603868_2017_z.pdf.

[6]上海飞科电器股份有限公司 2017 年第三季度报告[EB/OL]. http://www.sse.com.cn/disclosure/listedinfo/announcement/c/2017—10—26/603868_2017_3.pdf.

[7]王黎. 飞科:如何成为电动小商品的第一品牌[J]. 现代营销(经营版) 2012 (3):18—19.

[8]中商产业研究院. 电动剃须刀行业产业链及品牌企业分析[EB/OL]. https://wenku.baidu.com/view/168b0340793e0912a21614791711cc7931b77897.html.

[9] 飞科商城官方网站[EB/OL]. https://www.flyco.com.

延伸阅读

小家电产品分类及特点

小家电产品俗称西式小家电,原先是根据发达国家消费者的需求设计生产出来的产品。其中,最为中国消费者熟知的是微波炉、电水壶等产品。随着科技的发展,小家电产品的品类也在不断丰富。根据产品的创新程度与产品功能可以将小家电产品分为不同的类型(见表 1 和表 2)。

表 1　一般小家电产品(根据产品创新程度分类)

类　别	具体产品
新兴家电产品	电子坐便器、空气净化器、家用清洁机器人等
传统厨用小家电产品	电饭锅、电热水壶等

表 2　　一般小家电产品(根据产品功能分类)

类　别	具体产品
健康类小家电	空气净化器、吸尘器、智能马桶盖等
生活类小家电	搅拌机、IH 电饭煲、电炖锅、电咖啡壶、免滤豆浆机等
护理类小家电	吸尘器、电熨斗、挂烫机、剃须刀等
美容类小家电	电动牙刷、电子美容仪、洗脸仪等

众所周知,大家电产品是耐用消费品,而小家电产品则不同。小家电产品的特点见表 3。

表 3　　小家电产品主要特点

特　点	具体内容
日趋成为必需品	随着技术水平与省会水准的提高,小家电的功能以品类与日俱增,其主要功能已经从简化家务劳动的复杂程度,缩短了家务劳动时间扩展为帮助个人完成日常生活及形象护理。这些产品早已经成为发达国家家庭的必备用品。随着中国经济的发展,人们生活标准的提升,小家电产品也必然成为家庭必需品。随着小家电产品生产基地的逐渐东移,产品的消费也在由西方向东方、由发达国家向发展中国家扩散。特别全球化进程的加速,使得发达国家的生活方式得以推广与被模仿,而且发展中国家生活方式的加快加速了小家电产品的扩散。
趋近于快消品	小家电产品多为每天使用的电器,例如电动牙刷、电子坐便器、面包机等。使用率高必然导致高损耗率,从而小家电产品更新周期很短。然而,冰箱、洗衣机、空调等大家电的更新周期大约共 8～10 年
技术性强的享乐型产品	与大家电不同的是,小家电产品要具有享乐功能,而且技术更新非常快,因而要求企业不断提升研发能力,进而要求企业不断增加研发投入。产品使用性能、工艺性能和艺术性将是小家电市场的竞争着力点。再者,小家电产品具有室内装饰品的功能,因此要求生产企业紧跟目标消费者的审美,提升产品情趣

资料来源:《前瞻产业研究院西式小家电行业报告》。

个人护理电器行业发展现状及未来预测如表 4～表 9 所示。

表 4　　2012～2017 年个人护理电器分类型销售量　　单位:千个

	2012 年	2013 年	2014 年	2015 年	2016 年	2017 年
电动剃须刀	50 167.2	53 678.9	57 329.1	60 482.2	63 506.3	66 364.0
电动洁面仪	—	—	1 879.7	2 067.6	2 253.7	2 434.0
电吹风	24 636.7	26 164.2	27 655.5	29 176.6	30 839.6	32 535.8
电动牙刷	5 104.2	5 337.2	5 590.6	5 934.5	6 278.6	6 614.9
其他个人护理电器	8 858.7	17 848.3	28 129.0	33 557.9	38 356.7	42 230.7
合计	88 766.7	103 028.6	120 583.8	131 218.7	141 234.9	150 179.5

资料来源:Euromonitor。

表 5　　2018～2022 个人护理电器分类型销售量预测　　单位:千个

	2018 年	2019 年	2020 年	2021 年	2022 年
电动剃须刀	69 018.6	71 227.2	73 221.6	75 052.1	76 778.3
电动洁面仪	2 604.4	2 760.7	2 898.7	3 029.1	3 150.3
电吹风	34 162.6	35 768.3	37 199.0	38 501.0	39 733.0

续表

	2018 年	2019 年	2020 年	2021 年	2022 年
电动牙刷	6 952.9	7 285.6	7 610.2	7 923.9	8 252.3
其他个人护理电器	45 271.3	47 715.9	49 672.3	51 112.8	52 339.5
合计	158 009.8	164 757.6	170 601.7	175 618.9	180 253.3

资料来源：Euromonitor。

表 6　　2012～2017 年个人护理电器分类型销售额　　单位：百万元

	2012 年	2013 年	2014 年	2015 年	2016 年	2017 年
电动剃须刀	7 471.4	8 263.4	9 131.0	9 532.8	10 162.0	10 863.2
电动洁面仪	—	—	1 269.2	1 947.5	2 175.3	2 397.2
电吹风	2 315.8	2 582.1	2 830.0	2 954.5	3 185.0	3 443.0
电动牙刷	362.1	391.4	424.8	516.3	580.1	641.4
其他个人护理电器	2 189.1	3 458.1	4 666.3	5 212.7	5 723.6	6 170.0
合计	12 338.4	14 694.9	18 321.3	20 163.8	21 825.9	23 514.7

资料来源：Euromonitor。

表 7　　2018～2022 年个人护理电器分类型销售额预测　　单位：百万元

	2018 年	2019 年	2020 年	2021 年	2022 年
电动剃须刀	11 319.4	11 704.3	12 055.4	12 380.9	12 690.4
电动洁面仪	2 577.0	2 741.9	2 890.0	3 031.6	3 165.0
电吹风	3 632.3	3 817.6	3 985.5	4 141.0	4 290.0
电动牙刷	690.2	740.3	790.9	842.3	897.1
其他个人护理电器	6 534.0	6 841.1	7 114.8	7 342.4	7 548.0
合计	24 753.0	25 845.1	26 836.6	27 738.2	28 590.6

资料来源：Euromonitor。

表 8　　2017～2022 年个人护理电器分类型销售量增长率

	2017 年度增长率	2012～2017 复合年均增长率	2018 年度增长率(预测)	2017～2022 复合年均增长率(预测)
电动剃须刀	4.5	5.8	4.0	3.0
电动洁面仪	8.0	—	7.0	5.3
电吹风	5.5	5.7	5.0	4.1
电动牙刷	5.4	5.3	5.1	4.5
其他个人护理电器	10.1	36.7	7.2	4.4
合计	6.3	11.1	5.2	3.7

资料来源：Euromonitor。

表 9　　2017～2022 年个人护理电器分类型销售额增长率

	2017 年度增长率	2012～2017 复合年均增长率	2018 年度增长率(预测)	2017～2022 复合年均增长率(预测)
电动剃须刀	6.9	7.8	4.2	3.2
电动洁面仪	10.2	—	7.5	5.7
电吹风	8.1	8.3	5.5	4.5
电动牙刷	10.6	12.1	7.6	6.9
其他个人护理电器	7.8	23.0	5.9	4.1
合计	7.7	13.8	5.3	4.0

资料来源：Euromonitor。

附录　英文摘要

Not Just Razors——The Road Of Flyco'S Brand Extension

Jiang Xiaodong　Cui Huaxue

(Shanghai University of Finance and Economics, Shanghai, 200433, China)

Abstract: Firstly, This case introduces the basic information of SHANGHAI FLYCO ELECTRICAL AppLIANCE Co., Ltd. from its establishment to its listing. It focuses on the continuous development and brand extension of FLYCO appliances from electric razors, hairdryer, intelligent sweeping machines and other emerging products. At the same time, the case introduces how does FLYCO take the market share step by step, and then become the NO. 1 China's small appliance brand. This case is mainly used for teaching brand management, especially the part of brand extension. The purpose is to help students understand the company's decision-making ideas in the process of brand extension and unfavorable factors that may encountered.

Keywords: FLYCO; Brand extension; Product portfolio; Outsourcing

案例使用说明

一、教学目的与用途

1. 适用课程：本案例适用于《市场营销》《品牌管理》或《营销管理》等课程的教学。

2. 适用对象：本案例主要运用于 MBA、EMBA 或全日制工商管理类研究生、本科生的教学中。

3. 教学目的：本案例的教学目的在于让学生了解品牌延伸过程中需重点解决的问题，

特别是新产品市场定位的风险问题。本案例同时可让学生了解品牌运营时需注意的问题。

二、启发思考题

1. 什么是品牌延伸？品牌延伸对于企业加快进入市场具有哪些重要的意义？

2. 品牌延伸可分为哪几种类型？飞科电器采取的是哪种类型的品牌延伸？

3. 影响品牌延伸成败的因素有哪些？试用这些因素分析飞科中国的品牌延伸决策。

4. 什么是单一品牌策略？试结合单一品牌的适用条件、优点和缺点，分析飞科品牌延伸之路可能出现的弊端。

5. 什么是多品牌策略？企业采取多品牌策略有什么优缺点？飞科电器是怎么做的？(拓展题)

三、分析思路

1. 什么是品牌延伸？品牌延伸对于企业加快进入市场具有哪些重要的意义？

(1)概念

品牌延伸(Brand Extensions)是指企业将某一知名品牌或某一具有市场影响力的成功品牌扩展到与成名产品或原产品不尽相同的产品上，以凭借现有成功品牌推出新产品的过程。品牌延伸并非只简单借用表面上已经存在的品牌名称，而是对整个品牌资产的策略性使用。品牌延伸策略可以使新产品借助成功品牌的市场信誉在节省促销费用的情况下顺利地进占市场。

(2)意义

当一个企业的品牌在市场上取得成功后，该品牌则具有市场影响力，会给企业创造超值利润。随着企业发展，企业在推出新的产品时，自然要利用该品牌的市场影响力，品牌延伸就成为自然的选择。这样不但可以省去许多新产品推出的费用和各种投入，还通过借助已有品牌的市场影响力，将人们对品牌的认识和评价扩展到品牌所要涵盖的新产品上。

①品牌延伸可以加快新产品的定位，保证企业新产品投资决策迅速、准确

尤其是开发与本品牌原产品关联性和互补性极强的新产品时，它的消费与原产品完全一致，对它的需求量则与原产品等比例增减，因此它不需要长期的市场论证和调研，原产品逐年销售增长幅度就是最实际、最准确和最科学的佐证。由于新产品和原产品的关联性和互补性，它的市场需求量也是一目了然的。因此它的投资规模大小和年产量多少是十分容易预测的，这样就可以加速决策。

②品牌延伸有助于减少新产品的市场风险

新产品推向市场首先必须获得消费者的认识、认同、接受和信任，这一过程就是新产品品牌化。而开发和创立一个新品需要巨额费用，不仅新产品的设计、测试、鉴别、注册、包装设计等需要较大投资，而且新产品和包装的保护更需用较大投资。此外，还必须有持续的广告宣传和系列的促销活动。这种产品品牌化的活动旷日持久且耗资巨大，它往往超过直接生产成本的数倍、数十倍。如在美国消费品市场，开创一个新品大约需要 5 000 万元至 1 亿美元，这显然不是一种新产品能承受的，没有巨大财力支持就只能被扼杀。品牌延伸，是新产品一问世就已经品牌化，甚至获得了知名品牌赋予的勃勃生机，这可以大大缩短被消费者认知、认同、接受、信任的过程，极为有效地防范了新产品的市场风险。并且可以节省数以千

计的巨额开支,有效地降低了新产品的成本费用。

③品牌延伸有益于降低新产品的市场导入费用

在市场经济高度发达的今天,消费者对商标的选择,体现在"认牌购物"上。这是因为许多商品带有容器和包装,商品质量不是肉眼可以看透的,品牌延伸使得消费者对品牌原产品的高度信任感,有意或无意地传递到延伸的新产品上,促进消费者与延伸的新产品之间建立起信任关系,大大缩短了市场接受时间,降低了广告宣传费用。

④品牌延伸有助于强化品牌效应,增加品牌这一无形资产的经济价值

品牌原产品起初都是单一产品,品牌延伸效应可以使品牌从单一产品向多个领域辐射,就会使部分消费者认知、接受、信任本品牌的效应,强化品牌自身的美誉度、知名度,这样品牌这一无形资产也就不断增值。

品牌延伸能够增强核心品牌的形象,能够提高整体品牌组合的投资效益,即整体的营销投资达到理想经济规模时,核心品牌的主力品牌都因此而获益。

2. 品牌延伸可分为哪几种类型?飞科电器采取的是哪种类型的品牌延伸?

(1)分类

①按照延伸品牌质量定位发生变化与否,品牌延伸可分为纵向延伸和横向延伸。

品牌的纵向延伸又称品牌垂直延伸(Vertical Extension),是指引入与原产品种类相同,但通常在价格和质量上与原产品差别较大的新产品。品牌的纵向延伸还可以分为向上延伸、向下延伸和双向延伸。向上延伸是以高于核心品牌的价格与品质进入市场。向下延伸是以低于核心品牌的价格和品质进入市场。双向延伸是指企业向高档和低档两个方向延伸。无论是哪种方向的延伸对企业来说都既是机会又是挑战。

品牌的横向延伸又称品牌的平行延伸(Horizontal Extension),是指新产品冠以既有的品牌名称,进入相关产品类别市场,或跨足全新的产品类别市场,产品质量定位不发生明显变化。横向延伸按其延伸是否跨越产品线又可以分为产品线内延伸和跨类延伸。线内延伸是指原品牌用于延伸的产品与原产品同属一个类别,但定位于不同的细分市场。进行线内延伸的这些产品具有较高的相关性,因此这一延伸策略风险较小,较容易取得成功。跨类延伸是指原品牌向不同于原产品类别的领域展开延伸。比如,雅马哈既是摩托的品牌,又是乐器的品牌。

②品牌延伸又可以分成产品线延伸(line extension)和大类延伸(category extension)。产品线延伸又称相关延伸,指用母品牌作为原产品大类中针对新细分市场开发新产品的品牌,包括更新换代式延伸、水平延伸和垂直延伸。大类延伸也称为间断延伸,指母品牌从原来的产品大类中被使用到另一个不同的大类。

(2)案例分析

从飞科电器的发展来看,早期主要是横向延伸和产品线延伸(见图6—12)。飞科从最初的剃须刀延伸到飞科电吹风,再到飞科理发器、卷发器等一系列产品,均是利用飞科品牌不断向相关类别产品延伸,但这些产品均属于个人护理类小家电。接下来,飞科推出了电熨斗、挂烫机及毛球修剪器等家居清洁产品,这些产品也属于护理类小家电产品。

后期飞科的品牌延伸更进一步,开始推出飞科扫地机器人等新兴家用产品,这属于品牌横向延伸中的大类延伸。飞科扫地机器人采取人工智能技术,改变了传统扫地方式,推进了居家生活自动化和智能化进程,属于价格和品质明显高于核心产品的新兴类小家电产品。

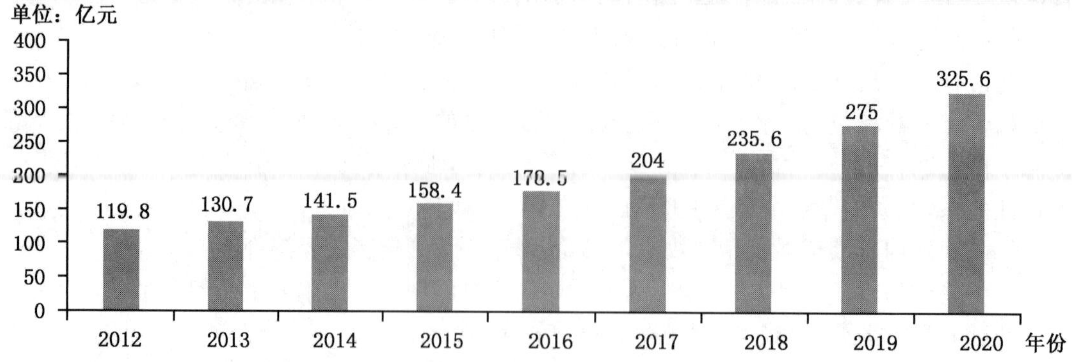

图 6—12　飞科产品线

3. 影响品牌延伸成败的因素有哪些？试用这些因素分析飞科中国的品牌延伸决策。

(1)理论

现有的研究发现，影响品牌延伸策略成败的因素主要可以分为四类：母品牌因素、感知契合度、消费者因素与营销策略因素。表 6—8 列出这些因素的主要变量。

表 6—8　影响品牌延伸策略成败的主要因素

影响因素	母品牌因素	感知契合度	消费者因素	营销策略因素
主要变量	母品牌资产：包括品牌忠诚度、品牌知名度、感知品质、品牌联想与其他品牌专有资产等	(1)产品契合度：包括产品类别、产品功能、物理特性、使用环境、分销渠道、目标客户的相似性。 (2)品牌形象契合度：包括延伸产品形象与品牌形象一致、延伸产品与品牌使用者形象一致性、品牌个性一致性	消费者的品牌知识、创新性水平、产品涉入度	传播策略 广告策略
变量间关系	消费者对母品牌评价越高，对延伸产品的评价就越高。	感知契合度越高，对延伸产品的评价越高	(1)消费者因素在感知契合度对延伸评价的影响中起调节作用 (2)消费者品牌知识水平越高，契合度对延伸产品评价的影响越大 (3)消费者的创新性越高，产品涉入度越高，则契合度对延伸产品评价的影响越小	(1)有效的传播策略(相关传播策略或精加工传播策 略）可以提高感知契合度 (2)通过提高消费者对于广告的可接触性(广告重复)，从而提高品牌的曝光次数，可以促 进信息重新获取过程而提高消费者的感知契合度

对于飞科电器来说，可以从母品牌因素和感知契合度两个方面进行分析。

①飞科这个母品牌有着极高的品牌资产

品牌延伸的基础是品牌资产。飞科电器是中国电动剃须刀的标志性品牌。作为我国知名的个人护理电器品牌企业，飞科电器获得过多项殊荣。

2006 年，飞科电器成为中国剃须刀国家标准起草单位。

2008 年，飞科品牌被评为“中国电动剃须刀行业标志性品牌”。

2013 年，飞科电器被评为“上海名牌”。

2014 年，飞科电器获年度上海市松江区经济贡献奖。

2015 年，飞科电器获得“上海市著名商标”与“二〇一五年度上海名牌”。

2016 年，飞科剃须刀 FS339 荣获中国家电艾普兰奖。

2017 年，飞科剃须刀 FS375 荣获中国家电艾普兰奖。

2017 年，飞科荣获上海市“松江区慈善基金分会成立 10 周年贡献奖”。

其中，艾普兰奖是中国家电领域公信力最高的奖项，有“家电行业的奥斯卡奖”的美誉。该奖由中国家用电器协会创办的，是世界三大家电展之一的中国家电博览会(Appliance&electronics World Expo，AWE)的重要组成部分、家电行业年度大奖。艾普兰奖被设立的初衷是激发中国家电行业创新能力、鼓励中国家电制造业升级，从而实现可持续发展。

根据情感迁移模型或晕轮效应，自然地，消费者对飞科品牌延伸出的其他产品有着不错的评价。

②延伸产品与母品牌的契合度

延伸产品与母品牌的感知契合度是品牌延伸能否成功的关键因素。当消费者对延伸产品与母品牌的感知契合度高时，品牌延伸取得成功的可能性较高。反之，品牌延伸取得成功的可能性较低。影响感知契合度的因素可以分为以下几个因素。

第一，目标客户的相似性

飞科电器的母品牌产品与延伸产品的目标客户相似度较高。飞科电器延伸出的产品类别主要属于个人护理类小家电，根据艾瑞咨询发布的《2017 年中国消费者趋势报告》：小家电产品的消费主力军是“80 后”和“90 后”。这些群体的特点是注重生活品质，因而会选择改善生活品质的产品，也愿意为高品质产品与服务付出更高的成本。

第二，产品类别和分销渠道的相似性

飞科电器的母品牌产品与延伸产品共享部分设计、工艺等核心技术，共享售后服务、经销渠道等，因此母品牌产品与延伸产品之间存在较高的相似性。

第三，品牌形象的相似性

品牌形象的相似性指母品牌产品与延伸产品的形象应该一致，不能相互抵触。飞科电器母品牌产品与延伸产品同属于小家电产品，相似性较高，核心功能都是提升消费者生活品质。飞科电器所推出的产品均是“高品质低价位”，即母品牌与延伸品牌定位一致。

4. 什么是单一品牌策略？试结合单一品牌策略的适用条件和优缺点，分析飞科品牌延伸之路可能出现的弊端。

(1)概念

单一品牌策略就是一个企业把所有产品都使用同一品牌的策略。

单一品牌策略分为两种情况：

①一牌一品。指一个品牌下只有一种产品的品牌战略，实施一牌一品战略的最大好处，是有利于树立产品的专业化形象，例如金嗓子即采用一牌一品战略，其行销市场多年，依然是最专业的润喉产品之一。

②一牌多品。即一个品牌下有多种产品的品牌战略，如海尔，其冰箱、彩电、空调、电脑、

手机、医药等均使用同一品牌。

单一品牌策略的优点有以下几点：

①所有产品共用一个品牌，可以大大节省传播费用，对一个品牌的宣传同时可以惠泽所有产品。

②有利于新产品的推出，如果品牌已经具有一定的市场地位，新产品的推出无须过多宣传便会让消费者产生认知。

③众多产品一同出现在货架上，可以彰显品牌实力。

单一品牌策略的局限性包括以下几点：

①只要其中一个产品出现问题，就会殃及池鱼，产生恶性连锁反应，而且出现危机的产品影响力越大，企业的危险也越大，如光明牛奶回收事件，导致其包括酸奶、奶粉在内的全线产品销售受阻；

②在不同档次进行产品线延伸时，难以改变消费者心目中的原有印象，如安徽的皖酒，一直是做中低档白酒，在向高端白酒市场进攻就遇到重重困难；

③使用同一品牌时，产品之间的属性也不宜出现太大反差，否则可能会引起消费者心理不适。例如活力××，既生产洗衣粉，又生产纯净水，但这样的纯净水大多数消费者是不敢喝的，因为总会感觉有洗衣粉的味道。

飞科电器在企业经营早期，仅使用"飞科"注册商标，覆盖了电吹风、卷发器等全部产品，使用的是一牌多品的单一品牌策略。飞科电器，先靠飞科剃须刀打响品牌，进而不断扩展产品品类，推出飞科电吹风等产品，采取的是品牌延伸的方式。以现状而言，国内大多数企业都比较偏向采取单一品牌战略。但飞科在品牌延伸过程中，应警惕单一品牌可能带来的弊端。

品牌延伸可能带来的弊端如下：

当某一类产品在市场上取得领导地位后，这一品牌就称为强势品牌，它在消费者心目中就有了特殊的形象定位，甚至成为该类产品的代名词。将这一强势品牌进行延伸后，由于近因效应(即最近的印象对人们认知的影响具有较为深刻的作用)的存在，就有可能对强势品牌形象起到巩固或减弱的作用。如果运用不当的品牌延伸，原有强势品牌所代表的信息形象就被弱化。

①有悖消费心理。一个品牌取得成功的过程，就是消费者对企业所塑造的这一品牌的特定功用、质量等特性产生的特定的心理定位的过程。企业把强势品牌延伸到和原市场不相容或者毫不相干的产品上时，就有悖消费者的心理定位。这类不当的品牌延伸，不但没有什么成效，而且还会影响原有强势品牌在消费者心目中的特定心理定位。

②"跷跷板"现象。当一个名称代表两种认知上有差异的产品时，必然会导致消费者对产品的认知模糊化。当延伸品牌的产品在市场竞争中处于绝对优势时，消费者就会把原强势品牌的心理定位转移到延伸品牌上。这样，就无形中削弱了原强势品牌的优势。这种原强势品牌和延伸品牌竞争态势此消彼长的变化，即为"跷跷板"现象。

③株连效应。将强势品牌名冠与别的产品上，如果不同产品在质量、档次上相差悬殊，这就使原强势品牌产品和延伸品牌产品产生冲击，不仅损害了延伸产品，还会株连原强势品牌。当把高档产品品牌用在低档产品上就有可能产生灾难性后果。

④淡化品牌特性。当一个品牌在市场上取得成功后，在消费者心目中就有了特殊的形象定位，消费者的注意力也集中到该产品的功用、质量等特性上。如果企业用同一品牌推出

功用、质量相差无几的同类产品，会使消费者晕头转向，该品牌特性就会被淡化。

(2)案例分析

飞科电器已经靠剃须刀打响品牌，成为第一中国小家电品牌，应警惕后续产品的出现对原有飞科剃须刀产生影响。2017年6月，广东省质量技术监督局公布的《2016年广东省皮肤及毛发护理器具等6种产品质量专项监督抽查结果》显示，飞科卷发器在连续骚扰电压这一项目中不合格；同年11月，上海市消保委发布了对25款智能扫地机器人的测试结果，飞科电器一款型号为FC9601的产品在测试过程中发生了故障。这些问题产品的出现，飞科品牌形象大大受损，消费者对飞科品牌的忠诚度也会受到冲击，这些均是单一品牌策略带来的弊端。

5. 拓展题：什么是多品牌策略？企业采取多品牌策略有何优缺点？对此，飞科电器是怎么做的？

(1)概念

多品牌策略是指企业根据各目标市场的不同利益分别使用不同品牌的品牌决策策略。多个品牌能较好地定位不同利益的细分市场，强调各品牌的特点，吸引不同的消费者群体，从而占有较多的细分市场。

①多品牌具有较强的灵活性。比如，宝洁公司从洗发水的功能出发及时地向市场上推出了不同品牌的洗发水。这些洗发水有各自响亮的品牌名称，又有各自特殊的功能，满足不同目标市场上消费者的不同需求，共同提高了企业产品的市场占有率，使产品迅速覆盖了中国大江南北。

②多品牌能充分适应市场的差异性。企业可以根据不同地域的风俗习惯、审美差异、爱好追求等，在不同的国家和地区投放不同评价标准的品牌产品。

③多品牌有利于提高产品的市场占有率。多品牌策略最大的优势便是通过给每一品牌进行准确定位，从而有效地占领各个细分市场。如果企业原先单一目标顾客范围较窄，难以满足扩大市场份额的需要，此时可以考虑推出不同档次的品牌，采取不同的价格水平，形成不同的品牌形象，以抓住不同偏好的消费者。

与此同时，企业在采取多品牌策略的时候，还应该注意以下问题。

①企业应审视一下自己是否具有多品牌管理的能力和技巧。对企业来说，多品牌比统一品牌的管理难度要高得多，因为各品牌之间要实施严格的市场区分，具有鲜明的个性，且这些个性还要足以能吸引消费者。企业实施多品牌的最终目的是用不同的品牌去占据不同的细分市场，联手对外夺取竞争者的市场，如果引入的新品牌与原有品牌没有明显的差异，很有可能会削减原有品牌的市场。

②多品牌策略具有一定风险，推出新品牌需要相当大的费用。对于缺乏实力的企业来说，品牌销售额不足以支持它成功推广和生存所需的费用，就很难实施多品牌策略。

③多品牌策略应根据企业的经营目标来具体设计。对于一个大公司来说，确定品牌线的最佳长度(品牌个数)是个重要问题。如果公司想要作为完善的品牌线的经营者来定位，或意欲追求较高的市场占有率，有效防止竞争者的侵入，那么，一般则要具有较长的品牌线。如果公司为了追求最大的利润，那么，品牌线的长与短则需要经过实际的估测。企业对每一品牌所投入的力量也不应是均等的，主要品牌应重点培育，其他则处于陪衬地位。

(2)案例分析

通过飞科电器的最初品牌经营，飞科剃须刀已经打响了飞科品牌的第一枪。

飞科的电动牙刷、美容美发产品和传统品类有所不同，定位更加偏向中高端。为了产品定位更好的区隔，飞科适时采用多品牌战略，确保高中低端定位区隔，飞科推出了面向中低端市场的子品牌“POREE 博锐”。博锐剃须刀(见图 7—12)作为飞科的梯段品牌，其科技与飞科一致，依然采用三头浮动剃须技术，拥有强劲动力，刀头拥有自动研磨功能，价格仅为 20～50 元。

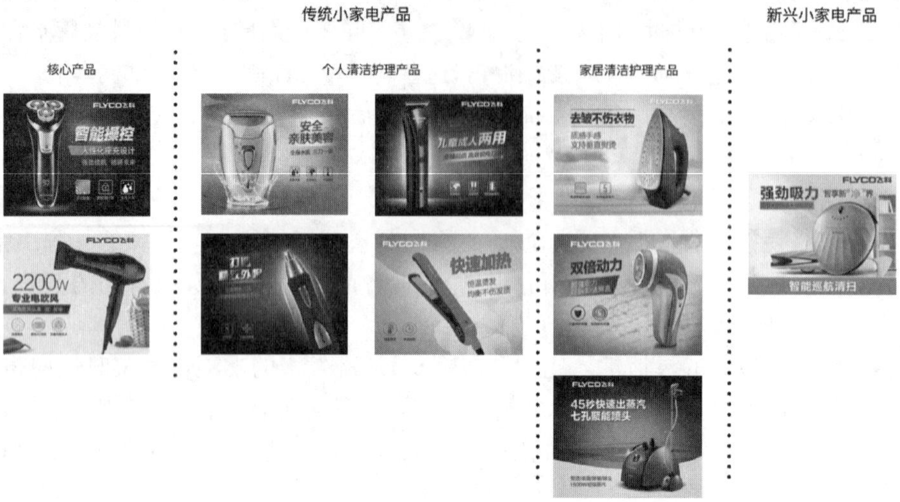

图 7—12　飞科剃须刀和博锐剃须刀

飞科公司的主打品牌“FLYCO 飞科”和子品牌“POREE 博锐”，充分适应了中高端和中低端市场的差异性，在较短时间内“博锐”品牌便得到消费者认可，销售情况良好，2016 年产品销售额达 13 956.76 万元，同比增长 21.56%。双品牌战略进一步巩固了公司强势的市场竞争地位，为进一步提升飞科的品牌溢价能力提供空间。

四、建议课堂计划

本案例以飞科电器股份有限公司为例，探讨品牌管理的相关知识，可以在讲授“市场营销”课程中的“品牌运营—品牌延伸”时，或者讲授“品牌管理”课程时作为一个专门的大案例进行讨论。以下是按照时间进度提供的课堂计划建议，仅供参考。

整个案例课的课堂时间控制在 80～90 分钟。

1. 课前计划：提出启发思考题，让学生对品牌延伸策略、品牌延伸利弊、双品牌策略等有一个完整的认识。

2. 课中计划：简要的课堂前言，明确主题(2～5 分钟)

分组讨论(30 分钟)，告知发言要求

小组发言(每组 5 分钟，控制在 30 分钟)

引导全班进一步讨论，并进行归纳总结(15～20 分钟)

3. 课后计划：如有必要，请学员采用报告形式给出飞科品牌延伸策略的未来发展方向和建议，为后续章节内容做好铺垫。

案例 7　逆势遨游

——澳柯玛的自我升级变革[①]

案例正文

摘　要：曾经在十年间从青岛本地一家冰柜厂迅速崛起成为“五朵金花”之一，澳柯玛拥有着令业界钦佩的创业历史。然而，进入 21 世纪以来的十几年间，澳柯玛却经历了艰险的变革历程，其中 2006 年创始人鲁群生的黯然“下课”更是将澳柯玛推到舆论关注的风口浪尖之上。本案例着重描述了李蔚接任澳柯玛董事长之后所推行的一系列“自我升级变革”举措以及这些举措在企业内外所带来的变化，展示了在处于激烈竞争且迅速变化市场中的公众企业通过自身变革开创发展新纪元的不平凡之路。

关键词：澳柯玛；多元化；战略管理

引　言

2017 年 4 月中旬，当中国大部分地区都已经开始感受到和煦温暖的春风的时候，中国东海岸以“红瓦绿树碧海蓝天”闻名遐迩的美丽海滨城市青岛，仍然经历着倒春寒的肆虐。

乍暖还寒时候，最难将息。

夜晚的青岛渐渐褪去白日的喧嚣，一个又一个的办公室以关灯、锁门作为忙碌了一天的结束。此时，青岛澳柯玛集团的掌门人李蔚的办公室却依然灯火通明，高层管理人员进进出出，每个人脸上的表情都颇为凝重，此刻围坐在李蔚身边的都是澳柯玛重量级人物，有澳柯玛总经理张兴起，合作会计机构负责人、总会计师徐玉翠，而摊在桌子上被勾画标注颇多的赫然就是《2016 年澳柯玛经营报表》。财务报表依然不够“漂亮”，报表中显示，2016 年归属于上市

---

① 本案例由上海财经大学商学院姜晖撰写，版权归上海财经大学商学院所有。未经允许，本案例的所有部分都不能以任何方式与手段擅自复制或传播。版权所有人授权上海财经大学商学院案例中心使用。由于企业保密的要求，在本案例中对有关名称、数据等做了必要的掩饰性处理。本案例只供课堂讨论之用，并无意暗示或说明某种管理行为是否有效。

公司股东的净利润为 2 395.55 万元，营收 37.50 亿元。纵向相比，跟两年前的数据(2014 年归属于上市公司股东的净利润为 7 147.21 万元，营收 41.21 亿元)仍然存在较大差距。

此外，青岛澳柯玛洗衣机有限公司 2016 年度的营业亏损为 142.15 万元，净利润亏损 102.73 万元。这一消息的公布必将迎来外界的负面评价，也将使澳柯玛这条已经畅游家电制造业三十多年的海豚再次遭遇危机。

回顾澳柯玛的发展史，这条海豚的经历绝非一路顺风顺水，它数次经历狂风、暴雨、暗流和浪潮，却又一次次化险为夷逆势遨游。不过，当前的澳柯玛，面对国内经济增速的下行、家电产业过剩、营销模式的变革等行业剧变时，又将采取什么策略才能不断实现自我的升级变革、逆流而上，并成为笑傲风波的那一个？这是摆在澳柯玛当前掌门人李蔚面前的难题，也是摆在所有澳柯玛人面前的难题，办公室里的人都陷入了沉思，而澳柯玛一路走来的景象，则像旧电影一样慢慢回放起来……

1. 前世今生

1989 年 6 月，青岛红星电器股份有限公司(简称“红星电器”)黄海冰柜厂成立，原始注册资本 110 万元，后期因为经营不善、业绩惨淡和外债众多等问题而面临破产危机。

1990 年黄海冰柜厂更名为青岛红星电器股份有限公司黄海分公司，公司领导将东山再起的宝精准地押在冰柜市场上，开发出家庭用的 150 升冰柜，这种冰柜在市场上一炮走红，黄海公司凭借澳柯玛品牌和产品的成功在当年终于扭亏为盈，实现净利 5 万元。

1995 年，澳柯玛年产冰柜 100 多万台，成为全国有名的“冰柜大王”，澳柯玛一度风光无二，澳柯玛“没有最好、只有更好”的广告语变得家喻户晓。

1999 年，澳柯玛集团已经拥有总资产 27.8 亿元，跻身中国家电行业七强，被中国对外贸易经济合作部评为“中国民族经济之花”。在那个辉煌的年代，澳柯玛和海尔、海信、青岛啤酒、青岛双星被称为青岛的“五朵金花”，青岛也因为这些企业被称为“中国品牌之都”。

2000 年，澳柯玛集团公司——澳柯玛股份有限公司在上海交易所成功上市，募得资金 7.84 亿元。至此，澳柯玛集团又达到一个巅峰。

2005 年，澳柯玛集团的资金开始出现危机，已经无法按时偿还银行贷款。此时，有关银行意识到危机，纷纷收紧对澳柯玛的贷款。此后青岛市有关方面召集银行开会，希望给澳柯玛集团相对宽松的资金环境，以助其渡过难关。此后，澳柯玛集团占用上市公司巨额资金的问题也显现出来，同年澳柯玛危机爆发，澳柯玛的发展面临转折。

2. 临危受命

2006 年 3 月 14 日，来自澳柯玛股份有限公司的一封公告震惊了澳柯玛乃至整个青岛市。公告称：澳柯玛集团占用澳柯玛股份有限公司财产价值达人民币 6 亿元，公司申请冻结澳柯玛集团持有的公司股权 20 700 万股，限售流通股。紧接着，4 月 10 日，澳柯玛股份有限公司再发公告称：澳柯玛集团及其下属关联企业累计占用上市公司资金 19.47 亿元；公司 2005 年度净利润同比下降幅度将超过 50%；公司的主营业务之一空调接近停产。在不到一个月的时间里，澳柯玛股份有限公司连发两则重量级公告，引发了澳柯玛集团的地震，并迫使掌舵澳柯玛 17 年的鲁群生“下课”离去。

至此，澳柯玛被资金链断裂、掌门人黯然下课、银行及供应商款项追讨逼宫、产品质量缺陷等多项负面新闻笼罩，“澳柯玛危机”全面爆发，曾经辉煌一时的大型企业就这样走到了生死关头。

乱局当中，时任青岛市企业发展投资有限公司副总经理的李蔚，临危受命就任澳柯玛董事长。此时的澳柯玛除了上述的紧急事件之外，澳柯玛还经受着经济下行、行业利润摊薄和本身竞争策略失误等内忧和外患的双重夹击。

外患：澳柯玛产品组合以制冷家电为主，作为白色家电制造业企业，澳柯玛的发展与国内家电业的发展趋势息息相关。中国家电制造业主要分为以下几个阶段：

20 世纪 80 到 90 年代，中国家电行业的兴起。基于全球产业呈递级分布，制造业向中国转移，中国大陆企业凭借生产要素价格（原材料、人工、资产、规模效应）较低，获取了成本优势，成为全球最重要的家电制造中心。这个阶段，制造型企业获得了十分难得的机会，许多企业迅速做大。

20 世纪 90 到 90 年代末，家电行业的成长。国家经济持续稳健的发展，城市化不断推进，国民收入水平也在稳步增长，居住与生活环境的改善与提升，国人对生活水平要求逐步提高，这导致了国内市场需求的大爆发，制造业经历黄金发展期。在这种环境下，与国民基本生活需求提升最相关的家电产业更是获得了强劲的增长。

20 世纪 90 年代末到 21 世纪初，家电行业的挣扎。经过近十年的经济发展和供需调整，中国家电内需市场进入了完全竞争阶段。家电业规模的迅速扩大带来了产量的增加，同时也带来了总成本的快速增长。而市场需求增速的减缓则给家电行业带来了激烈的竞争。被同质化产品充斥着的竞争市场，价格竞争是各方唯一的选择，这直接导致了家电行业的利润缩水。供需关系的转变同时影响了产业链前后端的比重，商业类家电企业的崛起蚕食着制造业的利润。

内忧：2006 年危机之前，澳柯玛集团开展了以“多元化”为中心的一系列竞争战略部署，而澳柯玛集团显然未驾驭好“多元化”这一匹烈马。

自 1990 年以来，澳柯玛除了冰柜、冰箱等主业外，还涉及空调、自动售货机、锂电池、太阳能、电动车、摩托车、照明、电工、厨卫设备、海洋生物、IT 行业、房地产等多达几十个行业、几千种产品。这些产品中仅有主业略有盈利，而由于主业市场容量有限，进入新千年之后的近几年来一直处于微利状态，加上其余业务又因为亏损一直吞噬着主业的利润，多元化发展目标分散、盈利周期过长，到危机爆发的时候澳柯玛已经泥足深陷、无力为继。

澳柯玛“多元化”的后果带来的不仅是利润的下降和主副产业的模糊，损失更大的可能是品牌“联想记忆”的淡化和游离，而繁杂多样的澳柯玛产品一步步模糊了消费者对于澳柯玛的品牌联想。

同时，澳柯玛的多元化的发展从资金、精力和人力等方面严重挤压了主营业务——冰柜的生产，导致冰柜销售的旺季出现供货不足的现象，损害了澳柯玛在消费者心中的美誉。澳柯玛部分小家电产采用贴牌生产的方式，缺少严格统一的质量把控，频频出现的产品质量问题让消费者对澳柯玛的印象蒙上了一层阴影。

3. 瘦身创业

面对混乱的企业局面和棘手的财务现状，经过7个月的深思熟虑后，深谙企业发展规律的李蔚董事长坚信，不能把目光仅仅盯在“做大、做强”上，规模的大小与企业的成败没有直接关系，而目标明确、结构健康、稳定发展才是企业成功的最重要因素。李蔚董事长最终决定将澳柯玛这只过于肥胖的海豚从深陷多元化泥潭的困境中拉出来。澳柯玛集团首先全面回归曾经安身立命的主业，优先发展冰柜、小家电、电动车等优势产业，并通过对产业结构进行“瘦身”调整，将那些不仅效益不好还与主业关联性不大的产品或产业，通过出售或改制等手段强制剥离。

在李蔚董事长的领导下，以“二次创业”为精神指导，发挥山东人不畏难、不服输的品质特性，对澳柯玛进行自我升级变革，对所有非主业进行了剥离和重组。仅此一项，就为澳柯玛成功减重多达100多家企业，从最初140多家企业变成20多家主业企业，成功腾出巨额资金投入主业生产。公司将更多优势资源聚焦在制冷家电、生活电器和电动车上。制冷家电是公司的传统强项，如电冰柜、电冰箱、展示柜年产能达300万台，澳柯玛率先把这个产业作为复兴重点。当时澳柯玛在超低温、恒温技术上已达到世界先进水平，设定发展目标为向高端产品市场挺进，与国内外知名品牌展开全面竞争。同时，在电动车方面，澳柯玛也已做到行业第一。

仅仅依靠一两种产品的强势虽然可以帮助澳柯玛渡过一时的难关，却无法推动澳柯玛的全面调整进步。为了让澳柯玛这只海豚不仅可以健康地遨游在当下，更增强它抵御未来风险的能力，澳柯玛集团积极开展了“三大结构”调整——产品结构、产业结构和市场结构。在产品方面，澳柯玛的洗衣机项目正积极筹建研发团队，加大自主研发和自主生产实力，增加澳柯玛的产品类型；产业方面，推动制冷家电、生活电器等传统产业升级，坚定不移地将冷柜产品做到全国最大、最强，打造世界冷柜第一品牌；在市场结构方面，澳柯玛一是通过“巩固北方、突破南方”的策略，实现北方市场和南方市场全面均衡发展，二是做到三、四级市场与一二级高端市场统筹兼顾，促进制冷家电等优势产品在一二级市场地位的提升。

让澳柯玛这只过度肥胖的海豚成功瘦身并恢复从前的活力，并不是一件容易事。幸运的是，澳柯玛最终证明了这个策略的可行性，3年持续不断的努力终于让澳柯玛再次焕发了新活力。到2009年，澳柯玛营业收入同比增长了30.82%，利润总额同比增长了209.15%；2010年第一季度，公司营业收入和利润总额同比分别增长了46.8%和38.6%。

4. 强身之路

曾经失败的多元化策略，让澳柯玛这个曾经健硕的海豚一度奄奄一息，经过三年艰苦的瘦身和二次创业，终于在2009年把历史遗留问题解决了，澳柯玛已经渐渐好转，可以轻装上阵，加快发展。但是澳柯玛面对3年后全新的市场局势，仍然殚精竭虑、不断探寻着破局之策。2010年，成功瘦身的澳柯玛发布了新的“三年计划”：未来三年，集中资源，从粗放型经营转向集约型、精细化经营，通过稳扎稳打，公司收入翻一番，重回行业第一梯队！

4.1 效益导向

成功完成“瘦身”之后的澳柯玛集团要走强身之路，就必须坚持价值导向，要把效益放在重要位置，平衡好收入增长和效益增长的关系，增加企业的市场竞争能力，从而最终走好新三年计划的“强身”之路。为此，澳柯玛着手推行 VCT 管理运营，希望以此为突破口，把外部管理信息和竞争压力通过 VCT 价值链条传导到内部，更加贴近市场，提高竞争能力。

VCT(Value Chain Team)即价值链团队，由公司某类产品的研发、生产、销售与供应链管理等相关人员组成，旨在建立健全授权与分权机制、激励机制与问责机制。每个 VCT 团队中，有生产的、销售的、技术的，仓储的各部门人员，他们组合在一起。公司一个指标是为整个团队设置的。VCT 团队的负责人就是营销口负责人，团队负责人有权协调生产、设计、采购等多个板块。

通过 VCT 的管理调整，澳柯玛期望 VCT 团队负责人担负起整体协调的责任，使得链条内各板块之间保持顺畅的沟通，积极及时的处理同一价值链内、不同板块间出现的问题，从而达到节省时间、人力成本的目的，也能使全产业链的责权得到最优化匹配。值得注意的是，VCT 管理的一大特点是 VCT 小组是价值导向的，团队负责人权利比较大，有权调整团队成员。公司会对每个价值链条按季度考核，成果通过财务核算出来，进行督导和跟进。公司总部每月通过财务核算，来看实体经营成果和 VCT 的经营成果。每个月一核算，完成奖励，完不成督促，甚至要约见高管谈话。澳柯玛建立起了 10 个不同的产业链条，包括国内制冷产品价值链、出口制冷产品价值链，电动车产供销研链条、超低温冰柜产品链条、商用冰柜等。成立 VCT 后，这些价值链可以承接总部批准的指标或者组织内外部资源达成目标。同时负责产品链条协同管理能力，快速应对市场。这个内部工作机制和激励机制，可以提出战略方面的建议，调动经营团队积极性。与过去某些环节割裂开不同，这是一个完整的产业链条，可以站在总体角度去看待问题。

VCT 成立的另一个好处是，公司总部可以从频繁做裁判的角色中解放出来，更多地去考虑产业推进的战略方向调整。

4.2 产品为本

在 VCT 管理方式下，公司发现问题后可及时进行调整。同时，澳柯玛还对自己的品牌形象重新进行了梳理，巩固澳柯玛品牌在原有客户群众的地位，并积极吸引年轻人对这个品牌认知和好感度。

澳柯玛正在推动制冷家电、生活电器等传统产业升级，坚定不移地将冷柜产品做到全国最大、最强，打造世界冷柜第一品牌；同时，积极培育战略性新兴产业。

一方面，推动传统产业升级。传统家电产业以节约能源资源和保护生态环境为切入点，集中力量开展节能、环保关键技术的攻关，积极开发超级节能冰箱等一批节能降耗新技术和先进适用技术，加快冰箱业务发展。洗衣机项目正积极筹建研发团队，加大自主研发和自主生产实力。

另一方面，利用市场机遇和国家政策，培育战略性新兴产业。

首先,抓住国家发展“低碳经济”的有利时机,以电动车为依托,加快新能源产业发展。通过天津基地的建设,快速提升配套能力和产能,抓好市场开发和产品结构调整,提升市场地位,提高盈利水平。电动车抓好市场开发和产品结构调整,尽快提升市场地位,快速满足市场需求。

其次,利用无线射频识别技术的推广应用和物联网、互联网的结合,大力发展自动售货机项目。目前,澳柯玛自动售货机经过技术升级,已经具备多种电子支付功能,可以使用各类信用卡、各类代金券、U盘下载、无线遥控操作等,积极推动电信网、广播电视网和计算机通信网的相互渗透、互相兼容,促进“三网融合”。下一步,澳柯玛将继续发挥并提升在该行业的研发优势,创新运营模式,迅速将自动售货机做强做大,成为中国最大的自动收货机生产、研发、运营企业。

最后,抓住山东省发展“蓝色经济”的机遇,促进海洋生物产业发展。重点做好新技术研发应用,提高生物产品的技术含量,丰富产品线,增强产品竞争力。

4.3 业绩为王

三年计划的第二年,即2011年,澳柯玛集团实现营业收入41.30亿元,利润总额为5 045.74万元。纵向比较这是澳柯玛业绩最好的一年。横向比较形势就不是那么乐观了。在澳柯玛为多元化买单的这几年里,家电行业已经经历了波澜壮阔的大发展和大调整,新旧企业的交替、产品的升级、行业的变革甚至营销渠道都发生了巨大的变化。刚刚喘息过来的澳柯玛面对的是更为多方面的竞争,需要更加小心和智慧地应对。以海尔为例,2011年澳柯玛的总收入仅仅相当于海尔兄弟白电产品总收入的6%,低于海尔冰箱、洗衣机、空调任何一个单品的收入。澳柯玛几十亿元的销售规模和家电龙头的千亿规模相比,几乎没有任何对抗能力。

澳柯玛的强身之路,任重而道远。

5. 全面布局

新三年计划的实施,说明仅仅依靠现有内容的调整是不够的,澳柯玛这条曾经受伤的海豚想要在逆流中继续遨游并占据市场的半壁江山,还需要更多极具智慧的战略举措,才能抓住机会,实现弯道超车。

2014年1月27日下午,澳柯玛发布最新公告披露,澳柯玛公司将扩大产品经营范围新增空调、洗衣机、商用冷链产品,扩大经营范围。

根据当时的公告:为整合公司内部资源,提高专业化运营水平,增强价值链的盈利水平和效率,根据生产经营需要在原有基础上增加公司经营范围。新增的产品有空调、商用冷链产品、洗衣机。同时澳柯玛将布局电商,即增加网上销售。其他新增的经营范围有零配件的制造、销售、技术开发、技术咨询;家用电器维修、安装、调试、保养;家用电器配件批发与零售;仓储服务、物流方案设计、货物搬运、物流信息咨询服务;机械设备租赁;以自有房屋对外出租等。

2014年澳柯玛的大动作短期内并没有实现质的变化,其最终的结果是:当年归属于上市公司股东的净利润为 7 147.21 万元，同比下滑 53.02%；营收 41.21 亿元，同比下跌 4.43%。澳柯玛年报数据显示，青岛澳柯玛洗衣机有限公司 2014 年度的营业亏损为 804.09 万元，净利润亏损 792.44 万元。

国内经济增速下行，房地产市场复苏缓慢，家电行业产能过剩将更加明显，这些都给家电市场的发展带来了不确定性。同时，线上销售的快速发展，也给家电行业传统营销模式带来了极大挑战。

此外，移动互联智能化科技发展也将深刻影响家电业，对行业发展将带来 定冲击。随着国内劳动力成本的持续上升，公司成本压力将进一步加大。

随着国内家电市场整体迈入低迷增长的“新常态”，家电业利润越来越向龙头企业集中，这点在白电行业尤为明显，2014 年海尔、格力、美的的利润增加与海信科龙、澳柯玛等二线企业的利润大跌形成了鲜明对比。

2015 年 3 月，中国消费者协会发布的洗衣机商品比较试验结果显示，澳柯玛 AUCMA7.6KG 级全自动洗衣机(型号:XQB76－2112)“脱水性能”指标不符合国家标准，同时该产品的漂洗效果在比较试验中只有 1 颗星，最高标准为 5 颗星，这显示澳柯玛这款洗衣机的漂洗效果极差。

不过，澳柯玛并没有坐以待毙。近年来，冷链生鲜物流的快速发展，也给智慧商用冷链产业带来了难得的发展机遇。在互联网、大数据、家电行业智能化技术迅速发展的背景下，2015 年澳柯玛提出了“互联网＋全冷链”战略升级方向，致力于打造完善的智慧商用冷链产品线，为客户提供全程智慧冷链解决方案。2016 年以来，澳柯玛在这方面频频发力：

2016 年 6 月和 9 月，澳柯玛先后出资设立疫苗冷链和智慧冷链公司，与相关子公司共同承接“互联网＋全冷链”相关产品的研发、制造与销售。澳柯玛在不断完善与提升家用制冷线的基础上，初步形成了商超便利、厨房酒店、生物医疗、冷链运输、冷库、生鲜自提和自动售卖六大冷链系统解决方案，实现了冷链产品线全覆盖。

此外，澳柯玛还积极利用资本市场融资功能，启动并完成了非公开发行股票工作，募集资金净额 7.28 亿元，用于商用冷链产品智能化制造项目、商用冷链技术中心建设项目、新型节能冷藏车建设项目和线上线下营销平台项目，为促进公司快速转型升级、“互联网＋全冷链”战略的实施提供了有力支持。

即便如此，澳柯玛依然被同城的海尔、海信远远地甩在身后。2015 年和 2016 年，澳柯玛的营收分别相当于海信的 11.9%和 11.7%。而巨无霸海尔，更是让澳柯玛无法望其项背。根据 2015 年的数据，澳柯玛的营收仅相当于海尔的 4%，仅占当年海尔白电总营收的 5.3%。同时，也远远低于海尔冰箱、洗衣机、厨卫、空调等任何一个单品的收入。

此外，外部大环境似乎也没有留给澳柯玛太多喘息的机会。由于国内制冷家电冰柜、冰箱市场增速趋缓，而去产能却进展缓慢，造成行业竞争更加激烈。同时，线上销售持续快速发展，传统的渠道受到剧烈冲击，家电传统营销模式遭遇严峻挑战。成本方面，2016 年以来，大宗商品价格开始反弹，家电行业面临着短期成本大幅上涨压力。与此同时，近年来，家电领域各类新技术、新产品、新材料不断涌现，产品更新换代加快，新技术、新材料应用更加普及。

6. 海豚之殇

据澳柯玛一位离职的中层说，"澳柯玛真正的问题是前期多元化导致企业受到很大的伤害，比如乱投项目，人才断层等。公司先后投资了电动车、锂电池、太阳能、房地产等项目，却没能把主业——家电做深做大。"

在这位中层眼里，让澳柯玛受伤害最大的就是房地产，这也是其出现危机的导火线。据透露，澳柯玛曾经成立地产公司，并不断扩张。后来曾去烟台投资地产，出现了资金链断裂的问题。之后，澳柯玛开始从旗下上市公司挪用资金，拆东墙补西墙，累计近 20 亿元。如从空调抽调的数亿资金，使得空调生产陷入危机。

这位中层说，澳柯玛曾在错误时间做了一件正确的事情，就是上了新能源项目。当时国家关于新能源的优惠政策还没有出台，那个时间上马新能源不可能做起来。而现在国家有了政策，它才可以赶上这班车。

但澳柯玛后来又在正确的时间做了错误的事，如今看来，空调当时不应该砍掉，也不应该做小家电。澳柯玛的小家电当时是 OME[①] 在南方生产，但是根本不具备成本优势。而没有把核心业务冰柜系列做出规模也是个失误，如今赶超者众多。

家电行业分析人士罗清启，澳柯玛品牌萎缩的原因是战略问题。在产品形象、产品结构、技术结构、规模化等方面做得都不是很好。如今，在青岛国美这样的家电大卖场里，已经鲜见澳柯玛的影子了。

以空调为例，早几年空调市场就有澳柯玛的身影，不过一路走来，澳柯玛给外界的印象是在空调市场进进出出，并未将空调业务坚持做大。如今澳柯玛新增空调产品，这意味着在现有 20 多个品牌参与竞争的空调市场又多了一个品牌——澳柯玛；同时，目前在家电品类上专注于冰箱、冰柜的澳柯玛又将做全"冰、空、洗"三大品类。

虽然行业向来有"冰空洗"不分家的说法，但是相比冰箱、洗衣机，空调这一品类的竞争更为剧烈。空调行业一路的发展历程伴随品牌更迭，根据国家信息中心中国家电网举办的中国空调行业高峰论坛上公布的数据，2003 年空调行业品牌为 96 个，而到 2013 年时只剩下 23 个，且品牌集中度非常高，七八成市场已被美的、格力、海尔三家瓜分。这表示新进入者所面临的竞争压力非同小可。

澳柯玛要想成功必须剑走偏锋。2014 年在苏宁举办的中国空调行业发展趋势高峰论坛上很多专家表示，目前，国内空调消费市场已达到较大的规模基数，行业目前已进入高位盘整期与发展机遇期。市场增速进一步放缓，年增长率远低于社零总额增长率；同时伴随着原材料长期处于价格低位，整体行业进入成本下行与技术转型上行阶段。

发展低速、技术上行的行业特征里，澳柯玛做空调产品若想获得好前途就需要有说服力的新产品新技术问世，如果还靠以往低成本、拼价格的套路，品牌发展历程难免短暂。不过，澳柯玛布局物流和电商确属顺水推舟的事情。

另外一位家电行业分析人士刘步尘说，澳柯玛这几年在家电品牌中几乎销声匿迹。十

---

① OEM，英文全称 Original Equipment Manufacturer，原指由采购方提供设备和技术，由制造方提供人力和场地，采购方负责销售，制造方负责生产的一种现代流行的生产方式。

年前，它曾经是中国冰柜第一品牌，走到这个境地的确让人遗憾。澳柯玛因为多元化战略，导致企业出了很大问题。当时，澳柯玛主导产品冰柜的市场容量比冰箱小很多。冰柜多用于商业场所，而事实上，只有产品进入个人消费渠道才能带来规模销量。澳柯玛作为冰柜企业，当时应该快速向冰箱行业转型，但是澳柯玛并没有这样做，而是转向空调、电动车、地产等。“说到底还是主业不明确。什么都做，什么都没做好，这就麻烦了。只有清晰主业，做好之后，才能为别的产业输血。”刘步尘说，即使做多元化，也应该在专业化的基础上去做。在他看来，一个企业只做一种产品或者少数几种产品，做到极致就会有市场。比如格力专做空调，就做得很成功。

刘步尘则认为对于澳柯玛的业绩要辩证地看，在业界眼中，澳柯玛在制冷行业，已经不是一线品牌，电动车也不是一线品牌。这个市场，对手比你跑得更快，就相当于你在萎缩。

7. 尾声：未来之路

经过数次的自我升级变革，澳柯玛这条智慧而坚强的海豚多次化险为夷，战胜了风浪，一次次实现了逆势遨游。现在，摆在澳柯玛面前的将是更为严峻的考验：家电产业的变革迷雾、行业大鳄的虎视眈眈、“互联网＋”概念对传统行业的冲击、全球工业 4.0 的浪潮，可以想见，2017 年仍将不会是一个平顺的年份，面对这些冲击，沉浮三十余年的澳柯玛又将如何再次通过自我升级变革实现逆势遨游笑傲风浪？

澳柯玛坚持主业的竞争策略已经在有条不紊地进行中，但是这真的意味着战略部署已经全部完成了吗？公司竞争战略的方向在哪里、考量在哪里、约束在哪里、风险又在哪里？回顾澳柯玛的竞争战略史，展望它的未来，留给我们的将是更深的思考。

附录 英文摘要

Surfing against the current —the upgrading and revolution of Aucma

Jiang Hui

(Shanghai University of Finance and Economics, Shanghai, 200433, China)

Abstract: In the past ten years, from a local refrigerator factory in Qingdao to become one of the “five golden flowers”, Aucma has an entrepreneurial history admired by the industry. However, in the ten years since entering the new century, Aucma has gone through a difficult and dangerous process of transformation. Among them, the disappointing “dismissal” of the founder Lu Qunsheng in 2006 has pushed Aucma to the forefront of public opinion. This case mainly describes a series of “self-upgrading and reform” implemented by Li Wei after taking over the chairmanship of Aucma and the changes brought by these measures inside and outside the enterprise, showing the extraordinary way that public companies in a fiercely competitive and rapidly changing market use their own reforms to create a new era of development.

Keywords: Aucma; Diversification; Strategic Management

案例使用说明

一、教学目的与用途

1. 本案例主要适用于战略管理课程。

2. 本案例的教学目的是帮助学生理解战略变革对企业的影响，洞悉制定企业战略所应考虑的主要因素。

二、启发思考题

1. 澳柯玛在20世纪成为“五朵金花”之一的成功关键是什么？

2. 你是否同意这一观点：鲁群生董事长所采取的多元化战略是在错误的时间里做了正确的事情？

3. 导致澳柯玛21世纪初困境的主要历史原因是什么？

4. 选取一个角度评价李蔚接任董事长以来澳柯玛所采取的自我升级变革战略。

5. 如果你是鲁群生董事长或李蔚董事长，你将做什么样的决策？

6. 预测一下澳柯玛未来的发展前景。

三、分析思路

教师可以根据自己的教学目标（目的）来灵活使用本案例，以下分析思路仅供参考。

1. 引导学生这样思考：假设在“五朵金花”的巅峰时期，澳柯玛没有采取多元化战略，其之后的发展历程将发生什么样的改变？

2. 启发学生在“错误”战略中寻找合理成分：鲁群生董事长对未来家电业发展趋势的判断是否正确？正确的判断为什么给企业带来了困难？

3. 帮助学生理解企业内外部环境对决策者的影响：作为一家公众公司，牺牲利润、分红和现金流的显性财务指标来换取对研发创新的高投入，本身存在什么样的逻辑矛盾？

四、理论依据与分析

1. 战略管理理论

2. SWOT分析框架

3. PEST分析框架

五、关键要点

1. 时点问题是制定企业战略时经常忽略的一个致命要素。

2. 好的决策者是面向未来而不是现在来制定企业战略和进行其他重要决策。

六、建议课堂计划

本案例可以作为专门的案例讨论课来进行。以下是按照时间进度提供的课堂计划建议,仅供参考。

整个案例课的课堂时间控制在 80～90 分钟。

课前计划:提出启发思考题,请学员在课前完成阅读和初步思考。

课中计划:简要的课堂前言,明确主题(2～5 分钟)

分组讨论,告知发言要求(30 分钟)

小组发言(每组 5 分钟,控制在 30 分钟)

引导全班进一步讨论,并进行归纳总结(15～20 分钟)

课后计划:如有必要,请学员采用报告形式给出更加具体的解决方案,包括具体的职责分工,为后续章节内容做好铺垫。

案例8　长袖善舞

——会畅通讯 B2B 营销的绿色实践①

案例正文

摘　要：本案例介绍了上海会畅通讯股份有限公司的 B2B 绿色营销战略之路。在对 B2B 市场绿色需求分析的基础上重点梳理了会畅通讯"绿色会议"的沟通定位、提供绿色沟通价值、助力企业绿色创新等一系列的绿色营销措施，这一新型 B2B 营销沟通模式有助于为中国 B2B 行业进行行之有效的沟通提供参考。从 2006 年创立到现在，会畅通讯在同行业的竞争中已成为多方通信市场的领跑者，市场高速成长，品牌影响力持续扩大。然而会畅通讯绿色营销战略任重而道远：在助力企业低碳运营的战略上具有新的举措吗？会畅通讯是否提供了客户所需要的绿色沟通价值？本案例主要用于市场营销，特别是 B2B 营销沟通部分的教学，目的在于让学生了解 B2B 营销行之有效的绿色沟通，特别是 B2B 绿色营销战略需注意的问题。

关键词：会畅通讯；B2B 营销；低碳；绿色项目

推动中国企业实现可持续发展、支持中国经济向可持续经济转型，是会畅通讯成立之初就确立的使命和愿景。2015 年我们和 WWF 合作在中国推广"绿色办公室" 项目，是会畅通讯全体员工的骄傲和自豪。接下来，会畅通讯将安排专门人员、资源，配合世界自然基金会将该项目认真、细致地做实、做好。我希望能够利用会畅通讯的技术和服务，以及为世界 500 强多年服务所获得的成功经验，为中国企业经营模式的转变、中国经济向绿色经济和可持续经济的转型，做出应有的贡献。

——上海会畅通讯股份有限公司 CEO　黄元庚

---

① 本案例由上海财经大学高维和，陈转青撰写，作者拥有著作权中的署名权、修改权、改编权。未经允许，本案例的所有部分都不能以任何方式与手段擅自复制或传播。版权所有人授权上海财经大学商学院案例中心使用。由于企业保密的要求，在本案例中对有关名称、数据等做了必要的掩饰性处理。本案例只供课堂讨论之用，并无意暗示或说明某种管理行为是否有效。

引　言

2015 年 6 月 3 日世界自然基金会(WWF)和上海会畅通讯股份有限公司(下称会畅通讯)宣布联合启动“绿色办公室”项目在中国的推广工作。会畅通信市场总监宋丹尔说:“会畅通讯的业务具有绿色的特征,会畅通讯通过做沟通业务助力企业环境保护,创造价值,改变每个人的生活方式和工作方式。”会畅通讯的营销沟通不是一帆风顺的。在由美国多媒体视频和通讯领域权威市场调研机构 Wainhouse Research 发布的 2012 年度《亚太地区多方通信服务市场研究报告》显示:2011 年,中国多方通信市场增长 21%。硝烟再起,多方通信掀起寡头之战,猛虎之争。市场占有率方面,中国电信、中国联通(600050,股吧)、会畅通讯、中国移动、全时分列前五。如何在激烈的通信行业竞争中脱颖而出,是摆在会畅通讯面前的难题。

进入 21 世纪以来,随着工业化进程的加快,社会经济的发展,人们生活水平日益提高的同时,人类的生存环境遭到极大的破坏,于是,“绿色消费”“绿色营销”“可持续发展”等概念深入人心。消费者市场关于保护生态环境。减少污染、节约能源、防止公害的呼声越来越高。消费者市场的绿色需求和 B2B 市场上的绿色需求直接相呼应。尤其是美国经济危机之后,中国经济不可避免地面临着来自多方面的压力,以节能减排、低碳经济、绿色经济等为核心内容的企业改造刻不容缓。会畅通讯 CEO 黄元庚是通讯和 IT 领域资深专家,他认为,目前市场上成熟的多方通信产品已足够满足我国绝大多数企业的需求,技术研发不是目前企业发展的重点。目前我们国家企业使用多方通信水平低的根本原因不在于技术,而在于服务,在于服务的角度、方法和水平。结合移动办公和环保等考虑,会畅通讯面临的问题是多方面的:如何说服企业使用多方通信,如何让会畅通讯成为行业内强有力的竞争者,如何让客户相信会畅通讯能创造“绿色价值”? 由于 B to B 行业绿色营销道路障碍重重,解决这些问题将带给会畅通讯极大的挑战。

1. 公司概况

1.1　公司简介

会畅通讯创立于 2006 年,拥有中华人民共和国信息产业部(MIIT)颁发的多方通信运营执照,目前在北京、上海、广州设有分支机构。

上海会畅通讯股份有限公司,多年以来专注于为全球 500 强在华企业提供远程通信协作服务,提供高品质的语音、网络、视频和网络直播服务等远程通信协作服务。目前 70%的世界 500 强在中国区的企业以及亚太区 25 000 多个组织机构在使用会畅通讯的服务。

为了给客户提供高品质的服务平台和服务体验,会畅通讯先后与世界范围内通信、IT 类厂商如 InterCall、思科、微软、华为等成为紧密的战略合作伙伴,在全球多方通信领域展开灵活广泛的合作,优化产品应用,为企业带来更加全方位的通信协作服务。

2012 年,会畅通讯开创性地率先在业内提出多方通信 3.0 概念,将咨询式服务应用在企业通信部署服务中，通过对服务企业的业务诊断、架构分析、流程整合、应用评估等持续改进的闭环咨询服务，为企业通信更高效，成本更经济创造价值。会畅通讯的咨询服务在中国多方通信市场获得了众多知名大企业的认可。

1.2 公司服务架构

标准化的服务流程，全球覆盖、随时在线，及时处理客户各种复杂问题。同时由具有国际经验的专业团队，负责大方数的会议的服务。

(1)服务级别承诺(SLA)

具备完善的 SLA 标准，可以第一时间响应并完成客户的需求，如建立紧急账号及会议时间不超过 4 小时，热线客服及在线客服热线接起时间在 30 秒内，会议桥接通率达到 98%以上。

(2)全程培训管理

为客户提供各种培训管理，如重要会议全程管家式服务，新用户的会议流程内部培训，针对账单、会议账号的管理，提供使用报告及相关的数据分析等。

(3)咨询式服务

通过独创的咨询服务，会畅通讯不仅可以协助企业优化资源、降低运营成本、迎接竞争挑战，同时更能够提升沟通的效率和效果，为企业增加竞争力，创造更高的经济与社会价值。

1.3 公司的预算管理机构

会畅通讯公司的服务理念是：为客户全球服务，服务于全球客户 .

会畅通讯全球会议中心服务网络，遍布于全球 150 多个国家，服务网点超过 140 000 个，提供 7×24 小时的中英双语，让客户备享高品质的服务平台和服务体验。同时，会畅通讯在全球范围内与中国电信、中国联通、Tata Communication 等运营商，与世界范围内通信、IT 类厂商如 InterCall、Cisco、微软、华为等，建立紧密的战略伙伴关系，在全球多方通信领域展开灵活广泛的合作，优化产品应用，为客户带来更加全面的产品和服务。目前，会畅通讯开创性将咨询式服务进行应用，通过业务诊断、架构分析、流程整合、应用评估等持续改进的闭环咨询服务，为客户不断创新沟通价值。

1.4 公司业务

上海会畅通讯股份有限公司(简称会畅通讯)成立于 2006 年，是全球领先的多方通信服务提供商，致力于打造全球企业内外部高效沟通的 SaaS 云会议服务平台。专注于为企业提供高品质的电话会议、网络会议、视频会议、网络直播等企业级通信云服务。肩负社会责任，与 WWF 一起在中国共同通过绿色办公室项目减少生态足迹。会畅通讯全球会议云平台，直接面向企业客户，提供一站式的企业通信部署与协作服务解决方案。包括 PSTN 与 VOIP 的融合通信方式的同时，也提供用户移动端解决方案，来满足企业移动办公的通信需求。主要业务详如表 8—1 所示。

表 8—1　　会信通讯公司业务

业务种类		业务内容	优势	使用范围
电话会议服务	普通电话	利用现有的通信设备，无需预约的，自助进行三方以上的国际国内电话接入的“虚拟”会议室	(1)随需随开，0 成本投入 (2)多重安全保障 (3)全球 100 多个国家网络覆盖 (4)清晰语音，基于 PSTN 网络，99.99%的系统可靠性	日常例会、临时会议、突发事件处理沟通、项目沟通等需要频繁、快速发起的会议
	人工电话	预约式电话会议服务，会议全程和服务由专业客服人员协助召开，使大方数或 VIP 会议无后顾之忧	(1)VIP 级会议服务 (2)多语种服务 (3)在线预订 (4)高安全度身份识别保障	投资者关系会议、董事会议、新闻发布会、员工大会、年度大会等高端会议
网络直播服务		利用流媒体技术，集成 PPT 等演示文稿、音视频、桌面共享、网络互动等功能于一体的互动直播系统和信息发布工具，是一种全新的会议模式，满足大规模用户参与的，无须下载的网络视频互动直播系统的数据传输	(1)覆盖人数无上限 (2)同步交互体验 (3)现场人员支持 (4)人性化管理，会后提供用户行为报告	公司年会，市场活动，公司大会，代理商大会，总结会，网络研讨会，介绍推广会，政策宣讲会、在线远程教育
网络会议服务		在电话会议基础上，以网络为媒介，实现不同地点多个用户的文档数据共享，解决企业在日常沟通协作和工作中信息实时共享的问题	(1)文档数据实时共享 (2)整合办公应用系统，快速预定 (3)融合 VOIP 和 PSTN 语音 (4)实现会议监控 (5)支持多语种	
视频云会议服务		“面对面”的远程高端会议体验，支持分屏功能，使您在多点视频呼叫期间不但能被“听到”，还能被“看到”	(1)量身定制企业全球视频会议室 (2)操作员可协助在线管理会议，为视频会议保驾护航 (3)可实现人工或在线预约，7×24 小时技术支持	多方全球招聘面试、高层会议、项目讨论等大方数视频互动参与会议。

2. B2B 市场的绿色需求

2.1　市场分析——绿色需求和绿色商机

毋庸置疑，人类无法回避的挑战是当代的生态环境问题，持续损害的自然基础威胁到人类大部分的生存空间，节能减排、可持续发展的绿色营销战略是企业必然选择。多方通信能给企业提供“节省成本和提高效率”的根本商业价值，因而备受企业用户的青睐。但如何在竞争激烈的市场中凸显自己的绿色沟通价值是每个通信提供商要思索的关键问题。

国际著名咨询机构 WainHouse 市场调研报告显示，中国电话会议市场容量尽管仍处于高速成长期，但三大运营商（中国电信、中国联通、中国移动）的在电话会议市场占有率却逐年降低。2011 年,相比国内最大的民营电话会议服务商会畅通讯,运营商依然占据绝对优势,2012 年,该优势已经不甚明显,2013 年最新调研报告显示,联通、电信在体量上仅保有非常微弱的优势,后来者,如会畅通讯弯道反超就在眼前(见图 8—1 所示)。

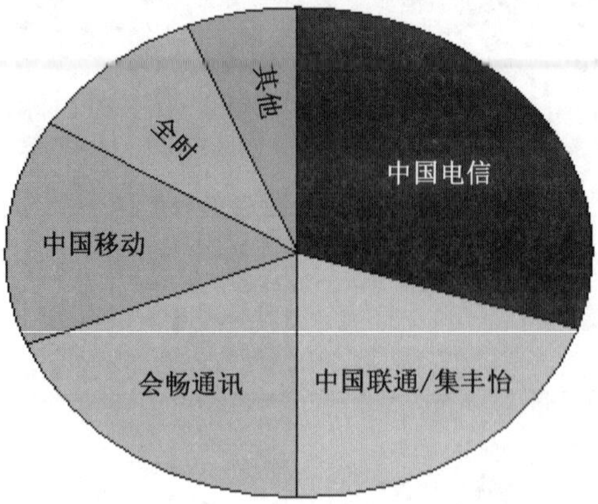

注:资料来源:Wainhouse Research(2013)。

图 8—1 中国电话会议市场份额

而且,在电话会议市场含金量最高的"人工电话会议"中,会畅通信等专业电话会议服务商遥遥领先,远将运营商甩至身后。2013 电话会议市场份额排名如表 8—2 所示。

表 8—2 2013 年电话会议市场份额排名

PRC 2013 年	参与	未参与	总音频
＃1	会畅通讯	中国电信	中国电信
＃2	全时	中国联通/集丰怡	中国联通/集丰怡
＃3	中企通	会畅通讯	会畅通讯
＃4	集丰怡	中国移动	中国移动
＃5	中国电信	全时	全时

数据来源:Wainhouse Research(2013),表中红色方框标注分别为会畅通讯和中国联通

会畅通信黑马逆袭的节奏和整体市场环境密不可分。专业的品质、低碳的沟通成本是会畅符合企业用户沟通需求的吻合点。会畅通信 CEO 黄元庚对其电话会议业务做出的规划:2014 年,移动化、BYOD 将逐步普及,限制电话会议的空间屏障即将不在。网络会议、视频会议等多元化通信工具也将融合至现有的以电话会议为主体的沟通平台中,让用户根据其个性化需求选择不同的通信工具,在这个最佳的沟通平台上完成无缝的沟通、决策。其次,以协作为目的,以沟通创造价值为导向的电话会议应用将进一步深入企业业务流程,覆盖到传统通信手段难以企及的沟通死角,帮助用户实现沟通效率和边际效益的最大化。

2.2 沟通定位——绿色会议

随着多媒体会议越来越广泛地应用到了各个领域,许多厂商看到了企业用户的巨大潜

力所在，纷纷推出了专门针对企业用户的会议产品。网络视频技术的日益完善和多媒体会议的进一步普及也使得多媒体会议市场竞争愈加激烈。作为在业内享有盛名的多媒体会议服务提供商，上海会畅通讯股份有限公司已经被许多跨国大型企业认同。

“绿色会议”理念是会畅通讯与山水自然保护中心合作共同推出。山水自然保护中心，是在北京正式注册成立的民办非企业机构，是民间的自然保护专业组织。目前在中国西南开展自然与人类和谐的实地示范，并推动自然保护在国家和地方政策以及公众意识中的主流化。双方合作，将通过举办研讨会的形式普及有关全球气候变化的环保知识，向企业用户介绍如何使用碳计算器，通过多媒体会议减少他们的碳足迹，实现绿色工作方式。

会畅通讯 CEO 黄元庚介绍：上海会畅目前面对的大都是大型外企。使用上海会畅的服务一方面帮助企业节约成本，减少员工的出差次数，同时也提高了企业的沟通和管理效率；另一方面也帮助企业环保。会畅的目的就是为企业提供更好、更有效率的服务。目前国内的主要客户有：联想、中石化、国航等。

3. 做最好的沟通价值提供者

3.1 企业沟通诉求决定多方通信的战略价值

企业通信是企业信息化建设的基础和必备前提。无论是对外的商务协作，还是对内的管理执行及内部沟通，高效的企业通信系统必不可少。对外，高效实用的企业通信系统是企业对外沟通的有效助力，通过多方通信工具或即时消息与外界沟通，企业可以有效控制与客户沟通的成本；对内，企业通信可以提高企业内部沟通效率，协助加强企业管理力度。这意味着，企业通信系统可以让管理者即时掌握企业人员组织变动信息，从而更合理地调配好各部门之间的运作，并打破跨部门沟通的壁垒，为企业高层战略决策的执行打下基础的同时也大大减少企业内部的间接成本。

此外，随着企业跨区域规模的扩张，企业内部高效的通信效率越发重要。有研究数据显示，在企业通信工具使用中，电话和视频会议使用率高达 84%（数据来源），位居第一位。这是因为，电话和视频会议的即时性，能够随时解决问题，相比企业其他两种常用的基于互联网的通信工具——邮件和即时通信的效率更高。至于近年来推出的企业协同办公系统，由于成本因素，以及与企业匹配度较低，仅有 5%（数据来源）的企业使用了该系统，对于对价格敏感的企业来说，这显然不是必需的选择。

总之，除了基于互联网的数据通信之外，多方通信就成为目前企业对通信产品的基本需求。当然，不同行业的企业亦期待具备各自行业特征的个性化通信产品的出现。

3.2 多方通信系统或服务，哪一个适合客户？

企业通信系统的需求非常清晰，会畅需要帮助客户分析如何选择合适的多方通信产品/服务。目前，市场主要的多方通信产品有两类：基于系统的多方通信系统，基于服务的多方通信外包服务。与之对应的，则是企业部署多方通信系统的两种形态，向通信厂商采购多方通信基础设施自建多方通信系统，或者以托管/外包方式，交由多方通信服务商完成。与上述两种多方通信部署模式相对应的是多方通信的两个不同的发展阶段，即多方通信 1.0 与多方通信 2.0。

（1）多方通信 1.0 与资本开支

20 世纪八九十年代，多方通信市场是由思科、Avaya 等设备供应商主导的“多方通信 1.0”时代，这个时代的关键词是“设备质量”。企业主要是自己购买多方通信设备、自己运营。此时，企业的主要资金投入为资本开支。这种模式的弊端很多，大部分企业购买来的多方通信设备后不能够有效使用。一方面多方通信平台涉及的技术和通信环境因素很多，而企业 IT 人士工作千头万绪，大部分情况不能提供专业服务；另一方面，企业自己买的设备往往功能和容量有限，使用不便，需要事先协调和安排。其结果是，企业买了设备后往往一年也用不上几次，大多数时间设备只是白白在那里放着，没有达到增强企业沟通和决策效率的目标并造成极大资源浪费。

（2）多方通信 2.0 与运营开支

“多方通信 2.0 时代”是由 WebEx 开启的，供应商不再向用户销售设备，而是卖服务。用户使用网络会议，不用购买昂贵的设备，也不用自己租赁带宽，而是购买来自服务商提供的多方通信服务。这对多方通信行业来说是革命性的。从行业发展来看，WebEx 不仅改变了多方通信的载体和方式，最关键的是它填补了产业链下游的“真空带”，因此获得了爆炸性的增长，Webex 很快占据了世界网络会议的 60%以上市场份额。与此同时，企业的在通信系统方面资本投入亦转为相对稳健的运营开支。

总之，多方通信 1.0 时代，用户从厂商采购多方通信系统以满足自身通信需求。此举弊端是不仅投入颇多，用户还需要具备规划、建设以及维护系统方面的诸多经验，维持相应维护人力资源配置并承担系统折旧，而另一方面，设备的利用率和使用效果确实无法得到保障。进入多方通信 2.0 时代后，服务商承担通信系统运维，确保通信质量，并将多方通信服务提供给用户。而用户亦可以选择以按需获取的方式获得多方通信服务。一方面，基于专业服务商的网络质量、运维经验及 QoS 通信质量保证，用户可以享受到高质量的多方通信服务；另一方面，按需（使用量）付费方式，亦使得用户可以根据自身需求购买服务，大大减少了基础设施投入及 IT 人员资源开支，并将资本开支转化为运营开支，此举对于那些成长中的企业及中小型企业，成本控制效果显著。

回到上面的问题，基于外包方式的多方通信服务，对于在意性价比、关心资本开支的成长中企业和中小型企业，显然是相比多方通信系统更好的选择。

3.3 提供绿色价值的多方通信

随着时代的进步，会畅提出更符合时代发展主题的多方通讯 3.0。因为用户来自不同的行业，不同行业的用户对拥有行业特征的个性化通信产品有着特殊需求，而且，企业本身对多方通信需求也在不断深化。

一方面，多方通信的技术发展不断加速和深入，除了原来的电话会议，新兴的多方通信服务还包括：网络会议，网络直播，虚拟场景以及多种形式的复合等；即使是电话会议，其功能也变得非常强大和复杂；另一方面，企业本身沟通的需求也越来越复杂，这里有全球化的因素，也有企业本身结构扁平化的因素，另外还有移动办公和环保等考虑，这一切使得如何使用新兴的多方通信服务来最有效地为企业提供服务，成为一项复杂的、长期的、不断深入的任务。这就意味着，来自用户的需求，驱使着多方通信 2.0 开始了进一步演化。

满足垂直行业的定制化需求的唯一途径就是结合对该行业的深度理解进行定制化咨询。这意味着，企业在导入多方通信系统时，还需要多方通信服务商结合企业实际情况提供相应的咨询服务，仔细研究企业所在行业的特点及一般形势，包括企业内部的战略目标、组织结构，业务发展状况，然后制定出切合企业实际的多方通信服务方案。

于此，就出现了会畅所提出的多方通信市场自以服务为主的多方通信 2.0 向“服务”与“咨询”并重的多方通信 3.0 转型。多方通信 2.0 向多方通信 3.0 的转型，无论是对企业用户，还是对多方通信服务商都产生深远影响。从服务商角度看，从多方通信 2.0 向多方通信 3.0 转型，会畅通讯亦经历着从仅提供多方会议服务到提供针对特定行业或特定公司的多方通信定制化咨询方案。这就要会畅通讯对这些行业及企业内部组织机构及业务情况有着深度且专业的理解，方能为用户提供量身定制的多方通信服务。从用户角度看，它们需要经由会畅通讯这样的多方通信服务商进行系统的业务咨询，确定多方通信部署方案后再植入系统，从而将多方通信在企业中的应用效益达到最大化（见图 8－2）。当然，如同 ERP 植入一般，用户以咨询方式部署多方通信服务尽管收益颇多，同样需要做好充分准备。

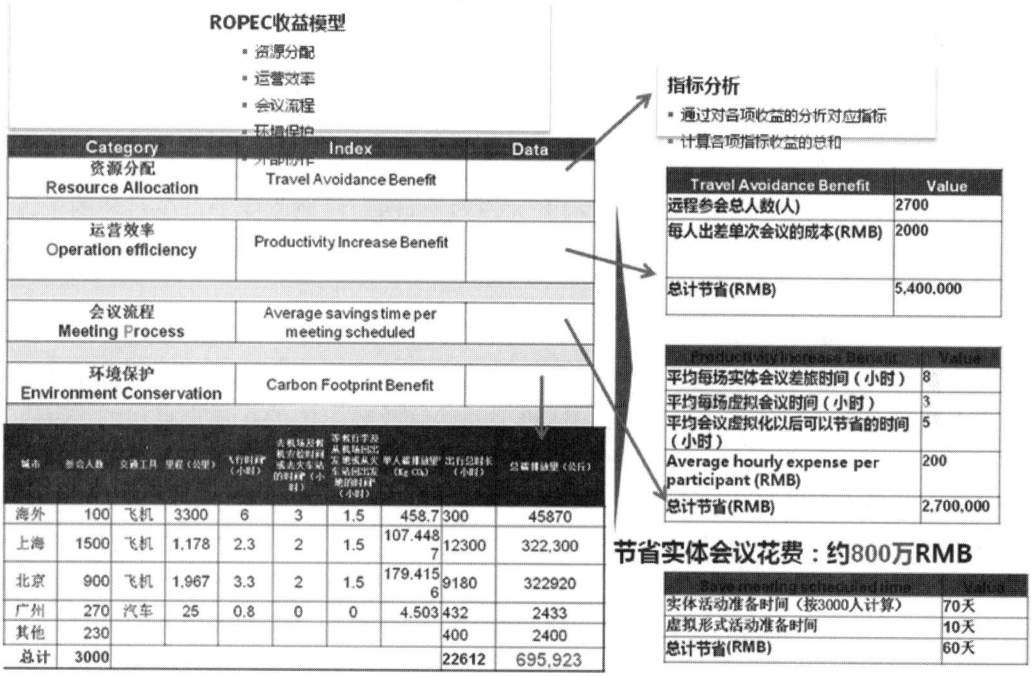

图 8－2　会畅通讯多方通信 3.0 某客户收益分析

4. 为企业创新提供“绿色”动力

根据一家全球国际知名制药公司的数据报告，2011 年 7～12 月，他们在使用了某网络直播会议(Streaming Solution)综合解决方案后，网络直播会议覆盖了其在中国全部的6 000多名员工，相比去年会议开销节省95%，约150万美元。

国际知名制药公司在会议上成本节省的惊人数字，得益于会畅通讯云会议综合解决方案，它将音频、视频及网络等功能有效融合，用户通过任何BOYD设备(手机/固定电话/IPAD/PC)就可以随时随地召开商务会议——无须预约、无时限，也无须接线员。会议发起者仅需轻触电话键盘按键，即可控制接下来的会议命令，如需要演示文件资料，只需一台连接因特网的PC，登录网络会议平台就可以实现文字、图片、数据、甚至是视频等数据信息的共享演示。

众所周知，创新是企业生存发展的恒久主题，在越来越倡导低碳绿色经济的今天，创新周期更是超越以往，企业只有需要更具前瞻性的创新意识，才能跟上时代步伐，保持不断进取的澎湃活力。尤其是成本控制方面，已经成为企业生产力创新的重要议题。

企业要开展业务、扩大市场、增加盈利等等运作都离不开信息沟通的工具。传统上我们可以依靠电子邮件、网站、手机等工具进行实时交流，但是企业的经营活动通常都是团体的多方沟通与协作，需要通过不断开会来处理问题，随着多方沟通需求的不断增加，会议的成本也与日俱增，成为企业庞大的支出负担。

如何通过改善我们信息沟通的方式来降低成本、增加效率，实现"绿色"经济？国内外的优质企业纷纷选择了多方通信产品。何为多方通信？多方通信是高度商业文明的产物，它将电话、视频和网络结合起来，可以为企业提供一个虚拟的多方会议平台，从而极大地降低企业运营成本、提高生产效率。作为业内享有盛名的全球多方通信服务供应商，上海会畅通讯的这种量身打造的"一站式"远程会议方案，将电话会议、网络会议、视频会议、网络直播、大型活动会议以及在线培训等多种通信方式全部囊括其中，最大限度地满足了企业内部多元化沟通需求，帮助企业节省管理成本、提升运作效率，创新性地改变了以往召开的千人大会的"劳民伤财"的会议模式，并已被大量的全球性跨国大型企业所认同和使用(见图8－3)。

4.1 绿色创新的基石

任何创新都离不开技术的支撑，会畅通讯公司一直孜孜不倦的在追求卓越的产品和服务。商会通会议解决方案，用户不需要购置硬件设施——只需拥有一部电话(手机)和一台可以上网的电脑——并且可以根据自己的会议需求进行按需定制，用户只要用相应会议账号登录会畅通讯云会议平台，即可在线实现多方会议应用。比如一方在上海办公室、一方在去往机场的路上、一方在某国家出差。虽然大家都处于不同的地点，但是通过"商会通"这样一个会议平台，所有人都可以通过电话会议、网络会议、视频会议等方式随时随地进行低成本沟通。

上述知名制药公司相关部门负责人曾说道："我们的一线的销售分布于全国30多个省市地区，我们每搞一次大规模的产品培训，各个主要区域轮循一圈就要差不多一个月，而利用了"会畅通讯云平台"这种远程高效的模式后，2天就做好了800多名销售的产品培训，而且让我们第一时间就通过网上问卷调查的模式得到了反馈，及时了解了销售的培训效果，这种模式非常值得推广。"

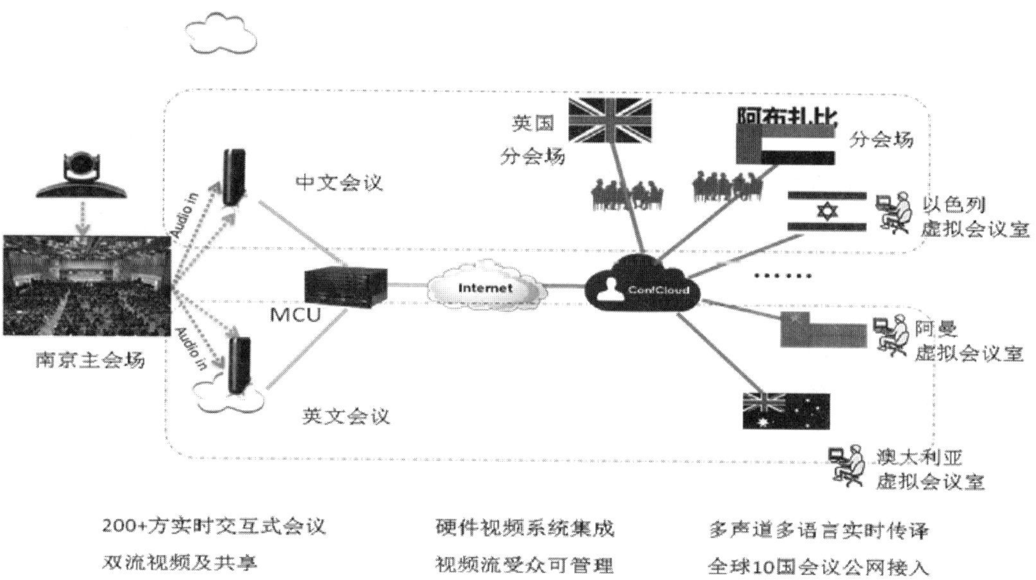

图 8—3　会畅通讯某个客户解决方案 & 价值

4.2　绿色创新的动力源泉

除了产品和技术本身的卓越性和便利性能为企业带来效益外，真正为企业生产力创新注入“绿色”动力的则是会畅通讯的服务理念。

会畅通讯与其他厂商最大的不同在于其服务理念。很多企业对多方通信的理解只停留在一种沟通工具或手段层面，因而一个多方通讯的厂商往往被定义成只是一个会议产品的提供者。会畅通讯从企业角度出发帮助其挖掘多方通信服务的真正价值。因而，每年会畅通讯都会给各大企业做报告，提供会议服务市场的最新进展信息，并且协助企业内部在其商业运作或者商业流程方面，降低营运成本，提高工作效率，并帮助应对来自企业未来发展中出现困难的各种准备，提出业务影响的战略性建议。会畅通讯 CEO 黄元庚先生说：“我们所做的绝非提供会议工具这么简单，可以说，我们是在为客户做会议咨询工作。”正是这种站在客户角度、为客户细致考虑的服务理念使得会畅通讯最终获得了市场的肯定，成功转型为企业生产力创新的绿色发展动力，而不仅仅是一个产品供应者。

今天，会畅通讯的企业会议诊断解决方案，将会畅通讯产品、服务与支持整合于一体——从应用端到业务端，从员工效率到整体效率，从满足当前需求到应对未来挑战——全力支持企业各个领域，为企业创新注入“绿色”动力。

5. 低碳经济下的绿色梦想

5.1　地球一小时——展现环保魅力

2014 年世界环保基金会(WWF)“地球一小时”中国活动现场在北京世贸天阶进行，场面极为热烈，白天很多热心市民参观了展厅，晚上更是有李冰冰作为形象大使出现掀起活动高潮，作为该项目在中国区现场活动传播的首次突破，主办方设立了微信现场直播版块，网友和粉丝足不出户即可通过移动设备观看北京现场的蓝天自造展览，以及当晚的熄灯活动。

这是 WWF 地球一小时中国区活动首次采用微信端网络直播的形式，而推动实现移动端观看视频直播的幕后执行者，就是来自多方通信服务领导者会畅通讯的网络直播服务。伴随着移动终端在人们日常生活中使用的愈加广泛，任何在移动端推广活动都受到了大批粉丝的欢迎，WWF 具有 10 万微信粉丝，遍布于全国各地，为了给他们带来更加直观的现场效果，WWF 联合会畅通讯推出了移动端直播解决方案，充分利用微信这种新媒体平台，开展与粉丝的互动新体验。

所有热心公益的网友只要关注 WWF 官方微信，活动期间点击直播页面即可观看活动直播，非常便捷；活动当天直播从早晨 10 点开始，一直进行到晚上 8:30，历时 10 个半小时，直播画面一直非常流畅，所有智能手机均能顺利观看，据统计数据显示，其间共有 2 361 人收看了直播，涵盖了全国 32 个省。还有泰国、新加坡、英国等国外观众也收看了本次直播，极大地增强了活动的影响力。

自 2014 年以来，会畅通讯开始与 WWF 携手，筹划绿色办公室的初步合作，随着双方接触的深入，形成了更多的传播思路，最直接的表现是在全国范围传播的地球一小时活动中，会畅通讯(BizConf)将网络直播服务与微信传播捆绑，为大型公益活动提供全新的传播方式。具体如图 8—4 所示。

图 8—4 会畅通讯携手 WWF 支持“地球一小时”微信直播

会畅通讯自成立以来一直倡导绿色环保的新型办公理念，为企业客户节约成本提高效率的同时，还为降低碳排放做出巨大贡献，截至 2012 年，会畅通讯月均服务时长已经突破 5 000 万分钟，这个数字经过简单换算即得到，83 万多小时、3 万多天，换算成碳排放就代表着每月减少了 6 234 万千克的二氧化碳，也就相当于每月种了 62 万棵树，对环保事业来讲是个巨大的数字。

除了多方通信会议服务本身产生的绿色环保价值，会畅通讯一直热心于各种绿色环保社会公益活动，自 2008 年以来，会畅通讯陆续参与和支持了“绿色骑手，奔向北京”大型公益活动，助力企业节能减排的保护国际中国环保主题研讨会，与山水自然保护中心联合开展的西南旱灾生态救灾项目等。

此次活动中，会畅通讯的移动端直播平台充分显示了其新颖性、便捷性和广泛性，在移动互联网时代充分利用微信这种新媒体平台，开展与粉丝的互动新体验，给“地球一小时”公益活动带来了更大的影响力，不久的将来，会畅通讯还会携手 WWF 合作展开新的合作项目，继续为提倡绿色高效办公带来更新的形式和更好的体验。

5.2 绿色办公室——引领绿色可持续商业模式变革

地球上大部分人有 1/5～1/4 的时间在办公室里活动，不可避免需要各种资源的支持，包括建筑与办公活动的耗能耗水以及通勤交通等。2015 年，世界自然基金会中国区 CEO 卢思骋近日接受记者专访时指出，网络新经济时代使世界各国办公室的形态产生了许多变化，一方面是一些新技术如电话会议、视频会议等让信息沟通更便捷，改变了人们聚合与交流的方式，另一方面出现了移动办公、居家办公、联合办公等新的形式，办公室的定义正被重新定义，对环境的影响越来越成为重要的考量指标。

世界自然基金会中国代表处联合会畅通讯等首批十多家中国企业启动绿色办公室项目，WWF 中国将该项目引入中国并进行了初步的尝试，在尝试阶段有探路者、诺基亚、阿拉善等企业和机构参与并通过了绿色办公室认证，一起为中国节能减排、环境保护做出贡献。

据介绍，“绿色办公室”项目 2002 年从芬兰开始，首先在欧洲一些环保意识比较强的企业和机构中实施，目前已经在近 300 家企业的 600 多处办公室实施，共有 8 万多名员工参与，参与企业和机构遍布 11 个国家。

会畅通讯 CEO 黄元庚表示，该项目是一套专为办公室设计的简便办公环境管理系统（EMS），旨在通过该系统降低办公对环境的影响，实现资源节约，以推行可持续的办公方式进而减少生态足迹、减缓气候变化，同时也可以帮助企业减少办公成本。

绿色办公室在节能节水、绿色采购、员工意识提高等方面的潜力测算，持续减少办公对环境的影响是绿色办公室项目的关键。据统计，仅在芬兰的绿色办公室成员 2013 年比上一年减少了 890 万千瓦时的用电和 2 100 万张办公用纸。

黄元庚认为，会畅通讯作为一家适应网络信息经济绿色发展的行业领袖，与世界自然基金会 WWF 合作，在其客户和价值链上推行绿色办公室项目，旨在传播绿色办公环保理念，这是一种新的尝试形式，将有力地推动中国企业的绿色转型。

卢思骋表示，绿色办公室项目针对每个企业力所能及推出责无旁贷的绿色行动，从源头治理办公室有害有毒化学物质，因地制宜传播绿色环保理念，提升绿色办公室成为人类绿色消费行为的入门级项目，引领推动绿色可持续商业模式变革。

5.3 CITY MAP

City Map 数字平台由“促进中国可持续发展城市国际 NGO 联盟”共同开发，旨在通过公众互动、城市参与及 NGO 项目展示，为公众、城市和公益组织提供展示和参与低碳城市发展的平台，促进公众低碳意识、行为和生活方式的转变，同时推动政府采取更积极的行动应对气候变化，共同创造一个更加美好的城市。

City Map 数字平台综合了公众互动平台、低碳信息展示、城市低碳数据库等多种功能。

会畅在 City Map 担任重要角色:模拟计算企业用户使用远程通信方式节省的碳排放数据,共同推进企业低碳办公,可持续办公方式的呼吁者。

5.4 彩绘熊猫公共艺术展

35 年来,以大熊猫保护为起点,WWF 在中国的项目领域已经扩展到物种保护、淡水和海洋生态系统保护与可持续利用、森林保护与可持续经营、可持续发展教育、气候变化与能源、野生物贸易、科学发展与国际政策等领域。从莽莽东北林海到巍巍西南峻岭,从东海之滨到长江之源,WWF 植根中国,密切与中央和地方政府、科研机构、NGO、商业领域等众多合作伙伴开展工作,推动中国的可持续发展进程。示例如图 8—5 所示。

图 8—5　熊猫公共艺术展

该活动有 1 864 只小熊猫代表目前野生大熊猫的数量,35 只代表 WWF 来华 35 周年。其中 35 只为大的熊猫,有赞助企业领养,呈现企业的品牌信息。会畅拥有 35 只大熊猫中的一只,作为企业品牌传播渠道,熊猫君作为会畅通讯的公益绿色代言形象,有力地正面传播绿色公益的品牌形象。

6. 绿色战略的社会价值和品牌收益

长期以来,B2B 绿色营销存在多方面实施障碍,其中包括消费者、生产者、政府方面的原因。从企业主体来说,有一些企业注重眼前利益,忽视环境保护和社会长远利益;另一些企业则认为绿色营销花费成本高、存在风险、收益甚微而裹足不前。会畅通讯身体力行向 B2B 行业展示了绿色营销战略给企业带来的社会价值和品牌收益,前文所述的某酒业企业的碳排放就达到 696 吨。具体见表 8—3 和表 8—4。

表 8—3　　2013～2015 年会畅公司减少的碳排放量

	2015 年	增长率	2014 年	增长率	2013 年	增长率
成本分钟数	328 559 078	−7.11%	353 716 394	1.25%	349 350 896	26.72%
收入分钟数	356 791 082	−8.17%	388 515 120	4.42%	372 070 820	19.41%

续表

	2015 年	增长率	2014 年	增长率	2013 年	增长率
减少的碳排放量	407 761 236.57	−8.17%	444 017 280	4.42%	425 223 794.29	19.41%

注：表中数字根据会畅提供的数据计算。碳减排的计算公式：开车的碳排放量（千克）＝油耗公升数×0.785；火车的碳排放量＝公里数×0.04；短途飞行（<200 公里）的碳排放量＝公里数×0.275

从消费者角度考虑，会畅通讯帮助企业减轻了差旅人士的时耗、力耗和企业财耗，真正实现了企业沟通上的节能减排。从社会角度考虑，会畅通讯通过云会议服务平台，融合语音、网络、视频等多种通信模式，逐渐取代了传统的汽车、飞机、火车等高耗能差旅工具，大大阻止了全球温室气体的第二大排放源。从会畅自身考虑，绿色营销战略助力会畅通讯迅速成为通信行业的领跑者，为自己创立了良好的绿色口碑，成为 WWF 在中国的践行低碳战略合作伙伴。

表 8－4　　2013～2015 年会畅公司利润分析　　单位：元

项　目	2015 年		2014 年		2013 年	
	金额	增长率（%）	金额	增长率（%）	金额	增长率（%）
营业收入	25 235.29	6.78	23 632.07	2.22	23 118.56	11.21
毛利	11 233.05	5.06	10 691.64	11.84	9 559.34	18.86
毛利率	44.51%	−1.61	45.24%	9.41	41.35%	6.88
营业利润	3 899.64	−11.32	4 389.43	5.58	4 157.50	6.57
利润总额	4 140.13	−8.37	4 510.51	4.78	4 304.73	0.43
毛利/利润总额	271.32%	14.67	237.04%	6.74	222.07%	18.35
营业利润/利润总额	94.19%	−3.21	97.32%	0.76	96.58%	6.11

注：表中数据根据会场通讯公开报表计算。

7. 通信业未来的博弈——绿色低碳战略

“全球变暖”被称为比“金融危机”更为可怕的“后危机时代”。2009 年的哥本哈根峰会揭开了发展低碳经济的宏伟序幕，将低碳经济和绿色经济的概念推向全球，低碳经济时代的到来已不可逆转。对通信行业乃至所有行业来说，低碳发展已逐渐成为一个战略性问题，应用 ICT 技术引领高效低碳的发展模式，不仅可以更好地控制成本，而且能带来新的业务拓展与整合的机会。

2014 年 12 月 11 日在中国主席习近平和美国总统奥巴马签署的《中美气候变化联合声明》中表明：中美两国元首宣布了两国各自 2020 年后应对气候变化行动，认识到这些行动是向低碳经济转型长期努力的组成部分并考虑到 2℃全球温升目标。美国计划于 2025 年实现在 2005 年基础上减排 26%～28%的全经济范围减排目标并将努力减排 28%。中国计划 2030 年左右二氧化碳排放达到峰值且将努力早日达峰，并计划到 2030 年非化石能源占一次能源消费比重提高到 20%左右。双方均计划继续努力并随时间而提高力度。联合声明关于低碳经济的目标为通信行业指明了努力的方向和程度。

通信行业的绿色低碳战略包括两个部分，一是通信行业本身的节能减排行为；二是通过自身技术帮助其客户低碳运营。关于通信公司自身的节能减排活动，会畅需要搞清楚自身的碳排放数量。在碳排放披露方面，世界著名公司 DELL、IBM、HP 等做了表率。会畅要做到是分析整个产品的生命周期的过程，从供应链的原材料、元器件、运输，基站建设、交付用户到用户使用过程、生命周期终结、回收利用的活动，包括经营活动都做到定量，每个环节到底产生了多少二氧化碳，哪些环节可以做改善的，哪些对整个产业来讲可以有帮助的。根据这个分析结果，然后定量的提出目标，持续改善。绿色低碳战略的第二个部分是通信企业大展身手的地方。因为信息通信技术（ICT）带来的减排效应远大于其自身的排放，因此除了自身减排之外，推动传统行业特别是高耗能行业的节能减排是目前 ICT 行业低碳发展的重要手段和主要工作方向之一。Smart2020 年报告预测，到 2020 年，信息和通信技术具有让来自商业用途的全球温室气体排放减少 15%的潜力，并同时节省超过 9 000 亿美元。

中国移动的宣传口号是“移动改变生活，绿色创造未来”。早在 2009 年 11 月 11 日，中国移动已经与工业和信息化签订了通信行业首个《节能自愿协议》，向国家郑重承诺，到 2012 年底实现单位业务耗电比 2008 年降低 20%，明确了近期企业节能减排新目标。作为中国移动竞争对手的会畅通讯公司，在助力企业低碳运营的战略上具有新的举措吗？会畅通讯是否提供了客户所需要的绿色沟通价值？总之，在 B2B 的绿色营销道路上会畅通讯任重而道远。

参考文献：

1. 会畅通讯宋丹尔：视频云服务在企业协作中的应用[EB/OL]. 2014－11－2，http://blog.sina.com.cn/s/blog_9e2f77d20102v8iw.html.

2. 多方通信的领袖之争[EB/OL]. 2012 年 10 月 19 日，http://info.it.hc360.com/2012/10/191617675197.shtml.

3.（英）菲尔．B2B 营销：关系、系统与传播[M]. 沈阳：东北财经大学出版社，2007.

4. 上海会畅——绿色会议倡导者[EB/OL]. 2008 年 8 月 25 日，http://www.c114.net/interview/340/a340077.html.

5. 陈琛．上海会畅："低碳"理念 践行上海经济转型之路[J]. 通信世界，2010(42).

6. 郭斌．绿色需求视角的企业绿色发展动力机制研究[J]. 技术经济与管理研究，2014(08).

7. 谢园．突破 B2B 营销天花板[J]. 成功营销，2012(10).

附录 英文摘要

Stretching and cultivating the extreme advantage: the green practice of Bizconf's B2B marketing

Gao Weihe Chen Zhuanqing

(Shanghai University of Finance and Economics, Shanghai, 200433, China)

Abstract: This case explains the B2B green marketing strategy of Shanghai Bizconf. Based on the analysis of the demand for green in the B2B market, it focuses on how Bizconf developed the positioning of "Green Conference", providing green—value, and motivating green innovation and so on. The new B2B marketing communication paradigm which pave new way for Chinese B2B marketing. From 2006 to now, Bizconf has already become the leader of in multi—party communication market with help of powerful B2B marketing practice. However, whether can it still go first with B2B green marketing or not? Does it develop new programs to push the B2B green marketing? Does it provide more value for customers in the B2B market? This case is mainly used for marketing teaching, especially B2B communication of marketing, to which help let students understand the green marketing between B2B communications.

Keywords: Bizconf; B2B marketing; Low-carbon(LC); Green Marketing

案例使用说明

一、教学目的与用途

1. 通过向学生介绍上海会畅通讯公司 B2B 绿色营销的经验和未来面临的战略挑战，分析说明中国 B2B 行业，尤其是通讯企业如何在生态文明背景下凸显服务优势，创立品牌，以及如何进行营销沟通为企业提供绿色价值。

2. 启发学生思考 B2B 企业绿色营销战略所面临的具体决策问题，尤其是在提供技术和服务的沟通模式上如何抉择。特别是全球低碳发展的背景下，企业应如何践行绿色营销战略，坚持不懈地进行环保活动还是经济绩效至上，B2B 行业的绿色创新都将是面临的重要难题。

3. 本案例主要适用于针对 MBA 学生或高年级本科生的教学。

4. 适用的课程：

(1)B2B 营销沟通课程。本案例可以从 B2B 营销中企业应如何进行营销沟通和营销创新的角度进行分析，尤其是低碳经济企业改造的创新之路以及通信行业为企业创造绿色价值的可行战略。此外，应该如何进行需求管理，以及营销沟通应该如何为市场需求服务。

(2)绿色营销课程。案例设计的基本问题覆盖了企业市场绿色需求分析、绿色市场定位、绿色价值传递、绿色战略规划等内容，教师可以从企业如何利用良好的市场机遇，进行绿色市场定位和绿色价值传递，以绿色公关和绿色服务为核心，进行绿色营销管理这个视角展开。

二、启发思考题

1. 目前会畅通讯以“绿色”作为和客户沟通的诉求点，并身体力行进行“地球一小时”“绿色奥运”“绿色办公室”等绿色营销实践，试分析，在今后的发展中，会畅应更关注技术还是更关注服务？即技术导向还是服务导向？

2. 回顾会畅十年的发展历程，可以发现 2010 年会畅在市场占有率方面落后于中国电信、中国联通、中国移动、全时，一方面是会畅成立较晚，另一方面是服务理念使然。2011 年之后市场发生逆转，会畅市场战略率超越全时。2015 年中国电话会议市场数据显示，会畅通讯连续两年保持市场排名第二，仅次于中国电信，是市场占有率最大的多方通信服务商。那么，当会畅获得好的市场占有率后，会畅应如何发展和维护已有的市场占有率？试结合市场竞争理论进行分析。

3. 发展低碳经济、倡导绿色办公已经成为全球经济发展的大势所趋，低碳运用存在于企业内、外部的沟通交流。企业内部的交流需要使用同一的交流平台，不同企业之间进行业务沟通时也会选择同一交流平台，即形成所谓集中的通用化平台；同时，因为一些行业需求差异比较大，会形成各具特色的行业通信平台。试问，会畅在今后的发展中应专注于提供集中的通用化平台还是各具特色的行业平台？

三、分析思路

1. 分析企业进行绿色经济转型的背景，评估会畅的优势和劣势

(1)绿色经济转型背景

人类进入 21 世纪以来，随着工业化进程的加快，社会经济的发展，人们生活水平日益提高的同时，人类的生存环境遭到极大的破坏，于是，“绿色消费”“绿色营销”“可持续发展”等概念深入人心。消费者市场关于保护生态环境。减少污染、节约能源、防止公害的呼声越来越高。消费者市场的绿色需求和 B2B 市场上的绿色需求直接相呼应。尤其是美国经济危机之后，中国经济不可避免地面临着来自多方面的压力，以节能减排、低碳经济、绿色经济等为核心内容的企业改造刻不容缓。

(2)优势

①服务＋营销优势

会畅坚持以咨询式的方式为客户提供个性化服务，力争以不断超过客户预期的服务来提升客户满意度，提高客户黏性。公司通过诊断客户内部业务、管理等方面的不足，结合公司技术与软件的应用，凭借行业服务经验、大客户服务经验和技术优势，为客户提供全面的咨询式服务，此种服务被公司命名为“多方通信 3.0”咨询式服务。

会畅建立了符合公司业务发展特点的营销组织框架，营销部门分成两个团队：新客户拓展团队和老客户服务团队。此外，会畅以长期服务世界 500 强等优质企业客户形成的数据资源为基础，利用数据分析方法，通过咨询式营销为客户带来商业价值，形成独特的专业化

营销优势。

②研发优势

会畅一直将提升研发能力作为提升公司竞争力的关键环节，并已形成完善的研发体系与研发制度，公司以会议平台的优化和维护为核心，同时在客户会议解决方案、移动电话软件辅助、邮件系统软件辅助等几个方面进行软件与技术创新。已成功研发出多方通信协同服务平台、移动解决方案以及基于微信的网络会议与直播等功能应用。

③品牌与市场影响力优势

会畅通过长期优质服务树立了在国内通信会议市场良好的品牌与市场影响力。根据 Wainhouse2011 年研究报告，中国市场上排名前五名的通信会议服务提供商依次为中国电信、中国联通、会畅通讯、中国移动和创想空间。

(3)劣势

作为专业的通信会议服务提供商，会畅并不具备基础电信运营商(比如中国移动、中国电信、中国联通)在客户资源、网店渠道等方面的优势，因此，在国内通信会议市场占据主要份额仍然是基础电信运营商。另外，其他专业运营商不断提供相似的服务，市场竞争压力大。

2. 绿色营销的特点是什么?

和传统营销相比，绿色营销具有如下几个显著的特点。

(1)营销目标的转变

传统营销以满足及开发消费者需求为核心，所有营销战略组合都是围绕消费者的需求和欲望进行设计，以最大限度刺激消费者达到销量增长的目标。绿色营销除了满足消费者需求外，还强调社会的可持续发展，倡导节约资源，进行合理消费。

(2)研究重点的转变

传统营销关注的重点是企业、竞争者和消费者三者的关系，绿色营销的研究重点是企业运用、自然环境和消费者身心健康的关系。

(3)顾客满意度范围的转变

传统营销关注的顾客满意度是指消费者消费产品和服务时获得的满意程度，是一种短暂的满意，绿色营销中的顾客满意度是指消费者在产品消费时及消费后的包装、产品回收的处理过程的程度，是一个整个消费过程的满意。

(4)产品的绿色表现

企业提供的绿色产品是企业绿色营销战略关键部分，绿色产品的“绿”色变现为保护环境、节约资源，促进社会的可持续发展。提供绿色产品的企业属于履行企业社会责任的一部分，除此之外，绿色营销还包括企业营销活动中存在的社会价值观、伦理道德等其他社会问题。

(5)企业文化的转变

在传统营销中，企业文化的塑造强调竞争优势、竞争获胜。绿色营销的企业文化强调整个产业链的绿色价值，即竞争、合作共生，企业在营销过程中竞争对手也是环境保护的合作者。

3. 分析会畅如何发挥自身优势助力企业进行低碳、环保行为?

会畅通讯为企业用户提供会议产品，用以满足企业用户的内、外沟通需求。会畅通讯对沟通定位理念是:绿色会议。"绿色会议"理念是会畅与山水自然保护中心合作共同推出。山水自然保护中心,是在北京正式注册成立的民办非企业机构,是民间的自然保护专业组织。目前在中国西南开展自然与人类和谐的实地示范,并推动自然保护在国家和地方政策以及公众意识中的主流化。双方合作,将通过举办研讨会的形式普及有关全球气候变化的环保知识,向企业用户介绍如何使用碳计算器,通过多媒体会议减少他们的碳足迹,实现绿色工作方式。

目前,上海会畅的目标客户大都是大型外企。使用上海会畅的服务一方面帮助企业节约成本,减少员工的出差次数,同时也提高了企业的沟通和管理效率;另一方面也帮助企业环保。会畅的目的就是为企业提供更好、更有效率的服务。目前国内的主要客户有:联想、中石化、国航等。

四、理论依据与分析

1. 社会营销产品分类模型

社会营销是一种运用商业营销手段达到社会公益目的或者运用社会公益价值推广商业服务的解决方案。社会营销的原则是公司在做营销决策时需要综合考虑顾客的需求和利益、公司的要求和社会的长期利益。社会营销导向的企业设计的产品不仅对顾客是有用的而且对顾客是有好处的。社会营销的产品特别之处如表 8－5 所示。产品根据顾客的即时满意和顾客长期利益程度分成四种类型的产品。

(1)有缺陷的产品。它是指对顾客没有即时吸引力也没有长期的利益。

(2)取悦型产品。它是指对顾客带来高度的即时性满意,但长期可能带来伤害。

(3)有益产品。它是指对顾客短期没有吸引力,但从长期利益来看会对消费者有益。

(4)期望产品。它是指产品既能给顾客即时的满意又能带来长期的利益。

表 8－5　　会畅通信公司业务

		顾客的即时满意	
		低	高
顾客的长期利益	高	有益产品	期望产品
	低	有缺陷的产品	取悦性产品

会畅通讯从 2006 年成立到现在,试图将公司所有的产品都转化成期望产品。

相比国外,我国的多方通信虽然起步较晚,但在十几年的发展中也经历了三个阶段:多方通信 1.0 时代——销售设备、多方通信 2.0 时代——提供服务和多方通信 3.0 时代——价值咨询,而以"咨询＋服务"为主要模式的多方通信 3.0 服务理念是会畅通讯提出,是指在对企业业务及沟通需求进行专业咨询基础上进行的多方通信系统导入。

企业内、外沟通需求决定了多方通信的战略重要性。在多方通信 1.0 到 3.0 的转型过程中,会畅通讯亦经历着从仅提供多方会议服务到提供针对特定行业或特定公司的多方通信定制化咨询方案。上海会畅通讯这种量身打造的"一站式"远程会议方案,将电话会议、网络会议、视频会议、网络直播、大型活动会议以及在线培训等多种会议方式全部囊括其中,最大限度地满足了企业内部多元化沟通需求,帮助企业节省管理成本、提升运作效率,创新性地改变了以往召开的千人大会的“劳民伤财”的会议模式，并已被大量的全球性跨国大型企业所认同和使用。

2. B2B营销沟通的DRIP框架

传统的B2B营销沟通观点认为，营销沟通包括为传递信息并说服顾客购买产品和服务而设计的各种活动。传统的营销沟通活动的中心是以产品为导向的，并且组织沟通或者包括了组织的产品和企业形象的沟通的各个方面，或者只包括与组织形象和声誉有关的沟通。传统的B2B营销沟通由于是一种静止的、单向的信息传递，所以和客户联系不强、没有共鸣、不能真正打动合作对象。克里斯·菲尔，卡伦·E. 菲尔(2007)提出一个有指导性意义的营销沟通定义，即：“营销沟通是组织与它的各种受众相互交流的管理过程，其目的是为了影响受众对组织及其(或者)产品和服务的认知和理解，以产生特殊的意义和态度，以及行为上的反应。”由此引申出营销沟通的四种功能，分别是差别化(differentiate)、强化(reinforce)、告知(inform)和说服(persuade)，四种基本的沟通功能被简称为DRIP框架，此框架是B2B交易网络行之有效的沟通方式。DRIP框架的具体内容见表8—6。

表8—6　会畅通信公司业务

功 能	内 容
差异化	组织、产品或服务
强化	通过提醒并安抚现行的、流失的和潜在的顾客进行
告知	对顾客和其他利益相关者进行组织问题、产品特色和利益方面的教育
说服	以特殊的方式使目标受众思考或行动

根据企业营销沟通经验的总结，成功营销沟通活动通常努力DRIP目标中的2个，而不是4个。因为四个目标可能会导致混乱，目标不清晰，从而导致营销沟通失败。

(1)差异化

会畅通信公司创新的技术给客户提供绿色创新。商会通会议解决方案，用户不需要购置硬件设施——只需拥有一部电话(手机)和一台可以上网的电脑——并且可以根据自己的会议需求进行按需定制，用户只要用相应账号登录“商会通”产品会议平台，即可在线实现多方会议应用。

(2)说服

2012年，会畅通讯开创性地率先在业内提出多方通信3.0概念，将咨询式服务应用在企业通信部署服务中，通过对服务企业的业务诊断、架构分析、流程整合、应用评估等持续改进的闭环咨询服务，为企业通信更高效，成本更经济创造价值。会畅通讯的咨询服务在中国多方通信市场获得了众多知名大企业的认可。

3. 市场竞争战略理论

无论是国内还是国际市场，竞争是常态，因而竞争战略是企业非常关注的重要战略之一。竞争战略是指一个企业在同一使用价值的竞争上采取进攻或防守行为。美国管理学家迈克尔·波特提出三种基本的竞争战略：成本领先战略、差异化竞争战略和集中战略，可供企业根据自身资源选择不同的竞争战略类型。三种基本竞争战略的差别如表8—7所示。

表 8—7　　三种基本竞争战略的差别

		战略优势	
		低成本地位	独特性
战略目标	整个产业范围	成本领先战略	差异化战略
	特定细分市场	成本聚焦战略	差异化聚焦战略

会畅在激烈的市场竞争中，敏锐地抓住全球"低碳经济"的主旋律，为客户提供"绿色价值"的信息沟通，采取的是差异化竞争战略。差异化竞争战略是指企业向市场提供的产品或服务比竞争者更具特点，从而建立一种相对竞争优势的战略。这种战略的核心思想是向顾客提供独特的不可替代的价值。竞争对手难以模仿或模仿代价高昂的差异化战略最具吸引力。实际上，实力雄厚的企业往往能够及时地仿制任何一种产品的特色或属性，即有形的产品容易复制，但无形的特色不易仿制，这就说明持久的差异化优势通常要建立在独特的内部能力和核心能力的基础上。产异化竞争战略追求的是持久的竞争优势，成本亦在企业考虑之内，只不过不作为企业主要的战略目的。

企业可以从不同方面实施差异化，最常用的差异化方式是产品、服务、人员和形象四种。对于企业而言，四种差异化方式可以单独使用，也可以两种或两种以上同时使用。

企业要开展业务、扩大市场、增加盈利等等运作都离不开信息沟通的工具。传统上我们可以依靠电子邮件、网站、手机等工具进行实时交流，但是企业的经营活动通常都是团体的多方沟通与协作，需要通过不断地开会来处理问题，随着多方沟通需求的不断增加，会议的成本也与日俱增，成为企业的一个庞大的支出负担。上海会畅通讯通过提供量身打造的"一站式"远程会议方案，将电话会议、网络会议、视频会议、网络直播、大型活动会议以及在线培训等多种会议方式全部囊括其中，最大限度地满足了企业内部多元化沟通需求，帮助企业节省管理成本、提升运作效率，创新性地改变了以往召开的千人大会的"劳民伤财"的会议模式，并已被大量的全球性跨国大型企业所认同和使用。

4. 绿色品牌战略

企业通过品牌区分他们的产品，缺乏有效的品牌可能导致产品在市场上失败。品牌的核心是"声誉"，是企业的无形资产和"软实力"。绿色品牌是和生态营销、环境营销和绿色营销相关而衍生出来的概念，是可持续发展大环境下全球研究的热点问题之一。绿色品牌具有一些特定品牌的属性和利益，并且降低品牌对环境的影响，同时能够被感知为具备环境友好的关键属性。

长期以来，B2B 绿色营销存在多方面实施障碍，其中包括消费者、生产者、政府方面的原因。从企业主体来说，有一些企业注重眼前利益，忽视环境保护和社会长远利益；另一些企业则认为绿色营销花费成本高、存在风险、收益甚微而裹足不前。会畅通信身体力行向 B2B 行业展示了绿色品牌战略给企业带来的社会价值和品牌收益。

(1)会畅绿色品牌战略的社会价值

交通业是全球温室气体的第二大排放源。会畅通讯通过云会议服务平台，融合语音、网络、视频等多种通信模式，逐渐取代了传统的汽车、飞机、火车等高耗能差旅工具，减轻了差旅人士的时耗、力耗和企业财耗，真正实现了企业沟通上的节能减排。截至 2015 年，会畅通讯全球会议云平台服务的使用量已超过 7 亿分钟，相当于帮助地球减少了 120 万吨二氧化碳的排放，或种植一千两百多万棵树木。

(2)会畅绿色品牌战略的品牌收益

正是因为产品的“绿色”属性，会畅通讯获得了 WWF 的信任并达成共识，在中国通过战略合作践行低碳，最终获得超过千万级的品牌传播效果，真正回答了 B2B 绿色营销对企业究竟有何效果这一营销核心难题，实现了绿色营销在 B2B 背景下的闭环。表 8—8 是会畅近三年以来的利润分析。

表 8—8　　2013～2015 年会畅公司利润分析　　单位：元

项　目	2015 年		2014 年		2013 年	
	金额	增长率(%)	金额	增长率(%)	金额	增长率(%)
营业收入	25 235.29	6.78	23 632.07	2.22	23 118.56	11.21
毛利	11 233.05	5.06	10 691.64	11.84	9 559.34	18.86
毛利率	44.51%	−1.61	45.24%	9.41	41.35%	6.88
营业利润	3 899.64	−11.32	4 389.43	5.58	4 157.50	6.57
利润总额	4 140.13	−8.37	4 510.51	4.78	4 304.73	0.43
毛利/利润总额	271.32%	14.67	237.04%	6.74	222.07%	18.35
营业利润/利润总额	94.19%	−3.21	97.32%	0.76	96.58%	6.11

注：表中数据根据会场通讯公开报表计算。

五、背景信息——多方通信行业概况

1. 行业概念

多方通信是指基于通信网络实现两点或多点之间实时的交互式或点播式的话音、图像(视频)通信的服务。支持电话、网络电话以及移动性(移动电话)和视频接入(视频会议)。在企业通信工具使用中，电话和视频会议使用率高达 84%，居于第一位。原因在于，电话(语音)和视频会议具有即时性，能够及时解决问题，效率远比邮件和及时通信更高。

2. 发展历史

我国的多方通信市场经历了从 1.0 到 3.0 的演变过程。

多方通信 1.0 时代，企业多方通信应用质量主要决定于设备的质量。这个时代主导企业是思科、Avaya 等设备供应商，供求双方还没有服务的概念。

多方通信 2.0 时代，出现了外包服务商，即思科、Avaya、华为等负责通信网络建设，Intercall、WebEx 等提供平台以及系统，多方通信外包服务商直接面对用户，为用户提供全面的多方通信外包服务，企业多方通信应用质量跟多取决于多方通信服务提供商的服务水平。

多方通信 3.0 时代，是由会畅通讯公司提出的理念，侧重于以提供咨询服务为主要特点。企业通过咨询后再导入多方通信系统，不仅可以有效提升多方通信系统在企业中的应用效益，更有利于企业沟通水平的提升，且有助针对性地减少经营成本。

3. 市场竞争者分析

(1)会畅通讯的市场地位

目前，国内多方通信会议服务商主要分为两种类型：第三方通信会议服务商和国内基础电信运营商。据 Wainhouse 研究报告，第三方通信会议服务商在中国市场占据 40%左右的市场份额。第三方通信会议服务商的优势在于产品线比较齐全、能够提供更加专业化的服务。根据信息产业部在 2003 年颁布的《关于同意开展国内多方通信会议服务业务商用试验的批复》和 2006 年颁布的《关于开放国内因特网虚拟专用网在线数据处理与交易处理等两项增值电信业务及继续开展国内通信会议服务业务商用试验的通告》，总共有 9 家公司拥有通信服务商用试验资质，会畅通信公司是其中之一。2013 年，国内通信会议服务业务正式投入商用，会畅通讯取得经营国内多方通信的正式增值业务许可证。

会畅的许多客户为在华世界 500 强的企业，2012 年、2013 年和 2014 年会畅连续获得国际知名市场咨询机构 Frost Sullivan 颁发的“2011 年度最佳回音及协作服务提供商”“2012 年度最佳会议及协作服务提供商”“亚太区 2013 年度会议服务供应商奖”以及中国电子信息产业研究院颁发的“2014 中国信息产业年度影响力企业”。

据 Wainhouse2015 年报告显示，2014 年中国电话会议市场实现了 25%的增长率，达到 2.38 亿美元的收入，与上一年相比增长率翻番，其中中国电信和会畅通讯分列一二，二者占据了中国电话会议服务市场的大半壁江山。

(2)竞争对手分析

国内对方通信市场的竞争者主要有三类：国内基础电信运营商、其他专业运营商和取得国内运营资质的潜在竞争对手。

①国内基础电信运营商的目标客户主要是对通信会议服务要求较低的企业。其优势主要在于客户资源、网店渠道等，在国内通信会议市场仍占主要份额。但是，由于其业务中心在固话业务、移动电话业务、宽带网络等大型业务，在专业的通信服务业务方面并不占优势地位。本质上，会畅和国内基础电信运营商是一种互惠互利的竞争合作关系。一方面，二者在通信会议服务市场上进行竞争；另一方面，会畅批量购买基础电信运营商的宽带、通话时长等，提升了基础电信运营商的资源使用率与业务收入，成为各基础电信运营商争相合作的业务伙伴。

②其他专业运营商

其他专业运营商是指与会畅一同进入“国内多方通信服务业务”商用试验名单的其他企业，具体业务详见表 8—9。

表 8—9　　专业运营商业务情况

	企业名称	主营业务
实际开展业务	二六三网络通信股份有限公司	邮件业务、多方通话和长途语音转售业务
	鸿联九五信息产业股份有限公司	电话声讯服务、移动信息服务、交互式语音响应、多方通话
	深圳市润迅网络通信服务有限公司	多方通话、长途话音转售
	中企网络通信技术有限公司	语音、网络会议
	北京国安创想通信技术有限公司	网络会议、语音会议

续表

	企业名称	主营业务
未实际开展业务	中信网络有限公司	
	北京梦天游信息技术有限公司	
	北京亿阳增值业务通信股份有限公司	

③潜在竞争对手

潜在竞争对手是指国际通信会议服务提供商，比如 Arkadin、PGI、INTERCALL、Verizon/、AT&T、BT 公司等。目前中国多方通信服务市场还没有向外资运营商直接开展业务。随着中国多方通信服务市场快速发展和电信业务对外开放步伐的加快，外资运营商直接进入中国市场预期渐浓。特别是《关于中国(上海)自由买一实验区进一步对外开放增值电信业务的意见》(工信部联通[2013]410 号)、《中国(上海)自由贸易试验区外商投资经营增值电信业务试点管理办法》(工信部通[2014] 130 号)等文件的颁布，外资运营商直接进入中国市场的政策环境进一步成熟，外资企业可能直接进入中国市场开展业务。由于中国市场渠道和本土服务团队尚未成熟，国际服务运营商选择国内优秀服务商进行合作是较佳选择。

六、关键要点

1. 多方通信市场行业的特点及面临的挑战

——多方通信 3.0 时代和多方通信 2.0 时代相比有何特点

——多方通信在中国发展面临的机遇和挑战

——应用市场竞争理论分析多方通信市场的发展趋势

2. 做最好的沟通价值提供者

——会畅营销沟通模式创新之处

——提供绿色沟通价值模式的特点和对中国 B2B 其他企业营销沟通的意义

3. 低碳经济背景下的发展思路

——如何降低企业用户的沟通成本

——如何为企业客户绿色创新提供动力

——如何引领绿色可持续商业模式变革

七、建议课堂计划

本案例以通讯企业会畅为例，探讨 B2B 绿色营销的相关知识，可以在讲授“市场营销”课程中的“市场营销新理念”时，或者讲授“绿色市场营销”课程时作为一个专门的大案例进行讨论。如下是按照时间进度提供的课堂计划建议，仅供参考。

整个案例课的课堂时间控制在 80～90 分钟：

1. 课前计划：提前发放案例材料，要求学员通读案例，熟悉有关 B2B 营销，绿色营销等相关知识，并就案例启发思考题进行思考。

2. 课中计划：教师简要回顾案例，明确讨论主题(2～5 分钟)

- 分组讨论(30 分钟)，告知发言要求
- 小组发言(每组 5 分钟，控制在 30 分钟)

- 引导全班进一步讨论，并进行归纳总结（15～20 分钟）

3. 课后计划：请学员采用报告形式给出会畅未来发展策略和建议，或者对中国 B2B 企业，甚至是通讯企业的绿色营销的发展发表自己的看法。

八、相关附件

本案例包括如下附件。

附件 1. 上海会畅的主要绿色实践项目

1. 支持绿色奥运

2008 年，上海会畅联合北京人民广播电台、中国自行车协会、蒙牛乳业、上海大众等众多单位，共同启动“绿色骑手，奔向北京”大型公益活动。盛会作为 2008 年大型绿色奥运主题活动之一，引起社会各界广泛关注。对于企业而言，最大的两个污染源：一个是开车上班，另一个是坐飞机。上海会畅一方面给企业提供更好服务，另一方面帮助企业降低污染。我们很希望参加多种活动，帮助企业节约成本提高效率。上海会畅作为本次活动唯一指定多方通信服务提供商，为活动全程提供高效通讯保障。本次公益活动的会务通讯选用了上海会畅的旗舰产品——商会通全球会议中心 Bizconf Global Conferencing Center（www. bizconf. cn）。商会通多媒体会议与协作平台本身就是一个具有环保概念的产品，与“绿色骑手”的活动主题相得益彰。

2. 倡导绿色会议

“绿色会议”这个理念是会畅与山水自然保护中心合作共同推出。山水自然保护中心，是在北京正式注册成立的民办非企业机构，是民间的自然保护专业组织。目前在中国西南开展自然与人类和谐的实地示范，并推动自然保护在国家和地方政策以及公众意识中的主流化。双方合作，将通过举办研讨会的形式普及有关全球气候变化的环保知识，向企业用户介绍如何使用碳计算器，通过多媒体会议减少他们的碳足迹，实现绿色工作方式。

3. 参与“地球一小时”活动

2014 年世界环保基金会（WWF）“地球一小时”中国活动现场在北京世贸天阶进行。作为该项目在中国区现场活动传播的首次突破，主办方设立了微信现场直播版块，这是 WWF 地球一小时中国区活动首次采用微信端网络直播的形式，而推动实现移动端观看视频直播的幕后执行者，就是来自多方通信服务领导者会畅通讯的网络直播服务。全国范围传播的地球一小时活动中，BizConf 将网络直播服务与微信传播捆绑，为大型公益活动提供全新的传播方式。

附 2：绿色办公室项目介绍

1. 绿色办公室的含义

绿色办公室行动是一套专为办公室设计的简便的办公环境管理体系。旨在降低办公场所对环境的影响，实现资源节约，以推行可持续的办公方式进而减缓气候变化。

此项行动项目的目标是减少二氧化碳排放和办公场所的生态足迹。绿色办公室行动适合于大大小小的办公室，不论是在私营企业中，或者是在公共部门里，还是在其他组织内。只要有更多人加入我们，即便是最细微的行动都能积少成多，带来改变。

2. 绿色办公司的目标

(1)通过提高办公室的环境效率以减少自然资源的消耗,提高办公室的环境效率。

(2)通过加强员工的环境意识以推广可持续的行为方式。

(3)通过要求节约能源和使用可再生能源以减缓气候的恶劣变化。

3. 企业受益

“绿色办公室”项目旨在减少办公室工作对环境的影响。通过加入绿色办公室网络,可以节省原材料和运营费用。绿色办公室项目激励员工养成无害环境的办公习惯,提高员工的工作积极性。为经过认证的企业运营场所提供绿色办公室标识。有助于对员工、股东、客户传达绿色工作环境的承诺。

案例9　手机贷360度信用评估

——中国式P2P模式探索能涉险上岸吗?①

案例正文

摘　要:本案例介绍了新兴移动端小额信贷服务品牌“手机贷”基于互联网、大数据、云计算、机器学习的补缺式竞争战略。在对个人信用贷款行业进行分析的基础上重点梳理了手机贷融合专业细分市场、补缺式定位、产品推广等一系列游击战竞争战略以及基于互联网的产品创新和商业模式创新。从2013年9月手机贷App问世至2016年9月,手机贷的注册用户已超700万,放款金额超7亿元,短短3年刷新了移动小额信贷市场的记录。手机贷的成功模式完美阐述了小公司如何缩小战场以便赢得兵力优势从而屹立于强者之林的竞争原则,同时也为目前积极构建“互联网+”新业态的各行业提供参考。本案例主要用于市场营销,特别是产品管理部分的教学,目的在于让学生了解微小企业竞争战略的选择和互联网企业新产品的创新,以及小额信贷相关的金融科技企业经营需注意的问题。

关键词:游击战;市场细分;补缺定位;互联网+;手机贷;小额信贷

游击战的第一条原则就是:找一个细分市场,小得足以守得住。

——《商战》里斯和特劳特

手机贷是基于移动互联网的全流程线上网络信贷应用,是对传统个人信贷业务的移动化创新。在用户人群的选择上,瞄准被低估的用户群,定位于超小额度、超短周期的互联网借贷细分市场,实现了该领域从0到1的跨越。

——手机贷创始人俞亮

---

① 本案例由上海财经大学国际工商管理学院的吉莉撰写(高维和老师指导撰写),版权归上海财经大学商学院所有。未经允许,本案例的所有部分都不能以任何方式与手段擅自复制或传播。版权所有人授权上海财经大学商学院案例中心使用。由于企业保密的要求,在本案例中对有关名称、数据等做了必要的掩饰性处理。本案例只供课堂讨论之用,并无意暗示或说明某种管理行为是否有效。

引 言

2003 年被称作是"中国信用卡元年",这一年,招行在上海建立了国内第一个标准的信用卡中心,俞亮就是招行第一批主管行员,其职责是组建数据部门,推动传统银行创新。

多年探索,俞亮发现,传统银行信用卡中心的目标客户群是所谓的"高富帅",要求职业好、收入高,而大量客户就因为年纪小、收入低或职业不够好而被拒之门外,不能享受借贷服务。即便是银行内部已经对后面的客群做了详尽研究,也因受限于内部政策而无法贯彻执行。

俞亮痛下决心:不如出来自己做。

2012 年,创业第一步找合伙人,建团队。

金融科技,一半是金融,一半是科技。金融部分自然是在原有的银行人脉圈内求,俞亮顺利地从银行请来了从事前沿风险控制、数据挖掘与政策制定的风控专家。至于科技部分,考虑到年轻 90 后大多通过移动端进行交互,俞亮便也瞄准移动端发力,他去了有上海中关村之称的张江,在那里寻觅 IT 高手。

在张江,朋友向他介绍了在大型 IT 公司有多年移动互联网开发经验的王秋瑞。俞亮一席话打动了王秋瑞,下定决心从高大上的写字楼走出,进入到手机贷初创团队所在的上海著名百年建筑提篮桥监狱对面一个老旧商务楼地下室里联合创业。

俞亮当时是这样说服王秋瑞的:科技如果能够和金融互相捆绑,一定会碰撞出非常巨大的火花。因为银行业是非常保守的一个行业,而 IT 又是一个非常激进的领域,二者离得越开,碰撞起来火花越大。

到 2013 年,金融+IT+产品+后勤,团队搭建完成,俞亮自己已投入近百万,自主产品创新正式提上日程。

1. 公司发展及现状

1.1 公司简介

上海前隆金融信息服务有限公司,2012 年起源于上海国际金融中心的北外滩,是一家致力于为客户提供科技服务的金融科技公司,以移动互联网、云计算、大数据分析和机器学习为基础,通过提供智能化的信贷管理服务,帮助客户大幅提升效率、降低成本。公司是中国互联网金融协会首批会员、上海网络信贷服务业企业联盟成员单位和上海市高新技术企业。

2013 年,公司推出移动智能信贷管理平台——手机贷,对有小额借款需求的个人客户进行快速、准确的筛选、评估和审核,为持牌金融机构提供合格的个人借款客户及大数据风控支持,从而搭建畅通的借贷信息桥梁。同时,先进风控模型及核心信审系统均自主开发,拥有独立知识产权和发明专利。随着移动互联网的发展和中国个人信用体系的健全,先进理念和创新技术将给民间信贷行业带来历史性的变革,"手机贷"将是这场变革的首位成功探索者。

1.2 公司发展历史

2012年,前隆金融团队在上海国际金融中心的北外滩完成组建。2013年,公司推出移动智能信贷管理平台——手机贷,对有小额借款需求的个人客户进行快速、准确的筛选、评估和审核,为持牌金融机构提供合格的个人借款客户及大数据风控支持,从而搭建畅通的借贷信息桥梁。2015年,公司进军消费分期市场,与国内大型互联网平台合作,支持不同业务场景,提供以风控模型输出为核心的灵活解决方案——应花分期。凭借市场前瞻性和实战业绩,前隆金融赢得资本市场青睐,2014年2月,获得清科创投的天使投资;同年8月,获得全球著名投资机构红杉资本投资,完成A轮融资;11月获得蓝湖资本的A+轮投资,完成千万级美元融资,创造了资本市场的速度奇迹;2015年12月,获得华兴资本领投,红杉资本、蓝湖资本等跟投的B轮投资。以下是前隆金融公司发展中的主要事件。

- 2013年09月 上海前隆金融信息服务有限公司在上海成立
- 2013年10月 中国人的信用钱包——手机贷在各大App Store上线
- 2013年12月 由上海市经济和信息化委员会向手机贷授予网贷联盟会员单位
- 2014年02月 获得清科创投的天使投资
- 2014年03月 通过"中国金融认证中心"(CFCA)安全认证
- 2014年05月 公司正式组建大数据分析部门,依据大数据分析实现自动化风险识别及授信
- 2014年06月 与蚂蚁金服旗下芝麻信用签署战略合作框架协议,基于双方大数据,共同开发信贷评分体系
- 2014年07月 获得红杉资本的A轮投资
- 2014年11月 获得由上海市举办的"第二届上海创业大赛一等奖"
- 2015年01月 前隆金融成为"上海市共青团就业创业见习基地"
- 2015年02月 获得红杉资本、蓝湖资本的A+轮投资
- 2015年07月 手机贷荣获上海市政府举办的"2015众联杯双创大赛创新金奖"
- 2015年07月 前隆金融成为"上海金融信息行业协会首批会员单位"
- 2015年08月 前隆金融与复旦大学共建数据实验室,进行互联网大数据前沿研究
- 2015年11月 前隆金融获上海市高新技术企业认定
- 2015年11月 手机贷当月交易总额超过1亿元人民币
- 2015年12月 获得华兴资本领投,红杉资本、蓝湖资本等跟投的B轮投资
- 2016年02月 前隆金融青岛分公司迅隆科技成立
- 2016年03月 成为中国互联网金融协会首批会员
- 2016年05月 旗下产品应花分期与国内某知名电商合作,截至5月授信60万用户,其中交易用户近50万,累计完成18亿元人民币交易额
- 2016年06月 手机贷累计注册用户数突破500万,当月交易总额接近5亿元人民币
- 2016年06月 应花分期与乐视金融签署战略合作协议,并与海尔金控、TCL金控达成消费信贷合作意向

- 2016年06月 与大兴安岭农商银行签署战略合作协议
- 2016年07月 与元丰小贷签署战略合作协议
- 2016年10月 前隆金融荣获“德勤—华兴中国明日之星”

1.3 企业文化

创新.求知若渴、自由思考是前隆的员工文化标签，思想不受职位所限，一切创新只为客户体验和公司发展；

高效：没有无谓的等待，没有繁杂的产品，前隆人崇尚大道至简，也崇尚依靠智能、智慧带来速度与激情；

分享：独乐乐不如众乐乐，分享的结果不是失去，而是共同获得更多，更是创造一个人无法创造的奇迹。

1.4 手机贷品牌介绍

手机贷从本质上来看是移动智能信贷管理科技服务平台，对有小额借款需求的个人客户进行快速、准确的筛选、评估和审核，为持牌金融机构(如：银行)提供合格的个人借款客户及大数据风控支持，从而搭建畅通的借贷信息桥梁。目前，手机贷拥有单期借款、现金分期、闪电贷等不同形态的细分功能。单期借款：300～10 000元，7～40天；现金分期：3 000～10 000元，3～6个月。

手机贷的产品创新之处在于以移动互联网、云计算、大数据分析和机器学习为基础，通过提供智能化的信贷管理服务，突破空间和时间的限制，在信审、风控等方面帮助客户大幅提升效率、降低成本。

2. 行业竞争环境分析

2.1 个人信贷市场潜力巨大

随着经济发展以及收入水平提高，人们的物质需求也相应提高，个人资金周转，比如租房、装修、买电脑、旅游，等等，对资金的需求逐步增加，越来越旺盛，一个庞大的资金需求群体正在出现。这一群体以注重生活品质和消费但积蓄不多的社会新人为主，收入不高、工作较稳定、有信用观念，是小额借贷的优质客户。但是一般传统的银行却因为种种原因，无法满足这一群体对小额资金的需求。在此背景下，个人信用贷款平台应运而生，多家个人信用贷款公司逐步壮大。

2.2 传统银行提供的个人信用贷款

诸如国有四大行以及其他股份制银行、外资银行都有针对企业主、个体户或者上班族的个人信用分期贷款业务。例如建设银行的益贷卡、广发银行的自信一贷以及渣打银行的现代派。这些贷款最低金额要求往往在一万元以上，最高可达 50 万/月，还款期限也从 1 个月到 5 年不等，但贷款月利率差别较大。四大行贷款（建设银行）利率最低，平均在 0.53%～1%；其次是股份制银行（广发银行），平均为 0.61%；外资银行的贷款利率显著较高，渣打银行 3 万元以内的贷款利率可高达 1.8%。

此外，传统银行提供的个人信用贷款产品有着较为严格的申请条件，例如年龄限制、身份要求、最低收入要求、工作年限、信用要求以及行业和地区限制等。其中又以四大银行的条件最为严苛。例如，建设银行益贷卡对收入要求极高，需满足银行代发工资 8 000 元以上，还对社保、户籍、房产、经营、信用有各种要求和限制。

由此可见，传统银行提供的个人信贷业务虽然贷款利息不高，但由于其严格的申请条件并不能满足广大的低收入人群和无稳定工作者的现金需求，造成了该市场的空缺。

表 9—1 为部分传统银行个人信贷产品。

表 9—1　　传统银行个人信贷产品

银行（产品）	申请条件	目标群体	期限（月）	额度	利率（月）
渣打银行（现代派）	年龄要求：22～60 周岁 身份要求：具中国国籍（不含港、澳、台居民） 收入要求：税前月收入 5 000 元以上 工作年限：在现单位工作满 3 个月 工作地点：北京、上海、广州、深圳	上班族	6、12、24、36、48、60	0.8 万～3 万元	1.8%
				3 万～50 万元	1%～1.65%
广发银行（自信一贷）	年龄要求：25～55 周岁 收入要求：税后月收入 4 000 元以上 工作年限：现单位连续工作满 6 个月 信用要求：征信良好，无当前逾期 行业要求：仅接受公务员、事业编、大型国企、世界 500 强正式员工申请	上班族	1～36	5 万～50 万元	0.61%
建设银行（益贷卡）	工作年限：现单位连续工作满 6 个月 收入要求：银行代发工资 8 000 元以上 社保要求：缴纳本地公积金和社保 6 个月以上 户籍要求：外地户籍需要本地房产 经营要求：注册经营 2 年以上 房产要求：本地房产估值 200 万元以上 信用要求：暂不接受多次逾期情况	企业主；个体户；上班族	6、12、24、36	10 万～30 万元	0.53%～1%

注：资料根据各银行官网整理。

2.3 个人信贷平台——拍拍贷

正是由于传统银行针对低收入人群个人信贷产品的缺失，在网络借贷高速发展的背景下，申请条件更为宽松、贷款程序更加简便的个人信用贷款平台应运而生。其中，于 2007 年 8 月在上海正式成立的拍拍贷是国内首家纯信用无担保网络借贷平台。即：为资金需求方（借款人）和供给方（投资人）提供匹配平台，从而让借入者改善生产生活，让借出者增加投资渠道。

拍拍贷为资金需求方提供的个人消费贷款产品与手机贷产品有点相似，分别针对工薪族、网购达人、网店卖家和私营业主推出了为期 3～12 个月，金额从 3 000 元到 50 万元不等的小额信用贷款。但两者的资金端不同，拍拍贷对接的是个人投资者，手机贷对接的是持牌金融机构（如：银行、小贷公司、消费金融公司）。

不同的产品有一些共同的申请条件，例如年龄、国籍限制（21～55 岁大陆公民），必须有收入来源。此外，各产品还有针对各自目标客户的条件要求，其目的主要是为了身份核实。例如，工薪族贷款要求手机绑定，网商用户贷款要求网商认证等。借款人除了要支付贷款利息（月利率通常在 1%～2%的范围内，年利率为 12%～24%）外，还要为每笔贷款支付额外的借款费用（包括成交手续费、催收费用，第三方服务费等）。每种贷款的还款方式都是等额本息，按月还款。

借款流程大概包括：注册、完善个人资料，发布借款列表、上传资料、提交认证，之后，需要等待 1～15 天的投标时间，标满后，还需要花费 1～3 个工作日进行资料审核，审核通过后可进行提现和还款。表 9－2 为部分拍拍贷个人消费贷款产品。

表 9－2　　拍拍贷个人消费贷款产品

<table>
<tr><th>产品
（适用对象）</th><th>申请条件</th><th>准备资料</th><th>贷款利率
（月利率）</th><th>一次性费用
（2%～4%）</th></tr>
<tr><td>普通借款标
（工薪族）</td><td>21～55 周岁中国大陆公民
手机绑定
有固定工作</td><td>身份证
居住证明文件
收入证明文件</td><td>1%～2%</td><td rowspan="4">成交手续费第三方平台提现服务费；
催收费用；
创建列表费用；
第三方平台充值服务费</td></tr>
<tr><td>网购达人标
（网购达人）</td><td>21～55 周岁中国大陆公民
支付宝实名关联
最近三个月中至少有两个月支付宝购物支出分别不少于 500 元</td><td>支付宝对账单
支付宝账户信息
居住证明文件
收入证明文件</td><td>1.33%～2%</td></tr>
<tr><td>网商用户标
（网店卖家）</td><td>21～55 周岁中国公民
通过网商认证
店铺经营时间满半年</td><td>身份证
央行征信记录
淘宝证明文件</td><td>1.14%～1.8%</td></tr>
<tr><td>私营业主标
（私营业主）</td><td>21～55 周岁中国公民
相关资质证明
全日制高中以上学历</td><td>身份证
工商户营业执照
居住证明文件
收入证明文件</td><td>1%～2%</td></tr>
</table>

资料来源：根据拍拍贷官网整理。

拍拍贷提供的贷款最低限额为 3 000 元，最长借款期限为 12 个月，尽管相比传统的银行个人信贷产品，门槛更低、期限更短，但本质上来讲，拍拍贷仍属于传统的分期信用贷款。

2.4 个人信贷公司——亚联财

与个人信用贷款平台对应的是个人信用贷款公司，即公司作为直接的借出者向借款人提供贷款。其中，由香港亚洲联合财务有限公司于2007年在深圳开设的一家专业小额贷款服务机构——深圳亚联财小额贷款有限公司（简称「亚联财」）以其能提供多元化金融服务而受广泛认识。

亚联财提供的个人信用贷款叫作薪易贷。申请条件包括：年龄介于16～60周岁，持有效身份证明；月打卡工资不得低于2 500元；现单位连续工作满6个月；需在本地连续缴纳3个月以上社保或公积金；暂不接受信用记录差人士申请。这些条件与信用贷款平台非常类似，但与传统机构相比，收入要求降低，行业限制取消，贷款期限可缩短为3个月，贷款费用由一次性手续费（2%）和月管理费（1.86%～1.98%）构成，总费用高于银行个人信贷产品费用。

3. 补缺定位打响游击战

3.1 小额短期信贷产品缺失

通过分析传统银行以及近年来基于网络借贷发展起来的个人信贷产品，俞亮发现这些贷款有以下几点共性：(1)都属于分期信用贷款，并且贷款期限都在3个月以上。(2)针对工薪族的贷款目的主要是为了应付买车、装修、旅游、出国进修等合理的个人或家庭消费。这些消费虽然金额不大，但多是有计划的消费或者是日常支出。(3)贷款申请对收入、工作以及信用有硬性要求。(4)贷款审核、到账周期长。

而近年来小额贷款市场需求的爆发式增长则表明，还有一类潜在的资金需求是为了应对突发事件或者是提前消费，例如，工资还未到账时的一次请客、一份生日礼物、一场婚礼都可能让工薪族以及白领们捉襟见肘。而市场上信用卡贷款额度没有低于3 000元的，银行贷款没有低于一两万的，就连一般的网贷公司借款额度也是三五万。如果没有信用卡或者额度不够，那么他们不得不面临四处借钱的窘境。这对越来越注重隐私的80后和90后来说，无疑是一个糟糕的选择。因此，需要类似信用卡的贷款产品满足1987～1992年这个年龄层次的年轻客户对小额、短期贷款的刚性需求。使得借款人可以随时随地申请，贷款可以即时到账。

3.2 移动端小额借贷产品应运而生

站在北外滩办公楼15楼的窗边，俞亮说，正是看准了这一市场缺口，2012年，在网上发布招贤贴，试图以国外流行已久的 PayDay Loan[①] 为原型，打造专门针对中国工薪阶级、白领等手头资金出现暂时性短缺的人群提供小额信贷服务的信用借贷平台。而此时在张江某公司任部门经理的王秋瑞果断加盟，还带来了他的IT团队。

创业之初，十多个人的团队在地下室奋斗，150平方米只要7 500元，还包括物业管理费。团队每个月的开销要30万元左右，都靠俞亮一个人撑着。他用手头一些网络广告资源来赚差价，供养着团队艰难前行。条件艰苦，团队却无人有怨言，他们说，“苦一点没关系，要看得到希望，我们已经看到了金融科技高速发展的曙光”。

2013年，手机贷App问世。手机贷的核心用户正是23～35周岁有稳定收入且经济基础薄弱的人群，例如刚毕业不久的职场新人以及工作稳定的月光族。这类人的共同特点就是对时尚商品没有抵制力、追求品质生活，因此每每到了后半个月就已是囊中羞涩、捉襟见肘了，他们对资金的需求也都是急迫的、少量的。同时，这些人又习惯于消费前置(比如毕业生入职前的房租、电脑支出)，有比较强的消费贷款需求，而信用卡的审核标准或授信额度无法提供满足，这就给了手机贷这些类信用卡产品生存空间。

虹口区向手机贷抛出“绣球”，提供免费场地和服务。团队的扩张也速度惊人。公司2014年6～7月才30人，之后半年之内招聘了上百人，公司前台不断有前来应聘的年轻人。内部管理方面，俞亮将10%的公司股份给了创业团队，而每轮融资，也都要额外分一些股份给大家。

4.“科技＋金融”创新模式

“对金融科技公司来说，创新才能生存，不仅是技术创新，也要探索商业模式的创新。”俞亮在不断思考创新的方向。手机贷正是这样一款集合了技术和商业模式创新的全新的移动端小额借贷产品。

4.1 产品创新——信用变现金

不同于其他的网络借贷产品，手机贷首创“信用变现金”的产品理念，以分析互联网大数据作为主要审核参考，为国人打造无须任何担保和抵押的纯信用移动钱包，开创了国内移动金融科技服务的先河，在规范性、安全性以及创新性等方面均为行业前列。

4.1.1 流程简单快捷

手机贷之所以比传统网络借贷平台更受借贷用户欢迎，要归功于其手续简单、到账快速、以及费用透明等优点，用户通过手机贷App可随时随地体验移动端网络借贷服务，不受时间和地域限制，现借现花，方便灵活。以申请来说，在银行客户需要提交工作证明、收入证明等一大堆纸质文件，客户从搜集到填写完资料都需要花费一两天时间，但在手机贷不需要纸质文件，只需要3分钟在手机上完成信息的提交。进入审核环节，银行需要在纸质证明材

---

① 发薪日贷款(payday loan)称“预付现金”(cash advance)或者“支票贷款”check loan)，是一种金额通常不超过500美元的短期无担保贷款，还款到期日通常在借款人的下一个发薪日(两周或一个月)。

料的基础上进行人工审核，费时费力。但手机贷通过互联网及与第三方合作的方式获取客户留存的诚信、工作与行为等信息，立刻进入核心信审系统决策引擎。在客户互联网活跃度高、提交信息足够的情况下，仅需 1 分钟就可完成判断。目前，这一部分占据手机贷 70%的用户比例。如下图所示，借款人只需要以下五个步骤，即可贷款成功，最快可在 3 分钟内收到贷款。并且，手机贷通过多平台全方位提供优质服务，在移动客户端、PC 端、微信公众平台都有服务平台。手机贷产品交易流程如图 9—1 所示。

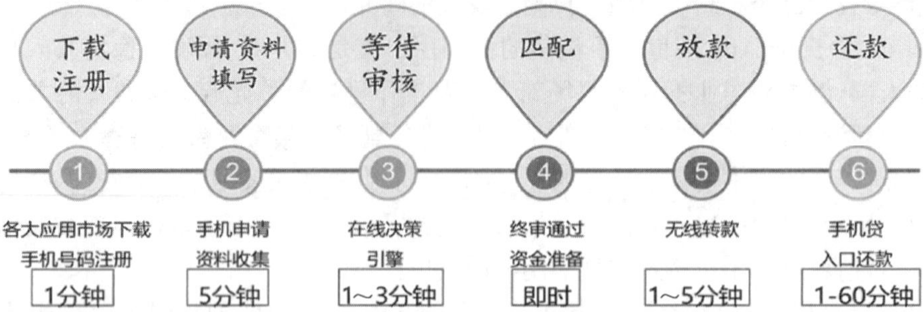

注：资料由前隆金融提供。

图 9—1 手机贷产品交易流程

4.1.2 模式个性灵活

同时在借贷额度和还款时间上，手机贷也采用了个性化的运营模式。即以个人信用为依据，通过贷款发起人的信用来提供具体的贷款额度，一般情况下分为 1 000～5 000 元不等，还款期限为 7～30 天。用户可自定义借款金额和周期，没有任何的强制性要求，操作灵活，非常的人性化，也更符合白领和工薪层的借款需求。

4.1.3 费用固定透明

手机贷借款利息为固定利率，日利率为万分之三，由实际资金提供方收取。手机贷仅对每笔成功借款收取服务费用，包括手机验证费、银行卡验证费、身份验证费、账户管理费、征信审核费、信息发布费、撮合服务费、平台运营费、电话客户服务费、客户端使用费以及逾期准备金计提成本。此外，借款人如不能按时还款将产生相应的逾期手续费。

4.1.4 保障用户安全

除了无担保、纯信用、个性化以及透明化的特色优势以外，手机贷在个人信息安全方面也极尽所能，为了确保注册用户的隐私安全，手机贷首创了“用户数据高精度三重安全保密系统”，为用户提供五星级的安全保障，让用户无忧借款，享受安全的绿色借款通道。

4.2 商业模式创新——互联网＋新业态

与传统金融机构相比，手机贷在提高贷款效率的同时，也增加了贷款违约的风险。一是因为要想加快贷款审核和放款速度，就不得不放弃传统的面对面审核方式，必须采用更加快捷的电话、甚至是网络自动化审核方式。二是因为手机贷目标客户为刚入职的工薪阶层,缺少必要的央行个人征信数据,甚至都没有信用卡的使用记录,如何快速而准确的评估借款人的信用水平是手机贷必须解决的另一个重大难题。为此,手机贷自主开发了大数据分析模型,运用多数据库对借款人的信用进行交叉验证。正是由于手机贷大部分审核工作在线上完成,操作成本足够低,才使得这种小额分散的借贷原则具备了经济可行性。

4.2.1 自主开发大数据分析模型

在通常的借贷技术中,对借款人的考察主要有两个维度:一是还款能力,二是还款意愿。而就小额贷款(一万元以内)而言,一般默认借款人都有足够的还款能力,因此,这时信用审核的重心就放在了还款意愿上。区区几千元借款,有还款意愿者无论如何都能还上,而没有还款意愿者,再有钱你也催收不来。

手机贷就是一个使用纯线上数据评估借款人还款意愿,并提供授信和微型贷款的科技服务平台。根据相关协议约定,用户需要在手机贷上提交“基础”和“附加”两个层面的信息,并授权手机贷在约定的范围内合法使用相关信息,手机贷则主要通过后台模型和数据库对用户所提交信息进行验证。用户基础信息包括身份、工作、联系人三大块,基于这三块信息,已经基本可以满足微型贷款的信审需要。而当你希望获得更高审核通过率(或者,未来有可能拿到更低利率),你需要提交附加信息以完成高级验证。手机贷的信用审核部门采用“程序＋人工”进行验证。2014年5月,手机贷组建大数据分析部门,实现自动化风险识别与授信。

为尽可能覆盖市场上所有的客户,手机贷对外采集的数据维度近四千个。然后,它根据每一批客户的数据匹配程度,设置了三个评分等级,分别对应冠军模型、挑战模型与生产模型。当客户数量积累得越多,客户信息数据也会雪球般越滚越大,他们的好坏表现被取回来修补模型,模型越来越有效,则其识别也会更加精准。

4.2.2 道防线严格风控

那么面对被银行放弃的客户群体,手机贷如何进行风控以保障资金安全呢?

“新生代的客户热衷于互联网,会留下很多足迹,这些足迹可以用来判断客户的诚信度和还款能力。我们通过互联网大数据对申请人的信用资质进行评分。”王秋瑞介绍,手机贷的数据均来自互联网,通过大数据对用户做出信用评级,比如他们在电商网站的交易行为、缴纳公用事业费状况、在社交软件的社交行为等,通过用户的消费习惯和能力倒推出其还款能力。

因此,在高度分散的基础上,大数据法则开始发挥作用。宏观上,手机贷的风控信审模型可以就目标人群的某些特征点与逾期率建立对应,分析不同特征点对逾期率的影响权重,从而调整风控策略。微观上,手机贷建立了以下三道牢固的防线,

(1)贷前审核。申请件进件以后,系统自动通过对借款人行为数据、申请时提供的资料、第三方合法征信数据,此三大类的数据进行大数据的计算及交叉匹配,并依据欺诈规则进行欺诈风险判断,对于命中欺诈规则的申请,标识为有欺诈风险点,并将此欺诈风险点提示到信审人员。信审人员在审核过程中,根据不同的欺诈风险点,以及对应的策略和话术,进行欺诈风险的排查。排除欺诈风险后,通过对申请数据、行为数据等各类数据的分析,加工成

多维度的变量，基于身份验证、信用不良规则、还款能力、还款意愿、数据稳定性的多方面考量，并结合已有客户的好坏客户表现，筛选出有效变量纳入模型中，形成信用评分模型。根据此信用评分模型，对客户的信用进行综合评估，给出审核结论。

(2)贷中监控。结合客户的借贷记录、还款情况、资质变化等情况，制订差异化的额度调整策略，对优质客户进行额度提升，对预测风险较高的客户进行降额，甚至不予续贷的处理。在客户续贷过程中，通过额度策略及审核策略，不断优化整体的资产品质。

(3)贷后管理。基于客户处在的不同逾期等级、逾期客户画像分析，对客户进行差异化的贷后管理。高风险的客户重点关注，增强催收力度；表现较好的客户以客户关怀及提醒还款为主，提升客户体验。通过对客户的申请信息、自采数据、第三方征信的大数据分析，精准定位逾期客户的亲密联系人，加强逾期客户的可联性及催收效率，并通过与第三方征信机构的数据合作，增加失联客户的可联性。

图 9—2 为手机贷风控模型。

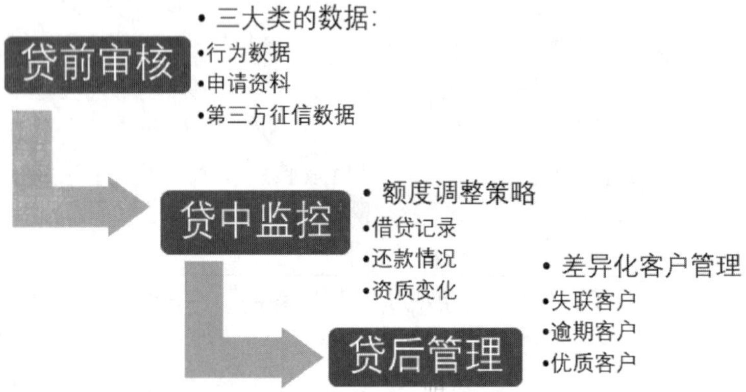

图 9—2　手机贷风控模型

4.2.3　整合资源强强联手

2014 年 3 月，手机贷与深圳鹏元征信开展征信数据合作，并且通过"中国金融认证中心"安全认证；同年 6 月，与支付宝旗下"芝麻信用"签署战略合作协议，共同开发信贷评分体系。

手机贷在打造其自身的互联网信审数据中，除了社交数据之外，消费数据是重要数据之一。消费情况及历史信用水平是评判一个人是否可靠，其综合信用成为能否让手机贷在只获得其信息资料的时候就决定审批通过的关键。芝麻信用在其自身的信用评价体系中有着庞大的数据源，其中包含了用户网购、还款、转账、履约记录以及个人行为信息等方方面面的数据，并为同意加入芝麻信用服务的个人用户提供芝麻信用评分，代表个人的综合信用水平。

2015 年 1 月，手机贷引入阿里的芝麻信用评分作为参考数据，为芝麻信用高分用户开启绿色通道，最快可以做到 3 分钟到账。在建立自身的风控体系的同时，手机贷与芝麻信用的有效对接，实现了双方的互惠互利作用。芝麻信用通过提供芝麻分、反欺诈产品支持，帮助手机贷更快速地发起信审过程，手机贷也为芝麻信用进入小额信贷市场提供了可参考依据。截至目前，手机贷的运营状况良好。"我们是不折不扣的科技公司，金融只是我们的 B 端服务对象。”俞亮坦言。

2014年12月，前隆金融与众安在线签署了战略合作框架协议，双方基于对未来互联网金融服务发展的一致理念，整合双方优势资源，合作共赢。作为国内首家网络险企，众安在线背后的“三马”，让其还未诞生就已聚众瞩目。众安在线定位为互联网经营者、参与者提供一系列风险解决方案，消除互联网世界种种风险，突破互联网发展中的瓶颈。众安在线以保险为工具，为互联网管理风险、处理纠纷、改善用户体验使消费更加顺畅。众安保险业务涉及互联网方方面面，目前重点包括三个方面：电子商务、移动支付、互联网金融。前隆金融与众安在线的强强联合，顺应了当前的互联网金融发展大势，双方资源的互利共享，将最大限度地造福于更多的白领阶层、工薪阶层和大学生群体。

此外，前隆金融还和前海征信、银联智惠、百融金服、复旦大学等多家企事业单位达成不同程度的战略合作。2015年，前隆与复旦大学管理学院联合研发出两大自动化审贷模型——信用违约预测模型和申请欺诈模型，使前隆的审贷效率和资金安全性都更上一层楼。

5. 以小博大的产品推广战略

5.1 借助平台，修炼内功

都说万事开头难，第一桶金，第一批种子用户是最难获得的。在产品导入期阶段，俞亮并没有急于建设自己的独立门户网站，而是和与目标群体契合的“我爱卡”网站进行低成本合作，积累种子用户，并基于产品的良好体验进行口碑传播和用户运营，并且在贷后及风控环节深挖营销点。在启动规模化营销之前，手机贷就已经累积了120万的注册用户。

在手机贷产品上市之初，俞亮也并没有按照传统企业推出新产品的方式进行大力营销宣传，相反从2013年9月份上线一直到2014年10月，俞亮都在修炼内功：了解客户群在不同节点的风险度，然后提出风险规避方案，写进代码，做进系统。甚至是App的每一个设计细节，俞亮都会和他的团队进行深入讨论，力求达到美学、功能、用户体验的完美结合。而正是其对细节的苛求，手机贷的App上线不久便被苹果手机自动推选为推荐App，为手机贷早期客户的积累做了免费的宣传广告。直到自动化决策引擎风险控制体系完成建设，有了内功基础，手机贷才启动规模运营。

5.2 线上、线下双管齐下

手机贷进入产品成熟期后，新鲜血液的注入以及优质老用户的维护为营销重点。针对两类人群，通过定期的市场活动触达不同人群。打造及深入经营自媒体平台，同时开拓外部流量渠道，双管齐下，保证营销到达率以及手机贷品牌影响的深度及广度。

基于手机贷与移动互联网强捆绑的产品特性，线上营销的占比高于线下。线上线下渠道各具优势，手机贷做的就是优势互补、避免冲突。大方向以线上线下整合营销的模式，两步走。线上铺量，以品宣及活动的形式推广手机贷，带来流量；线下锁定人群，深入消费场景，最大化品牌曝光，打造品牌正面形象。

5.3 要服务更要温度

除了产品层面上的改进，在品牌和营销层面，俞亮和他的团队也在不断钻研。从根本上去了解客户的需求，不停去试探客户的痛点。手机贷的团队除了在产品体验上做不断完善，更是从品牌层面上，赋予手机贷不一样的意义。品牌与产品同行，除了服务更要有温度，让手机贷不只是一款工具，更是一个懂你的伙伴。

(1)两周年庆活动

在推出 2 周年之际，手机贷打出"嘿哥们，我们认识 2 年了"的口号，就像是兄弟间的一个眼神，一切尽在不言中。此次活动主要为了回馈新老用户，活动不惜血本：

活动一，借钱也是可以不用还的。9 月 10 日开始 72 小时闪电战，随机送出 222 名免单名额。叫一声兄弟，我的钱就是你的钱!

活动二，真心是可以换来真金的。我们准备了 222 枚千足金金币，用真金酬谢你们的真心!

活动三，我过生日，你收礼物。9 月中旬开始，每个注册 ID 每天可以参与抽奖 3 次，最高奖是 Iphone6S(或等值现金)，还有机会抽到现金红包，你快乐所以我快乐!

(2)新人礼免息活动

2015 年 12 月 4 日至 6 日，手机贷推出"凡首次申请即享 100%手机贷免息"活动。对于用户来说，可谓雪中送炭，双 11 的花呗账单、累积的信用卡账单、回家的火车票购买都迫在眉睫。App 正式上线两年有余，第一次打出免息牌，直接让利给用户，也旨在帮助那些急于购买回家车票的用户，让他们可以没有负担的在第一时间抢到火车票，过个团圆年。

手机贷免息活动海报如图 9－3 所示。

图 9—3 手机贷免息活动海报

手机贷不断推出这样有情怀更给实惠的活动，目的十分明显——抢占市场，扩大市场，增加用户黏性，同时也是自身实力的体现。

6. 未来

6.1 专注　以科技助力传统金融机构

2014年12月，专门针对18～25岁青年群体的小额借贷信息科技服务App"U族"上线，为用户提供基于消费、生活资金等方面的金融科技服务，额度500～3 000元的单期借款和额度1 500～5 000元的现金分期为主要产品形态。与手机贷类似，U族同样以科技助力传统金融机构，这有效帮助了具有良好还款意愿，对短期小额资金有所需求的青年群体。

可见，俞亮的大部分精力都聚焦在90后群体的小额借贷信息科技服务上。俞亮总结，在传统银行里累积的经验要放到互联网上，还需进行实践验证。验证可行之后，放大范围。在没有太大波动的情况下，再写成代码，把它变成一个自动化运行系统。互联网的精髓就是把人的经验与逻辑点变成代码，然后替代人思考和工作，达到更高速处理运行的目的。

俞亮认为，创业公司人力财力与精力都有限，只有专注，才能达到一定的高度，并且只有做好主营产品，才会延伸。现在就说互联网替代传统行业还为时过早，金融科技还只是"捡漏"。他说，"当我们谈论替代，意味着要和传统行业正面交锋，暂时远没到那个地步。创业团队永远不要在主流市场里与主流产品进行正面冲突，因为你太小，胜算很低。我们唯有覆盖那些银行无法覆盖的需求，并且比传统银行服务更好、体验更好，助力传统金融的创新与发展。"

6.2 发力——引领市场，创造资本市场奇迹

2013年年底累计注册用户数是6万，到2014年年底增长了5倍，约31万；到2015年年底，手机贷的注册用户已超200万，较2014年增长了6倍；预计到2016年年底将达到千万。贷款额与用户数量齐头并进，2013年交易总金额为17.6万元，2014年较上一年增长了75倍，2015年达到近10亿元，预计2016年将达到近100亿元，短短3年刷新了移动小额信贷行业的纪录。在过去的三年里，俞亮带着他的团队不断改进信审系统和风控系统，与各大征信机构、数据机构开展深层次的战略合作，并且与部分机构共建"大数据实验室"；在产品功能方面，2015年5月，手机贷上线"闪电贷"功能，实现最快3分钟到账。从快速适应市场到引领市场，手机贷只花了2年。

这种不可思议的增速也引起了资本行业的注意。2014年，手机贷获得了清科创投的天使投资；同年8月，获得了全球顶尖投资机构红杉资本的投资，完成A轮融资；2015年3月，获得蓝湖资本A+轮投资，完成了千万级美元融资；2015年12月，获得由华兴资本领投，红杉、蓝湖等跟投的B轮投资，就此，手机贷创造了资本市场的速度奇迹。当然，俞亮已不满足于现在的成绩，这3年，只是一个开始。未来的手机贷，它所担负的使命必然不只是做一款产品。

附录 英文摘要

Shoujidai: Launching a Credit Guerrilla Warfare on During the Era of "The Internet Plus"

GAO weihe, JI li

(School University of Finance and Economics, Shanghai 200433, China)

Abstract: This case describes Shoujidai' Niche Positioning competitive strategy based on The Internet and big data. On the basis of analysis of microcredit industry, we focus on the guerrilla warfare competitive strategy consisting of a series of measures including market segments, niche positioning, product promotion and so on as well as Product innovation and business model innovation based on the Internet Since Shoujidai App came to market in 2013, it has successfully got through its product introduction phase, accompanied by more than 2 million registered users of App and more than one hundred million loans. Its success well explains the principle of how small-business narrows battlefield in order to win competition forces advantage in a in a particular industry and also contributes to provide reference for the whole industry actively building new "Internet +" formats. The case would be used for teaching of competitive strategy or product management. Students will learn competitive strategy and product innovation method for Internet enterprise, especially for microfinance companies.

Keywords: Guerrilla Warfare; Market Segments; Niche Positioning; Internet +; Shoujidai; Microfinance

案例使用说明

一、教学目的与用途

1. 本案例主要适用于针对 MBA 学生或高年级本科生的产品管理课程和市场营销课程的教学。

2. 本案例通过向学员介绍新兴移动端小额借贷品牌“手机贷”基于互联网和大数据的补缺式竞争战略。分析说明中国小额信贷企业如何利用互联网资源创新产品，尤其是传统大型金融企业的垄断下另辟蹊径，开发新产品，以及如何因地制宜扬长避短利用企业现有资源进行产品推广。同时启发学生思考新兴互联网金融企业在产品创新时所面临的具体决策问题，例如，如何选择竞争战略，如何平衡产品创新和风险控制以及如何制定未来发展战略。

二、启发思考题

1. 手机贷的产品定位和定位依据。
2. 根据手机贷产品创新模式，思考什么是“互联网＋金融”新业态。
3. 手机贷如何平衡产品创新和风险控制？
4. 目前，前隆金融采取多品牌策略，相继开发了针对年轻白领的手机贷和针对大学生的U族。试分析：在今后的发展中，前隆金融应更多专注于市场还是专注于产品？即市场集中化还是产品专门化？

三、分析思路

教师可以根据自己的教学目标（目的）来灵活使用本案例。这里提出本案例的分析思路，仅供参考。

1. 分析手机贷的产品定位和定位依据？

产品定位：手机贷是为初入社会的小白领、蓝领客群提供发薪前现金周转服务的应用。根据用户的信用情况和借贷频率，为用户提供7～30天、300～5 000元额度的贷款服务，满足用户短期内的资金需求。

（1）定位依据

①市场缺失。通过分析传统银行以及近年来基于P2P发展起来的个人信贷产品，俞亮发现这些贷款有以下几点共性：第一，都属于分期信用贷款，并且贷款期限都在3个月以上。第二，针对工薪族的贷款目的主要是为了应付买车、装修、旅游、出国进修等合理的个人或家庭消费。这些消费虽然金额不大，但多是有计划的消费或者是日常支出。第三，贷款申请对收入、工作以及信用有硬性要求。第四，贷款审核、到账周期长。

②需求暴增。随着经济发展以及收入水平提高，人们的物质需求也相应提高，个人资金周转，比如租房、装修、买电脑、旅游等等，对资金的需求逐步增加，越来越旺盛，一个庞大的资金需求群体正在出现。这一群体以注重生活品质和消费但积蓄不多的白领为主，收入较高、工作较稳定、有信用观念，是小额融资的优质客户。但是一般传统的银行却因为种种原因，无法满足这一群体对小额资金的需求。

2. 根据手机贷产品创新模式，思考什么是“互联网＋金融”新业态？

按起主导作用的主体来划分，互联网金融应该界定为主体是互联网企业、具有创新性和变革性的网络金融业。主要模式有第三方支付、P2P贷款、众筹融资、虚拟货币等；金融互联网则是以传统金融机构为主体，把传统金融业务放在网络平台开展，没有改变其本质和模式，互联网仅仅只是其企业开展的一个渠道（何师元，2015）。

区别于以上两种金融和互联网的结合方式，“互联网＋金融”的本质在于用互联网思维、互联网技术等来发展金融业，运用数据挖掘的优势真正了解客户的需求，对传统金融的局限性和弊端进行改进，实现金融服务、金融模式的创新。如果说金融代表着资金流，互联网意味着信息流，两者深度结合则会改变甚至颠覆当前金融运行模式。

手机贷的核心特征之一是“自主开发征信模型”的风控模式。不同于一般P2P平台主要依赖自身平台数据来筛选目标客户，手机贷将客户的消费数据（芝麻信用）、社交数据（手机联系人)、自身平台数据等多维度数据相结合来建立借款人信用数据库,完美体现了“互联网+金融”的内核。

3. 手机贷如何平衡产品创新和风险控制?

作为首家全流程线上的移动信贷服务企业,手机贷产品创新的核心在于其首创“信用变现金”的产品理念,为消费者提供无须任何担保和抵押的纯信用移动钱包。这一产品理念实现的关键在于精准的信用评估,否则企业将面临巨大的经营风险。传统借贷渠道依赖于严格的申请条件,例如年龄限制、身份要求、最低收入要求、工作年限、信用要求以及行业和地区限制等,以及繁琐的线下审核程序;在降低借贷风险的同时也大大减少了潜在客户的数量。手机贷自主开发征信模型,尽力在控制风险和扩大客户之间做出最优的选择,具体做法如下。

(1)考察借款人的还款意愿而非还款能力。就小额贷款(一万元以内)而言,一般默认借款人都有足够的还款能力,因此手机贷信用审核的重心应放在了还款意愿上:通过互联网大数据对申请人的信用资质进行评分,比如他们在电商网站的交易行为、缴纳公用事业费状况、在社交软件的社交行为等,通过用户的消费习惯和能力倒推出其还款能力。

(2)为尽可能覆盖市场上所有的客户。手机贷对外采集的数据维度近两千个。然后,根据每一批客户的数据匹配程度,设置了三个评分等级,分别对应冠军模型、挑战模型与生产模型。当客户数量积累得越多,客户信息数据也会雪球般越滚越大,他们的好坏表现被取回来修补模型,模型越来越有效,则其识别也会更加精准。

(3)建立三道牢固的风控防线:贷前审核,贷中监控以及贷后管理。①贷前审核。申请件进件以后,系统自动通过对借款人行为数据、申请时提供的资料、第三方征信数据及内外部来源的各类名单库进行大数据的计算及交叉匹配,并依据欺诈规则进行欺诈风险判断,对于命中欺诈规则的申请,标识为有欺诈风险点,并将此欺诈风险点提示到信审人员。信审人员在审核过程中,根据不同的欺诈风险点,以及对应的策略和话术,进行欺诈风险的排查。排除欺诈风险后,通过对申请数据、行为数据等各类数据的分析,加工成多维度的变量,基于身份验证、信用不良规则、还款能力、还款意愿、数据稳定性的多方面考量,并结合已有客户的好坏客户表现,筛选出有效变量纳入模型中,形成信用评分模型。根据此信用评分模型,对客户的信用进行综合评估,给出审核结论。②贷中监控。结合客户的借贷记录、还款情况、资质变化等情况,制定差异化的额度调整策略,对于优质客户进行额度提升,对于预测风险较高的客户进行降额,甚至不予续贷的处理。在客户续贷过程中,通过额度策略及审核策略,不断优化整体的资产品质。③贷后管理。基于客户处在的不同逾期等级、逾期客户画像分析,对客户进行差异化的贷后管理。高风险的客户重点关注,增强催收力度;表现较好的客户以客户关怀及提醒还款为主,提升客户体验。通过对客户的申请信息、自采数据、第三方征信的大数据分析,精准定位逾期客户的亲密联系人,加强逾期客户的可联性及催收效率,并通过与第三方征信机构的数据合作,增加失联客户的可联性。

4. 目前,前隆金融采取多品牌策略,相继开发了针对年轻白领的手机贷和针对大学生的U族。试分析:在今后的发展中,前隆金融应更多专注于市场还是专注于产品?即市场集中化还是产品专门化?

市场集中化是指企业生产的所有产品都是为了满足某个特定的市场(顾客群),企业的生产活动和经营活动都以这个特定的市场为中心,集中精力经营这个市场。一般实力薄弱的小企业往往会选择这种策略。

产品专门化是指企业专门生产一种特殊产品,并按照不同的细分市场对其加以调整使其适应不同的细分市场。如汽车分为商务车、家庭轿车;IBM 企业针对家庭和企业用户生产不同的计算机。

前隆金融发展至今,实际上采取了产品集中化的策略,将移动端小额短期贷款产品进行调整,以适应不同细分市场(白领 & 大学生)的需求。并且不同市场的顾客存在动态联系。U 族当下的顾客群体——大学生在刚刚步入社会时很有可能成为手机贷的潜在用户,并且对 U 族的品牌体验一定程度上可以为手机贷品牌背书。

因为不论是针对大学生的 U 族,还是针对白领的手机贷,都是当下传统金融机构不曾或者不愿提供的产品,因此前隆金融可以一直保持优势,在以后的发展中,前隆金融可以继续以小额短期贷款产品和核心竞争力,为不同的市场提供该类产品,可达到一定的规模效益。同时,也要警惕传统金融机构潜在的竞争。

四、理论依据与分析

1. 产品市场组合战略模型

企业战略有现有产品、新产品、现有市场、新市场四项要素,从而构成了产品－市场战略 2×2 矩阵,即市场渗透(现有产品和现有市场的组合)、产品开发(现有市场与新产品的组合)、市场开发(现有产品与新市场的组合)和多元化(新产品与新市场的组合)四种战略(见图 9－4)。市场有新老之分,老市场是指消费者普遍对某种产品有了成熟的消费习惯和知识,而新市场的情况反之。产品有新老之分,老产品是指在产地企业生产的产品已经定型,与其他同类产品"同质化",而新产品则相反。

	老产品	新产品
老市场	市场参透策略	新产品开发策略
新市场	新市场开发策略	多元化策略

图 9—4 产品市场组合战略

以此为基本分析框架,不同的产品市场组合对应不同的营销策略,产品/市场组合法就是抓住营销策略的一种思维方法。老产品老市场需要突出成本与价格优势,新产品老市场需要突出产品的功能特色,老产品新市场需要突出产品的品牌,而新产品新市场需要面对不同的全新市场做好新产品开发的一揽子计划。

从 2005 年开始,中国商业性小额信贷市场急速增长,各种 P2P 平台层出不穷,虽只有十年发展,但消费认识以及接受度已经有了很大提升。特别是伴随支付宝等网络支付手段的普及,移动端支付逐渐为消费者所习惯,这为手机贷推出移动端小额信贷产品打下了良好的环境基础。因此前隆金融实际上面临的是新产品老市场这一组合,那么营销的重点当为突出产品的功能特色,即必须通过有特色的产品才能吸引顾客,手机贷主打移动端申请、流程快捷、个性灵活、费用透明，在满足消费者基本需求的基础上还着实提高了用户体验。

2. 市场补缺者战略

市场补缺者通常是指那些专心关注市场上被大企业忽略的某些细小部分，在这些小市场上通过专业化经营来获取最大限度的收益的企业，它们在大企业的夹缝中求得生存和发展。

一个好的市场补缺者应该具有这些特征：

(1)该市场对大企业不具有吸引力。

(2)企业在该市场上有足够的市场潜量和购买力；在该市场上的经营利润有增长的潜力。

(3)企业具备占有该市场所必要的资源和能力。

(4)企业能保护自己的地位，对抗大企业的攻击，因为企业已建立了商业信誉，拾遗补阙者的战略关键是专业化。

手机贷特征分析：

(1)手机贷为初入社会的小白领、蓝领客群提供发薪前现金周转服务，为用户提供7～30天、300～5 000元额度的贷款服务。目前，针对这一超小额度、超短周期的个人信贷市场，传统银行并未涉足同时也不感兴趣，主要原因是传统银行的产品主要面向高收入、具有良好信用记录用户。手机贷目标客户群并不属于传统银行的优质客户。

(2)手机贷客户群以注重生活品质和消费但积蓄不多的白领为主、工作较稳定、有信用观念，是小额融资的优质客户。而市场上信用卡贷款额度没有低于三千元的，银行贷款没有低于一两万的，就连P2P的公司借款额度也是三五万。因此，需要类似信用卡的贷款产品满足年轻客户对小额、短期贷款的刚性需求。随着提前消费观的不断加深，这一需求也随之增长。

(3)手机贷创业团队中既有在传统银行工作多年，从事前沿风险控制、数据挖掘与政策制定的风控专家，又有在大型IT公司有多年移动互联网开发经验的IT精英，在人才方面满足了互联网金融产品创新的需求；同时手机贷和鹏元征信、芝麻信用、众安在线三家征信公司整合优势资源，合作共赢，还和中国银联、易联支付、微财富、百融金服等多家企业达成不同程度的战略合作。

(4)在过去的两年里，俞亮带着他的团队不断改进信审技术和安全系统，与各大征信机构开展深层次的征信数据合作，并且通过“中国金融认证中心”安全认证；在产品功能方面，2015年5月，手机贷上线“闪电贷”功能，实现3分钟响应，最快30分钟放款。截至2015年年底，手机贷的注册用户已超200万，总金额较2014年增长了53倍，达到7.26亿元，显然已在小额短期信贷行业赢得一席之地。

五、背景信息——国内小额信贷市场分析

1. 行业发展概况

从20世纪80年代起小额信贷引入我国，到21世纪初的2004年，我国一直以来将扶贫视为小额信贷的主要功能。即小额信贷是扶贫、发展和改善农村及城市低收入群体以及微型企业的金融服务和发展低端金融市场的重要手段。从2005年开始，情况逐渐开始发生改变。随着商业性小额贷款公司试点的推进，大量小额贷款公司应运而生并迅速发展起来，商

业性小额贷款借政策东风如火如荼。这些小额信贷机构由纯商业资本发起成立的,以中、小、微企业或城市白领精英阶层为主要服务目标,不仅包括小额信贷公司、开展小额信贷业务或小微金融业务的国内传统商业银行,还包括了最近几年发展势头很猛的互联网金融P2P平台。

据市场数据显示,截至2015年6月30日,我国小额贷款公司共8 951家,实收资本8 443.25亿元,贷款余额9594.16亿元,从业人员达到了11.4万人。就整体数据而言,相比2014年末,小额贷款公司数量、贷款余额均继续增长,公司数量净增加了160家,贷款余额增加了173.78亿元。小额贷款行业规模继续增长,但增长规模明显放缓。

2. 传统银行提供的个人信用贷款

诸如国有四大行以及其他股份制银行、外资银行都有针对企业主、个体户或者上班族的个人信用分期贷款业务。例如建设银行的益贷卡、广发银行的自信一贷以及渣打银行的现代派。这些贷款最低金额要求往往在一万元以上,最高可达50万/月,还款期限也从1个月到5年不等,但贷款月利率差别较大。四大行贷款(建设银行)利率最低,平均在0.53%~1%;其次是股份制银行(广发银行),平均为0.61%;外资银行的贷款利率显著较高,渣打银行3万元以内的贷款利率可高达1.8%。传统银行提供的个人信用贷款产品有着较为严格的申请条件,例如年龄限制、身份要求、最低收入要求、工作年限、信用要求以及行业和地区限制等。其中又以四大银行的条件最为严苛。例如,建设银行益贷卡对收入要求极高,需满足银行代发工资8 000元以上,还对社保、户籍、房产、经营、信用有各种要求和限制。

由此可见,传统银行提供的个人信贷业务虽然贷款利息不高,但由于其严格的申请条件并不能满足广大的低收入人群和无稳定工作者的现金需求,造成了该市场的空缺。传统银行个人信贷产品如表9—3所示。

表9—3　　传统银行个人信贷产品

银行(产品)	申请条件	目标群体	期限(月)	额度	月利率
渣打银行(现代派)	年龄要求:22—60周岁 身份要求:具中国国籍(不含港、澳、台居民) 收入要求:税前月收入5 000元以上 工作年限:在现单位工作满3个月 工作地点:北京、上海、广州、深圳	上班族	6、12、24、36、48、60	0.8万~3万元	1.8%
				3万~50万元	1%~1.65%
广发银行(自信一贷)	年龄要求:25~55周岁 收入要求:税后月收入4 000元以上 工作年限:现单位连续工作满6个月 信用要求:征信良好,无当前逾期 行业要求:仅接受公务员、事业编、大型国企、世界500强正式员工申请	上班族	1~36	5万~50万元	0.61%

续表

银行(产品)	申请条件	目标群体	期限(月)	额度	月利率
建设银行(益贷卡)	工作年限:现单位连续工作满 6 个月 收入要求:银行代发工资 8 000 元以上 社保要求:缴纳本地公积金和社保 6 个月以上 户籍要求:外地户籍需要本地房产 经营要求:注册经营 2 年以上 房产要求:本地房产估值 200 万以上 信用要求:暂不接受多次逾期情况	企业主;个体户;上班族	6、12、24、36	10 万～30 万元	0.53%～1%

注:资料根据各银行官网整理。

3. 个人信用贷款平台——拍拍贷

正是由于传统银行针对低收入人群个人信贷产品的缺失,在 P2P 高速发展的背景下,申请条件更为宽松、贷款程序更加简便的个人信用贷款平台应运而生。其中,于 2007 年 8 月在上海正式成立的拍拍贷是国内首家纯信用无担保 P2P 网络借贷平台。即:为资金需求方(借款人呢)和供给方(投资人)提供匹配平台,从而让借入者改善生产生活,让借出者增加投资渠道。

拍拍贷分别针对工薪族、网购达人、网店卖家和私营业主推出了为期 3～12 个月,金额从 3 000 元到 50 万不等的小额信用贷款。同的产品有一些共同的申请条件,例如年龄、国籍限制(21～55 岁大陆公民),必须有一定的收入来源。此外,各产品还有针对各自目标客户的条件要求,其目的主要是为了身份核实。例如,工薪族贷款要求手机绑定,网商用户贷款要求网商认证等。借款人除了要支付贷款利息(月利率通常在 1%～2%的范围内,年利率为 12%～24%)外,还要为每笔贷款支付额外的借款费用(包括成交手续费、催收费用,第三方服务费,等等)。每种贷款的还款方式都是等额本息,按月还款。

借款流程大致包括:注册、完善个人资料,发布借款列表、上传资料、提交认证,之后,需要等待 1～15 天的投标时间,标满后,还需要花费 1～3 个工作日进行资料审核,审核通过后方可进行提现和还款。拍拍贷个人消费贷款产品如表 9—4 所示。

表 9—4　　拍拍贷个人消费贷款产品

产品 (适用对象)	申请条件	准备资料	贷款利率 (月利率)	一次性费用 (2%~4%)
普通借款标 (工薪族)	21~55 周岁中国大陆公民 手机绑定 有固定工作	身份证 居住证明文件 收入证明文件	1%~2%	成交手续费 第三方平台提现服务费; 催收费用; 创建列表费用; 第三方平台充值服务费
网购达人标 (网购达人)	21~55 周岁中国大陆公民 支付宝实名关联 最近三个月中至少有两个月支付宝购物支出分别不少于 500 元	支付宝对账单 支付宝账户信息 居住证明文件 收入证明文件	1.33%~2%	
网商用户标 (网店卖家)	21~55 周岁中国公民 通过网商认证 店铺经营时间满半年	身份证央行征信记录淘宝证明文件	1.14%~1.8%	
私营业主标 (私营业主)	21~55 周岁中国公民 相关资质证明 全日制高中以上学历	身份证工商户营业执照居住证明文件 收入证明文件	1%~2%	

注:资料根据拍拍贷官网整理。

与传统金融机构和国内其他 P2P 平台相比,拍拍贷的最大特点在于采用纯线上模式运作。凭借其技术优势及互联网客户服务理念,拍拍贷与传统金融机构相比,主要有以下两个优势:

(1)交易信息、交易过程阳光透明。因为其仅仅只是一个提供给大家的借贷平台,使得在公正和独立性上是银行所不能比拟的。本质上拍拍贷和阿里巴巴在模式上是同类型产品,阿里巴巴旗下的淘宝网及支付宝等业务也都是使用第三方平台来运作。淘宝不买卖商品,支付宝不做银行,这样就是为了能更好地为广大的用户提供优质的服务。

(2)运营效率高,借款成本低,借款速度快,同时让利给借款人和投资人。高效低价的贷款主要得益于线上自动化操作,使得借款人和投资人可以快速匹配,达成交易。

另一方面,由于拍拍贷是 P2P 类型,是纯粹的贷款投资项目的磋商平台,没有担保介入,所以相比传统金融机构,线下风控能力缺乏是拍拍贷最大的弱势。如何保障投资人的利益以及降低贷款的违约率是拍拍贷需要解决的一大问题。此外,拍拍贷可提供的贷款最低限额为 3 000,最长借款期限为 12 个月,尽管相比传统的银行个人信贷产品,门槛更低、期限更短,但本质上来讲,拍拍贷仍属于传统的分期信用贷款。

4. 个人信用贷款公司——亚联财

与个人信用贷款平台对应的是个人信用贷款公司,即公司作为直接的借出者向借款人提供贷款。其中,由香港亚洲联合财务有限公司于 2007 年在深圳开设的一家专业小额贷款服务机构——深圳亚联财小额贷款有限公司以其能提供多元化金融服务而受广泛认识。

亚联财提供的个人信用贷款叫薪易贷。申请条件包括:年龄介于 16~60 周岁,持有效身份证明;月打卡工资不得低于 2 500 元;现单位工作满 6 个月;需在本地连续缴纳 3 个月以上社保或公积金;暂不接受信用记录差人士申请。这些条件与信用贷款平台非常类似,但与传统机构相比,收入要求降低,行业限制取消,贷款期限可缩短为 3 个月,贷款费用由一次性手续费(2%)和月管理费(1.86%~1.98%)构成,总费用高于银行个人信贷产品费用。

六、关键要点

1. 个人信用贷款市场分析
——传统金融机构的产品特征
——网络金融机构产品特征
——应用产品生命周期理论分析个人信用贷款产品的发展趋势
2. 手机贷补缺定位战略
——产品定位及定位依据
——产品竞争优势
3.“互联网+金融”创新模式
——手机贷如何进行产品创新
——手机贷如何进行商业模式创新
4. 手机贷产品推广策略

七、建议课堂计划

本案例以小额信贷产品手机贷为例,探讨产品管理的相关知识,可以在讲授“市场营销”课程中的“产品战略”时,或者讲授“产品管理”课程时作为一个专门的大案例进行讨论。如下是按照时间进度提供的课堂计划建议,仅供参考。

整个案例课的课堂时间控制在80~90分钟:

课前计划:提前发放案例材料,要求学员通读案例,熟悉有关竞争定位,产品创新等相关知识,并就案例启发思考题进行思考。

课中计划:简要的课堂前言,明确主题(2~5分钟)

分组讨论(30分钟),告知发言要求

小组发言(每组5分钟,控制在30分钟)

引导全班进一步讨论,并进行归纳总结(15~20分钟)

课后计划:请学员采用报告形式给出手机贷未来发展策略和建议,或者对中国“互联网+金融”新业态发表自己的看法。

八、相关附件

本案例包括如下附件:

1. 上海前隆金融信息服务有限公司主要产品介绍

(一)手机贷

	借 贷	理 财
产品定位	为工薪族提供短期贷款和理财服务	
产品特征	提供5 000元以下7~30天的小额贷款;全程自动化审核,最快30分钟放款	100元起投,1~3月短期定期理财项目;“存钱罐”活期理财
贷款利息/理财收入	贷款年利率108%	最高年化收益10.2%

续表

	借 贷	理 财
安全保障	借鉴 FICO(费埃哲)标准，专业科学的信审系统评分资金合法周转，诚信交易，承诺隐私安全	

（二）U 族

产品定位	为大学生提供基于消费、生活资金等方面的金融服务，额度 500～3 000 元的现金服务为主要产品形态
无息享贷	凭借独创的信用评分体系，为用户建立信用资料库，根据不同的信用等级提供最灵活的借款额度和分期还款服务
随时随地	基于移动端的产品体验，只要一部手机、只需滑动指尖，完成所有借款流程，即可实现随时随地
极速体验	运用互联网大数据作为主要征信源，与传统金融授信逻辑相结合，可实现最快 3 分钟的响应机制
福利多多	专门为在校大学生打造的金融生活社区，围绕学生的衣食住行各方面提供全方位的生活支持

2. 网络信贷平台的主要模式

网络信贷起源于英国，第一家公司 Zopa 于 2005 年成立，主要借助互联网开展贷款撮合业务。我国第一家网贷平台是 2007 年 8 月成立的拍拍贷。网络信贷可以划分为 P2P 和 B2B 网络信贷两种模式。其中，P2P 模式借贷双方均是个人，B2B 模式中借方是机构。P2P 模式是目前我国网贷平台的主要模式，按照提供的服务方式，P2P 网贷平台可分为以下五种模式：

①自主配对交易型，以上海“拍拍贷”为代表

在该模式下（见图 9—5），网贷公司提供交易平台，借贷双方发布信息并自行配对，自主商定借款利率，出资人将资金通过网贷平台账户转到借款人账户。贷款无最高限额，以 2 000 元至 5 万元为主，交易成功后平台收取借款人本金 2%～4%的居间服务费，借款人按期支付利息并在借款到期后偿还出资人本金。该模式投资收益高，但由于该类平台属于单纯的网络中介，不负责撮合交易，不承担担保和出资人代偿责任，投资风险大。

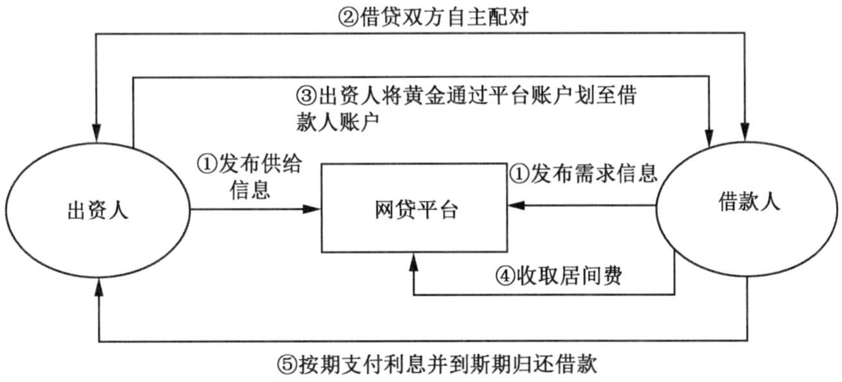

图 9—5 自主配对交易型

②平台配对，线下交易型

在该模式下（见图 9—6），借贷双方在网贷公司办事处进行信息登记，借款人需提供抵押，公司将借贷信息发布至网贷平台上，借贷双方自主配对成功后，到公司办事处完成交易手续。一年期贷款利率为 15%左右，借款最高额一般为 30 万元，投资人收益为 10%～12%，平台公司收取服务费及一定的借贷利差。借款人按期支付利息并在借款到期后偿还出资人本金。若 违约发生，公司将对出资人代偿，并拥有对债务人的追索权。该类平台公司类似于“房产中介”＋担保公司，收益相对较低，风险较小。

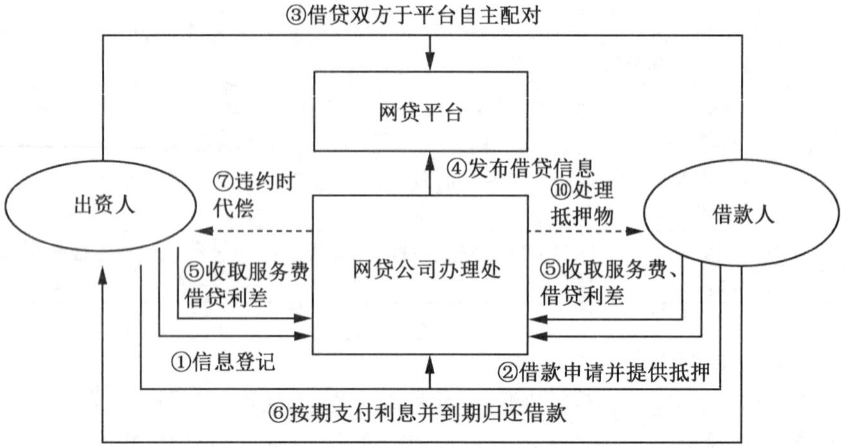

图 9—6　平台配对，线下交易型

（三）债权转让型，以北京“宜信”为代表

在该模式下（见图 9—7），借贷双方不直接签订交易合同，第三方个人承担中间放贷人角色，先行放款给借款人，第三方个人再将债权分拆，通过理财产品方式线下转让给出资人，相当于信托产品形式。由于线下转让成本高，借款人实际成本可能高于 30%，该模式往往将超过法定贷款利率四倍的部分转化为服务费、风险保证金等形式。此模式投资收益较低，风险较小，若违约发生，公司将对出资人代偿，并拥有对债务人的追索权，但存在演变为非法集资的风险。

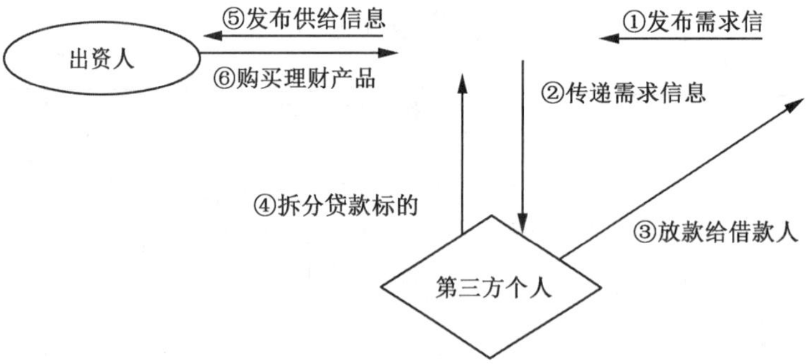

图 9—7　债权转让型

（四）线上审核担保型，以深圳“红岭创投”为代表在该模式下（见图9—8），借款人向网贷平台提出借款申请，平台对借款人信息进行审核后发布借款信息，出资人根据需求寻找合适借款者进行配对，利率由借贷双方自定，一年期利率一般为15%～25%，额度从2 000元至30万元不等，配对成功后出资人资金通过第三方划付至借款人，平台收取借贷双方居间费。若发生违约，公司对出资人代偿后拥有对债务人的追索权。该模式对平台风险控制能力提出了极高要求，平台往往设立有风险保障金，但仍具有一定风险。该模式优点在于资金流向明确，避免在平台产生沉淀资金。目前国内此模式运营的P2P平台占多数。

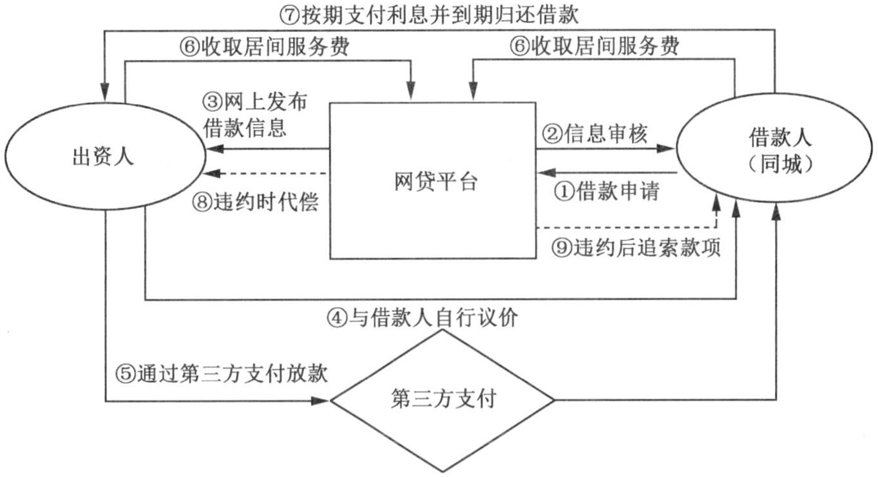

图9—8 平台审核担保型

（五）委托型模式

在该模式下（见图9—9），平台与出资人签订委托协议，出资人资金存放于平台账户，平台根据出资人指令，将资金借给借款人，借贷双方通过平台的账户进行资金转移。平台不承担实体的法律义务，但提供资信评估、资金管理和债务催收等服务，并均设立有风险保障金，承诺当借款人违约时，由平台向出资人代偿本息。该模式投资收益较高，有一定风险，一定程度上是委托贷款形式，并且平台存在有一定沉淀资金，易产生操作风险。

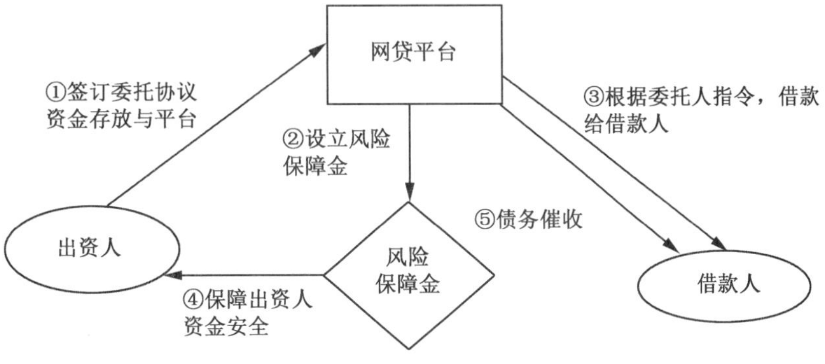

图9—9 委托型

3. 手机贷和拍拍贷对比

拍拍贷提供的贷款产品与手机贷相比最大的区别体现在还款方式上：前者等额本息，按月偿还；后者先扣利息，本金到期一次性偿还。此外，还体现在贷款金额、贷款期限、贷款利息、贷款速度上，手机贷产品的贷款金额更少（不超过 5 000 元），期限更短（最长一个月），利息更高（月利息 10%）。因此，相比拍拍贷的短期贷款产品，手机贷产品的创新更为彻底。如果说拍拍贷个人贷款产品与传统银行的个人信贷还有所交叉的话，那么手机贷则是在个人信贷市场上开辟出一片崭新的蓝海：小额短期贷款。额度低于 5 000 元，大大降低了贷款门槛，为那些因突发事件而急需用钱的借款人提供了及时的贷款，使得一次性还本的可能性大大增加，违约率降低；期限不超过一个月，与国外发薪日贷款（payday loan）类似，贷款周期与发薪周期相同，在解决借款人燃眉之急的同时可以将资金进行高度分散，避免了集中性风险。同时由于额度小、期限短，使得高贷款利率成为可能，因为相比高企的贷款利率（年利率高达 108%），较低的贷款本金以及很短的贷款期限使得总的贷款费用并没有超出大部分借款人的承受范围，高贷款利率使得手机贷可以进一步下探借款人的收入门槛以及信用门槛，因为高贷款利率收入可以弥补随之升高的违约率，进一步扩大市场的同时增加总收入。

案例10 深圳市公园体系财务组织结构的变革[①]

案例正文

摘　要：本案例描述了在事业单位组织机构改革的大趋势下，深圳原本的公园体制无法满足新形势下的要求，亟待改革。为了达成中央提出的建立"功能明确、治理完善、运行高效、监管有力的管理体制和运行体制"的目标，深圳市决定以各个公园财务部门为主要改革点，从精简组织机构、降低公园成本、防止贪污受贿等方面对深圳30多个市属公园进行统一改革。案例从深圳市城管局财务部周部长角度出发，再现了事业单位财务部门组织变革中亟待解决的问题，揭示了组织变革过程中面对的挑战，引导读者对事业单位的组织结构做出深入的思考。

关键词：事业单位；组织结构变革；财务管理制度；绩效改革

引　言

已经是凌晨了，深圳市城管局财务部周部长办公室的灯依然亮着。这时周部长面前桌上的咖啡所剩无几，烟灰缸里的烟头却堆了不少，人也被笼罩在浓浓的烟雾中。为推动事业单位组织机构改革工作，实施政府职能转换，深圳市召开全市范围的事业单位体制改革动员大会，出台了《事业单位分类改革实施方案》及一系列配套文件。随后针对深圳市事业单位改革，深圳市政府又颁布《深化市政公园管养体制改革方案》等7个重要文件。由此，深圳市拉开事业单位改革的帷幕。深圳市城管局下属的公园体制改革，扮演着深圳市事业单位改革先行先试的角色。在较早的时期，深圳市已经积极推动着公园管养体制方面的改革，出台

---

① 本案例由上海财经大学王蔷教授撰写，版权归上海财经大学商学院所有。未经允许，本案例的所有部分都不能以任何方式与手段擅自复制或传播。版权所有人授权上海财经大学商学院案例中心使用。由于企业保密的要求，在本案例中对有关名称、数据等做了必要的掩饰性处理。本案例只供课堂讨论使用，并无意暗示或说明某种管理行为是否有效。

了多份文件为公园管理提供参考模式和标准。

在公园管理体制上，深圳市实行市、区、街道、社区四级分级管理。跨区域、综合性、专业性强以及在城市中占据重要地位的市级公园由市政府安排资金建设并负责管理；各区、街道、社区建设的公园则由各区投资建设后分级管理。当时直属市城管局的园林、绿化系统内的单位共二十四个，其中包括绿地管理单位两个，市属公园管理处十七个，其他专区四个（梧桐山风景区、仙湖植物园、园博园和深圳林场），在编人员达 873 名，其中公园管理处人员 643 名，这些人，连同其他聘请的非在编职员等，负责管理三十多个市政公园。

在较早的时期，深圳市已经积极推动着公园管养体制方面的改革，先后通过了《公园绿地管养检查验收办法》《公共绿地管养技术标准》等模式以及标准，对绿地养护质量坚持末位淘汰制，可以说，深圳市对绿地管养的市场化程度在国内是处于先进行列的。但随着深圳市人口的不断增长，市政府投入建设的市政公园的数目也随之增长，仍然沿用旧的公园管理体制，带来了诸如机构设置不科学、市场化运作程度不高和公园的定位和发展方向不明确等一系列问题。

周部长知道，改革是必然之路。可是不管怎么改，都会有利有弊。要怎样改，才能使大多数人满意、符合群众的利益，而且改革过程中、改革之后可能出现的问题又该怎么解决，这些才是关键。不妨先把财务部门的改革当成试点，若是有好的效果，再逐渐推行到其他部门。近忧远虑，都需要得到妥善的处理。天快亮了，周部长依然陷在深深的思索之中。

1. 辉煌不再

作为国内发展较早、建设较快的一个经济特区，深圳作为改革开放的试验田，一直很好地扮演了公共管理体制和行政体制的改革工作的探索者的角色。在较早的时期，深圳市城管局已经积极推动着公园管养体制方面的改革，先后通过了《公园绿地管养检查验收办法》《公共绿地管养技术标准》等模式以及标准，对绿地养护质量坚持末位淘汰制。但随着深圳市人口的不断增长，市政府投入建设的市政公园的数目也随之增长，深圳公用事业持续发展，公共产品、服务的供应体制发生了变化，仍然沿用旧的公园管理体制，导致矛盾不断滋长。所以，在前不久深圳市市政府刚召开的深圳市事业单位改革动员大会上，领导班子颁布了涉及事业单位改革的数份相关方案、意见稿，其中包括《深化事业单位改革指导意见》《事业单位分类改革实施方案》，等等。随后，《深化市政公园管养体制改革方案》等文件也陆续出台。暗示着深圳市市政府把改革重点落在了深圳市公园上。这一次，对于深圳城管局又将是一次艰难的考验。

至 2013 年，深圳市已建成或在建的各类公园共 686 个，总面积约 41 864 公顷。近年来，深圳市在公园建设方面获得国家、国际认可，屡获殊荣，包括“国家园林城市”和“国际花园城市”等，2006 年底，建设部授予深圳“国家生态园林城市”示范城市的称号。目前，除仙湖公园以外，其余由市政府出资建设的所有市政公园，均对全体市民全天候、免费开放。

各市属公园管理处是独立的法人，直接隶属于城管局，接受城管局的直接领导和管理。各个公园可以依法支配公园部门的预算经费开支，组织公园的管理建设，对公园的财务拥有充分的自主管理权。各个公园的财务人员少，包括一名会计和一名出纳，直接根据公园主任的指示合理安排公园部门预算经费开支。每个公园都有充分的财管自主权，这很好地刺激了各公园的管理人员工作效率、增强了责任心，然而，随着公园数量的增多，财务管理系统中出现的矛盾也越来越难以协调。这让城管局的周部长十分头痛。远的不说，最近公园 A 就冒出了高层领导贪污的丑闻。

2. 矛盾重重

2.1 不正之风的滋生

一直以来，深圳市各公园都自主管理自身事务，城管局要处理的事情有方方面面，如果没出现大的问题，根本没有时间精力去特别关注某个公园的管理，这就给了某些心怀鬼胎的人员以可乘之机。尤其是近些年，公园的贪污现象时有出现。周部长印象最深刻的一次恐怕就是去年 A 公园的贪污事件了。

说来惭愧，A 公园一直被当作业内典范，多次在整个深圳市的公园评比中名列前茅。一直以来，A 公园都十分注重公园的建设，经常有不错的创意或者引进外部的新品，因此常常会向上级提出申请，要求买进新设备或者对公园进行检修和翻新等，以吸引更多游客并使游客得到更舒适的体验。而且他们对自己的实际情况也最清楚，上级拨款也都"用在了刀刃上"。市民们也一直对 A 公园称赞有加，说它比其他公园有创意而且人文关怀工作做得也很到位。直到一天，助理小刘进来报告："部长，出事了。刚刚接到通知说，A 公园中有游客发生事故，供游客倚靠的栏杆突然断裂，造成一名游客掉入湖中。目前这名游客已经被送到医院。"周部长大吃一惊："什么？A 公园？是那个多次获奖又被市民们称赞的 A 公园？"小刘回答："是的，就是那个公园。"周部长心中诧异："不应该啊。A 公园拥有这么好的声誉，前段时间又刚刚申请经费翻修过，怎么会出现这种情况呢？是不是游客自身的问题？"小刘回答："已经查看过监控录像并向其他游客了解过具体情况，不是那位游客的问题。游客只是正常的倚靠，并没有其他破坏性行为。而且游客也属于正常身材。部长，现在舆论很厉害，市民们都想讨个说法，不然以后去家门口的公园都没有安全感了。"周部长正色道："查！必须查个明白！"

事情很快水落石出。周部长原想最多不过是财务部门的会计、出纳人员利用职务便利贪污一笔，万万没想到公园的高级领导默许甚至参与其中，以购买设备、翻新公园等名目向上级申请拨款，最终公园得到的只有数量不够的设备，或者质量不够的翻新。虽然每次亏空的并不是大数目，可积年累月下来，这些人从中贪污的数额大得惊人。而 A 公园也就成了"金玉其外，败絮其中"，表面上看起来风光无限，实际上公园内部的安全问题早就成了大隐患。而细究这一切的根源，还是财务组织结构的问题。公园有财务自主权，增强了员工的责任心、提高了工作效率是不错。也正是因为各公园是独立法人单位，有独立的财政权，公园的部门预算开支受到上级主管部门的监管有限，各公园的经费开支的决定权主要集中在公园主任和财务人员手中，易出现领导和财务人员为谋取个人利益，贪污受贿，互相串通做假账，私设小金库，做出损害单位利益和荣誉的违法乱纪行为。公园园长有支配拨款的权力，却没有得到相应的监管，这该怎么解决？

办公室里的周部长满面愁容：这起事故该如何解决？撤换人员？不行，就算把这批人换走再新来一批，如果对这个公园财务方面的管理力度不变，这个公园财务部门的透明度不变，也难保新来的人不会重蹈覆辙。那对这个公园的财务部门进行特别管理？也不是很好。

管得了这个公园，其他公园怎么办？再说公园内部的情况内部人员更清楚，外人去管只怕会添乱。周部长一直在为这件事焦头烂额，不知如何是好。

2.2 外包“实践”的功与过

“周部长，这是这个季度的财务报表，请您过目。”新来的实习生安安匆匆走了进来，清脆的声音打断了周部长的思考。“我记得是三个月前B公园提出将夜间巡逻事务外包的创新做法，现在进行得怎么样了？”周部长接过报表，随口问了一句。“B公园这个季度的人事开支总额增加了15%……具体情况不太清楚。”“好，你先回去吧。”周部长心下一沉，也没有为难安安，开始浏览报表，检查问题究竟出在哪里。毕竟降低成本是首要目标，如果不能满足这一条，外包这条路恐怕难走啊。

在从前，所有公园都是长期雇佣着相应职责的员工，虽有俗话说“养兵千日，用兵一时”，可对当今社会来说，还是资源浪费了。几个月前，B公园提议将本公园的保安外包出去。理由如下：一是由于公园的开放性，财产、人员安全是管理难点。人员安全事故、被盗等情况屡有发生。如果聘请专业保安公司，不论出现任何大小责任事务，全由保安公司负责。秩序责任以及安全分析能得到转移，减轻公司的负担和风险。二是现在保安岗位人员流动量较大，经常出现空岗情况，不利于公园的安全治理。三是专业的保安公司在公安局有登记备案，用人安全有保证。同时，他们也会对保安人员进行训练以及安全消防知识培训，在身体素质上优于公园直接招聘的保安队伍。总之，如果保安外包出去，能逐步降低公司人力成本。B公园的理由充分，且目前改革的确正在推进市场化，稍加商议，领导层就通过了B公园的提议，于三个月前正式开始筹备。

“之前B公园的老张还乐呵呵地告诉我，他们找到一家服务可靠、价格合适的保安公司，在人事方面节约了一大笔成本呢，怎么会……”在实习生走后，小刘问出了心中的疑惑。简单分析了报表，周部长就已经大概明白了。这一季度的前两个月是外包的前期准备时期，由于B公园初设外包市场，走了不少弯路，导致这两个月支出严重超预算，占了实际总季度的近八成。前期准备工作主要包括竞标邀请以及评估候选承包商的综合能力。由于B公园没有在该领域有所专长的专家，这第一次试水也是付了不少“上课费”。最近一个月，外包的保安公司正式开始入园工作了。公园保安与一般的保安工作虽没有太大差别，但是处于磨合期的外包保安对于公园的应知应会仍有不足，保安外包的优势尚需时间才能体现。

“前期准备工作如果能由多各公园分担、同时进行，并且共享外包成果，那么对于成本的削减一定会有显著成效。”周部长很快意识到这点。市场化是一个新的潮流，哪怕是不同于一般企业的事业单位，顺应潮流才有新的发展，公园的确应该逐步扩大外包范围，加大市场化程度。可是如今各个公园都是各管各的，将一个公园的外包 推行到更多公园是一个极大的难题。不仅如此，各个公园现在有着不同的发展方向，外包标准难以统一，他记得刚开放的C公园最近好像就有意愿要做出创新。

2.3 “百花齐放”还是“千篇一律”

刚想翻找资料，行政部助理小张进来了：“周部长，D公园也进行了公园今后发展建设主题的申请。这是刚从行政部拿来的申请，里面草拟了下季度预算，请您过目。”小张说着并将一沓文件放在周部长的办公桌上。“不过，他们的主题也是欧式公园。”周部长猛然抬头：“什么？”真是一波未平，一波又起。公园近来都要求自由发展，周部长想这也不是什么坏事，每个公园都考虑到自身的位置、条件等因素，因地制宜地制定符合自身发展需求的战略，发展出自己的风格，能够最大限度地满足市民们不同的需要，公园的差异化和多样化也许还能成为深圳市的一大特色。这从哪个方面想都是一件好事。可万万没想到的是，各公园的发展主题和方向都想到一块去了。这不，C 公园和 D 公园就都想往欧式公园发展。周部长不禁头痛：“他们要自由发展的权利，就给了他们自由发展的权利。现在可倒好了，自由发展都往一个方向发展了。你说他们怎么也不事先商量一下？你弄外国的，我就弄中国的；你弄古代的，我就弄现代的；你的点睛之笔是水，我的就是灯，这样交错开来才好嘛！”小刘提醒部长道：“部长，这其实也不是公园的问题吧，一直以来各公园都是自己管自己的事情，有什么要求都向他们的上级报告，从来没有相互沟通的惯例啊。”其实发生这种情况也是情有可原。公园如今各自为政，在做公园总体规划时对公园的定位和发展方向不明确，导致公园的建设缺少特色和人文内涵，这样就极易出现千篇一律的现象。周部长沉思道：“你说的也在理，但也没有一开始就让两家公园建设一样的主题的道理。只是谁更适合这个风格，另一家又适合什么样的风格，还需要考察一番哪！可现在并没有哪个职位适合这个工作。唉，看来改革势在必行啦！通知下去吧，下周的季度财政例会要求各公园财务科科长和园长必须到齐，不准缺席。公园现行的财务组织架构可能会发生重大变化，让他们准备准备，都提提建议！”小刘见周部长十分烦恼，也就不再打扰，接到任务就出去了。

3. 会议上的“唇枪舌剑”

一周的时间很快就过去了，今天就是召开财务季度会议的日子。会议厅里坐满了人，有的掩不住对改革的期待而不断与身边的人窃窃私语，有的人对改革方向甚为担忧，不断翻阅自己手中的文件，更有对这场会议讨论的内容漠不关心的几位老园长。“咳咳……”周部长咳了一声，打断了大家的小声议论，“那么，我们的会议就开始了。大家也知道我们在这次会议上重点讨论的内容是我们深圳公园事业单位的财务组织结构。在座的各位都是各个公园的园长和财务科工作人员，相信这个事情与大家息息相关，大家也一定对这件事有不少看法，也为今天的会议做了充分准备。”周部长环视了一圈，继续道，“近来中央出台的各项文件相信大家都已经详细看过了。顺应国家形势，对事业单位进行改革的废话我就不多说了，我就谈谈最近我们公园的问题。近几年公园数量在增加，在机构设置上仍然采用‘建一个公园单独成立一个财务管理处’的模式。从财务的角度看来，对资源、人力是一个严重的浪费。此外，公园数量多了，机关事业单位的编制数目总数仍然没有增加。在这个政策制约下，每个市政公园仅获批的在编人员减少一半。对公园个体而言，专业人员成为稀缺资源，同时人员紧缺的矛盾也愈来愈明显。以上两个问题都是由于现在的组织结构不科学造成的。第二点，各个公园市场化运作程度仍急需加强。大部分公园都供养着自己的管养队伍，每年要投入大量的人、财、物进行公园的日常绿化管养工作。这样的管理方式不仅增加了财政经费开支，加重了政府财政负担，而且也不利于公园绿化管养水平的提高。相反，B 公园最近开了一个好头，他们将保安工作外包，降低了一部分成本。但是我也看到，如果前期招标成本可以被多个公园分担，也就是说，多各公园合作进行外包项目，将会把外包的优势发挥到最大。但是如果这样做又牵涉到外包总负责人的问题。这个我们稍后详细讨论。我们作为事业单位，又不像一般的企业那样只以盈利为目的，无非就是把成本控制住嘛。最后，也是目前很大的一个问题。如今你们各自为政，在对公园的定位和发展方向做总体规划的时候，没有一个沟通的过程，导致现在我们的公园缺少特色，D、C 公园最近还提出了相同的建设方向。这三个问题你们看应该怎么解决呢？”简单说明了公园目前的问题后，周部长开始向各个公园的工作人员发问。（以下讨论中各公园与会人员都由该公园的代表字母表示）

D 首先发声：“周部长，这次我们和 C 公园的发展方向冲突给您添了麻烦，但是我们也是有苦衷的。一直以来公园都是自己决定自己的事务，或者根据上级的指示行动，公园之间从来没有商量过策略。所以其他公园有什么规划，我们也无从得知啊。这次改革一定要把这个问题解决掉。”E 接话道：“这也不难解决。各公园财务部门都由上级直接管理，上级把资源、策略协调好之后再分配给各公园。这样总不会冲突了吧。这样不仅有利于财务规范化管理、全面统筹预算资金，而且能够严格执行各项财经纪律和财务规章制度，统一监管，减少违规开支经费的情况出现，最大限度地控制和降低财务风险，还有利于实现内部控制，加强内部资源的合理利用。怎么想都是有好处的。”F 表达了不同意见：“E 说的方案不太现实。上级？现在公园的上级不就是城管局吗？城管局要管这个城市的方方面面，哪有时间一个公园一个公园的去协调？再说了，如果真的有上级来管理，那公园对于财务的权力又是什么？如果公园不剩什么财权而只作为执行命令的机构，员工们的工作积极性受挫又该怎么办？”周部长最初见大家的思路和自己的差不多，也就任由大家讨论去了，现在看到提到了关键，接话道：“E 的方案我也考虑过了。虽说城管局直接来管理公园的确不现实，但如果能设置一个独立的、专门负责公园财务之间协调的机构，关于机构重复设置和资源浪费的问题就可以解决了，公园之间的协调也就不成问题了，整个公园系统的效率都会相应提高。不过 F 的话却是新的问题，你们根据自己的情况想想，如果真的有这个机构成立，掌管了你们的财权，你们还有没有现在这股一心把公园管理好的劲儿？当然，可能还有其他问题。好了，这个可以算作一个方案，你们谁还有其他想法吗？”

一直在一旁沉思的 G 看似想到了好办法，接口道：“部长，如果真的成立这样一个机构，协调资源和公园重大事项的决策全部由这个机构作出，那公园就不仅是没有财权的问题了，连现有的公园事务的决策权力都没有了。而且如果为我们制定的决策并不适用，出现了问题我们又该怎么反映呢？我有一个和刚刚完全不同的方案。一般的企业中有一种项目制的组织结构，适用于外部环境变化较大的情况，说白了就是有新项目的时候挑选有合适职能的职员来完成这个项目，等项目完成之后大家再都回到自己的岗位。在我们这种情况下，也不一定非得是临时的，可以从各个公园挑选出相同职能的员工组成相应的职能小组，比如统一的养护组、统一的建设组等等，由这些统一的小组完成公园内相应的工作。拿养护工作来说，一个公园不可能天天需要养护，现在的体制下，公园长期雇佣着相应的员工，如果没有养护工作，这些员工就成了闲置的人力资源。如果成立统一养护小组，养护小组可以在不同的时间为不同的公园服务，减少了资源的闲置，还能应对某一个公园的突发状况。还有外包的问题，还拿养护工作来说，如果公园都外包给一个公司，那么前期的成本大家分担，就会降低很多。”E 可能还是比较认同自己的方案，这时很快反驳起 G 的说法来：“你的想法是很好，可还是有些太理论化了。你就说各公园的养护工作，日常的还好，都分散开来就可以了。关键是像初春这种时候，大家的公园都需要及时的养护，这种情况下怎么办？难道还要排着队等着不成？还有，真成立了这个小组，组员每天是去原公园上班呢还是去和小组其他人集合呢？到时候工作有冲突又该优先听谁的呢？"这时一直没说话的 H 开口了："这样也不行那样也不行，我看今天是讨论不出个结果了。要我说啊，改革就算了吧。多少年了，公园一直是这么个管法，也没有太大的问题。现在就是大环境变化了，我们还是以不变应万变，这些问题早晚都会协调好的。"

G 刚刚被 E 反驳，正气不打一处来，听到 H 这么说，马上还击道："你这么说就不对了。大家今天凑到这就是商量方案来的，今天商量不成还有明天。A 公园的事儿想必大家都心知肚明吧？要我说，不管怎么改，以后办坏事再也不会像 A 公园那么容易倒是真的。别不是有人怕干坏事没那么容易了才会不支持改革。"周部长看情况不好赶紧出来打圆场："好了，与改革方案无关的话都少说两句。任何事情都是有优点有缺点的，而且这是只是在商议，方案肯定都还不成熟。另外我也明白，这种管理模式持续了这么多年，大家都已经习惯了。首先改革肯定会和大家的习惯冲突，要求大家换一种工作模式。其次，改革也许会触及大家的利益。当然也不一定是像贪污这种不正当的利益，正当利益也是有可能触及的。但是不管怎么样，不管有多大的阻力，改革肯定是势不可挡的。还有 G 刚刚提到的 A 公园，我相信这种情况只是个例，在座的各位绝不会犯这种错误。而且改革之后，对财务的监管程度一定会提高，财务透明度也一定会提高。好了，其他人还有什么看法吗？"

D 欲言又止，考虑片刻决定说出来："既然刚刚说的两种都有优缺点，不如把两种方案混合起来，可以得到互补的功效。比如统一的养护组负责不过来所有的公园，那就把地理位置、内部环境相似的公园组合一下，也不一定合并，这一部分的养护组负责这一部分的公园，这一部分的公园选出来代表，财务直接由上级管理。这样有公园的'合并'的话，上级管理起来也比较方便，同时这几个公园的资源能够得到有效的利用。"

听完 D 的这番话，有人小声嘀咕着"把人家想出来的方案组合一下，真会捡便宜"，也有人点头认同。不过大多数人看讨论了这么久好像也没有什么其他方法了，就都说同意 D 的观点。周部长也点头道："这是目前看起来比较成熟的方案了。大家也都说了不少了，那方案就先这样，我再来说说改革其他的一些问题。刚刚提到了合并，即使不合并，为整个公园体系的精简高效来讲，这次改革人员的变动也是必要的。所以希望大家能够做好人员安置工作，无论是退休、提前退休、自愿离职还是辞退，都要做好相应的补偿。而且，这次改革重点还有内控工作，建立内部审计和财务管理监督机制，增加公园财务部门工作的透明度，这就有利于公共监督的进行。另外财务人员绩效管理体系、激励制度等等方面的具体措施，也都是需要考虑到的方面。还有，现在市场化是一股新的潮流，B 公园外包实践的还不错，这就说明市场化有广阔的发展空间，大家都要敢想敢尝试。最后，大家愿不愿意把财权上移再仔细考虑考虑，如果不愿意有没有什么其他办法。好了，今天就说到这儿吧，我最后说的这几个问题再好好想想该怎么解决。下次商议的时候，希望大家都拿出更成熟的改革和解决问题的方案来。"

4. 何去何从

周部长望着桌上小刘整理的会议记录陷入沉思。这次会议为改革提供了一些参考思路，更重要的是让周部长清楚了下面各园长对这次改革都持什么样的态度。他们支持也好、反对也好，无论什么时候，改革都会面对一定的阻力。这时需要有魄力的领导，排除万难将改革推行下去。现在大概的方向已经确定，要做的就变成了预计改革过程中会出现的问题，怎么预防、真正出现了又该怎么解决。把这些都计划好之后，就要真正去实践一把了……周部长叹了口气，还有很长的路要走啊……

附录　英文摘要

Organizational Structure Reform of Financial Departments of Shenzhen's Park System

Wang Qiang

(Shanghai University of Finance and Economics, Shanghai, 200433, China)

Abstract: This case describes that under the trend of institutions' organizational reform, Shenzhen's original park system can't meet the requirements and need reforming. In order to achieve the goal to establish "the management system and operational system with clear function, complete management, efficient operation and effective supervision" which is proposed by the central government, Shenzhen decides to make the financial department of each park as the main reform points and reform more than 30 municipal parks by streamlining the organization, reducing the cost of the parks, preventing corruption, etc. Standing on the point of Mr. Zhou, minister of Shenzhen Urban Management Bureau's financial department, the case reproduces the major contradictions and problems in the reform process, thus revealing the change challenges in the process, which will lead readers to keep deeply thinking about institutions' organizational structure.

Keywords: institution; organizational structure reform; financial management system; performance reform

案例使用说明

一、教学目的与用途

了解事业单位与企业的不同点、财务部门与其他部门的不同点，理解不同的内外部环境对组织结构选择的不同影响。

了解直线组织结构在事业单位应用的利弊。关注战略与组织结构相匹配的重要性、相关性。了解企业战略与组织结构的动态相关性。

掌握多种组织结构形式、特征、优点、缺点，以及在事业单位应用的实用性。关注组织结构与环境相匹配的重要性、相关性。了解组织结构的动态变化，根据特定战略和内外环境确定适合的“最优”组织结构。

了解组织结构改革时所要注意的关键问题，并掌握一般企业和事业单位分别对组织结构的评价标准，从而依据相关理论做出“最优”的选择。

了解在变革实施的过程中可能潜在的一些实际问题，如变革阻力等，理论联系实际，以便学生更好的应用。

二、案例适用课程和适用对象

本案例适用于《管理学》《组织行为学》《战略管理》等课程有关组织变革的相关内容。

适用对象：本科生、研究生、MBA、MPA 等。

三、启发思考题

1. 目前深圳市公园的财务组织结构是怎样的？其存在理由以及出现的问题？在本案例中，公园财务组织改革的动因是什么？（注意事业单位与一般企业的不同点）

2. 作为不以盈利为主要目的的事业单位，深圳市公园主要实行怎样的发展战略？应当如何做财务组织结构的调整？

3. 对公园财务组织进行改革时的关键问题和基本要素有哪些？

4. 如果你是周部长，你将会考虑以什么样的组织结构应对变化？你选择的组织结构的理由以及具体实施措施？（推荐结构图形式来表达）

四、关键要点

1. 梳理事业单位与一般企业的异同点，从而明确公园的发展战略，并根据战略对财务组织结构做出相应调整。引导学生梳理战略与组织结构之间的联系。（事业单位与企业异同点、不同的组织结构图见附录）

2. 分析当今社会背景以及内外部环境的变化所带来的、体现在事业单位上的问题，引导学生结合相关理论，明确目前事业单位改革方向。

3. 通过对于评价标准的分析和讲解，引导学生得出哪种方案最优的结论。混合制方案中，引导学生对于混合比例进行重点分析，得出使用怎样的结构比例，包括集权程度、工程专业化、控制贪污等方面。

4. 得出结论后，构造出改革实际实施过程的图景，指导学生对于实际中遇到的问题进行思考，得出解决方案，加强绩效和激励等方面的理解和掌握。

五、分析思路

教师可以根据自己的教学目标来灵活使用本案例。这里提出本案例的分析思路，仅供参考。（小贴士：教师可根据自己的理解和需要合理选择黑板上的书写字数。）

案例分析的逻辑路径即四块黑板设计如图 10—1 所示。

1. 改革的动因（组织结构的权变因素）

分析得出事业单位公益性，国有性，服务性特点后，可据此判断本案例的权变因素

(1)经营战略。对于一般企业来说，组织的经营战略是组织结构的决定性因素，经营战

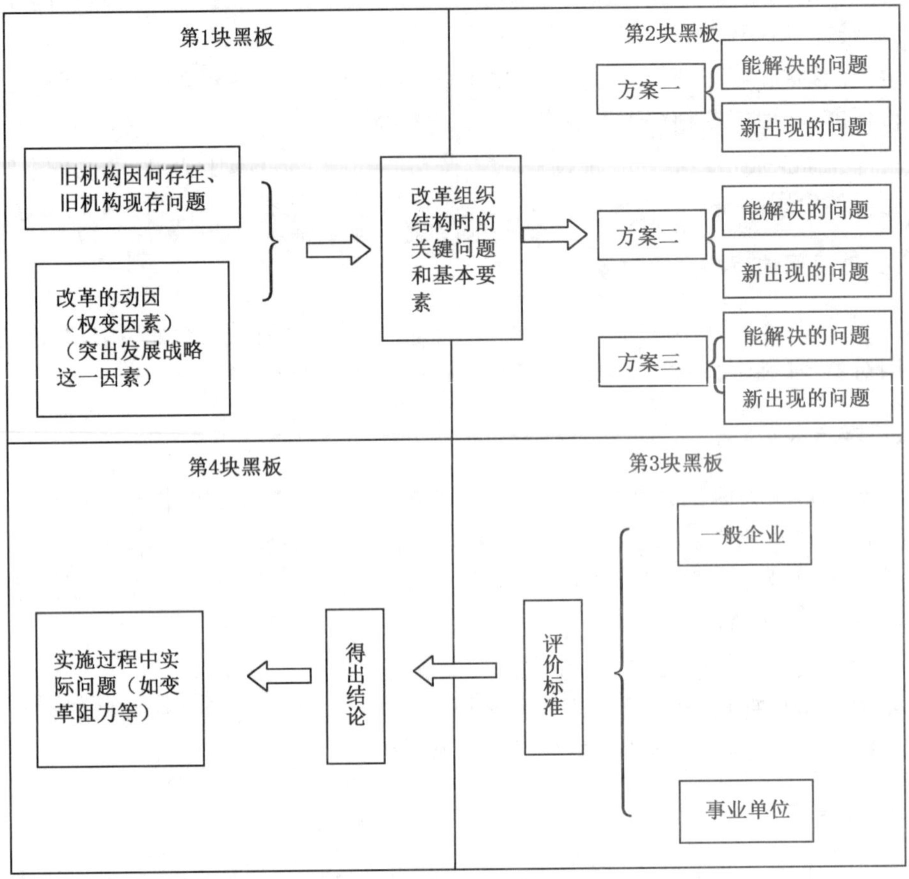

图 10—1　案例分析逻辑路径

略若发生转变，组织结构则会相应地发生转变。例如，一个处于发展阶段的组织，其经营战略是快速扩张，此时需要建立职能部门，加强部门之间的协调、标准化和专业化。在本案例中，由于公园属于开放性、公益性的事业单位，不以盈利为目标，所以其经营战略就是控制成本。一种办法是对整个公园体系实行精兵简政的策略，加强财务部门的权力，其他部门尽可能精简，用最低的成本实现最大的管理效能，以体现公园的成本控制战略。接下来财务组织结构的选择也需要与经营战略相匹配，无论采用下文提出的外包还是项目制等形式，重点始终在于成本控制。

(2)环境变化。组织结构的稳定性以及职权的划分的一个相当巨大的影响因素便是组织面临的外部环境。2011 年，中共中央、国务院出台了《关于分类推进事业单位改革的指导意见》提出了“到 2020 年，建立起功能明确、治理完善、运行高效、监管有力的管理体制和运行机制”的目标。这些都为事业单位服务外包工作开展提供了可靠依据。而服务外包工作能够有效地解决事业单位服务不全面、专业不精细的问题，促进了社会公益服务质量的提升，所以事业单位的市场化趋向使得改革刻不容缓；

(3)组织规模。组织规模如果比较大，所需管理的事务必然较多，职能性部门就多，组织结构相对比较复杂；相反，组织的规模若处于一个小的范围内，相对而言，其组织结构则稍显简单。事业单位起源于公共需求。事业单位的组织规模反映了政府控制和配置资源的能力大小。事业单位的规模也存在着结构优化问题,不同的结构会产生不同的功能。随着市场化与经济发展阶段的不同,其规模结构也要随之调整。从理论上讲,存在着使整个社会福利最大化的最优规模。最优规模的衡量有以下几个个可能的纬度:①规模产生的边际成本等于边际收益。②规模能够达到帕累托最优。③规模的内部结构之间达到最优比例。④事业单位实际支配的资源总量调整到合理的水平等。在本案例中,随着人民日益增长的需求,深圳的公园数量越来越多,从而产生了以下的问题:机构设置不科学,比如机构重复设置、发展方向不明确,竞争不充分等;

(4)生命周期。组织在生命周期的不同阶段所适用的组织结构不同。生命周期分为产品定位、技术促进、完善管理、资本运作四个阶段。案例中该事业单位已进入完善管理阶段,也是其繁荣阶段。这一阶段,公园规模进一步扩大,数量不断增加,更加多样化和专业化,组织机构庞大,管理层次继续增加;内部分工更加精细,专业化程度进一步提高;规章制度健全规范。在这个阶段,改革的重点应转移到长期性的、着眼于可持续发展的能力建设,如总结提炼行之有效的管理理念、管理制度、管理方法等;培养创新人才队伍,调整用人标准,完善绩效考评制度。

(5)技术条件。这一权变因素更加适用于一般企业:技术条件包括复杂程度和稳定性。一个组织,其采用的技术的复杂性程度,往往直接决定了该组织内的分工合作以及工作的专业程度,也对该组织其内部的一些特征和一些因素产生重要影响,例如,组织的技术条件影响着如管理幅度、管理层次、人力资源的结构、生产经营活动的特点等特征因素。该因素在本案例中可以忽略。

2. 改革组织机构时的关键问题和基本要素

(1)控制幅度。管理机构可以有效指导多少下属机构。

(2)集权与分权财权(如预算权、核算权、监督权、资金管理权)由中央控制还是下放,此时应考虑到财务风险、人员积极性以及腐败可能性。

(3)组织结构效率问题:整合资源、精简高效,降低成本。这也是如今的改革方向;

(4)市场化的程度。适度市场化。

(5)内控和正规化。应该在多大程度上利用规章制度、加强监管力度、落实奖惩职责和健全组织结构。

(6)外包。需要在多大的范围和程度上构建服务外包平台。该平台起到的作用有:实现信息的共享,建立相应的数据库,帮助内控机构随时掌握相关信息,发现和纠正存在的问题。

(7)公共监督。公共监督可以作为重要的评审指标。服务单位自评、专业评价、外部监督、公众评价的有机结合,可以共同促进公共服务水平的提高。所以公共监督的强度需要着重考虑。

3. 各方案的具体内容及优势、劣势、补充措施

(1)方案一:项目制

在组织中,当其产品线与产品线相互之间存在资源共享所带来的某种压力,其面临的外部氛围复杂不定,且外部环境对组织给出了两种或两种以上的要求:要求组织产品的更新速度足够快,又要求质量有一定保障。这个时候,组织采取的结构往往就是项目型组织结构。例如在本案例中,可以按照工作职责从各个公园选取员工成立统一的小组,一个小组负责所

有公园的该项工作，一个公园由多个不同的小组负责。具体如表 10－1 所示。

表 10－1　　公园养护分工

	公园一	公园二	公园三	……
统一养护组				
统一建设组				
统一管理组				
……				

优势：①项目式组织结构可以获取一种协调性，能够充分协调各种资源在各公园之间的分配。②实现了人力资源的弹性共享，使得对负责公园事务的人力的需求平滑开来，不至于有很大的弹性。③有利于在一个不确定的外部环境下制定复杂度高的决策、同时保持施行较高频率的变革，能够应对个别公园出现的突发状况。④为职能和生产技能的改进提供了机会，可以在统一的小组内部进行改进，从而使改进能够实施到公园层面上。

劣势：①项目式组织结构有可能致使员工产生双重职权的疑惑，长此以往，有可能削弱人员的工作积极性。②该组织结构对组织内人员在人际关系处理方面的要求非常高，需要在组织内对员工进行这方面的系统培训。③需要花费很多时间用于协调。

补充措施：志愿者计划，针对公园旺季人员调配以及人员不足的问题，可以招募公园志愿者（学生、社会工作者、社会团体等），志愿者可以负责公园人流疏通、卫生清理等工作。

方案二：直线职能制

在当今社会、生产中，这种组织形态的运用十分频繁，并在中小型企业和新型企业中获广泛应用。直线职能制组织结构将直线制结构和职能制结构通过有机的方式结合而成。其特征是：(1)直线指挥机构和人员，对其直属下级有发号施令，制定决策权利。(2)参谋机构和人员，为同级直线指挥人员出谋划策，对下级单位不能发号施令，而是起工作上的指导、监督和服务的作用。简言之就是关键决策权集中的同时，也能让更多下级部门参与到组织管理中来，这无疑契合我国事业单位的管理模式。

在本案例中，可以成立公园财务管理中心，统一管理各公园财务事务主要负责：1. 对公园账目核算、审计、验单、且监督货款的使用，可以从各大公园抽取财务人员组成，定期对于公园的财务事项进行监督；2. 多元筹资，以政府为主，别的兼顾。深圳市经济发达，。有很多实力强大的公司企业，他们在实现经济目标的同时也承担着社会责任。财务小组可以与企业合作，获得企业对城市公园规划的支持、可以是资金、设施、人员，企业也可以借此提升整体企业形象；中心下设相应的职能部门，执行中心统一发布的命令。进而职能部门共同参与、共同指导下属各公园事务。

优势：(1)公园财务管理中心进行统一指挥，统一管理，统一领导，合理分配人、财、物等资源。(2)中心下属的职能部门间分工明确，权责清晰，工作效率较高。(3)该组织结构相当稳定，其优势在外部环境变化小的情况下体现得比较突出，即有利于发挥组织的集团化效率。(4)财政上减少对政府的依赖。

劣势：(1)职能部门与公园之间的交流比较少也比较困难，若想在决策时做到集合各公园意见以做出决策，该组织结构并不占优。(2)其他职能部门与起参谋作用的职能部门之间的最终实施目标分散，在工作、实施过程中难免有摩擦，不利于工作的进展。(3)普遍认为某组织应该从内部发掘、提拔适合其组织发展、全方位掌控组织情况的中高层管理层，但由于公园属于事业单位，管理中心由城市管理部门直接设置，所以直线职能型的组织很难做到这一点。(4)组织的适应性差。(5)财务监管导致各部门缺乏有效激励措施，打击积极性。

补充措施：(1)借助当前网络通信技术构建一个交流平台，保证对管理中心、各公园各部门信息公开，也可避免公园设计理念重复等问题。(2)根据现行360？绩效考核法，每年可以分角度分方位(上级、平级、民众)以不同方式对公园进行绩效考核打分，排名靠前可得额外奖励。

方案三：混合式组织结构将项目式与直线职能式组织结构通过某种合理的方式组合而成。为了达到扬长避短的目的，根据事件所需专业化程度、地区分布、管理层次和管理幅度、集权程度、弹性度、财务风险程度等要素来确定项目制和直线职能制的混合方式。在本案例中，将项目式与职能式结构结合起来，使得工作更加细致，责任和义务更加明确。

优势：(1)令单位整体在项目中能充分协调、充分适应，同时在职能部门内，特别是其核心内，改善并达至其应有的效率。(2)获得公园之间的协调；

劣势：(1)存在发生过多管理费用的可能性。(2)导致项目部门和职能部门间的冲突。

4. 评价标准

(1)与一般企业共有标准

①分工与协调

组织结构应根据工作的分工、各岗位工作职责进行设计。比如，环境变化程度较大、需要分工协调程度较高的组织，应选择项目制的组织结构；而环境变化程度小，内外部都相对稳定的组织，则应选择直线职能型结构。同时也注意协调高级管理层与各业务部门之间、高级管理层与下属部门员工之间的关系。

②财权与事权对等

高级管理层与下属部门两级“财权”的获得与“事权”的承担是对等的。下属部门在履行其相应的职能的基础上，也应该得到相应财权。高级管理层应在宏观调控下，给予各下属部门充分的财权和事权，鼓励各个下属部门自我发展和自我约束，充分调动各下属部门的管理积极性。“财权”小“事权”大容易造成该部门办事“有心无力”，只能空喊口号，没有相应的能力去实行；“事权”小“财权”大则容易使该部门随意挥霍，做出超出其能力范围的决定，造成组织财产的无谓损失。

③分级管理

高级管理层负责统一领导整个单位的管理工作，但是下属部门要保证有一定的财务自主权，例如自主编制收支预算，自主使用资金的权利，同时也承担相应的财务责任和风险，实现分级管理。如果下属部门权力过大，可能会做出利于某一部门却不利于公司整体利益的决策；而下属部门权力过小，意味着高级管理层需要管理一些零碎冗余的事物，造成资源的浪费。

④绩效管理

人力资源管理对生产力的贡献是难以衡量的，绩效管理是人力资源管理的重要组成部分，有效的绩效管理是确保事业单位实现组织目标及员工自身发展的关键。而事业单位是依法设立的、从事教育、科技、文化、卫生等公益服务、不以营利为目的的社会组织。这就导致了事业单位的公益目标与企业简单追求经济利益的衡量不一致。有切实可行的绩效计划、将绩效考核工作科学化、绩效考核实施环节完善、绩效考核结果及反馈工作完成情况较好的事业单位绩效管理制度有较强的优势。

⑤激励政策

科学的激励机制的建立是现代组织管理的核心内容,不同的组织类型,激励模型会有所不同。事业单位作为区别于政府、企业的我国特有的组织形式,其激励政策需认真考量。除工资、福利等外在奖酬外,个人成长、工作的成就感和满足感同样被事业单位员工所看重。有着岗位绩效工资制度、科学的考核体系、优秀的基金文化、员工的内外部流动较强、注重精神激励的组织更具优势。

(2)事业单位独有标准

①对于成本控制严格

事业单位有着公益性、国有性和服务性的特征。这些特征决定了事业单位本身的盈亏会对整个社会而不是相关管理者产生影响。而且事业单位数量多,涉及内容广泛,且事业单位之间竞争不充分。所以如果不能严格控制成本,势必会造成社会资源的无谓浪费。

②对于利润指标要求不高

事业单位是政府发挥公共服务功能的主要载体。政府对于公共产品的供给,很大部分是通过事业单位来实现的。例如,学校提供教育服务,科技部门提供科技服务等。这一性质决定了事业单位并不像一般企业一样尤其追求利润最大化。

③对贪污腐败的监管力度、透明度要求高

事业单位信息不透明,会导致公众对于事业单位的效益产生怀疑。信息公开是公众参与和监督的基础,如果公众没有获取事业单位实际运行状况的信息渠道,将会导致公众对于事业单位的行为和效益不满意。

5. 变革阻力

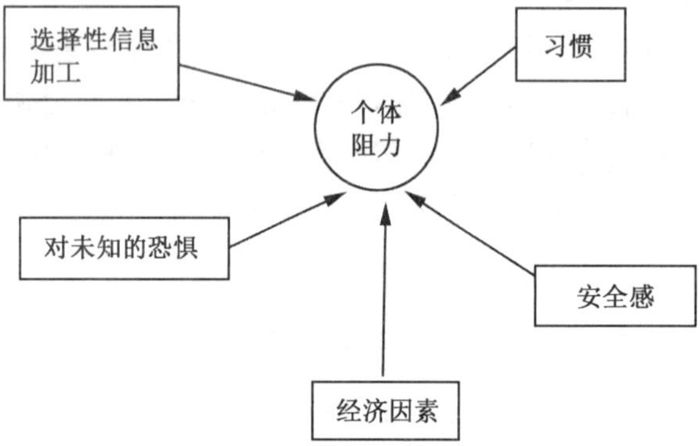

图 10—2 罗宾斯:变革的个体阻力模型

个人往往会由于担心组织变革的后果而抵制变革。原因之一是职业认同与安全感。在组织变革中,人们需要从熟悉、稳定和具有安全感的工作任务,转向不确定性较高的变革过程,其“职业认同”受到影响,产生对组织变革的抵制。在对改革后果未知的这种情况下个体更偏向于进行信息的选择性加工,看到改革对自己带来的不利影响,从而产生对改革的恐惧心理。二是地位与经济上的考虑。人们会感到变革影响他们在企业组织中的地位，或者担心变革会影响自己的收入。或者，由于个性特征、职业保障、信任关系、职业习惯等方面的原因，产生对组织变革的抵制。具体如图 10—2 所示。

罗宾斯：组织阻力模型如图 10—3 所示。

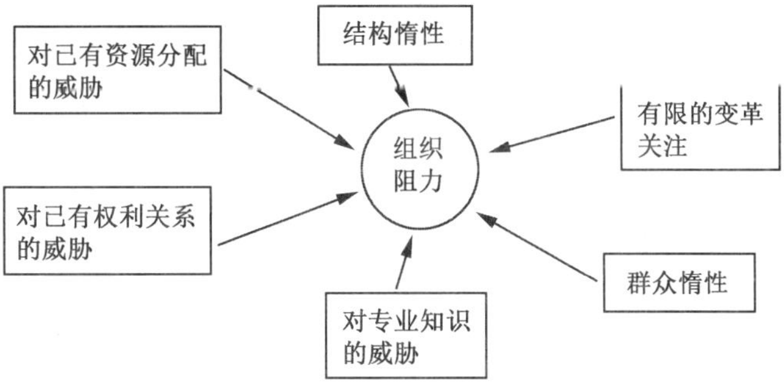

图 10—3　罗宾斯：组织阻力模型

在组织变革中，组织惰性是形成变革阻力主要的因素。这是指组织在面临变革形势时表现得比较刻板、缺乏灵活性，难以适应环境的要求或者内部的变革需求。造成组织惰性的因素较多，例如，对现有状况的威胁、组织内部体制不顺、决策程序不良、职能焦点狭窄、层峰结构和陈旧文化等，都会使组织产生惰性。此外，组织文化和奖励制度等组织因素以及变革的时机也会影响组织变革的进程。卢因：三步变革模型如图 10—4 所示。

图 10—4　卢因：三步变革模型

这一模型将变革看作是对组织平衡状态的一种打破，即解冻。解冻一旦完成，就可以推行本身的变革，但仅仅引入变革并不能确保它的持久，新的状态需要加以再冻结。这样才能使之保持一段相当长的时间。因此再解冻的目的是通过平衡驱动力和制约力两种力量，使新的状态稳定下来。

六、理论依据及分析

1. 战略与结构理论

19 世纪 60 年代，钱德勒(Chandler)出版了《战略与结构》一书提出环境决定战略，组织结构适配战略的思想，开创了企业战略与组织结构关系的研究。钱德勒提出一个战略与结构互动的分析框架来研究战略决策导致组织结构变化的过程。战略被定义为："企业长期基本目标的决定，以及为贯彻这些目标所必需采纳的行动方针和资源分配"。结构则被定义为："为管理一个企业才采用的组织设计，基本的假设是结构跟随战略"。因而所研究的中心问题是：在什么样的条件(压力和机会)下所产生的企业扩张战略导致了多部门组织结构的出现？

2. 战略理论

从 20 世纪 80 年代开始，波特教授在其著名的两部著作：《竞争战略》(1980)、《竞争优势》(1985)中,提出战略定位的观点,波特认为,企业战略的核心是获取竞争优势。成本领先、差异化和集中等三种战略为最常用的基本竞争战略。波特的战略管理思想被认为是一种“由外向内”的思维模式。

3. 流程再造

20世纪90年代,迈克尔·哈默、詹姆斯·钱皮二人合作写出《再造企业:工商业革命宣言》一书,书中对流程再造(Business Process Re—engineering)的概念做出详细定义。他们认为,流程再造就是对企业业务流程、组织结构的基本问题进行深刻的研究,对它进行彻底的、急剧的重新设计,以便达到在成本、质量、服务和效率等绩效考核指标上取得突出的进展,同时指出必须打破原有分工理论的束缚,重新建立“以流程为导向”的管理理念。他们持有的观点是,流程再造必须完全实现三个方面的坚持:第一、坚持以流程为中心,第二、坚持以人为本,第三、坚持以客户为导向。通过这三个坚持,体现流程再造的核心价值。

乔·佩帕德和菲利普·罗兰等人认为,流程再造涉及一套改进的哲理,其为达到经营管理流程的增值内容最大化、同时其他内容最小化、从而实现绩效持续改良的终极目标,必须重新设计组织的经营管理流程。流程再造的基本程序通常包括以下几个环节:首先是创造一个再造的环境,其次对组织流程进行分析及再次设计,然后对组织结构进行再次设计,最后转换流程试点,通过这几个步骤,最终实现组织的目标。

弗里蒙特·卡斯特(Fremont E. Kast)提出了组织变革过程的六个步骤:

(1)审视状态。对组织内外环境现状进行回顾、反省、评价、研究。

(2)觉察问题。识别组织中存在的问题,确定组织变革需要。

(3)辨明差距。找出现状与所希望状态之间的差距,分析所存在的问题。

(4)设计方法。提出和评定多种备择方法,经过讨论和绩效测量,作出选择。

(5)实行变革。根据所选方法及行动方案,实施变革行动。

(6)反馈效果。评价效果,实行反馈。若有问题,再次循环此过程。

4. 虚拟化组织

1991年,肯尼斯·普瑞斯、斯蒂文·L·戈德曼、罗杰·N·内格尔发表了一篇研究报告,《21世纪制造企业研究:一个工业主导的观点》,报告中第一次提到一个概念:虚拟组织(Organization Virtualization)。这三位作者认为,为了达到增强企业整体竞争力的目的,为了最大限度地满足顾客的需求,企业要衡量其自身竞争能力及企业信誉,并以此为依据挑选合适的合作伙伴,共同组成一个虚拟企业,以虚拟企业作为一种敏捷制造模式。

1992年,威廉·戴维陶、迈克尔·马隆发表了《虚拟企业》一书,书中提出了虚拟企业的定义。作者们认为,虚拟企业是指当市场出现新挑战时,一些具有不同资源、不同优势的生产商、顾客甚至竞争对手,为了共同拓展市场占有、共同对付其他竞争对手的目的,通过信息技术等手段组成的优势互补、共享利益的网络组织,其最终目的是达至技术信息共同享用、所需费用分摊以及满足市场需求等。

5. 跨职能型团队

跨职能型团队(cross—functional teams,又称多功能型团队),是指来自组织内相同层级却有不同工作职能的职工,为了某项特定工作任务而组成的跨职能工作团队。跨功能型团队这种团队管理形式行之有效,能使同一企业内不同职能的职工之间建立互信互利的合作关系,他们自愿相互沟通、相互交换信息,面临同一个问题,能在团队内激发解决问题的方法。

6. 外部环境变化对组织结构的影响

在《知识经济与企业组织结构》中，作者刘兴国提出，知识型经济对企业组织结构产生的主要影响体现在：组织结构扁平化、权力分配两极化、组织小型化、协调工作的地位被强化以及组织的柔性化。

7. 组织发展趋势

卫虎林在《现代企业组织结构的发展趋势》一文中指出，现代企业的组织形式呈现出扁平化、团队化、精干化、网络化、虚拟化等各种趋势。

邹谢华、龙朝双在《柔性化：高科技企业组织设计大趋势》一文中认为，柔性组织为高科技企业根据机会的变化而迅速调整思路，躲避风险与威胁，在动态商战中迅速定位、重定位提供了一定程度的保证。

8. 组织结构设计

刘洪、周玲在《组织变革的复杂性增长路径》一文中运用组织复杂性与环境复杂性关系的理论提出了组织复杂性增长的策略，即将组织结构设计成复杂的适应系统，在组织内部通过激励复杂性产生，同时，将现有组织结构模块化，达到企业内部市场化。

9. 变革方式

计划式变革，这种变革方式是通过对组织结构的系统研究，制订出理想的改革方案，然后结合各个时期的工作重点，有步骤，有计划地加以实施。这种方式的优点是：有战略规划、适合组织长期发展的要求；组织结构的变革可以同人员培训，管理方法的改进同步进行；员工有较长时间的思想准备，阻力较小。为了有计划地进行组织变革，应该做到专家诊断，制定长期规划，员工参加。

七、建议课堂计划

本案例以深圳公园的组织结构变革为线索，提供了综合性的、较全面的案例信息，可以作为专门的案例讨论课进行。以下是按照时间进度提供的课堂计划建议，仅供参考。

整个案例课的课前、课中、课后计划如下，其中课堂时间控制在100分钟：

1. 课前计划

用精心设计的简练语言暗示本案例属于事业单位的典型案例，引起学员的好奇和兴趣，进行课前激励，提出启发思考题，请学员在课前完成阅读和初步思考。

2. 课中计划

● 课堂前言（5分钟左右）。随着中国经济发展以及相关法案出台，事业单位亟待改革。当内外环境变化，组织规模扩大，组织进入新的生命周期后，原先支持公园良好运作的体系不再适用，事业单位就需要在管理体制、组织结构、人事制度、薪酬福利等各方面不断创新以适应环境的变化。引起大家对案例的重视，为小组讨论提供激励。

● 分组讨论（20分钟）。事先告知小组讨论应注意的事项和小组发言要求。分组时考虑将有类似事业单位工作经验的“证人”分到每个小组，在小组讨论中鼓励“证人”把讨论引向深入。

● 小组发言（每组3～5分钟，控制在30分钟左右）。

● 深入讨论（30分钟左右）。按照事前准备的分析思路引导学生思考，一旦学生提出相关内容，立即将信息写在黑板的对应位置，以求将学生的思路结构化、全面化，但不能忽视自由发言中涌现的创意。同时，鼓励"证人"发言，对发言中的热情进行肯定，同时用自己的热情对课堂讨论进行课中激励。当出现冲突性意见时，鼓励建设性讨论甚至辩论。

● 归纳总结(15 分钟左右)。当讨论结束后，根据四块黑板上的信息梳理思路，并向学生解释案例的关键问题、逻辑顺序和相关理论。经验证明，此时进行新概念和理念的输入、强调案例的重要方面、补充讨论中遗漏的方面等是有效的。例如可以提出组织结构的各种类型：即矩阵制、直线制、直线职能制、职能制、事业部制、混合制、其他理论知识如绩效管理、内控管理、外包管理、虚拟组织、学习型组织、无边界组织、女性化组织等，引发学生对案例的进一步思考。

3. 课后计划

案例讨论引起学员对组织结构的重视，要求学员完成"事业单位组织结构优化"的报告，要注意分析的全面性和措施的可行性。而教师本人，则要立即做好课后笔记，用"效果较好的方面"和"有待改进的方面"两栏分别记下有效的教学行为和欠缺的教学行为，并针对性地提出改施。

课堂教学计划和课后教师记录表如表 10—2 和表 10—3 所示。

表 10—2　　课堂教学计划

案例教学计划	主要内容	时间分配	时长累计
课前计划	发放案例和启发思考题，请学生在课前完成阅读和初步思考		
课堂计划（课堂前言）	教师主要介绍案例主题	5 分钟	5 分钟
课堂计划（分组讨论）	将学生分成小组，围绕启发思考题进行讨论	20 分钟	25 分钟
课堂计划（小组发言）	听取小组讨论的结果，并加以适当评论	30 分钟	55 分钟
课堂计划（深入讨论）	结合既定思路以及小组发言内容对案例进行分析以及理论讲解	30 分钟	85 分钟
课堂计划（归纳总结）	对案例讨论进行全面归纳总结，梳理教学目标中的知识点	15 分钟	100 分钟
课后计划	请学生以报告形式给出更加具体的解决方案		

表 10—3　　课后教师记录表

效果较好的方面	有待改进的方面

八、相关附件

本案例包括如下附件。

附件 1. 事业单位定义

事业单位是指受国家行政机关领导，没有生产收入、所需经费由公共财政支出、不实行经济核算、主要提供教育、科技、文化、卫生等非物质生产活动和劳务服务的社会公共组织，事业单位接受政府领导，表现形式为组织或机构的法人实体。与企业单位相比，事业单位有以下特征：一是不以营利为目的；二是财政及其他单位拨入的资金主要不以经济利益的获取为回报。

附件 2　事业单位、企业和公司主要区别

(1)主体资格和设立资金来源不同

事业单位在法律上讲属于事业法人，企业(包括公司)属于企业法人。由于这一性质，决定了设立事业单位的资金主要是国家拨款，或由国有企业、事业单位筹措。设立企业(包括公司)资金是由出资者投入的。

(2)设立主体和设立目的不同

事业单位大都是由国家(包括国家机关和地方政府)设立的，也有一部分是由国有企业设立的，如大型国有企业原有的医院、学校。国家设立事业单位是出于国家管理的需要或社会公共利益的需要，事业单位的工作和服务不以营利为目的。例如，学校、公立非营利医院(当然，现实并非完全如此)。

设立企业(包括公司)的是出资者，国家设立企业时，其也是出资者。设立企业的目的是通过经营盈利，国有企业也是如此。

(3)管理主体和管理方式不同

对事业单位的管理，主要是由政府主管部门负责的。事业单位往往有其隶属的政府主管部门。政府主管部门主要是依靠行政管理的法规、规章、条例、命令和政策对事业单位进行领导和管理。例如国家对公办学校的管理。国家对企业的管理只是宏观管理，企业的管理主要由出资者依法建立的包括董事会和总经理在内的经营团队来负责。根据企业的性质的不同，出资者对于企业的管理分别依据公司法、企业法、中外合资企业法等法律来进行管理。对于公司的管理，出资者还应当遵守公司章程的规定。

(4)企业(包括公司)在其经营过程中，需要向国家缴税，而事业单位则不需要缴税。

综上，事业单位的特征可概括为：公益性、国有性和服务性。

附件 4　相关政策

《深圳市深化事业单位改革指导意见》(部分摘录)

一、指导思想、目标和原则

(二)基本原则。按照明晰职能、分类推进、创新体制、完善监管、积极稳妥的原则全面推进事业单位改革。

4. 提高供给效率、拓展供给来源。积极引入市场竞争机制，探索更有利于提高公共财政效率的公共服务提供方式；鼓励社会力量参与举办公共事业，拓展公共服务供给来源，增强公共事业发展能力。

5. 完善监管、配套推进。健全监督管理和绩效考核制度，保证公共服务供给的优质高效和公平公正;综合推进公共财政、国有资产监管、法人治理、人事分配制度等方面的配套改革。

6. 以人为本、积极稳妥。区别轻重缓急,先易后难,在事业单位改革中充分考虑社会的承受能力,做好社会保障和人员分流安置工作。

(十一)完善公共事业的财政投入和监管体制。按照公共财政的要求,逐步加大政府对公共事业的投入和支持,进一步调整财政支出结构,确保财政资金向基础性、公益性社会事业集中和倾斜。采取经费全额拨付、按照项目拨付、购买服务、适当资助或给予其他扶持等多种方式支持公共事业,保障财政资源的公平合理配置和财政资金使用效益的最大化。改变主要按人员编制拨付经费的传统做法,对指标可以量化的公共服务事项逐步实行"以事定费""以费养事",对具备竞争市场的公益事业领域,要通过公开招标、政府采购等方式,逐步将政府直接举办事业单位转变为向有资质的社会组织"购买服务",并根据社会组织提供服务的数量和质量,按照一定的标准进行评估后支付服务费用。要加强对财政资金使用及绩效情况的监控,事业单位的经费统一纳入财政的监管范围,由财政实行收支统管、核定支出;对履行职能中依法取得的收入按规定上缴国库或财政专户,实行"收支两条线"管理。

(十三)深化事业单位人事制度改革。打破干部、工人身份界限,全面推行职员制和雇员制。完善公开招聘制度和职位管理制度,破除专业技术职务终身制。推行工资总额控制、单位内部自主分配的收入分配制度。按照职位性质及工作绩效确定工资待遇,探索管理、技术等生产要素参与分配的实现形式。区别不同事业单位的特点,实行不同的定编和用人方式,逐步弱化人事管理与编制管理之间"一体化"的管理模式。探索实行人才租赁、人事代理等新的用人机制,促进"单位人"逐步向"社会人"转变。

(十四)构建新型的现代事业制度。研究符合事业单位特点的机构规格体系,逐步改变事业单位套用行政级别的做法。建立健全事业单位法人治理结构,在公共事业管理机构及规模较大、利益关联方较多的事业单位建立理事会决策、行政执行人负责的管理运行机制。理事会负责决定重大人事任免、审定业务发展规划、年度工作计划和财务收支计划,监督业务和管理活动的合法性。行政执行人负责业务和日常管理工作,定期向理事会报告工作。建立由本单位人员、社会相关人员组成的专业委员会制度论文提到过,负责向决策执行机构和行政执行人提出建议和意见,落实员工和服务对象对单位经营管理的参与权。

(十六)加强公共事业的监督管理。建立有效的激励约束机制,探索适应各类型事业单位内部管理特点的考核指标体系和责任追究制,制定重大事项决策程序,强化内部审计监督。建立绩效评估制度,委托社会中介组织对事业单位提供公共服务的管理运作效能、业务完成指标、资金效益指标、社会效益指标、服务对象满意度、员工培训及开发等进行评估,评估结果作为有关部门对事业单位实行动态管理的依据。建立公共事业建设、发展和大额资金使用征询制,加大信息公开力度,定期向立法机关、政府部门和社会公众报告或公开其运作管理过程和财务状况,保障公众知情权。发挥舆论监督作用,通过立法等手段健全公共事业管理的法规规章体系,依法规范公共服务活动。

《深圳市事业单位改革人员分流安置办法》等文件(部分摘录)

深圳市事业单位改革人员分流安置办法

为推动我市事业单位改革,保障工作人员的切身利益,根据国家事业单位改革有关精神,结合深圳实际,就事业单位人员分流安置提出如下办法。

一、适用范围

本办法规定的人员分流安置政策，仅适用于本次事业单位改革中涉及的事业单位在编人员。雇员和其他非在编人员由单位原主管部门按合同或有关规定处理。企业化管理的事业单位不执行本办法。

本办法所称事业单位，是指经党委、政府或机构编制管理部门批准，在事业单位登记管理机关办理事业法人登记的组织。

本办法所称事业单位在编人员，是指经事业单位正式调入，且在机构编制部门办理入编手续的人员。

二、人员分流

本次事业单位改革涉及的在编人员，可以按以下途径进行分流。

（一）退休

按照国家退休政策，凡在 2006 年 12 月 31 日之前达到法定退休年龄，或者丧失劳动能力的人员，办理退休手续。

（二）因病或工伤提前退休或退职

符合《国务院关于安置老弱病残干部的暂行办法》《国务院关于工人退休、退职暂行办法》（国发〔1978〕104 号）有关因病、工伤提前退休或退职条件规定的人员，经批准可办理提前退休或退职手续。

（三）提前退休

截至 2006 年 12 月 31 日，凡工作年限满 30 年；或男年满 53 周岁、女年满 48 周岁（女性工人 45 周岁）且工作年限满 20 年的，经本人申请，按人事管理权限报市有关部门批准后，允许提前退休。

办理提前退休手续的人员，本市机关事业单位不得再聘用。

（四）辞职

凡自愿辞去公职且自谋职业者，经批准后给予一次性经济补偿。一次性经济补偿按其在本事业单位的工作年限，每满一年补助一个月的本人月工资，工作年限不满一年的按一年计算。

本办法规定的本人月工资，按本人辞职前一个月的基本工资、物价补贴及住房补贴之和计算。

凡辞职后自谋职业人员自办企业的，享受我市国有企业人员下岗再就业扶持政策。

（五）辞退

在事业单位撤销、整合或核减编制过程中无正当理由拒绝组织另行安排工作以及在事业单位转企过程中拒绝转入企业的人员，办理辞退手续，并按《深圳市事业单位专业技术人员和管理人员辞职辞退暂行办法》（深府〔1994〕141 号）规定的标准发放辞退费。

四、人员分流安置经费

因撤销、整合所发生的人员分流安置经费（包括经济补偿金、辞退费、保护期间基本工资和社会保险费，下同）由财政承担；因核减编制所发生的人员分流安置经费按原经费渠道解决；转企事业单位的人员分流费用（包括经济补偿金和辞退费）由转企单位负责，单位难以承担的，由转企后的产权单位解决。退休人员待遇按本次事业单位改革有关社会保障的政策执行。

《建立和完善事业单位法人治理结构实施意见》《市属事业单位财政经费供给方式改革方案》《深化市政公园管养体制改革方案》等七项文件(部分摘录)

建立和完善事业单位法人治理结构实施意见

为进一步深化事业单位组织机构和管理体制改革,推动政府职能转变,满足社会公众日益增长的公共服务需求,根据《深圳市深化事业单位改革指导意见》(深办发〔2006〕11号),现就在我市事业单位中建立和完善法人治理结构工作提出如下实施意见。

一、目标和要求

通过建立和完善法人治理结构,明确事业单位各个利益相关者的权利、义务与责任,构建以公益目标为导向、内部激励机制完善、外部监管制度健全的规范合理的治理结构和运行机制,形成既相互理解支持,又相互监督制约的关系,实现决策、执行和监督的有效制衡,最终形成事业单位独立运作、自我发展、自我约束、自我管理的现代运行新模式。具体要求是:

(一)分权制衡。事业单位法人治理结构应主要体现事业单位各利益相关者之间的权力分配与制衡关系,其核心是在法律、法规的框架下,以保护社会公众和政府投资者利益为核心的一套权力安排、责任分工和激励约束机制。

(二)运作独立。事业单位独立运作是建立法人治理结构的基本保证,主要体现在事业单位享有较大的人事和财务自主权,并依法自主管理、自主办理有关业务,独立承担法律责任。

(三)公开透明。信息公开透明,是解决信息不对称的重要手段,是保证事业单位接受社会监督的主要原则,事业单位在依法开展业务的前提下,应当尽可能地向社会公开各种信息,接受社会的监督。

二、主要内容

(四)社会监督

2. 建立审计制度和绩效评估制度。审计机关依法对事业单位实施审计监督,其中对事业单位法人代表任期届满或离任时实施经济责任审计,未经审计的不得解除其经济责任关系。分行业对事业单位进行绩效评估,其中评估标准体系由各行业主管部门会同有关部门制订,具体评估工作委托第三方评估机构负责。

3. 建立年度报告制度。事业单位要对一个计划年度运行情况进行全面系统的总结,编制年度报告,具体包括年度发生的重要决策、重要活动、预算执行情况、计划与目标的完成情况、主要财务状况、运作中出现的问题,等等。

4. 建立信息公开制度。年度报告要提交给举办主体及相关部门(财政部门、国有资产管理部门、登记机关等),并在每年相对固定的时段向公众公开,接受政府机关及社会的评议。事业单位在日常运行中,也应随时通过媒体、网站、宣传册等多种形式向社会公开其服务内容、服务价格、服务标准、政策依据、运作状况、发展规划等内容及变化调整情况。事业单位运行过程中涉及公众利益的重大举措应通过听证会等形式接受公众听证。

市属事业单位财政经费供给方式改革方案

为适应社会主义市场经济发展的需要,根据《深圳市深化事业单位改革指导意见》(深办发〔2006〕11号)的精神,对我市市属事业单位的财政经费供给方式实行改革,逐步实现“以事定费”和“购买服务”的供给模式。

一、指导思想、目标和原则

（一）指导思想和目标

按照公共财政的要求，合理界定政府提供公共服务的范围。对提供公共服务的事业单位，改变原按在编人员安排工资福利和公用经费的管理方式，实行由编制等部门界定单位承担符合公共财政承担的职能和事项，由财政"以事定费"。对政府应承担的公共产品和服务，财政根据一定标准核定支出总额，专项安排经费；对具备市场竞争的公共服务领域，通过政府采购或特定委托方式，逐步将政府直接"养机构、养人、办事"转变为向有资质的社会组织"购买服务"，以提高财政资金使用效益，提升公共服务质量，构建基础优先、服务公平、区域均衡、门类齐全的社会公共服务体系。

（二）基本原则

1. 明晰事权，权责一致。合理界定政府提供公共服务的范围，依据事权确定相应的经费保障，依据事权的运作方式，确定经费供给的不同模式，逐步解决政府在公共事务管理中"缺位"和"越位"的问题，确保公共管理职能的有效履行和公共服务的有效供给。

2. 财事匹配，提高效率。公共事业服务水平与政府财力资源相匹配，政府部门通过制定公共政策、确定公共服务标准、评估标准执行情况、推动社会组织健康有序发展等措施，使政府投入逐步从消耗性投入转向效益性投入。在公共事业领域积极引入市场竞争机制，不断提高公共服务质量和水平。

3. 积极稳妥，配套推进。事业单位财政经费供养方式改革与人事制度改革相结合；与部门预算、国库集中支付、政府采购和单位"收支两条线"等财政改革相结合；与推进政府部门"管办分离""管养分离"相结合；与国有资产监管和工资分配制度等配套改革相结合。

二、改革内容

（一）事权的确定和细化

按照市属事业单位改革进程，由市编办会同有关部门确定各事业单位的职能、事权；业务主管部门经过科学论证和评估细化各事业单位的事权，会同有关专业部门或行业协会制定可量化的考核指标及标准，与财政部门研究制定本系统"以事定费"和"购买服务"的实施方案。

（二）经费供给方式

根据公共财政管理要求，考虑市场发育程度等因素，按公共服务事项的性质确定经费供给方式。

1. 政府保障。需要政府直接组织提供公共产品和公共服务的纯公益性事业单位，财政部门核定经费保障标准，收支脱钩，实行全额保障。

2. 政府资助。可实现市场配置资源的公益性事业单位，财政对其可量化的公共服务事项，实行按项目资助。业务主管部门对事业单位提出考核要求，财政根据项目内容及考核目标核定资助经费。非承担公共服务项目由单位通过市场获得收入，财政不予资助。

3. 购买服务。公共服务逐步市场化是转变政府职能以及转变公共服务供给方式的有效途径。在市场发育程度较高的公共服务领域，政府可通过招标采购或特定委托等方式"购买服务"，即将原来由政府直接举办的、为社会发展和市民日常生活提供服务的一些事项交给有资质的社会组织来完成，根据社会组织提供服务的数量和质量，按照一定的标准进行评估后支付费用，或政府将某一时期需要为社会提供一定的公共产品或服务，以一定的成本（价格）向社会组织购买，实行"政府承担、合同管理、评估兑现"的契约方式。政府不直接介入其正常的经营活动，也不承担其经营活动所需的经常性(成本)支出。运作方式：由服务需求主管部门将政府所需购买的公共服务事项及具体要求向全社会公布，以招标的方式确定服务供应方。部分特殊事项在一定时期内可以实行定向购买服务。服务供应方确定后，由服务需求主管部门与服务供应方签订正式合约。根据进度由各服务需求主管部门会同财政部门，根据合约要求，按照评估标准对购买的服务事项实施情况进行评估付费。为了增强评估结果的科学性、客观性，也可邀请社会公众和中介机构参与评估。

(三)经费核定

业务主管部门会同财政部门，对事业单位要完成事项的工作目标、内容、成本构成、依据进行细化，由此确定可量化的公共服务事项和考核指标，并据此确定年度经费。年度经费包括与开展公共服务相关的劳务支出、正常运转固定支出以及其他关联专项支出。

(四)监督检查和绩效评价。

财政、审计和业务主管部门各司其职，根据需要开展事业单位各项经费收支情况的监督检查和绩效评价。监督检查和绩效评价结果作为以后年度核定经费的依据。

三、配套措施

(一)实行有差别的人事管理制度。

事业单位由编制部门重新核定其职能、编制和经费供给方式。原在编人员身份、社保政策不变，离退休仍按现有政策执行；新招录人员除管理和技术骨干实行编制管理外，其余采用雇员制或临时聘用制。

(二)实行工资总额控制下的绩效工资制度。

采用新的财政经费供给方式后，事业单位实行工资总额控制下的职位绩效工资制度，即单位在财政、人事部门确定的工资总额内，制定工资分配与效益挂钩激励机制，按照增长与效益挂钩、按劳分配和管理、技术等生产要素参与分配的原则，合理确定各类职位、人员的工资水平，强化工资分配的激励机制。

(三)实行资产管理与经费预算管理相结合的制度。

事业单位实行“以事定费”后，其资产的性质不变。事业单位的资产管理要与财政经费安排相结合，事业单位的资产购置、使用和处置，要严格执行《事业单位国有资产管理暂行办法》。防止“以事定费”后单位利用可调控资金空间随意处置国有资产。财政部门建立与主管部门、事业单位资产明细账平台，实行预算管理与资产管理、国库集中支付、政府采购相结合；事业单位要创新资产管理手段，建立资产信息化管理系统，实现事业资产管理整体业务数据处理过程的智能信息化，全面、及时、准确地掌握资产变动情况，实现全程数据监控。

深化市政公园管养体制改革方案

一、公园建设和管理体制现状

公园是城市绿地系统的重要组成部分，是为市民提供福利的公益性事业。我市一直重视公园建设，目前全市已建成或在建的各类公园共 442 个，总面积 13240 公顷，建成区绿化覆盖率 45%，先后获得了“国家园林城市”“国际花园城市”等一系列荣誉称号，并在 2006 年 12 月被国家建设部确定为创建“国家生态园林城市”示范市。政府出资建设的公园除个别园外，均对市民免费开放。

在公园管理体制上，我市实行市、区、街道、社区四级分级管理。跨区域、综合性、专业性强以及在城市中占据重要地位的市级公园由市政府安排资金建设并负责管理；各区、街道、社区建设的公园则由各区投资建设后分级管理。目前由市城管局直接管理的园林绿化系统单位24个,其中绿地管理单位2个,公园管理处17个,其他专区4个(梧桐山风景区、仙湖植物园、园博园、深圳林场),人员编制合计873名,其中公园管理处人员编制643名,负责建设和管理着30多个各类公园。

我市公园管养体制改革起步较早,制定了《深圳市公园绿地管养检查验收办法》《公共绿地管养技术标准》等一系列技术标准和规范,对绿地实行分类、分级管理,推行绿地养护质量末位淘汰制度,养护作业的市场化程度较高。但随着我市公园的不断增多,城市公用事业的不断发展,公共产品供应体制的不断变化,旧的公园管理体制问题也凸现出来。主要是:

(一)公园机构设置上仍沿用"建一个公园成立一个管理处"的模式,各公园重复配备专业人员,造成人力资源的分散浪费。

(二)公园在体制上仍采用传统的事业单位管理,公园养护的市场化水平需要进一步提升。

(三)公园规划、绩效评估、监管的标准化和制度化建设有待完善。

二、改革的基本思路

市政公园管养体制改革的基本思路是:改变传统的"建一个公园成立一个管理处"的公园管理体制,按照"整合资源、精简高效","以事定费、管养分离"的原则,改革和完善现有公园管养体制以及与其配套的人事制度和财政供养体制,巩固和提高公园管养市场化的成果,逐步实现和形成"规划、监管集中化,建设、养护市场化,绩效、评价标准化",分工科学、机制灵活、运行高效的公园管养体系,为广大市民提供更多、更优质的公园服务。

3. 组织结构

组织结构如图10—5～图10—10所示。

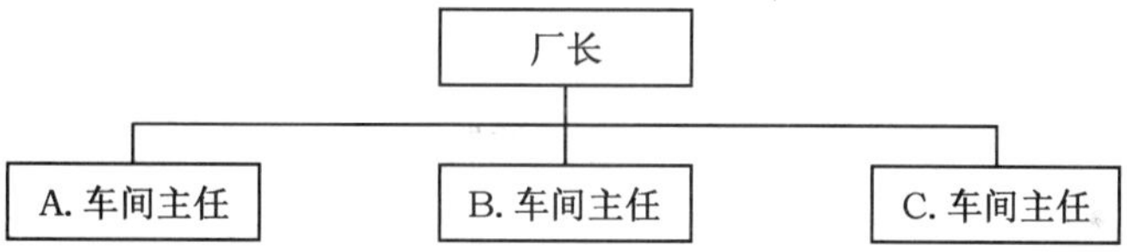

图10—5 直线型组织结构

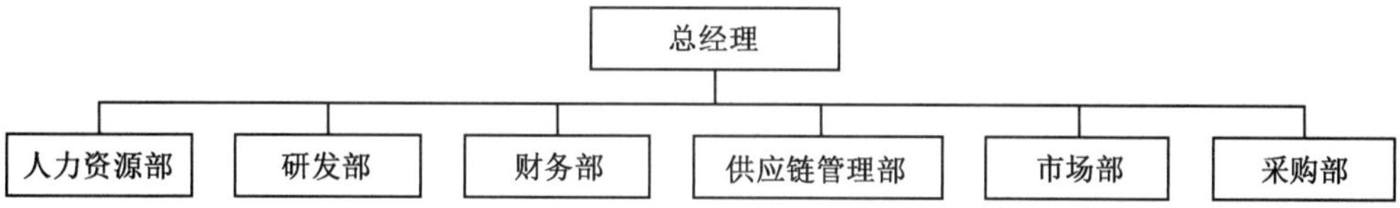

图10—6 职能型组织结构

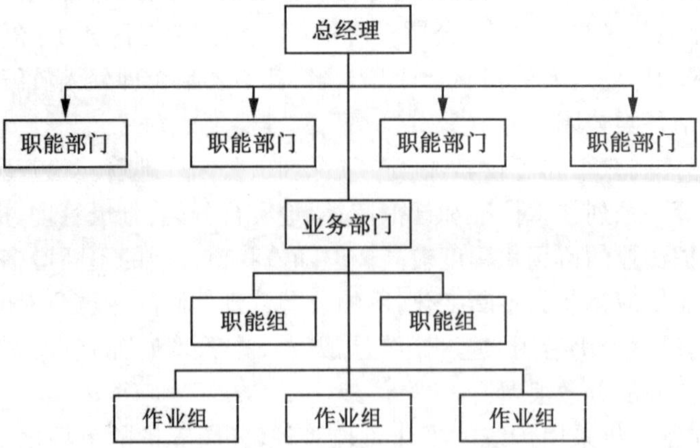

图 10—7　直线职能型组织结构

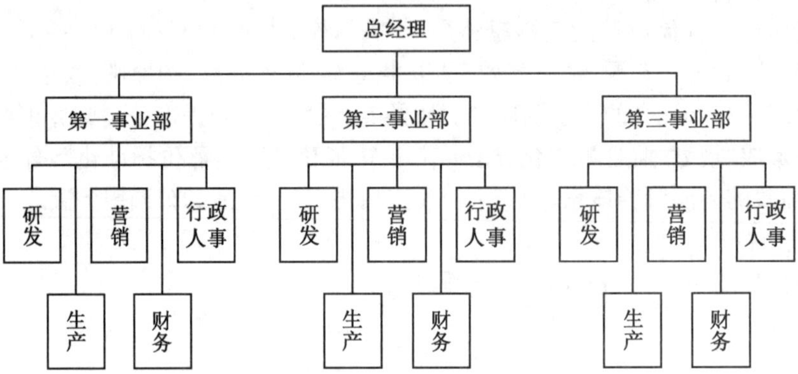

图 10—8　事业部制组织结构

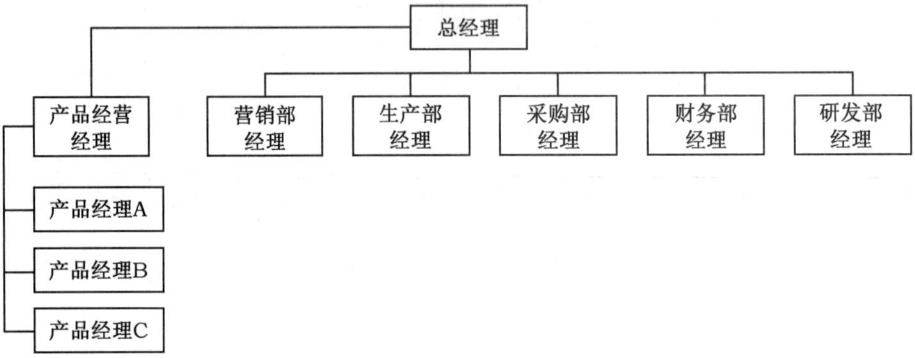

图 10—9　矩阵型组织结构

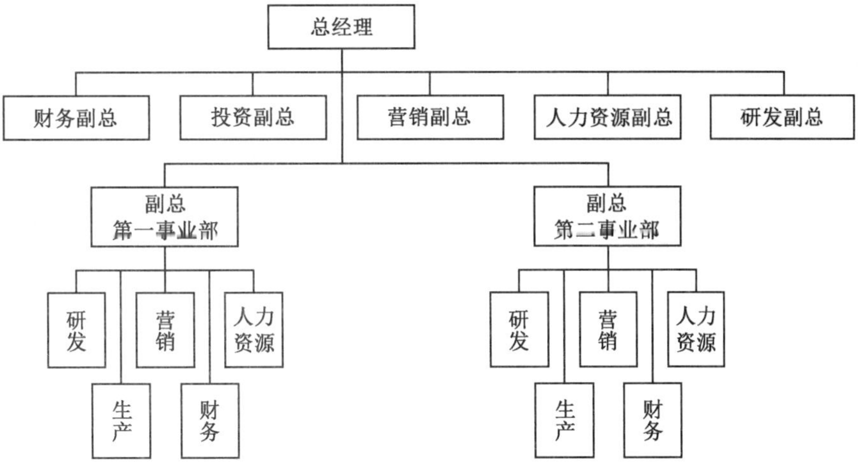

图 10—10 混合式组织结构

4. 组织结构优化后相关岗位及职责

(1)财务管理委员会

主要职责是:讨论决定中心的重大财务决策,讨论决定中心的财务管理规章制度,讨论决定中心的财务年度工作计划,讨论决定中心的部门预算计划及实施,讨论决定中心的财务人员的选聘和任命、监督款项的使用与社会企业合作进行筹资。

人员构成:财务管理委员会由中心主任、中心三个副主任、财务部部长、会计主管、财务主管、审计主管、三个公园负责人十一人组成。

(2)中心分管财务副主任

岗位职责:指导制定中心的财务年度工作计划;指导制定中心的财务管理制度;负责指导制定每年度中心的各部门预算计划及监督执行预算的情况;负责审批权限范围内的经费等。

(3)财务部部长(1 人)

岗位职责:全面负责中心的财务会计工作,协助中心分管财务的副主任做好中心的财务工作;负责组织制定中心的财务制度和工作流程,确保各项财务制度的实施;负责组织制定中心的财务年度工作计划,并监督其实施过程;负责组织制定中心的年度部门预算计划,监督中心及下属各公园预算计划的实施;负责财务的对内对外协调联络工作;负责协调指导下属公园报账员的工作;负责组织中心财务人员的培训、考核及奖惩;参与中心重大的财务决策讨论等。

(4)会计主管(1 人)

岗位职责:负责组织中心的会计核算工作;负责中心的部门预算计划的上报及下达;负责制定中心的会计核算的规章制度;负责监督中心及下属公园的部门预算的执行进度;负责会计数据的统计上报;负责协助内外审计工作等。

(5)财务主管(1 人)

岗位职责:负责组织实施会计核算以外的财务管理工作,包括固定资产管理、政府采购计划执行、经济合同的审核、票据管理等;负责组织制定固定资产管理、采购、经济合同核准、票据管理等规章制度，并监督制度的执行等。

（6）审计主管（1人）

岗位职责：负责组织对中心领导及公园负责人的离任经济审计；负责协助审计部门和上级主管部门对中心进行的专项审计工作，并对审计中发现的问题，提出整改建议；负责制定中心的财务审计制度；负责组织中心的年度内部审计工作；协助财务部部长做好财务审计工作等。

（7）会计审核岗（4人）

岗位职责：负责会计凭证的核准与记账；负责将其下属公园的会计统计数据进行有条理的汇总；负责会计资料的归档整理等。

（8）经费出纳（1人）

岗位职责：负责中心每日经费账的费用支付，负责每月的经费账对账，负责每日根据凭证逐笔登记现金、银行存款日记账，负责中心经费账的库存现金控制在限额内，不超额存放现金。

（9）基建出纳（1人）

岗位职责：负责中心每日基建账的费用支付，负责每月的基建账对账。

（10）固定资产管理岗（1人）

岗位职责：负责中心内所有固定资产的常规工作内容，包括验收、调拨、报废、清查等；负责制定固定资产管理的规章制度及监督执行；负责组织中心固定资产管理系统的建设、管理和培训工作；负责固定资产数据的统计上报工作等。

（11）政府采购管理岗（1人）

岗位职责：负责中心的每个财政年度内政府采购计划的实施；负责制定政府采购制度同时负责监督其实施；负责组织政府采购工作的业务培训以及政府采购的内外联络等。

（12）合同管理岗（1人）

岗位职责：负责中心的经济合同的审核及合同章的管理工作；负责制定合同签订和合同章管理的规章制度及监督执行；负责中心的经济合同的整理归档工作；负责中心的经济合同签订情况的统计工作。

（13）票据管理岗（1人）

岗位职责：负责中心的财务票据的管理中国，包括票据的申购、使用登记、销毁等；负责制定票据和发票章管理的规章制度及监督执行；负责中心发票章的管理。

（14）审计员（2人）

岗位职责：负责中心的财务年度审计的实施；协助参与对中心领导及公园负责人的离任经济审计；参与中心的内外专项审计工作；协助制定中心的财务审计规章制度；协助审计主管做好财务审计工作等。

（15）下属公园报账员（34人）

岗位职责：负责协助制定所属公园的年度部门预算计划；负责所属公园的年度部门预算计划和年度计划投资项目经费的具体实施，即财政经费和基建经费的报账工作；负责与其公园财务相关的工作，包括审核报销原始凭证、审核经济合同、固定资产等；负责财务统计数据的上报；负责制定所属公园的财务管理规章制度等。

案例11 从南山铝业看可转债发行选择与条款设计[1]

案例正文

摘　要：本案例描述了南山铝业从公司发展战略及财务特点出发进行的融资方式选择及相应条款的具体设计。对于公司三次发行可转换债券，如何把握好可转换债券双重属性的特点，设计合适的债券条款，是公司不得不斟酌的问题。可转换债券的发行效果不仅体现在财务目标的实现上，也会对公司控制权有一定影响。本案例以此探讨可转换债券这种工具在公司融资中的作用以及企业在使用这种方式融资时应该注意的问题。

关键词：融资方式选择；可转换债券；债券条款设计；公司控制权

引　言

债务融资是企业经营中最重要的外部融资渠道。我国企业的债务融资主要是银行贷款。但随着我国债券市场的高速发展，企业利用发行债券的方式进行融资的方式越来越普遍。

目前，非金融类企业可以发行企业债、公司债、可转换债券、可交换债券、短期融资券、中期票据等多种类型。这些种类的债券在发行主体、监管部门、申报制度、发行规模、募集资金用途、利率和期限等方面都存在一些差异。其中，可转换债券是一种比较特殊的债券，这种特殊性主要变现在其既具有股性，也具有债性，相当于给债券持有者提供了一个选择权。因此，公司何时发行可转债，可转债融资成本特征，可转债条款的设计对发行人和投资者的利益有何影响等，是利益各方都非常关注的问题。

---

① 本案例由上海财经大学会计学院薛爽教授撰写，版权归上海财经大学商学院所有。未经允许，本案例的所有部分都不能以任何方式与手段擅自复制或传播。版权所有人授权上海财经大学商学院案例中心使用。由于企业保密的要求，在本案例中对有关名称、数据等做了必要的掩饰性处理。本案例只供课堂讨论使用，并无意暗示或说明某种管理行为是否有效。

南山铝业在2004～2015年间3次发行可转债，1次发行公司债。本案例以南山铝业为对象，分析可转债条款设计，以期学员们对公司如何应用可转债进行融资以及融资成本，转股成功关键点等有深入了解。

1. 公司简介

山东南山铝业股份有限公司(以下简称南山铝业)创建于1993年，1999年12月23日成功在上海证券交易所上市，交易代码为600219。南山铝业是国内唯一以铝材为主业的上市公司，业务范围涵盖电厂、氧化铝、电解铝、铝加工等环节。公司目前是世界上唯一一家短距离内铝产业链最完整的铝加工企业，已成为中国第二大铝生产商，仅次于强大国企中国铝业。公司业绩稳定，财务状况较好，管理成本控制在较稳定水平，为基本金属业第三大公司。

1.1 公司的股本结构

南山铝业流通A股总计28.35亿元，南山集团有限公司(以下简称南山集团)是南山铝业母公司以及第一大股东，当前持股比例为29.81%。南山集团成立于20世纪80年代初，源自山东省龙口市前宋村“第三生产大队”成立的一个乡镇企业，如今成长成一个业务多元化的大型民营工业集团，但核心业务始终是铝业。其他各类机构持股比例如图11－1所示。

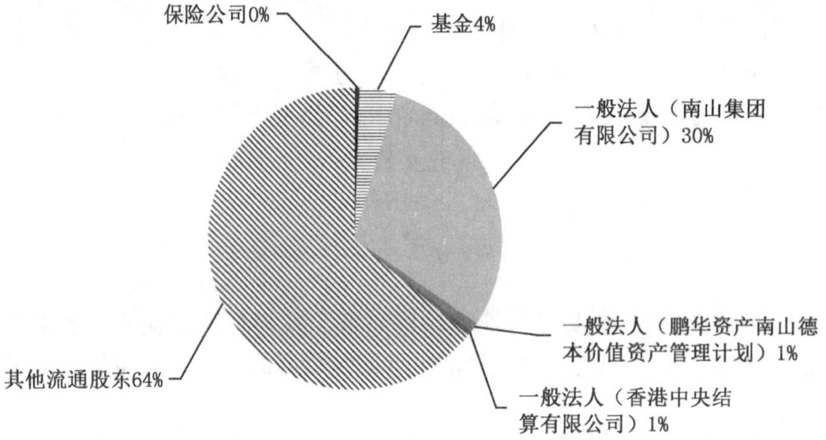

图11－1　南山铝业机构持股比例

1.2 公司的主营业务

公司所处行业为有色金属压延加工业，主营业务构成如图11－2所示。

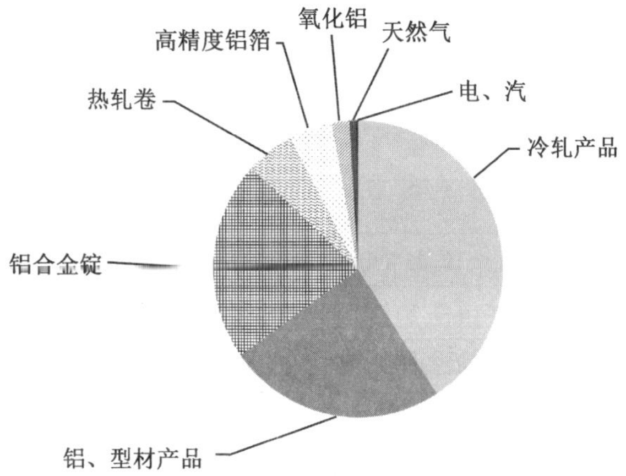

图 11—2 南山铝业主营业务构成

2. 案例概况

20 世纪 90 年代后，中国基础设施及国内汽车业的发展支持了上游的大宗商品生产商，例如钢铁、铝业和水泥企业。南山铝业的业务在中国资本密集型的增长中得到了有力的支撑，但该行业容易受到价格波动的影响，为了最大限度地减少这种不确定性，南山铝业决定建立上下游一体化的供应链。战略规划的实现需要公司财务上的支持，南山铝业又是如何选择融资方式来达到财务目标，从而实现公司战略的？本案例以南山铝业 2004 年至今，三次发行可转债，两次发行公司债进行融资的情况作为案例来分析研究，案例的具体内容如下：

2.1 初试可转债

关于南山铝业 2004 年首次发行南山转债（以下简称南山转 1）的情况。公司拟将本次募集资金用于与香港冠生合资建设高精度新型铝合金材料生产线项目，南山转 1 在其募股说明书中的主要条款如表 11—1 所示。

表 13—1　　南山转 1 基本条款

发行人	山东南山铝业股份有限公司(600219)
债券代码	110219. SH
债券全称	2004 年山东南山铝业股份有限公司可转换公司债券
发行方式	优先配售，网上定价和网下配售
发行范围	境内外合格机构投资者及个人
级别及评级机构	AA＋，大公国际资信评估有限公司
担保人	广东发展银行杭州分行

续表

发行人	山东南山铝业股份有限公司(600219)
债券面值	100元
发行规模	8.83亿元
初始转股价	7.37元
存续期限	5年,2004—10—19至2009—10—19
利率	5年分别为1.5%、1.8%、2.1%、2.4%、2.7%
转换日期	发行6个月后,即2005—4—20至2009—10—19
摘牌日期	2006—08—11
特别向下修正条款	(1)送红股、转赠股本、增发新股、配股以及派发股利时,转股价相应调整 (2)当本公司股票在任意连续10个交易日的收盘价低于当期转股价格的90%时,本公司董事会有权向下修正转股价格,修正后的转股价格不低于关于修正转股价格的董事会召开前10个交易日本公司股票(A股)收盘价格的算术平均值
赎回条款	(1)到期赎回:可转债到期后5个工作日内,公司将按105元(含当年利息)价格赎回未转股的全部可转债 (2)条件赎回:任意连续30个交易日收盘价格高于当期转股价的130%,公司有权按照105元(含当期利率)赎回全部或部分未转股的可转债
回售条款	(1)有条件回售:到期日前一年内,连续20个交易日收盘价低于当期转股价80%,持有人可按照105元(含当期利率)回售 (2)附加回售:若募集资金投资项目的实施情况与公司在募集说明书中的承诺情况相比如出现变化,根据中国证监会的相关规定被视作改变募集资金用途或被中国证监会认定改变募集资金用途的,持有人在回售期内有权按照105元(含当期利息)的价格回售
款项用途	与香港冠生合资建设高精度新型铝合金材料生产线项目

资料来源:《山东南山铝业股份有限公司可转换公司债券募集说明书》。

南山转1发行结果:原非流通股股东获配金额3.30亿元,原流通股股东获配金额0.93亿元,网上投资者获配金额0.25亿元,网下投资者获配金额4.35亿元。由于符合特别向下修正条款,公司也进行了转股价格的调整(见表11—2):

表11—2　南山转1转股价格调整

调整日期	转股价格	调整原因	公告日
2006—03—31	4.12	本次股权分置改革方案实施股权登记日为2006年3月29日,本次方案为:以资本公积金向股权登记日在册的全体流通股东所持股份每10股转增10股。此次向流通股股东转增股本换算为向全体股东转增股本的比例为每10股转增5.76股。	2006—03—28
2005—06—15	6.50	公司已符合"当本公司股票(A股)在任意连续10个交易日的收盘价低于当期转股价格的90%时"的约定,公司董事会决定向下修正公司可转债转股价格:以当期转股价格7.25元为基数,向下修正0.75元,修正幅度为10.34%,修正后的转股价格为6.50元,不低于本次董事会召开前10个交易日本公司股票(A股)收盘价格的算术平均值。	2005—06—14

续表

调整日期	转股价格	调整原因	公告日
2005—06—13	7.25	公司将在2005年6月10日(股权登记日)实施2004年度每10股派发现金红利1.2元(含税)的分配方案,根据上述约定,“南山转债”的初始转股价格相应由原来的7.37元/股调整为7.25元/股	2005—06—07
2004—11—03	7.37	初始转股价格	2004—10—14

南山转1于2006年8月11日在上海证券交易所停止转股以105元/张的价格赎回未转股的全部可转债。南山转1本次全部赎回数量为20 260张(即2 026 000元),只占发行总额8.83亿元的0.23%。进入转股期以来,已有880 974 000元南山转1转换为本公司发行的A股股票,累计转股数为196 090 591股,占转债开始转股前公司已发行股份总数的76.3%。

2.2 二试可转债

关于南山铝业股份有限公司2008年第二次发行南山转债(以下简称南山转2)的情况。2008年全球经济危机下,经济增长的停滞使市场对大宗商品的需求也相应下降,致使全球铝价在2008年平均下跌了50%以上。同时中国铝行业也由于产能过剩而遭受重创,进一步打压了价格。但公司抓住了高铁发展的大好时机,正逐步打造较为完善的产业链,争取成为中国南方机车车辆工业集团公司(中国南车)和中国北方机车车辆工业集团公司(中国北车)特定高铁铝型材的认证供应商。规模的扩大使公司所需流动资金也相应增加,公司拟将本次募集资金中的5.16亿元用于补充公司流动资金。南山转2在其募股说明书中的主要条款如表11—3所示。

表11—3　　南山转2基本条款

发行人	山东南山铝业股份有限公司(600219)
债券代码	110002.SH
债券全称	2008年山东南山铝业股份有限公司可转换公司债券
发行方式	优先配售和上网定价
发行范围	境内外合格机构投资者及个人
级别及评级机构	AA—,大公国际资信评估有限公司 无担保人
债券面值	100元
发行规模	28亿元
初始转股价	16.89元
存续期限	5年,2008—04—18至2013—04—17
利率	5年分别为1.0%、1.5%、1.9%、2.3%、2.7%
转换日期	发行6个月后,即2008—10—20至2013—04—17

续表

发行人	山东南山铝业股份有限公司(600219)
摘牌日期	2009—09—24
特别向下修正条款	(1)送红股、转赠股本、增发新股、配股以及派发股利时,转股价相应调整 (2)可转债存续期内,股价任意连续 15 个交易日收盘价低于当期转股价的 85%,董事会有权提出转股价向下修正方案需三分之二以上股东(持有可转债股东回避)同意方可实施。修正后的转股价应不低于前 20 个交易日均价和前一交易日均价
赎回条款	(1)到期赎回:可转债到期后 5 个工作日内,公司将按 105 元(含当年利息)价格赎回未转股的全部可转债 (2)条件赎回:任意连续 20 个交易日收盘价格高于当期转股价的 130%,公司有权按照 103 元(含当期利率)赎回全部或部分未转股的可转债
回售条款	(1)有条件回售:到期日前一年内,连续 30 个交易日收盘价低于当期转股价 70%,持有人可按照 103 元(含当期利率)回售 (2)附加回售:若募集资金投资项目的实施情况与公司在募集说明书中的承诺情况相比如出现重大变化,根据中国证监会的相关规定被视作改变募集资金用途或被中国证监会认定改变募集资金用途的,持有人在回售期内有权按照 103 元(含当期利息)的价格回售
款项用途	年产 10 万吨新型合金材料生产线项目、年产 52 万吨铝合金锭熔铸生产线项目、补充流动资金

资料来源:《山东南山铝业股份有限公司可转换公司债券募集说明书》。

南山转 2 发行结果:原非流通股股东获配金额 5.95 亿元,原流通股股东获配金额 2.05 亿元,网上投资者获配金额 20 亿元。由于符合特别向下修正条款,公司也进行了转股价格的调整:

表 13—4　　南山转 2 转股价格调整

调整日期	转股价格	调整原因	公告日
2009—06—05	8.42	公司在 2009 年 6 月 4 日(股权登记日)实施 2008 年度每 10 股派发现金红利 1 元(含税)的分配方案,根据上述约定,"南山转债"的转股价格相应由原来的 8.52 元/股调整为 8.42 元/股	2009—06—01
2009—03—16	8.52	自 2009 年 3 月 16 日起,"南山转债"转股价格由原来的 16.89 元/股调整为 8.52 元/股	2009—03—13
2008—05—13	16.89	初始转股价格	2008—04—16

南山转 2 于 2009 年 9 月 24 日在上海证券交易所停止转股,以 103 元/张的价格赎回未转股的全部可转债。南山转 2 本次全部赎回数量为 52 290 张(即 5 229 000 元),只占发行总额 28 亿元的 0.19%。进入转股期以来,已有 2 794 771 000 元南山转 2 转换为本公司发行的 A 股股票,占转债开始转股前公司已发行股份总数的 14%。

2.3　三试可转债

关于南山铝业股份有限公司 2012 年第三次发行南山转债(以下简称南山转 3)的情况。

公司目前的优势在于产业链完整、成本低以及技术优势，虽在 2009 年成为了中国南车和中国北车的认证供应商，但在行业产能过剩、投资及消费放缓带来需求不足等因素的影响下，公司盈利受到了较大的影响。南山转 3 在其募股说明书中的主要条款如表 11—5 所示。

表 11—5　　南山转 3 基本条款

发行人	山东南山铝业股份有限公司(600219)
债券代码	110020.SH
债券全称	2012 年山东南山铝业股份有限公司可转换公司债券
发行方式	优先配售，网上定价和网下配售
发行范围	境内外合格机构投资者及个人
级别及评级机构	AA，上海新世纪 无担保人
债券面值	100 元
发行规模	60 亿元
初始转股价	6.92 元
存续期限	6 年，2012—10—16 至 2018—10—16
利率	6 年分别为 3.5%，3.5%，4%，4%，4%，4%
转换日期	发行 6 个月后，即 2013—4—17 至 2018—10—16
摘牌日期	2015—03—13
特别向下修正条款	(1)送红股、转赠股本、增发新股、配股以及派发股利时，转股价相应调整 (2)在本次发行的可转债存续期间，当公司股票任意二十个连续交易日中至少十个交易日的收盘价低于当期转股价格的 90 %时，公司董事会有权提出转股价格向下修正方案并提交公司股东大会表决。上述方案须经出席会议的股东所持表决权的三分之二以上通过方可实施。修正后的转股价格应不低于本次股东大会召开日前二十个交易日公司股票交易均价和前一交易日均价
赎回条款	(1)到期赎回。可转债到期后 5 个工作日内，公司将按 108 元(含当年利息)价格赎回未转股的全部可转债 (2)条件赎回。在转股期内，如果公司股票在任何连续三十个交易日中至少二十个交易日的收盘价格不低于当期转股价格的 130%；公司有权决定按照 104 元(含当期利息)赎回全部或部分未转股的可转债
回售条款	本次发行的可转债最后两个计息年度，任何连续 30 个交易日的收盘价格低于当期转股的 70%时，持有人可按照 104 元(含当期利息)回售
款项用途	年产 20 万吨超大规格高性能特种铝合金材料生产线项目

资料来源：《山东南山铝业股份有限公司可转换公司债券募集说明书》。

南山转 3 发行结果：原 A 股股东获配金额 5.69 亿元，占本次发行量的 9.48%，网上投资者获配金额 0.35 亿元，占本次发行量的 0.58%，网下机构投资者获配金额 53.96 亿元，占本次发行量的 89.94%。由于符合特别向下修正条款，公司也进行了转股价格的调整，最终转股价格较大程度上低于净资产，如果未来顺利转股将可能摊薄股东权益(见表 11—6)。

表 11-6 南山转 3 转股价格调整

调整日期	转股价格	调整原因	公告日
2014-05-08	6.65	公司将在 2014 年 5 月 7 日(股权登记日)实施 2013 年度每 10 股派发现金红利 1.50 元(含税)的分配方案,根据上述约定,"南山转债"的转股价格相应由原来的 6.80 元/股调整为 6.65 元/股。	2014-04-23
2013-05-22	6.80	公司将在 2013 年 5 月 21 日(股权登记日)实施 2013 年度每 10 股派发现金红利 1.20 元(含税)的分配方案,根据上述约定,"南山转债"的转股价格相应由原来的 6.92 元/股调整为 6.80 元/股。	2013-05-16
2012-10-31	6.92	初始转股价格	2012-10-29

南山转 3 于 2015 年 3 月 13 日在上海证券交易所停止转股,以 104 元/张的价格赎回未转股的全部可转债。南山转 3 本次全部赎回数量为 81 110 张(即 8 111 000 元),只占发行总额 60 亿元的 0.14%。进入转股期以来,累计转股总量为 901 029 866 股,转股金额 59.92 亿元,占"南山转债"转股前公司已发行股份总额 1 934 154,495 股的 46.59%,公司总股本增至 2 835 184 361 股。

2.4 转战公司债

连续三次发行可转债后,公司资金较为充裕,在 2014 年 11 月公司经董事会通过,使用不超过 7 亿元的闲置募集资金投资安全性高,流动性好的投资产品。但 2015 年公司仍分两次发行一般公司债,拟以募集资金补充营运资金。在其募股说明书中的主要条款如表 11-7 所示。

表 11-7 2015 年南山公司债基本条款

	15 南铝 01	15 南铝 02
发行人	山东南山铝业股份有限公司(600219)	
债券代码	122479.SH	122480.SH
债券全称	山东南山铝业股份有限公司 2015 年公司债券(第一期)(品种一)	山东南山铝业股份有限公司 2015 年公司债券(第一期)(品种二)
发行方式	公募	
发行范围	合格机构投资者	
存续期限	5 年,2015-09-25 到 2020-09-25	
利率类型	固定利率	累进利率
票面利率(当期)发行参考率	4.97%	前 3 年,票面利率:4.40%;后 2 年,票面利率:4.40%+上调基点
级别及评级机构	AA+,上海新世纪资信评估投资服务有限公司	
债券面值	100	100

续表

	15 南铝 01	15 南铝 02
发行规模	5 亿元	10 亿元
内含特殊条款	无	调整票面利率,回售

资料来源:《山东南山铝业股份有限公司公开发行公司债券募集说明书》。

3. 讨论问题

(1)请从资本结构等财务角度分析公司发行可转债的动机。三次可转债是否选择了有利的发行时机?

(2)发行可转债相对于增发配股有什么好处?

(3)可转债的价值是如何被决定的,南山转 3 高利率的设计可能考虑到了哪些因素?

(4)可转债的债性与股性是如何体现的?

(5)三次可转债中特殊条款的设计对投资者起到了怎样的保护作用?

(6)三次可转债中特殊条款的设计对发行人起到了怎样的保护作用?可转债发行后,大股东受到了怎样的影响?

(7) 结合公司实际情况,分析其 2015 年发行公司债的动机。与可转债相比,公司债有何利弊?

附录 英文摘要

Convertible Bond and Its Designing of Terms
——A Case Study on Shandong Nanshan Aluminium Co. ,Ltd.

Xue Shuang

(Shanghai University of Finance and Economics Shanghai,200433,China)

Abstract:Based on the strategy and financial characteristics, we try to show how Nanshan Aluminium makes its financing decision by issuing convertible bonds. How are the terms and conditions of convertible bonds designed. It is important to design proper terms for convertible bonds since it has the characters for debt and equity. By this case study, we try to show the students the main points for a firm to choose the convertible bond.

Keywords:financing; convertible bond; terms design; control right

案例使用说明

一、教学目的与用途

1. 本案例主要适用于《公司财务》《公司金融》相关的课程。

2. 本案例的教学目的是：通过本案例的教学与讨论能够帮助学员了解和掌握，公司发展战略及财务特点是如何影响融资方式选择的；可转换债券双重属性的特点；可转换债券条款的设计如何影响债券价值；可转换债券的转股对大股东控制权的影响。

二、启发思考题

1. 请从资本结构等财务角度分析公司发行可转债的动机？三次可转债是否选择了有利的发行时机？

2. 发行可转债相对于增发配股有什么好处？

3. 可转债的价值是如何被决定的，南山转 3 高利率的设计可能考虑到了哪些因素？

4. 可转债的债性与股性是如何体现的？

5. 三次可转债中特殊条款的设计对投资者起到了怎样的保护作用？

6. 三次可转债中特殊条款的设计对发行人起到了怎样的保护作用？可转债发行后，大股东受到了怎样的影响？

7. 结合公司实际情况，分析其 2015 年发行公司债的动机？与可转债相比，公司债有何利弊？

三、启发思考题及分析思路

1. 请从资本结构等财务角度分析公司发行可转债的动机？三次可转债是否选择了有利的发行时机？发行可转债相对于增发配股有什么好处？

分析思路：从公司发展战略及财务特点的角度思考公司融资方式的选择。学员在分析时需要考虑到公司作为行业的龙头企业，在完善产业链、继续扩大市场份额的发展战略，资产负债率较低、财务状况稳定等财务特点下进行融资方式的选择。

可转换债券的选择应在充分考虑了公司现有偿债能力、可转换债券发行后对公司财务指标的影响、全部转股后股本扩张对公司业绩摊薄的压力等综合因素，兼顾了各方利益后作出的。

可转债的双重属性使其在确定发行时机时要考虑到宏观经济环境、股市的情况以及股票市盈率、市净率所体现的股票价值。

2. 发行可转债相对于增发配股有什么好处？

分析思路：不同融资方式适用情况不同，优劣势不同，效果也有差异。公司融资方式主要是股权融资和债券融资，债权融资又可细分为银行借款和发行债券。股权融资的优点是公司融资后，财务压力较小，不需要按期还本付息。缺点是要与新进股东分享公司未来发展机会的价值，股权被稀释，控制权可能受到威胁。债权融资的优点是原有股东的控制权不会被稀释，融资成本可控。缺点主要是要按期还本付息，财务压力较大，且对于非上市的民营企业来说，贷款和发债可能都比较困难。

可转换债券虽被认为是“推迟的股本投资”，相比于增发配股等再融资方式还是有一定的优势。在融资条件上，增发和配股条件的严格规定促使公司将可转换债券作为融资工具；在融资效果上，发行可转换债券可以获得比直接发行股票更高的股票发行价格，在扩张相同股本的情况下募集更多资金；在对股权稀释的效果上，可转换债券不会造成股本急剧扩张，可以推迟或缓解对每股收益或ROE(净利润/股东权益)的稀释；在融资成本上，可转换债券因为属于债权融资，可以通过合理避税使每股收益有所增加，为上市公司提供长期稳定的资本供给。

3. 可转债的价值是如何被决定的，南山转3高利率的设计可能考虑到了哪些因素？

分析思路：把握可转债的价值的关键在于理解债券条款的设计。票面利率是债券发行的关键，过高的利率加重了财务负担，过低的利率影响了发债的成败。可转债“进可转股，退可守债”的特点使其票面利率比普通债券票面利率有所下降。

可转债的发行者在发行时通常希望债券持有者在转股期限内转成股票。因此，虽然票面利率低，但转股的条件一般设计较低，利于促成转股。即可转债中包含的转股选择权的价值较大。因此，转股选择权实际上是一个期权，需要根据发行时的市场价格、转股价格、行权期限和无风险利率等指标，借助期权股价模型，估计转股选择权的市场价值。

除了票面利率，转股价格、转股期限，股票波动率，赎回、回售、向下修正条款也决定了可转债的价值，南山转3高利率的设计就是各项条款之间的权衡。除此之外，南山转3较大的发行规模、行业疲软及股市低迷等都能为其高利率做出解释。

4. 可转债的债性与股性是如何体现的？

分析思路：可转债债权期权双重属性同样体现在债券条款的设计上。如转股溢价率、票面利率、赎回、回售、向下修正条款等，学员可思考分辨下它们的设计是如何体现可转债的债性与股性的。

5. 三次可转债中特殊条款的设计对投资者起到了怎样的保护作用？

分析思路：债券对发行人及投资者的保护主要体现在条款的设计上。有别于普通债券，可转换公司债券拥有一系列特殊条款：赎回条款实质是发行人持有的看涨期权；回售条款，向下修正条款也是在标的股票下跌时出于保护目的的一种措施。

南山铝业可转债中，都包含了回售条款和向下修正条款。这两个条款，一定程度上对债券持有人起到了保护作用。

先看2004年、2008年和2012年3次发行可转债的向下修正条款。

● 2004年可转债的向下修正条款

当本公司股票在任意连续10个交易日的收盘价低于当期转股价格的90%时，本公司董事会有权向下修正转股价格，修正后的转股价格不低于关于修正转股价格的董事会召开前10个交易日本公司股票(A股)收盘价格的算术平均值。

● 2008年可转债的向下修正条款

可转债存续期内，股价任意连续15个交易日收盘价低于当期转股价的85%，董事会有权提出转股价向下修正方案需三分之二以上股东(持有可转债股东回避)同意方可实施。修正后的转股价应不低于前20个交易日均价和前一交易日均价。

● 2012年可转债的向下修正条款

在本次发行的可转债存续期间，当公司股票任意 20 个连续交易日中至少 10 个交易日的收盘价低于当期转股价格的 90 %时，公司董事会有权提出转股价格向下修正方案并提交公司股东大会表决。上述方案须经出席会议的股东所持表决权的三分之二以上通过方可实施。修正后的转股价格应不低于本次股东大会召开日前二十个交易日公司股票交易均价和前一交易日均价。

三次可转债的向下修正条款有一些差异，其中，第三次向下修正条款最为宽松，即向下修正的条件更容易满足，对投资者的保护程度更大。第一次次之，第二次最为严格。

再看南山铝业三次可转债的回售条款：

● 2004 年可转债的回售条款

(1)有条件回售：到期日前一年内，连续 20 个交易日收盘价低于当期转股价 80%，持有人可按照 105 元(含当期利率)回售；

(2)附加回售：若募集资金投资项目的实施情况与公司在募集说明书中的承诺情况相比如出现变化，根据中国证监会的相关规定被视作改变募集资金用途或被中国证监会认定改变募集资金用途的，持有人在回售期内有权按照 105 元(含当期利息)的价格回售。

● 2008 年可转债的回售条款

(1)有条件回售：到期日前一年内，连续 30 个交易日收盘价低于当期转股价 70%，持有人可按照 103 元(含当期利率)回售；

(2)附加回售：若募集资金投资项目的实施情况与公司在募集说明书中的承诺情况相比如出现重大变化，根据中国证监会的相关规定被视作改变募集资金用途或被中国证监会认定改变募集资金用途的，持有人在回售期内有权按照 103 元(含当期利息)的价格回售。

● 2012 年可转债的回售条款

本次发行的可转债最后两个计息年度，任何连续 30 个交易日的收盘价格低于当期转股的 70%时，持有人可按照 104 元(含当期利息)回售。

三次可转债的回售条款第二次最为严格，投资者行使回售权利的条件最高，回售的价格最低。第三次回售行权条件与第二次相同，但回售价格稍高。第一次的回售条件最易达到。综合来看，回售条款对投资者的价值第一次最高，第二次最低，第三次介于两者之间。

6. 三次可转债中特殊条款的设计对发行人起到了怎样的保护作用？可转债发行后，大股东受到了怎样的影响？

分析思路：可转债条款中，对发行人的保护条款主要是赎回机制的设计。这一条款在公司股价上涨或者市场利率大幅下跌时，给公司提供融资重构、降低融资成本的机会。

具体来看，南山铝业三次可转债的赎回条款：

● 2004 年可转债的赎回条款

(1)到期赎回：可转债到期后 5 个工作日内，公司将按 105 元(含当年利息)价格赎回未转股的全部可转债；

(2)条件赎回：任意连续 30 个交易日收盘价格高于当期转股价的 130%，公司有权按照 105 元(含当期利率)赎回全部或部分未转股的可转债。

● 2008 年可转债的赎回条款

(1)到期赎回：可转债到期后 5 个工作日内，公司将按 105 元(含当年利息)价格赎回未转股的全部可转债；

(2)条件赎回:任意连续 20 个交易日收盘价格高于当期转股价的 130%,公司有权按照 103 元(含当期利率)赎回全部或部分未转股的可转债。

● 2012 年可转债的赎回条款

(1)到期赎回:可转债到期后 5 个工作日内,公司将按 108 元(含当年利息)价格赎回未转股的全部可转债;

(2)条件赎回:在转股期内,如果公司股票在任何连续三十个交易日中至少二十个交易日的收盘价格不低于当期转股价格的 130%;公司有权决定按照 104 元(含当期利息)赎回全部或部分未转股的可转债。

从上述可转债的赎回条款看,第三次的条款对发行人最有利,因为赎回条件最易达成。第一次最为严格。在股价高企时,公司可以利用赎回条款,赎回债券后,采用直接发行股票的方式来达到融资的目的。此时,发行股票的价格高,原股东股权被稀释的程度更小。

可转换公司债券常被当作"推迟的股本投资",在其实现股权转换时也会造成股权稀释,影响到大股东的持股比例,动摇大股东地位。经过三次债转股,大股东南山集团的持股比例由 47%降至 42%,再降至 29%。

7. 结合公司实际情况,分析其 2015 年发行公司债的动机。与可转债相比,公司债有何利弊?

分析思路:融资方式的选择需要结合公司的实际情况。首先要了解什么样的公司适合可转债。通常来说可转债发行公司具有以下特点。

(1)公司的成长性高,但市场对公司成长性估计偏低,造成股价较低,股权融资成本较高。

(2)信息不对称程度较大,风险较高的公司。此时,市场感受到的公司风险较高,投资者要求的必要回报率高,股价被低估。但风险对期权价值的影响与对股价的影响方向相反,所以公司倾向于发行带有期权特征的可转债。

南山铝业在三次发行可转债之后,大股东的股权一再稀释,控制权受到影响,已不适合继续发行可转债。

四、关键要点

1. 引导学员了解公司的发展战略与财务特点对公司融资方式选择的影响。
2. 了解不同融资方式的特点,适用情况及后果。
3. 理解可转换公司债券期权债券的双重属性。
4. 分析具体条款的设计,思考如何协调发行人与投资人的利益,防范控制权风险。

五、教学组织方式

1. 问题清单及提问顺序、资料发放顺序。

(1)请从资本结构等财务角度分析公司发行可转债的动机。三次可转债是否选择了有利的发行时机?

(2) 发行可转债相对于增发配股有什么好处?

(3)可转债的价值是如何被决定的,南山转 3 高利率的设计可能考虑到了哪些因素?

(4)可转债的债性与股性是如何体现的?

(5)三次可转债中特殊条款的设计对投资者起到了怎样的保护作用?

(6)三次可转债中特殊条款的设计对发行人起到了怎样的保护作用?可转债发行后,大股东受到了怎样的影响?

(7)结合公司实际情况,分析其2015年发行公司债的动机?与可转债相比,公司债有何利弊?

本案例资料发放:在介绍完案例基本情况和知识点后,集中发放给学员。学员在讨论过程中,需要按照参考资料目录查找资料,亦需要查找其他必要的文献和资料。

2. 课时分配;

(1)课外查找并阅读相关资料:3～5小时。

(2)课外小组讨论并形成小组报告:3小时。

(3)课堂发言、进一步讨论:40分钟。

(4) 案例总结:5分钟。

3. 讨论方式;

(1) 课下小组内讨论

(2) 课上不同小组之间的辩论

4. 课堂讨论总结

本案例是一个半开放的问题。公司融资方式的选择应结合公司融资理论,期权理论,公司控制权理论等基础理论,讨论公司可转债融资方式的选择及其对条款设计对债券价值的影响。同学员会有不同的看法和观点。因此,案例总结中除了要概括各方观点,强调各种观点的理论基础外,还需要提醒学员在不同约束条件下,分析问题的角度和可能的解决方案亦有差异。

课前计划:提出启发思考题,请学员在课前完成阅读和初步思考。

课中计划:简要的课堂前言,明确主题(5分钟)

分组讨论(15分钟),告知发言要求

小组发言(控制在20分钟)

引导全班进一步讨论,并进行归纳总结(5分钟)

课后计划:如有必要,请学员采用报告形式给出更加具体的分析,包括对其他可转债案例公司的拓展。

六、相关附件

本案例包含如下附件:附件1,资产负债表主要项目;附件2,利润表主要项目;附件3,现金流量表主要项目。

附件 1

南山铝业 2002～2014 年资产负债表主要项目

	2014—12—31	2013—12—31	2012—12—31	2011—12—31	2010—12—31	2009—12—31	2008—12—31	2007—12—31	2006—12—31	2005—12—31	2004—12—31	2003—12—31	2002—12—31
报告期	年报	年报	年报	年报	年报	年报	年报	年报	年报	年报	年报	年报	年报
报表类型	合并报表	合并报表	合并报表	合并报表	合并报表	合并报表	合并报表	合并报表	合并报表	合并报表	合并报表	合并报表	合并报表
流动资产：													
货币资金	332 167	414 296	747 466	341 582	364 776	194 887	180 941	13 087	31 385	34 164	89 762	23 969	17 283
应收票据	113 342	117 473	87 020	56 548	23 891	22 791	6 341	12 171	5 782	3 104	1 060	513	2 718
应收账款	54 525	44 001	65 047	46 299	30 610	17 449	15 060	12 387	9 007	6 910	5 354	4 112	7 143
预付款项	7 677	87 961	32 695	55 604	52 445	52 697	47 393	35 607	23 290	11 763	9 061	6 445	3 371
其他应收款	13 347	11 301	14 278	10 719	10 824	2 093	2 798	2 793	1 603	187	98	348	25
存货	358 540	343 170	311 184	274 615	247 594	150 914	140 070	129 989	94 789	35 390	32 156	32 227	31 991
其他流动资产	96 889	326 712				72							
流动资产合计	979 027	1 344 913	1 257 691	785 506	730 141	440 903	392 602	206 033	165 856	91 518	137 492	67 613	62 531
非流动资产：													
长期股权投资	24 091	23 023	20 070	15 696	13 374	11 239	11 018				3		
固定资产	1 185 704	1 165 598	1 161 110	1 067 616	1 083 597	962 764	860 932	808 174	725 340	125 465	130 415	130 159	134 831
在建工程	776 220	239 722	178 680	156 821	53 761	102 130	108 418	43 595	81 117	130 814	32 428	8 959	165
工程物资	1 391								1 314	126	63		
无形资产	148 728	151 606	155 083	55 633	5 815	5 937	6 058						
长期待摊费用	2 937	6 828	3 004	3 275	4 184	619	2 295	1 841		383	202	42	

续表

	2014—12—31	2013—12—31	2012—12—31	2011—12—31	2010—12—31	2009—12—31	2008—12—31	2007—12—31	2006—12—31	2005—12—31	2004—12—31	2003—12—31	2002—12—31
递延所得税资产	18 890	11 204	8 091	5 835	4 302	6 073	6 150	3 217	540				
非流动资产合计	2 192 376	1 597 981	1 526 038	1 304 875	1 165 034	1 088 762	994 871	856 827	808 311	256 787	163 111	139 161	134 996
资产总计	3 171 403	2 942 894	2 783 729	2 090 381	1 895 175	1 529 665	1 387 473	1 062 860	974 166	348 305	300 602	206 774	197 527
流动负债：													
短期借款	234 795	166 860	143 429	150 788	105 743	123 881	75 054	49 900	70 800	38 400	15 000	34 400	43 200
交易性金融负债	203	38	249										
应付票据	43 024	44 380	12 450	32 000	34 320						3 678		1 538
应付账款	203 502	148 607	137 439	85 438	90 861	74 827	51 598	61 509	83 553	23 171	10 514	6 129	3 494
预收款项	21 041	17 099	28 518	35 839	27 045	25 693	4 830	3 320	5 539	1 358	1 012	4 544	599
应付职工薪酬	19 903	17 597	14 960	12 216	18 806	16 612	10 644	6 602	12 070	3 907	3 184	2 476	2 493
应交税费	22 410	38 587	24 556	24 457	4 745	3 558	13 026	8 502	2 146	923	514	618	1 272
应付利息	393	4 743	4 734	910	135	242	2 085						
应付股利	611	611	611	611	611	611							3 855
其他应付款	23 831	22 351	22 461	18 567	20 682	22 516	25 544	65 557	89 966	7 338	5 690	3 632	2 454
一年内到期的非流动负债	7 573	11 600	8 300					1 003					
其他流动负债	1 244					57							
流动负债合计	578 530	472 473	397 706	360 824	302 948	267 997	182 782	196 705	264 172	75 521	39 889	51 846	58 972
非流动负债：													

续表

	2014—12—31	2013—12—31	2012—12—31	2011—12—31	2010—12—31	2009—12—31	2008—12—31	2007—12—31	2006—12—31	2005—12—31	2004—12—31	2003—12—31	2002—12—31
长期借款	63 000	27 500	24 600	32 900									
应付债券	525 401	532 214	518 228				258 799			88 288	88 300		
长期应付款	288							23 281					
递延收益—非流动负债	21 301					10 953	7 889	4 334					
其他非流动负债		17 700	17 573	11 397	10 377					375	392	408	424
非流动负债合计	609 990	577 415	560 400	44 297	10 377	10 953	266 687	27 615		88 663	88 692	408	424
负债合计	1 188 520	1 049 888	958 107	405 122	313 325	278 950	449 469	224 320	264 172	164 184	128 580	52 254	59 396
所有者权益(或股东权益)：													
实收资本(或股本)	196 469	193 417	193 415	193 415	193 415	165 071	131 880	131 880	61 880	25 702	25 700	25 700	25 700
资本公积金	989 836	974 497	974 489	897 407	897 407	678 001	450 769	429 104	145 717	71 574	71 564	71 564	71 564
其他综合收益	—7 270												
盈余公积金	60 727	52 942	47 427	42 808	39 277	36 174	27 044	27 044	20 849	18 807	16 740	14 678	12 485
未分配利润	572 763	518 264	467 627	418 547	339 241	281 932	232 768	183 070	74 366	58 555	49 924	41 149	28 381
外币报表折算差额		—8 450	—3 691	—3 583	—477	—573	—1 315						
归属于母公司所有者权益合计	1 812 526	1 730 670	1 679 268	1 548 593	1 468 863	1 159 606	841 145	771 098	681 407	174 638	163 928	153 091	138 130
少数股东权益	170 358	162 335	146 354	136 667	112 986	91 109	96 859	67 442	28 587	9 482	8 094	1 429	
所有者权益合计	1 982 883	1 893 005	1 825 622	1 385 260	1 581 850	1 250 715	938 004	838 540	709 994	184 121	172 022	154 520	138 130
负债和所有者权益总计	3 171 403	2 942 894	2 783 729	2 090 381	1 895 175	1 529 665	1 387 473	1 062 860	974 166	348 305	300 602	206 774	197 527
显示币种	CNY	CNY	CNY	CNY	CNY	CNY	CNY	CNY	CNY	CNY	CNY	CNY	CNY

附件 2

南山铝业 2002～2014 年利润表主要项目

	2014—12—31	2013—12—31	2012—12—31	2011—12—31	2010—12—31	2009—12—31	2008—12—31	2007—12—31	2006—12—31	2005—12—31	2004—12—31	2003—12—31	2002—12—31
报告期	年报	年报	年报	年报	年报	年报	年报	年报	年报	年报	年报	年报	年报
报表类型	合并报表	合并报表	合并报表	合并报表	合并报表	合并报表	合并报表	合并报表	合并报表	合并报表	合并报表	合并报表	合并报表
营业总收入	1 405 603	1 452 452	1 486 960	1 332 808	917 414	727 911	723 159	657 180	233 508	140 703	119 965	102 709	115 695
营业收入	1 405 603	1 452 452	1 486 960	1 332 808	917 414	727 911	723 159	657 180	233 508	140 703	119 965	102 709	115 695
营业总成本	1 295 530	1 340 521	1 390 361	1 195 138	815 052	634 556	638 979	496 233	204 720	122 096	102 551	31 367	99 378
营业成本	1 197 984	1 233 214	1 297 922	1 137 434	770 440	595 386	596 911	470 975	191 561	111 557	92 888	73 864	89 903
营业税金及附加	1 786	7 226	5 404	4 860	2 188	960	1 733	4 152	1 535	1 062	868	909	984
销售费用	32 006	28 880	30 789	23 783	17 881	18 435	12 985	10 164	5 669	4 112	2 467	1 859	1 932
管理费用	53 734	43 972	40 058	25 177	19 270	14 288	8 425	5 801	3 222	3 392	4 262	2 675	3 756
财务费用	7 969	9 006	6 985	1 995	2 780	5 385	5 193	4 056	2 049	1 973	2 066	2 059	2 803
资产减值损失	2 052	18 223	9 203	1 888	2 492	102	13 733	1 086	685				
其他经营收益	4 219	2 431	1 456	2 237	1 607	393	—28						6
公允价值变动净收益	—203	—38	—249	—3									
投资净收益	4 422	2 469	1 705	2 240	1 607	393	—28						6
其中：对联营企业和合营企业的投资收益	4 766	2 953	2 474	2 321	2 135	393	—28						
营业利润	114 291	114 362	98 055	139 907	103 969	93 748	84 152	160 947	28 787	20 760	19 720	23 154	18 349
加：营业外收入	3 644	4 527	2 685	1 714	1 736	1 677	1 955	357	82	227	63	39	26

续表

	2014—12—31	2013—12—31	2012—12—31	2011—12—31	2010—12—31	2009—12—31	2008—12—31	2007—12—31	2006—12—31	2005—12—31	2004—12—31	2003—12—31	2002—12—31
减：营业外支出	1 365	2 434	2 271	3 480	188	187	1 976	1 775	1 992	12	0	667	3
其中：非流动资产处置净损失	1 167	2 373	2 122	3 374	151	66	1 583	1 644	1 992				
利润总额	116 571	116 455	98 469	138 141	105 517	95 238	84 130	159 528	26 877	20 975	19 732	22 526	18 373
减：所得税	17 078	25 856	15 741	12 283	7 770	8 022	—2 934	23 789	9 878	7 192	6 325	7 565	5 567
净利润	99 493	90 599	82 728	125 858	97 747	87 217	87 064	135 739	16 999	13 783	13 407	14 961	12 806
减：少数股东损益	8 197	11 236	9 687	23 680	19 630	15 735	24 178	20 841	—854				—311
归属于母公司所有者的净利润	91 297	79 363	73 041	102 178	78 117	71 482	62 886	114 899	17 853	13 783	13 407	14 961	13 117
加：其他综合收益	903	—4 759	—107	—3 106	1 933	—257							
综合收益总额	100 396	85 840	82 621	122 752	99 680	86 959							
减：归属于少数股东的综合收益总额	7 919	11 236	9 687	23 680	19 630	15 735							
归属于母公司普通股东综合收益总额	92 477	74 603	72 933	99 071	80 051	71 224							
每股收益：													
基本每股收益	0	0	0	1	0	1	0	1	0				
稀释每股收益	0	0	0	1	0	0	0	1	0				
显示币种	CNY	CNY	CNY	CNY	CNY	CNY	CNY	CNY	CNY	CNY	CNY	CNY	CNY

附件 3

南山铝业 2002～2014 年现金流量表主要项目

	2014—12—31	2013—12—31	2012—12—31	2011—12—31	2010—12—31	2009—12—31	2008—12—31	2007—12—31	2006—12—31	2005—12—31	2004—12—31	2003—12—31	2002—12—31
报告期	年报	年报	年报	年报	年报	年报	年报	年报	年报	年报	年报	年报	年报
报表类型	合并报表	合并报表	合并报表	合并报表	合并报表	合并报表	合并报表	合并报表	合并报表	合并报表	合并报表	合并报表	合并报表
经营活动产生的现金流量：													
销售商品、提供劳务收到的现金	1 561 187	1 675 544	1 655 249	1 480 909	1 041 176	609 913	893 429	1 039 614	250 121	166 575	137 922	122 055	114 616
收到的税费返还	18 657	21 334	21 394	31 873	3 205	3 644	3 842	4 343					
收到其他与经营活动有关的现金	6 219	10 990	6 305	7 225	5 194	3 561	208	492		65	37	22	15
经营活动现金流入小计	1 586 063	1 707 869	1 682 948	1 520 006	1 049 575	617 118	897 479	1 044 450	250 121	166 640	137 959	122 077	114 631
购买商品、接受劳务支付的现金	1 252 633	1 395 198	1 400 167	1 220 678	857 925	451 348	724 452	835 304	181 221	115 486	90 432	66 222	68 635
支付给职工以及为职工支付的现金	65 872	59 604	50 776	54 004	40 168	18 495	16 779	13 891	11 047	5 689	4 731	5 040	4 538
支付的各项税费	77 163	68 554	59 550	45 378	24 737	28 307	42 884	51 533	25 366	18 735	16 291	18 612	16 110
支付其他与经营活动有关的现金	44 918	43 484	41 957	40 286	23 540	15 740	8 986	9 132	2 581	3 571	3 858	1 049	2 463
经营活动现金流出小计	1 440 585	1 566 840	1 552 450	1 360 346	946 371	513 890	793 102	909 859	220 214	143 480	115 312	90 924	91 747
经营活动产生的现金流量净额	145 478	141 028	130 498	159 661	103 204	103 228	104 378	134 591	29 906	23 159	22 647	31 153	22 883
投资活动产生的现金流量：													
取得投资收益收到的现金	1 512	6 300											
处置固定资产、无形资产和其他长期资产收回的现金净额	1 571	3 027	71	424	67		778						
收到其他与投资活动有关的现金	347 760	263 138	7 009						7 132	377	119		

续表

	2014—12—31	2013—12—31	2012—12—31	2011—12—31	2010—12—31	2009—12—31	2008—12—31	2007—12—31	2006—12—31	2005—12—31	2004—12—31	2003—12—31	2002—12—31
投资活动现金流入小计	350 843	272 465	7 080	424	67		778		7 132	377	119		1 619
购建固定资产、无形资产和其他长期资产支付的现金	598 339	135 969	257 766	299 011	135 646	106 237	213 815	103 086	55 668	98 618	28 031	11 182	4 481
投资支付的现金		6 300	1 900		529		10 500						881
支付其他与投资活动有关的现金	92 444	327 196	250 000	1 500									
投资活动现金流出小计	690 784	469 464	509 666	300 511	136 174	106 237	224 315	103 086	55 668	98 618	28 031	11 182	5 362
投资活动产生的现金流量净额	−339 941	−196 999	−502 587	−300 087	−136 107	−106 237	−223 537	−103 086	−48 536	−98 242	−27 912	−11 182	−3 743
筹资活动产生的现金流量：													
吸收投资收到的现金	103	4 658			249 994		5 206			1 391	6 663	1 429	
其中：子公司吸收少数股东投资收到的现金	103	4 658					5 206						
取得借款收到的现金	392 799	242 024	172 101	253 789	137 860	152 281	141 469	72 700	61 100	38 400	138 800	51 362	76 406
收到其他与筹资活动有关的现金	5 208		45 617										
发行债券收到的现金			592 354				275 800						
筹资活动现金流入小计	398 110	246 682	810 072	253 789	387 854	152 281	422 474	72 700	61 100	39 791	145 463	52 791	76 406

续表

	2014—12—31	2013—12—31	2012—12—31	2011—12—31	2010—12—31	2009—12—31	2008—12—31	2007—12—31	2006—12—31	2005—12—31	2004—12—31	2003—12—31	2002—12—31
偿还债务支付的现金	294 153	212 393	179 649	174 500	155 962	103 977	116 315	93 600	42 900	15 000	69 900	60 162	87 960
分配股利、利润或偿付利息支付的现金	60 931	54 755	29 852	25 274	26 174	29 300	19 147	3 364	2 350	5 306	4 504	5 914	4 828
支付其他与筹资活动有关的现金	2 363	3 704	7 816	45 617	2 783	756		25 539					
筹资活动现金流出小计	357 447	270 852	217 317	245 391	184 919	134 033	135 462	122 503	45 250	20 306	74 404	66 076	92 788
筹资活动产生的现金流量净额	40 663	−24 170	592 756	8 398	202 935	18 247	287 013	−49 803	15 850	19 484	71 058	−13 285	−16 382
汇率变动对现金的影响	526	−1 523	673	−1 240	−143	−1 292							
现金及现金等价物净增加额	−153 274	−81 664	221 340	−133 269	169 889	13 946	167 854	−18 298	−2 780	−55 598	65 793	6 686	2 759
期初现金及现金等价物余额	371 183	452 847	231 507	364 776	194 887	180 941	13 087	31 385	34 164				
期末现金及现金等价物余额	217 909	371 183	452 847	231 507	364 776	194 887	180 941	13 087	31 385				
显示币种	CNY	CNY	CNY	CNY	CNY	CNY	CNY	CNY	CNY	CNY	CNY	CNY	CNY

案例 12 互联网时代中国商业地产众筹准 REITs 产品发展之路①

——以“稳赚 1 号”为例

案例正文

摘　要：本文通过分析万达“稳赚 1 号”产品的推出过程与突出特点，深入探索万达轻资产转型的发展战略、与互联网平台合作的发展路径以及最终推出“稳赚 1 号”产品的必然性，并在分析未来中国房地产信托市场面临的机遇与挑战的基础上，剖析未来我国房地产信托产品应该如何设计与运营。

关键词：商业地产；互联网众筹；房地产信托投资基金；“稳赚 1 号”

引　言

万达集团的互联网金融试刀之作——众筹产品“稳赚 1 号”，于 2015 年 6 月 8 日推出，3 日内就被一抢而光，顺利完成 50 亿元资金的众筹计划，创造了全球众筹行业的新纪录。上市即被秒杀，万达众筹项目的销售业绩在国内外引起轰动。为何“稳赚 1 号”如此火爆？据业内人士分析，该项目起始投资金额仅为 1000 元，革命性地拉低了传统商业地产的投资门槛。与此同时，项目高度的开放性也吸引市场投资者加入。万达集团的品牌号召力也给予投资者投资信心。本文将从万达与快钱谈起，详细分析稳赚 1 号“稳”在何处、怎样实现“赚”、以及未来将面临怎样的机遇和挑战。

---

① 本案例由上海财经大学杨楠、田驹琦、潘红豆撰写，版权归上海财经大学商学院所有。未经允许，本案例的所有部分都不能以任何方式与手段擅自复制或传播。版权所有人授权上海财经大学商学院案例中心使用。由于企业保密的要求，在本案例中对有关名称、数据等做了必要的掩饰性处理。本案例只供课堂讨论只用，并无意暗示或说明某种管理行为是否有效。

1. 万达发展历程

万达集团创立于1988年，自成立至今仅仅用了28年就成为中国的资本巨鳄之一，形成了商业、文化、金融三大产业集团。2015年万达资产达到6 340亿元，收入达到2 901亿元。万达集团从成立到如今经历的重要阶段如图12—1所示。万达的核心理念是“国际万达，百年企业”，使命是“共创财富，公益社会”。至2015年，万达集团的核心资产已包括商业地产、高级酒店、文化旅游、连锁百货四大部分，百货分部遍布中国大陆。

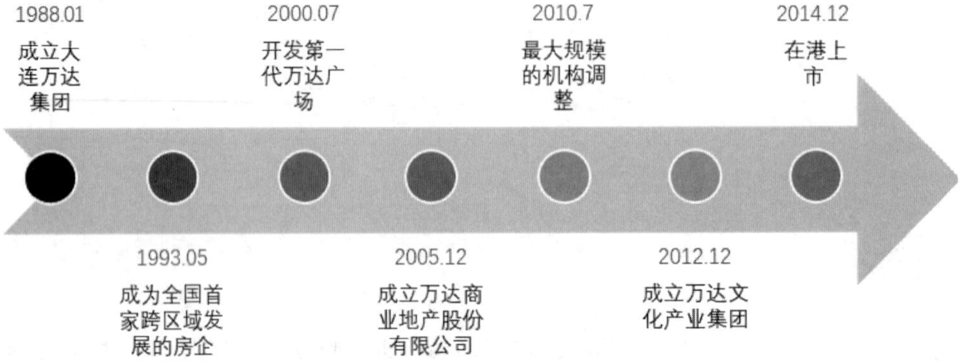

图12—1 万达集团发展时间轴

万达商业是世界最大的不动产企业和五星级酒店业主，截至2015年12月31日，已在全国开设133座万达广场、97家酒店，持有物业面积2 632.1万平方米。万达文化集团是中国最大的文化企业、世界最大的电影院线运营商、世界最大的体育公司。万达金融是中国最大的网络金融企业。万达集团的目标是“到2020年，资产达到2 000亿美元，市值2 000亿美元，收入1 000亿美元，净利润100亿美元，成为世界一流跨国企业。”

如今，中国最具标志性的购物中心就是万达广场，2015年万达广场的租赁收入达144亿元，年客流量达20.3亿人次，其中配套的万达院线可以用“闻名世界”来形容，也确实不为过。这样的万达广场，就隶属于万达核心资产之一的万达地产。

此外，万达集团的主要股权结构如图12—2所示。

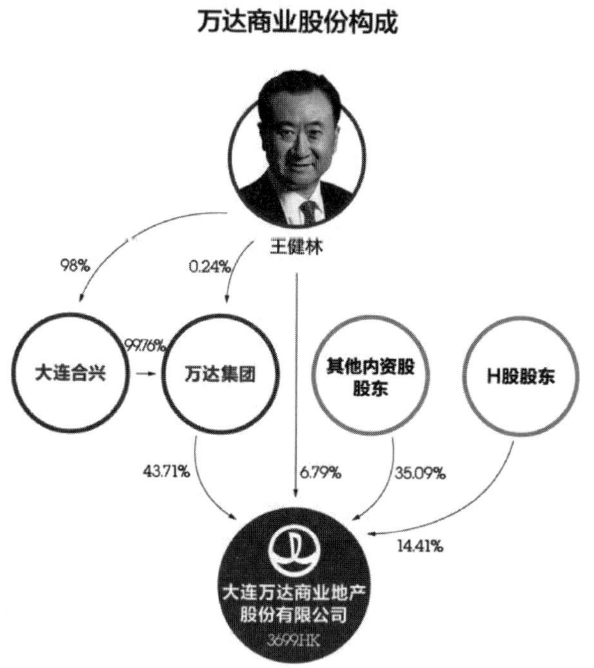

图 12—2 万达集团股权结构

公司实际控制人王健林直接持有万达商业 6.788%股权，并通过万达集团间接持有 43.712%股权。目前王健林持有万达商业股份市值约 887 亿港元。如果万达商业最终登陆 A 股并实现市值高出目前在港上市 50%以上的话，王健林的个人财富则有望再增加 440 亿港元，折合人民币 366.9 亿元。

2. 我国房地产行业发展现状

2.1 房地产行业发展与近期瓶颈

2015 年，在中央定调稳增长、调结构、促消费的背景下，央行连续降准降息，放松信贷门槛，调整个人住房转让营业税免征期，构建宽松的市场环境，同时积极推进长效机制完善。地方也纷纷出台公积金放松、财政补贴等系列政策，刺激需求促进库存去化，改善性需求获积极支持。

多重政策效应叠加影响下，楼市逐步回暖趋势基本确立。未来中央将更注重建立健全房地产长效机制，地方将在适时出台进一步刺激措施方面更具主动性。房地产行业的价格将在未来继续分化，不同城市仍存差异化，如表 12—1 所示。

表 12—1 房地产行业未来分化现象的结果与原因分析

城市分类	结果	原因
一线城市	整体降温 对房企吸引力不增反减	庞大的市场需求
		各方优势短时难以体现
二线城市	土地市场略显平淡 呈现出明显的分化现象	库存量高涨
		大幅降价
三、四线城市	土地市场略显平淡 呈现出明显的分化现象	企业拿地偏谨慎
		前期供应量过大
		房企少拿地、不拿地

一线城市对房企的吸引力不减反增。相比之下，二、三线城市的土地市场略显平淡，呈现出明显的分化迹象。这一明显分化现象的出现，是由于一线城市庞大的市场需求及各方面优势短时间内难以出现整体降温；二线城市主要是由于部分城市库存量高涨，出现大幅降价现象，导致部分企业在该城市拿地偏谨慎；而三、四线城市普遍存在前期供应量过大的问题，这使得房地产企业不得不调整拿地策略，尤其是在库存量高涨的地区少拿地或者不拿地。

但从全国来看，跨入 2014 年后，土地市场的供求情况整体呈现疲软趋势。商业地产发展，已进入了瓶颈状态。而产生瓶颈的主要原因，还是城市的过度发展与超前，以及与经济社会发展的不协调。要想解决这一问题，关键要看政府及企业能否调整发展思路。

2.2 房地产信托投资基金发展情况

房地产信托投资基金(REITs)是房地产证券化的重要手段。房地产证券化是指把流动性较低的、非证券形态的房地产投资，直接转化为资本市场上的证券资产的金融交易过程。房地产证券化包括房地产项目融资证券化和房地产抵押贷款证券化两种基本形式。从本质上看，REITs 属于资产证券化的一种方式，其典型的运作方式有两种，其一是特殊目的载体公司(SPV)向投资者发行收益凭证，将所募集资金集中投资于写字楼、商场等商业地产，并将这些经营性物业所产生的现金流向投资者还本归息；其二是原物业发展商将旗下部分或全部经营性物业资产打包设立专业的 REITs，以其每年的租金、按揭利息等收益作为标的，均等地分割成若干份出售给投资者，然后定期派发红利，实际上给投资者提供一种类似债券的投资方式。相比之下，写字楼、商场等商业地产的现金流远较传统住宅地产的现金流稳定，因此，REITs 一般只适用于商业地产。REITs 具有门槛低、分红比例高、流动性强等优势，已成为中小投资者间接投资房地产的良好途径。此外，REITs 与股票、债券市场的相关性较低，在投资组合中配置一部分不动产基金，可优化投资组合，有效分散单一投资证券市场的风险。国内投资者可以通过参与境内基金公司发行的专注于房地产投资的 QDII 基金，间接投资海外的房地产项目。

REITs 起源于美国，从 20 世纪 90 年代开始，REITs 进入了一个快速发展时期。包括中国在内的亚洲国家深受美国 REITs 的启发，纷纷借鉴其模式进行发展。随着本国经济的增长、市场的成熟以及经验的加深，我国也开始寻求新的房地产发展模式，通过专项立法的形式推出了与本国国情相适应的 REITs 产品。

在万达之前，万科与鹏华基金联推的鹏华前海万科公募 REITs，也在前海自贸区推出。万达集团此次“稳赚 1 号”的发行是上海自贸区给予万达的特别创新支持。万达金融集团已经落户上海自贸区，地理位置优越，早在年初，万达集团已和上海自贸区着手搭建准 REITs 权证交易平台，该平台是上海自贸区为万达设置的定向开闸 REITs 平台，为双向跨境资金池，所以，如果一切顺利的话，“稳赚 1 号”最终的退出方向应该是以 REITs 形式上市。

3. 全景透视

3.1 万达模式转型的原因和背景

万达是全球领先的不动产企业，2015 年持有物业面积规模已达世界最大。围绕不动产的发展，万达也延伸到其他许多产业。基于对房地产未来发展趋势的分析，从 2014 年开始，万达进行了全面转型。从空间上看，要从国内企业发展成为跨国企业。从内容上看，要从以房地产为主的企业转型为高科技服务业企业。

万达商业地产的主要产品是城市综合体，这种产品模式就是建设一个大型万达广场，旁边配套建设一些写字楼、商铺、住宅等，把配套物业进行销售，用销售产生的现金流投资持有的万达广场。过去万达商业地产创新的城市综合体模式取得巨大成功，发展规模和速度在中国遥遥领先，成为世界行业领袖，引来众多企业学习和竞相模仿。因为中国没有支持长期不动产投资的金融产品，所以万达只能以“售”养“租”。万达的城市综合体模式中商业地产的投资、建设、管理全部由万达自己完成，通过房地产销售收入现金流来投资万达广场，被称为重资产模式型。

重资产模式里现金流的变化如图 12—3 所示。

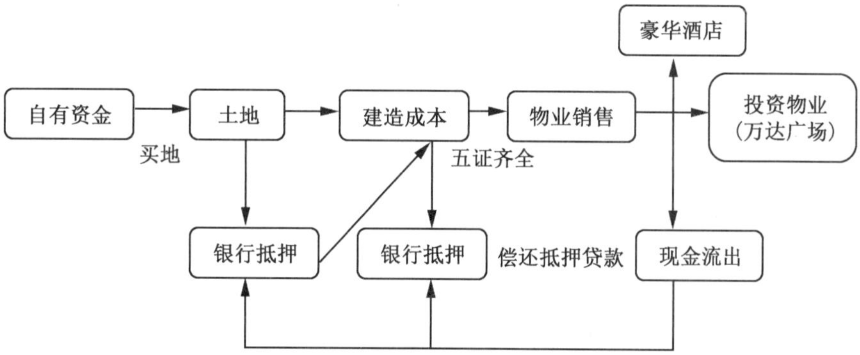

图 12—3 重资产模式现金流变化

由于万达商业的投资规模超大，在一个城市综合体中，万达商业实现万达广场自持后，由于沉积资金太多，流出的资金太少，根本不足以完全支撑下一座城市综合体的建设。在

REITs等投资物业退出路径尚不成熟时,万达商业唯有把建好的万达广场抵押出去,把抵押所得资金和经营所得资金共同作为下一个城市综合体的自有资金。截至2015年6月,万达商业已经把将近80%的投资性房地产抵押了出去,尚未抵押的只有约600亿元。另一较优质的抵押物存货被抵押了440.7亿元,尚未抵押的仅约1 000亿元。按照投资性房地产和存货的普遍折价率,这些资产的贷款额度在500亿元上下。仅2014年,万达商业融资活动现金流净额便为538亿元。这说明仅从上一座城市综合体中流出的现金已然很少,由于抵押物殆尽,万达商业通过抵押得到的资金也将无力支持万达广场的建设。而现在的万达几乎不具有信用融资能力——截至2015年6月,万达商业信用负债仅有7.21亿元,尚不足有息负债总额的0.5%。重资产模式中两大资金来源都将断流。

2015年上半年,万达商业的经营活动现金流量净额从2014年的88.32亿元下降至36.68亿元,第一次变成负数,不再有净现金流流出。以此或将印证,“以售养租”或将与重资产模式一起渐渐退出万达商业的发展舞台,万达开始向轻资产模式转型。

图12—4展示了关于万达由重资产转型为轻资产的历程及重要事件。

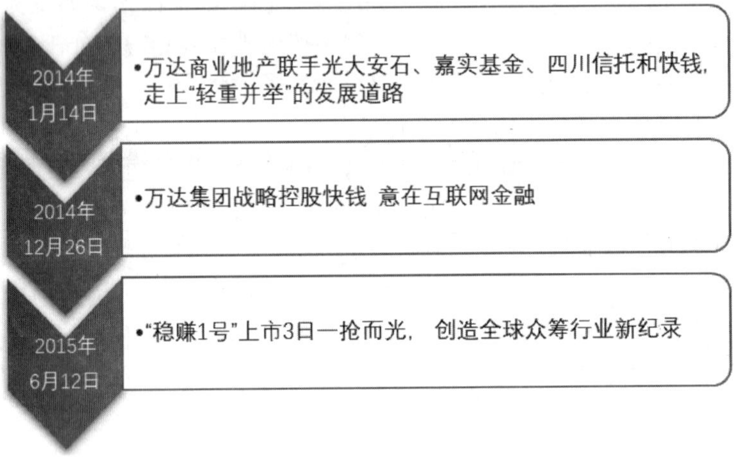

图14—4 转型轻资产的重要事件时间轴

3.2 万达转型轻资产模式的尝试

什么是轻资产模式?轻资产模式即投资建设万达广场的全部资金由别人出,万达负责选址、设计、建造、招商和管理,使用万达广场品牌和万达全球独创的商业信息化管理“慧云”系统,万达与投资方将按一定比例分配产生的租金收益。这是一种全新模式,万达的轻资产模式没有任何房地产销售,彻底去房地产化,成为一种准金融投资行为。对投资者而言,除了获得现金回报外,还可享受投资资产的全部增值收益。万达2014年开始对此进行研发,于2015年开始运行。这就是万达集团轻资产模式。

轻资产模式的推出对于万达意义重大:轻资产模式丰富了万达的商业模式,未来万达商业地产将轻重并举,保障长期稳定发展;轻资产模式企业收入来源于租金分成,不需通过房地产销售获得现金流,可使企业收入不受房地产市场波动影响,变得更加安全;实行轻资产模式,万达不需投一分钱,但每年获得的收益相当可观,高于行业平均水平,可减少资金压力，降低企业负债，大幅提升净利润率和净资产收益率；轻资产模式市场需求旺盛，正契合了中国经济发展以依靠内需及消费为主的新发展模式，有利于企业迅速扩大规模，提高市场占有率。

在轻资产模式中，现金流发生了如图 12—5 的变化。

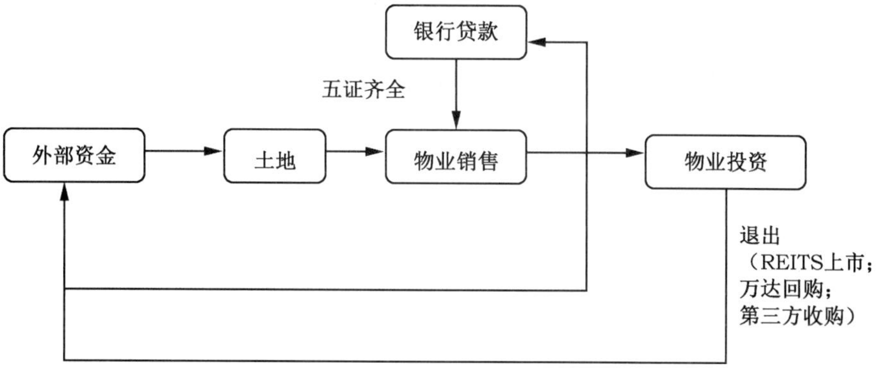

图 12—5　轻资产模式现金流变化

此外，由于轻资产模式的资金来源是机构投资者和集团旗下的理财产品，若资金量充足，则可以不需要物业销售带来的资金增溢，在住宅市场较差的地区，万达商业可以按照市场情况，把销售物业部分或完全的砍掉，直接开发持有万达广场。

万达商业已经开始轻资产转型的尝试，通过输出设计、建造、招商、运营、品牌等启动项目，所投资本由外部第三方资本投入，万达总体统筹，从而有效减少万达商业的土地储备和贷款。2015 年已完成 10 个轻资产广场的合作，另外还有 10 个广场尚在谈判中，公司过往 3 年经营性现金流有显著改善，实现 117%的年化复合增长率(见表 12—2)。

表 14—2　　轻资产运营模式及效果

运营模式	
买地——规划设计——开发建设——运营招商——获取稳定收益	
运营效果	
土地获取优势	打造新的消费增长极，使“万达成为城市中心”
	重点选择三、四线城市的核心区域
	低价 1 000 元/平方米，租金收益显著提高
建造成本优势	工期短于同业均值，开工至开业约 18 个月，财务成本低
	严格执行工程尽速计划，360 个节点模块化控制
	建造成本 5 200—5 500 元/平方米，显著低于同业平均水平
运营管理优势	2 000 多家品牌商户跟随，资金同收益率达 100%
	确保满租开业，租金增长快
	慧云系统提升运行管理效率

表 12－2 中的开发模式也可称为万达商业"以售养租"模式的升级版：2015 年前，万达商业地产是通过调整住宅、写字楼等销售物业的组合来实现"以售养租"的现金流的最大化。现在虽然同样是调整业态组合，只不过调整的结果是把销售业态完全砍掉，以完成万达广场的建设。当然，如果区域内仍具有销售物业需求，万达商业当然可以沿用曾经的模式，灵活套现。

3.3 万达和快钱达成利益同盟——稳赚 1 号的诞生

快钱是中国领先的信息化金融服务提供商，根据易观智库发布的 2014 年第三季度《中国非金融支付机构市场季度监测报告》，快钱交易规模位列银联商务、支付宝和财付通之后，排名第四，在第三方支付公司中牌照最齐全，拥有线下、互联网、移动、跨境等领域完善的产品与服务，为零售、保险、商旅、电商等多个行业提供解决方案以及金融增值服务，2014 年交易流水规模超过 2 万亿元，与超过 200 家金融机构合作，拥有 360 万企业合作伙伴。

2014 年 12 月 26 日，万达集团与快钱公司在北京签署战略投资协议，万达获得快钱控股权，这是万达在互联网金融领域的首桩并购，为万达电子商务及金融产业获得重要的支付平台，万达 O2O 迈出实质性步伐。并购后，快钱将保持独立运营，关国光先生将继续担任快钱公司董事长及首席执行官，快钱将继续聚焦支付 2.0 的叠加战略，推进互联网金融向更多产业渗透。

据万达商业地产董事会主席丁本锡介绍，此次万达投资快钱将使万达打通 O2O 支付环节，为万达电子商务及金融产业获得重要的支付平台。快钱积累的消费数据，将为万达电商建立大会员系统、大数据服务等提供支持。万达旗下所有业务板块均将使用快钱支付平台，并将推出商家与会如果把快钱公司现有 360 万家企业合作伙伴、200 多家金融机构和万达商业合作伙伴、每年数亿人次线下客流充分整合，万达可以围绕其打造产融结合、融融结合、线上线下结合的完整金融产业链。在数月前被万达控股后，快钱的战略布局成为备受业内关注的焦点。自今年 1 月起，万达着手将集团的各个板块资源与快钱对接，快钱开始了整合。与万达的各个板块资源对接后，快钱能够掌握万达所有商户和客户的交易数据，通过这些数据，快钱可以针对他们不同的经营情况、消费特点直接为其提供贷款、理财甚至营销，即万达会员与快钱会员可全面打通。据估算，在万达的助力下，快钱预期其 C 端用户在三年内达到 3 亿。在快钱的计划中，第一步完成最简单的支付整合之后，第二步就是现在推出的各类互联网金融理财产品，"稳赚 1 号"就是万达着手打造的国内首个房地产众筹产品①。

同样，对于快钱来说，和万达合作也是一个巨大的机会。在快钱 CEO 关国光看来，互联网金融眼下最稀缺的是数据和资产，而不是金融牌照，将未来会建设的万达广场以及双方已经积累的数据变成金融性产品是快钱的紧要任务。在有了万达的强大线下场景后，为消费者和商户提供信贷产品成为快钱即将亮相的业务。个人消费信贷始终是互联网巨头们最为重视的领域之一，如阿里巴巴的同门兄弟蚂蚁小微金融服务集团向支付宝用户提供名为"花呗"的信用支付产品，而腾讯出资的民营银行深圳前海微众银行也推出了首款名为"信用付"

---

① 包慧．借道快钱"理财＋众筹"万达布局互联网金融．[EB/OL]．[2015－05－29]．http://money.163.com/15/0529/05/AQOR5GNP00253B0H.html。

的产品，同样是支持用户在线上消费应用场景下“先消费，后付款”。万达 2014 年一年的顾客流量达到 16 亿人次，会员约有 3000 多万，这个市场的规模对于快钱未来信贷产品发展的重要性不言而喻。此外，此前已经落地的凭借交易流水记录为商户提供贷款的“快易融”也将叠加进入万达的线下场景。互联网金融永远不缺钱，缺的是资产。万达与快钱的合作无疑为快钱注入了优质资产，对快钱的未来发展起到了推动作用。关国光认为，促成快钱选择万达的理由主要有三点：

(1)万达与快钱战略方向高度一致，万达在转型，整个万达广场、院线，内部所有商户编排，越来越与体验性消费靠拢，其中蕴藏着巨大的 O2O 机会，而这种机会远远大于打车应用的机会。

(2)与 BAT 的流量主要是线上流量不同，万达的线下流量很大，如果能将万达流量变成数据，变成消费者的信用，其发展空间非常巨大。

(3)万达有相当大的商户规模，其生态建设健康，99%以上的商户跟着万达很多年，大都实现盈利，使得万达广场还未开业，租约就已签完，还能辐射到万达广场周边，其潜在价值非常高。①

这三方面因素使得快钱在其所推动的理财产品、信贷产品、支付产品、营销产品和万达生态结合度非常高，其支付所带来的信息化集成可为快钱带来巨大的使用场景和机会。

2015 年 6 月 8 日，由万达集团、快钱公司联手打造的万达互联网金融业务正式宣告落地，双方共同推出中国首个商业地产众筹项目“稳赚 1 号”(见表 12—3)。该项目突破了传统商业地产的融资模式，运用创新的互联网金融方式，使资金直接注入万达广场的建设之中，支持集团实现商业地产领域的持续快速扩张，加速集团向轻资产的服务型企业转型。

表 12—3　　“稳赚 1 号”项目概况

项目名称	“稳赚 1 号”万达广场众筹项目
项目期限	3+4 年
众筹发起人	上海万达稳酬投资管理合伙企业(有限合伙)
信息公布平台	上海快钱金融信息服务有限公司
投资周期	4～7 年
单位金额	每份众筹金额为 1 000 元人民币
众筹规模	第一期 5 亿元
认筹区间	认筹起点份额为 1 份，超出部分以 1 份递增；最高认筹 1 000 份(100 万元)
基础资产	万达商业地产 2016 年开业的只租不售的 5 个城市商业广场项目(万达有权根据筹集情况予以调整基础资产)

① 雷建平．专访快钱 CEO 关国光：我们为何会选择万达[EB/OL]．[2015－01－06]．http://tech.qq.com/a/20150126/008445.htm

3.4 “稳赚1号”的基本信息

万达集团的互联网金融试刀之作——众筹产品“稳赚1号”，从6月12日推出，上市3日内被一抢而光，顺利完成50亿元资金的发行计划，创造了全球众筹行业的新纪录。6月18日，众筹项目正式成立，资金预计投向5座在建万达广场。该产品由万达与快钱共同打造，完全突破了传统商业地产的融资模式。具体筹资的项目包括郑州惠济万达广场、梅州万达广场、三门峡万达广场、宜春万达广场和常德万达广场。

表12—4即为该产品的基本信息介绍。

表12—4　“稳赚1号”基本信息

购买时间	2015年6月12日～6月15日
起息日	2015年6月18日
购买途径	快钱官网及快钱钱包App
产品模式	以万达广场为基础，募集资金将直接投向各地万达广场建设，投资人则获得这些广场的收益权，享受商铺租金和物业增值双重回报，预期合计年化收益率可达12%以上
投资周期	4～7年
收益率测算	前6年每年6%，第7年56%
收益派发日	成立日期满一年后的每年7月15日，逢节假日顺延
流通方式	再转让或促成机构收购
退出方式	1. 三个月后，理财产品可以在快钱交易平台上转让 2. 未来可以REITs方式上市，投资者可以获利退出 3. 三年后资产向第三方出售，投资者获得资产增值收益而退出 4. 项目7年到期时，万达集团以1.5倍价格进行回购
项目定位	国内首款互联网金融众筹项目
众筹项目	郑州惠济万达广场，梅州万达广场，三门峡万达广场，宜春万达广场，常德万达广场
市场反应	上市3日内被一抢而光，顺利完成50亿元资金的发行计划，创造了全球众筹行业的新纪录

购买了“稳赚1号”的客户，每年将获得来自净物业的收入，即万达广场的租金收入，该项收入年化收益为6%，以每年7月15日为兑现日，一年发放一次。此外，假设排除公司上市等因素，“稳赚1号”7年到期以后，万达商业地产将以不低于实际投资资金1.5倍的价格收购自有租赁物业或相应权益，折算成年化收益率，同样为6%，因此，“稳赚1号”年化收益为12%起。需要注意的是，不同于每年发放的6%的租金收入，回购收益于退出时一次性发放，因此项目的实际收益可以说是前低后高的。由于定位于众筹产品，外界将“稳赚1号”理解为股权融资，然而不同于股权融资的是，“稳赚1号”产品的退出既可上市，又可向第三方转让，确实无法转让时，到期由万达集团回购。同时还拥有每年预期的6%收益，因此也具有

债权的特征。细究“稳赚 1 号”的收益，可分为两种情况：一是上市退出，二是持有到期。

(1)上市退出(REITs 或其他方式上市)

假如该项目在成立三年后以 REITs 或其他方式上市成功，预期年化收益可达 14%：上市后，该项目预计增值 60%，而投资者可获得项目增值部分的 70%，这样就是 60% * 70%=42%，即为 3 年上市成功后的收益率。如果再折算成年化收益率，以项目方官网发布的计算方法，即将 42%除以 3 年的投资期限，得出年化收益率为 14%。加上每年 6%的租金收入，一旦成功上市，3 年项目的年收益率还是比较喜人的。

不仅如此，持有“稳赚 1 号”其实相当于手持万达广场的原始股，回报的高低取决于万达的升值前景，万达商场具有“城市中心”的效应，这是万达广场建成后的物业增值潜力不可小觑。

将以上描述转化为图形：即假设第 4 年 REITs(房地产信托投资基金)上市，预期合计年化收益率为 14%。净物业收入分配：预期合计年化收益率 6%，每年收益派发日发放；资产升值收益：预期合计年化收益率 6%，退出时一次性发放，如图 12—6 所示。

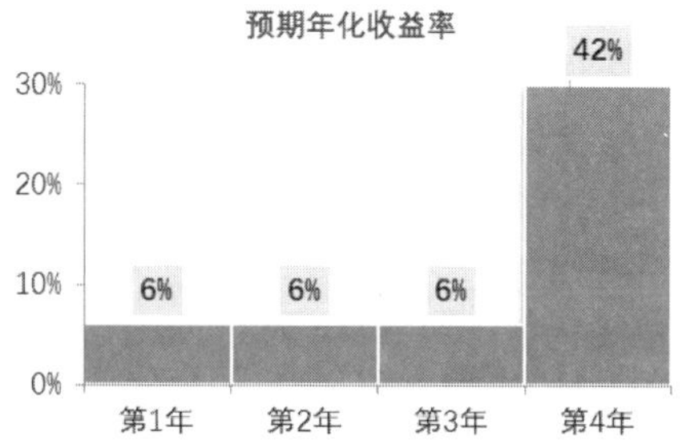

图 12—6 上市退出预期年化收益率

(2)到期退出(持有 7 年后退出)

预期合计年化收益率 12%。净物业收入分配：预期合计年化收益率 6%，每年收益派发日发放；资产升值收益：预期合计年化收益率 6%，退出时一次性发放，如图 12—7 所示。

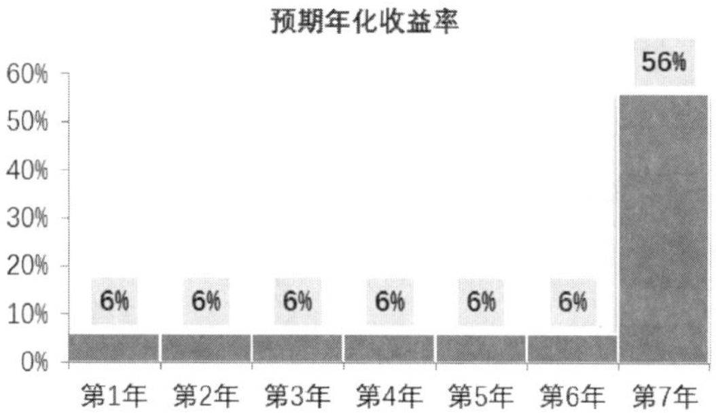

图 12—7 到期退出预期年化收益率

总之，收益分为两种，一种是每年发放的，一种是到期后统一结算的，收益呈现“前轻后重”的形式。至于最后一次能拿多少收益，还要看具体的项目运行及资产增值情况。

此外，对于长达 7 年的投资期限，如果持有未到 7 年急需资金的话，投资人该怎么办呢？

对此,"稳赚 1 号"产品设计给出了两种流通方式:再转让或促成机构收购。项目成立 3 个月后投资者可以在快钱信息平台进行报价再转让,将持有份额交易给其他人以获得现金,手续费为 2 元,2015 年 12 月 31 日前暂不收取手续费。项目成立满一年,每年的 6 月 20 日至 6 月 29 日促成机构收购,快钱信息平台负责联系有意向的机构参与收购,收购价为每份预期不低于 1030 元,投资人被收购份额的前一年度净物业收入未分配收益及物业增值收益由机构获得。也就是说,如果机构收购了持有投资者的份额,那么所有的物业增值收益都将受让给机构,投资者最多只能享受 6%的年化收益率。即使是转让给其他投资者,收益也将大打折扣。具体退出收益计算方式比较复杂,因此建议投资者如果决定要购买此份产品,要尽量持有到期。对于"稳赚 1 号"这个项目来说,投资者在考虑是否投资、投入多少资金时可能比较纠结于 7 年的投资期限。从上述介绍可以看出,7 年是一个最长期限,有可能缩短。

众筹家 CEO 杨勇认为,"万达广场的众筹项目将众筹模式在房地产行业试水,具有一定的创新性,成为商业地产融资模式的一项很好的补充。如果投资者看好万达广场未来的发展趋势,对房地产市场持比较乐观的态度,并且能够做到对项目长期持有,那么"稳赚 1 号"的投资价值就真正显现了。"

3.5 稳赚 1 号产生的影响

从 2015 年年初开始,万达发生了巨大的变化,全面推进转型轻资产。应该说,"稳赚 1 号"发布说明,万达已经将轻资产路线推向极致:"万万合作"后,万达原则上已经将住宅部分交给了万科开发,万科自然将负责所有住宅资金投入。商业部分之前曾找到基金合作,目前再进一步,把募资范围放大到了所有的小投资人。理论上讲,万达可以不花一分钱进行房地产开发了。按照王健林的说法,轻资产模式之下的万达,未来一年最多可以开到 100 个万达广场,到 2025 年,计划开业 1 000 个万达广场,以每个万达广场 10 亿元投资计算,这些万达广场投入的资金将达到万亿元。

首期众筹资金 50 亿元中,有 5 亿元面向个人投资者发售,线上在很短时间内被"秒杀",线上认购超额多倍;面向机构投资者的 45 亿元额度,3 日之内也被抢。一些没有能够抢到额度的投资机构,甚至已经将电话直接打到万达集团高管那里,催促推出后续产品。目前全球众筹行业大型项目的额度一般也只以千万计,像"稳赚 1 号"这种巨无霸项目极为少见,上市即秒杀的销售业绩更是绝无仅有。

易居(中国)企业集团首席执行官丁祖昱评价说:"万达确实是最具执行力的公司。王健林提出的要求,大家一定会想方设法去把它做成。中国那么多上市房企,差不多 40%都提出未来要做轻资产概念,而万达自 2015 年 1 月第一次提出轻资产概念到推出"稳赚 1 号"仅 150 天不到——先做到极致的还是万达。所以,万达的市值最高并非没有道理,中国首富'真不是吹'的。"

4. 机遇与挑战

4.1 万达的机遇

称“稳赚 1 号”为巨大的机遇，一个重要的原因就是万达将此款产品定位为中国首个商业地产众筹项目。在业内看来，这款产品实际上是一款类 REITs 产品，体现在收益权上，“稳赚 1 号”收益来源包括租金收益和物业增值收益两部分。此外，产品说明表明最终的退出方式也是以 REITs 形式上市。“稳赚 1 号”规模在数十亿元级别，可通过线上互联网渠道进行认购以及线下机构、员工认购，最低认购 1 000 元被大众解读为更多人可以成为万达相关项目“股东”，而其背后的实质意义是该款众筹产品突破私募 200 个份额的限制。

王健林在接受媒体采访时亦表示，“稳赚 1 号”其实就是一个准 REITs，待有关部门一批准，这个公司可以上市，变成公募而不是私募，就是真正的 REITs。据有关消息称，这一突破背后是政策特别支持的结果——上海自贸区给予了万达特别支持。早在 2015 年，万达已和上海自贸区着手搭建准 REITs 权证交易平台，该平台是上海自贸区为万达设置的定向开闸 REITs 平台，为双向跨境资金池。[①] 这种带有上市或转让资产优先权的类债券型产品，无论是从全国范围，还是从万达金融落户的上海自贸区来看，都可以说是众筹方式上的一个重大创新，但是这一创新又并非是突发奇想，而是根植于万达未来在传统金融和互联网金融结合上的发展思路。首先，这一金融产品要具备当下互联网金融产品普惠金融的理念，投资者可以以极低的门槛参与实体经济的直接融资，免去中间环节而直接获得投资收益。其次，所有的资金直接对接投资项目，从线上回归到线下实体，而只有回归到线下，实现产融结合，才是未来互联网金融真正的发展方向。[②]

同时，“稳赚 1 号”的推出也意味着万达正在启动集团历史上第四次、也是最重要的一次转型，本次转型的核心是推行“轻资产”模式。所谓“轻资产”模式，简单说，就是用别人的钱，利用万达在商业地产领域卓越的运作优势，由万达负责选址、设计、建造、招商和管理，产生的租金收益由万达与投资方按一定比例分成的模式。但“轻资产”模式不仅仅是利用别人的钱做自己的广场，更重要的是，通过“轻资产”的路径，实现万达从房地产企业，到综合性的文化娱乐产业的全面转型。这种转型，从空间上看，是从中国企业转型为跨国企业；从产业上看，是从以房地产为主的企业转型为服务业为主的企业，形成商业、文化、金融、电商四个支柱产业。

万达集团在 2015 年就表示要进行“轻资产模式转型”，要实现这一战略，关键在于两点：实现融资方式的真正突破和真正实现公司业务板块多元化。

---

① 张凤玲 袁思睿．牵手上海自贸区，看万达如何破金融僵局．[EB/OL]．[2015－05－15] http://epaper. oeeee. com/epaper/D/html/2015－06/15/content_3432746. htm? div=－1.

② “稳赚 1 号”为何能秒杀 50 亿？看万达玩转互联网金融．[EB/OL]．[2015－06－18]. http://news. 163. com/15/0618/17/ASDK3UI800014JB6. html.

4.2 万达的挑战

风险总是和机遇并存的，万达集团面临的风险主要体现在以下四方面。

(1)众筹行业存在较多“新”风险①

①投资者参与筹码较大，普遍超万元。

②筹资企业基本都是早期小微企业，抗市场风险和行业风险能力弱。

③筹资企业信息披露简单粗糙，投资者与筹资者信息极其不对称。

④投资回报周期长，投资者退出渠道少。

⑤很多参与股权众筹的投资者并不是专业投资人，缺乏估值、投资与投后管理能力，风险判断与抗风险能力弱。

很多非专业投资者抱着买原始股暴富的心态参与。上述风险，即使立法也不可能完全消除。

(2)税收问题是 REITs 在我国发展所面临的首要难题

根据我国税收法规的规定，证券投资基金管理人运用基金买卖股票、债券的差价收入，继续免征营业税和企业所得税。该规定适用于证券投资基金，但并未明确说明适用于 REITs。而且我国政府在基金与证券方面的税收规定一直以来都是以临时文件的方式出现，所以当前 REITs 面临的税收政策具有不稳定性。此外，国外成熟的 REITs 产品市场均有税收优惠政策的支持。为避免双重征税，国际上普遍的做法是将 REITs 在税收上按转手证券计算，即绝大部分的利润直接分配给投资者，特殊目的公司不被征收资本利得税。例如美国，其 REITs 市场的快速发展一度依赖于其税收减免政策。它于《1986 年税法改革》中明确规定，免去信托公司实体(SPV)的税负，而只对投资人的收入缴税。在免除了所得税的情况下，美国 REITs 的收入回报率达到 8.407 0%，而我国 REITs 的预期收入回报率却远远达不到这一高度，可见这一政策极大地降低了交易成本，提高了项目的投资收益。

(3)法律体系不健全，现有法规与 REITs 设立目的项目冲突

REITs 在我国的健康发展，离不开健全法律体系的支持和约束。然而目前的实际状况却与此相反。一方面，作为一种投资基金，REITs 是一种建立在法律基础上的以合同为基本保障的投资集合，而我国法律对于投资集合的地位与性质并未加以明确，不能为 REITs 提供明确的法律保障。另一方面，中国的投资基金并不是一个公司或法人主体，信托人与基金的关系是一种合同关系，而房屋所有权关系是一种物权关系。REITs 这种用合同关系来解决物权关系的模式，有悖于民法的物权优于债权的理论。

REITs 的设立目的与现有法规对集合信托产品份额的要求也有所冲突，集合信托排除中小投资者违背了 REITs 的本意。专项计划的投资者仅限定为机构投资者，并且设置了较高的认购门槛，这与境外 REITs 产品主要面向中小投资者的设计初衷完全相悖。虽然专项计划设计了以“公募 IPO”的方式退出，但在产品较长一段时间的存续期内，普通投资者无法参与到产品当中，而 REITs 产品本身的融资渠道也被限定。投资者包括养老基金、对冲基

---

① 天使客．房地产众筹面临哪些风险？．[EB/OL]．[2016－04－23]．http://www.angelclub.com/finance/zc/2243_view.

金等，还有个人投资者，均有分享大型地产项目投资收益的机会。在境外，REITs 因其独有的亮点，成为普通人群重要的投资品类，是缩小贫富差距的重要缓冲，也进而拓宽了 REITs 项目的融资渠道，产品的定价更容易在一个理性的市场环境下进行。

(4)缺乏高效、透明、完善的二级市场，REITs 产品流动性差

成熟的 REITs 产品依赖于有较强流动性的二级市场，投资者可以随时根据自身需求进行交易。而我国尚未构建完善的 REITs 二级市场。截至目前，我国仅有两单 REITs 产品在深交所挂牌转让，由交易数据来看表现也并不活跃。加上我国证券市场本来就存在的二级市场与一级市场发展不平衡、二级市场流动性弱等问题，要建立高效、透明、完善的 REITs 二级市场还需要未来一段较长的时间。

4.3 未来发展展望

在互联网金融如火如荼之际，万达集团布局互联网金融的步伐日趋紧凑，继 2014 年控股快钱之后，2015 年又与中信信托签署了合作框架协议，并两度增持百年人寿。控股快钱之后，快钱作为第三方支付的龙头企业之一，成为万达金融板块的支付基础设施。

万达“稳赚 1 号”为房地产众筹行业的发展提供了新的思路。相比于住宅地产，商业地产的一大特点就是回报周期长、回报率相对较低，万达以前是依靠销售综合体中的住宅和写字楼部分分担现金流压力来应对，现在，万达通过借力众筹，使商业地产“变轻”，为房产行业提供了实践参考。众筹 CEO 杨勇认为，万达广场的众筹项目将众筹模式在地产行业试水，具有一定的创新性，成为商业地产融资模式的一项很好的补充。如果投资者看好万达广场未来的发展趋势，对房地产市场也持比较乐观的态度，并且能够做到对项目的长期持有，那么“稳赚 1 号”的投资价值也就真正显现了。

房地产众筹平台将朝着专业垂直化、低佣金率化发展，代建服务商的兴起、个性化社区定制及互联网地产时代的来临，这些趋势都在逐渐显现。可以想象，万达此次房地产众筹一旦实现，形形色色的主体都可参与房地产开发，众筹代建服务预计将兴起。未来的众筹代建商将主要凭借自身的核心竞争优势来赢得一席之地。一方面，房企可将房地产众筹作为一种融资手段，降低资金成本。尤其对于一些缺乏特色、发展遇到瓶颈中小型房企来说，众筹代建是差异化发展的一种方式，这部分业务甚至能够拆分上市。另一方面房企亦可为房地产众筹提供专业建设服务，创造新盈利点，房企担当“服务商”角色，降低资金投入和风险，利润率却更高①。

① 房地产众筹未来的发展趋势.[EB/OL].[2015-11-19].http://mt.sohu.com/20151119/n427108768.shtml.

附录 英文摘要

The development of China's commercial real estate investment trusts in the Internet age
——Wenzhuan No. 1's example

Yang Nan Tian Juqi Pan Hongdou

(Shanghai University of Finance and Economics, Shanghai, 200433, China)

Abstract: This article deeply explores the strategy of Wanda light asset's transformation, thedevelopment path of collaboration with the Internet platform and the necessity of introducing Wenzhuan No. 1 product. Based on the analysis of the opportunities and challenges China's real estate investment trust market will face, this article also explains how to design and operate our country's real estate trust products in the future.

Keywords: Commercial real estate; Internet crowdfunding; REITs; Wenzhuan No. 1

案例使用说明

一、教学目的与用途

1. 适用课程:金融市场、机构与工具。

2. 适用对象:本案例主要适用于金融专业硕士、MBA 学生学习金融市场、机构与工具课程,也适用于具有一定工作经验的学生和管理者学习。

3. 教学目的:本案例介绍国内商业地产众筹准 REITs 项目"稳赚 1 号"的推出及运作模式。通过这一案例的谈论探究,使得学生对商业地产众筹准 REITS 产品这一融资及投资产品的收益特性、运作方式有更深的了解,并从万达轻资产转型的决策中体会决策者面临的机遇与困难,把握未来我国商业地产前进的可能方向。通过教师对案例的引导和学生的深入讨论以期达到如下教学目的:

(1)了解商业地产众筹准 REITs 项目不同于普通众筹、股票等其他融资手段的地方。

(2)理解这一项目的运作模式、收益来源及投资特性。

(3)感受万达集团决策者在迈出轻资产转型这一关键步时所面临的困难与机遇,思考其动机及可能面对的问题。

(4)从"稳赚 1 号"推出后大众的反应体会这一决策对万达集团战略及财务状况带来的影响。

表 12—5 万达和绿地金融创新产品对比

公司	万达	绿地	
产品	稳赚 1 号	REITS	置业宝
针对对象	11%个人投资者 89%机构投资者	投资者	购房者
资产类型	万达广场(纯商业)	绿地云翔大厦(办公)	地太平湖(旅游地产)
收益模式	租金年化收益 7.5%,每年发放;增值年化收益 6%,退出时一次发放	租金收益 增值收益	返还房屋总价:5 年 20%、10 年 33%、15 年 45%、20 年 60%、25 年 100%,退出时一次性发放
投资风险	不保本不保息	暂未披露	固定收益
退出机制	快钱平台转让; 3 年后有望打包上市,最高 7 年	暂未披露	绿地金服平台转让

五、建议课堂计划

案例讲授可用两节课完成。授课之前,先将案例及将要讨论的问题发放给学生。请学生在课前完成阅读和初步思考。

两节课分四个阶段。第一阶段老师用 10 分钟与同学一起归纳案例背景,在一张黑板上板书出背景要点,简单扼要地介绍讨论主题。

第二阶段是分组讨论,每组 4～5 人,深入理解案例。(20～25 分钟)

第三阶段集中讨论,先由各组汇报本组讨论结果;老师逐一加以点评、追问;其追问的问题以分析思路中的问题为主,这一过程中将理论知识融入进去,对比不同回答结果,促使学生理解其中包含的决策原理。可适当扩展视野、提升认知层次。(控制在 45 分钟内)

第四阶段小结。对整个案例展现出的主题加以归纳。(约 5 分钟)

二、启发思考题

1. 除了案例介绍的原因,稳赚 1 号如此火爆还有什么其他原因?

2. 为什么在国内商业地产市场之前没有出现此类产品?

3."稳赚 1 号"和其他房地产投资信托产品有何差异?它是如何运行的,又有何特点?

4. 万达为何要将万达广场的投资方式转为与互联网平台快钱合作推出众筹产品?这对利益各方带来什么影响?成功运作的影响因素有哪些?如何保证这些因素的实现?

5. 你认为商业地产众筹模式是未来的发展趋势吗?在当前形势条件下还面临哪些挑战,如果你是决策者之一,你有哪些应对之策?

三、分析思路

随着中国商业地产市场在过去十年内的迅猛发展,商业地产投资信托产品大量出现,但这些信托产品基本上都属于私募性质,大多采用债务信托模式,且投资对象是待开发或正在开发的房地产项目,为商业地产开发企业提供中短期债务融资。与之不同的是,国际意义上的 REITs 在性质上等同于基金,少数属于私募,但绝大多数属于公募。它既可以是封闭运行的,也可以是上市交易流通的。"稳赚 1 号"被大众称作众筹项目,又是万达集团实际控股人王健林口中的"准 REITs"项目,兼具二者的特殊属性,又借助互联网平台快速被推出并被抢空,成为商业地产融资的一大创新。本案例为学生提供了一个观察样本,有助于了解此产品的特性,分析背后事件发生的前因后果,深入探究此类产品未来的发展趋势与扩展空间。又可以让学生从中体会到实际控制人利用这一产品服务于公司战略及财务的宏观考虑,大大扩展了案例讨论的空间。

信托类融资产品涉及的问题很多,大体可分为两类,一类是产品本身涉及的法律、治理、融资、运行、投资、分配等各方面的问题;另一类是采用这种融资手段在特定时期及发行主体公司背景下,必须考察产品与行业景气、发行主体的公司战略、商业模式及其重构之间的关系,思考如何实现各利益主体间的共赢。这前后两方面的问题彼此关联。对于实务工作者,这两方面的知识都需要掌握。

本案例试图通过以下课堂讨论引导学生思考以下问题:

1."稳赚 1 号"与一般房地产投资信托产品的区别在哪里?国内外两者的发展趋势如何?

2. REITs 到底属于一类什么性质的金融产品,它适用于什么样的标的资产,对哪类投资者会有吸引力?"准 REITs"和 REITs 的相似点与区别又体现在哪里?

3. 万达 2015 年推出"稳赚 1 号"的初衷是什么,"稳赚 1 号"二期的迟迟未上市又面临着哪些困境,决策者应怎么解决?

4."稳赚 1 号"对万达集团有哪些影响,可带来什么样的利益?

5."稳赚 1 号"对商业地产融资有哪些新的启示?

四、理论背景

1. 关于 REITS

房地产信托投资基金(REITs)是房地产证券化的重要手段。房地产证券化就是把流动性较低的、非证券形态的房地产投资，直接转化为资本市场上的证券资产的金融交易过程。房地产证券化包括房地产项目融资证券化和房地产抵押贷款证券化两种基本形式。

REITs 最早产生于美国 20 世纪 60 年代初，由美国国会创立，意在使中小投资者能以较低门槛参与不动产市场，获得不动产市场交易、租金与增值所带来的收益。在亚洲，最早出现 REITs 的国家是日本，由于日本的房地产公司众多，所以该市场在日本规模很大。2009 年初，中国人民银行会同有关部门形成了 REITs 初步试点的总体构架，但由于我国相关法律法规仍不完备，REITs 一直未能正式启动。2011 年，国内首个 REITs 专户，国投瑞银主投亚太地区 REITs 产品，完成合同备案，成为国内基金业首个 REITs 专户产品。

从本质上看，REITs 属于资产证券化的一种方式。REITs 典型的运作方式有两种，其一是特殊目的载体公司（SPV）向投资者发行收益凭证，将所募集资金集中投资于写字楼、商场等商业地产，并将这些经营性物业所产生的现金流向投资者还本归息；其二是原物业发展商将旗下部分或全部经营性物业资产打包设立专业的 REITs，以其收益如每年的租金、按揭利息等作为标的，均等地分割成若干份出售给投资者，然后定期派发红利，实际上给投资者提供的是一种类似债券的投资方式。相形之下，写字楼、商场等商业地产的现金流远较传统住宅地产的现金流稳定，因此，REITs 一般只适用于商业地产。REITs 具有门槛低、分红比例高、流动性强等优势，因而已成为中小投资者间接投资房地产的良好途径。此外，REITs 与股票、债券市场的相关性较低，在投资组合中配置一部分不动产基金，可优化投资组合，有效分散单一投资证券市场的风险。国内投资者可以通过参与境内基金公司发行的专注于房地产投资的 QDII 基金，间接投资海外的房地产项目。

上市交易的 REITs 会同时受不动产周期性波动和股市整体周期波动的影响，在不动产景气度较低或股市系统性风险较高的情况下，会影响基金的收益水平。此外，由于目前我国境内还没有公开上市的 REITs 产品，因此，不管是直接投资还是通过 QDII 基金间接投资 REITs，投资者都可能面临其他境外投资的特定风险，主要包括汇兑风险、外汇管制风险、境外税法风险等。REITs 作为一种基金，具有风险分散化和管理专业化的优势。通过对不同地区和不同类型的房地产项目及业务的组合，REITs 在保持一定收益水平的同时，有效降低投资风险。此外，REITs 通常聘请房地产专业人士进行投资及经营管理，制定最佳策略，有效保障了基金的获益能力。

REITs 在国内已具备较为巨大的市场需求。央行采取的限制各商业银行发放用于购买房地产的贷款数量等系列举措，旨在降低日益增加的房地产贷款风险。然而就房地产投资的资金渠道来讲，如果仅单纯地“节流”而不注意“开源”的话，则不利于房地产市场的持续健康发展。因此，无论是从维护经济稳定的宏观政策角度出发，还是从解决房地产开发商资金来源的微观企业角度出发，房地产投资信托基金在中国已具备较为巨大的市场需求环境。但是，我国急需完善 REITs 相关立法。目前国内有信托法、信托投资公司管理办法、信托公司基金信托管理暂行办法等相关条例。但是这些严格来讲都只是基础，还没有一个真正房地产投资信托基金法出现，对基金的资产结构、资产运用、收入来源、利润分配和税收政策等加以明确界定和严格限制，致使国内的房地产投资基金大多处于较为散乱的发展阶段，缺乏统一的标准和经营守则。目前最主要的工作是加速房地产投资信托基金的立法，促使投资于房地产的信托基金和专业房地产基金转变为比较标准的房地产信托投资基金。

2. 关于众筹

众筹最早兴起源于美国网站，试图通过搭建网络平台面对公众筹资，让有创造力的能获得他们所需要的资金，以便使他们的梦想有可能实现。众筹，顾名思义是指大众筹群众筹资，由发起人、跟投人、平台构成。众筹具有低门槛、多样性、依靠大众力量、注重的特征，是一种向群众募资，以支持发起的个人或组织的行为。一般而言是通过互联网发布筹款项目并募集资金。相对于传统的融资方式，众筹更为开放，能否获得资金也不再由项目的商业价值作为唯一标准。只要是网友喜欢的项目，都可以通过众筹方式获得项启动的第一笔资金，透过网络上的平台连结起赞助者与提案者。筹资项目必须在发起人设的时间内达到或超过目标金额才算成功。如果在设定天数内，达到或者超过目标金额，项目即成功，发起人可获得资金。筹资项目完成后，支持者将得到发起人预先承诺的回报，回报方式可以是实物，也可以是服务，如果项目筹资失败，那么已获资金全部退还支持者。

这种模式的兴起打破了传统的融资模式，每一位普通人都可以通过该种众筹模式获得从事某项创作或活动的资金，使得融资的来源者不再局限于风投等机构，而可以来源于大众。这种模式在欧美逐渐成熟并推广至亚洲、中南美洲、非洲等开发地区。近年来，众筹在世界范围内迅速发展，Massolution 研究报告指出，2013 年全球总募集资金已达 51 亿美元，其中 90%集中在欧美市场。世界银行报告更预测 2025 年总金额将突破 960 亿美元，亚洲占比将大幅成长。

与传统项目相比，众筹具有以下优点。一般而言，传统的风投项目都来自关系网推荐，或各种网站提交的资料，而众筹平台则为风投公司带来了更多的项目，也拥有更高效的机制对项目进行审核，能更快地与企业家进行沟通，令投资决策过程更加合理。风投可以利用众筹平台上的资料，决定一个项目是否值得花时间。由于日程安排有限，很多风投资本家都认为众筹平台有其价值，帮助节省了不少时间。风投每天都会收到数十份商业计划，格式不同，有些还缺乏必要的数据。而众筹平台会对公司进行分类整理，并以标准格式进行呈现，这能让投资者省下不少时间。众筹平台会要求公司提供一些必要的数据，供投资者参考，帮助作出决策。标准化的项目呈现和商业计划节省了风投的时间，他们不必亲自搜索特定的信息，而这些信息往往会因格式不同，而难以查找。因此，众筹平台也能让尽职审查过程变得更快。

房地产众筹起源于美国，在目前已经发展成为地产开发商融资和销售环节甚至后期管理运营的主要工具之一。比如，在 2013 年创立的美国房地产众筹平台 RealCrowd，它鼓励投资者跟房地产公司直接进行交易，它存在的意义是能最大程度做到透明公开，降低投资风险。房地产众筹目前在中国的发展仍处于起步阶段，现有已成功的房地产众筹仅限于投资单套或多套产品并期望产品增值作为回报，真正有望惠及购房者和房企的“募集资金——企业代建——建造房屋”的房地产众筹产业链目前还未形成。

在全球地产众筹市场上，2013 年至 2015 年的成交量分别为 61 亿、162 亿、344 亿美元，逐年成倍递增。在美国，商业地产投资是美国第四大资产，仅排在股票、债券和现金之后。以前，美国的商业地产投资因为门槛过高，是只属于“小圈子”的游戏。但随着 2012 年 JOBS ACT 的通过，越来越多的个人投资者可以参与。万达也正是看到了中国房地产众筹市场上的空白，“稳赚一号”的试水对于万达来说无疑是一个巨大的机遇，也是一个不小的挑战。

表 12—5 简单介绍万达与绿地金融创新产品，学生可查找相关资料进一步进行比较研究：